Xpert.press

Die Reihe **Xpert.press** vermittelt Professionals in den Bereichen Softwareentwicklung, Internettechnologie und IT-Management aktuell und kompetent relevantes Fachwissen über Technologien und Produkte zur Entwicklung und Anwendung moderner Informationstechnologien.

Olaf Berberich

Trusted WEB 4.0 – Infrastruktur für eine Digitalverfassung

Handlungsempfehlungen für die Gesetzgebung, Gesellschaft und soziale Marktwirtschaft

Olaf Berberich
GISAD
Krefeld
Deutschland

ISSN 1439-5428   ISSN 2522-0667 (electronic)
Xpert.press
ISBN 978-3-658-22815-6   ISBN 978-3-658-22816-3 (eBook)
https://doi.org/10.1007/978-3-658-22816-3

Die Deutsche Nationalbibliothek verzeichnet diese Publikation in der Deutschen Nationalbibliografie; detaillierte bibliografische Daten sind im Internet über http://dnb.d-nb.de abrufbar.

Springer Vieweg ist ein Imprint der eingetragenen Gesellschaft Springer Fachmedien Wiesbaden GmbH und ist ein Teil von Springer Nature.
Die Anschrift der Gesellschaft ist: Abraham-Lincoln-Str. 46, 65189 Wiesbaden, Germany

Vorwort

Nach dem großen Erfolg der Bücher „Trusted WEB 4.0 – Bauplan für die digitale Gesellschaft" und „Trusted WEB 4.0 – Konzepte einer digitalen Gesellschaft" erscheint nun ein weiteres Buch zu diesem Thema. Trusted WEB 4.0 übernimmt die vordigitalen Errungenschaften in die digitale Gesellschaft. Bisher habe ich mich mit den Prozessen und Organisationsstrukturen beschäftigt, welche für die Wirtschaft und den Staat entscheidend sind, um sich in der Digitalisierung zu behaupten. Nun beschäftige ich mich mit der Schaffung einer Infrastruktur für die Bürger und die soziale Marktwirtschaft.

Ist der Bürger dazu verdammt, sich in Zukunft fremd bestimmen zu lassen oder bietet gerade die Digitalisierung die Möglichkeit, jeden Bürger aktiv an dem demokratischen Gestaltungsprozess teilhaben zu lassen?

Werden künstliche Intelligenzen uns zukünftig beherrschen, oder kann die Allgemeinheit Algorithmen verstehen, Neuronale Netze in ihre Grenzen weisen und beides als willkommenes Hilfsmittel steuern?

Teilen nur noch wenige Global Player die Wertschöpfung zentral gesteuerter Konsumenten unter sich auf, oder kann auch in der Digitalisierung die regionale Wertschöpfung unter Beteiligung der regional Betroffenen ausgehandelt werden?

Finden in der Digitalisierung nur noch Höchstqualifizierte eine Arbeit oder bietet gerade die technische Entwicklung die Möglichkeit, auch einfache Arbeitsschritte aufzuwerten?

Ist in Zukunft die in einer bestimmten Zeit zu einer bestimmten Mindestqualität erstellte Arbeitsleistung das Maß der Dinge oder bieten sich durch die Rationalisierung und neue Sozialkonzepte Freiräume, um jeden entsprechend seiner Leistungsfähigkeit zu fördern und anzuerkennen?

Inzwischen politisch intensiv in die Entwicklung einer digitalen Agenda eingebunden, bin ich überzeugt, dass wir vordigitale Errungenschaften in die digitale Gesellschaft nur übernehmen können, wenn wir eine eigene digitale Infrastruktur für die Bürger zur Verfügung stellen.

Sprunginnovationen oder sogenannte disruptive Geschäftsmodelle kann man nur schwer steuern. Selbst ein Mark Zuckerberg hat sicher nicht die Entwicklung von Facebook so vorausgesehen.

Ich behaupte jedoch, dass Politik, Gesetzgebung und Wirtschaft als solides Handwerk erlernen können, wie man gemeinsam ein digitales demokratisches Haus bauen kann.

Allerdings bin ich auch überzeugt, dass sich in der Legislaturperiode der nächsten Bundesregierung bis 2021 entscheidet, ob wir ein totalitäres System der Totalüberwachung und Manipulation erhalten oder die Demokratie durch die Digitalisierung unterstützt wird. Verschärfend kommt hinzu, dass alle bereits in der Vergangenheit gesammelten Daten in Zukunft automatisierten Analysesystemen zur Rastererstellung zur Verfügung stehen. Alle diese Daten müssen in einem, wie hier dargestellten Konzept, von Algorithmen/künstlicher Intelligenz in Zusammenarbeit mit und von Menschen kontrolliert, mit Metadaten versehen werden. Nur so sind spätere Fehlinterpretationen der Daten zu verhindern.

Wie in den vorherigen Büchern bleibe ich nicht bei allgemeinen Forderungen, sondern habe seit 2016 weitere Patente angemeldet, die ich in Kap. 3 vorstelle. Diese Patentanmeldungen können als Bauanleitung ohne großen weiteren Forschungsaufwand umgesetzt werden.

Das Buch „Digitale Diktatur" (1) hat umfänglich die Zusammenhänge der Interessen von Datenverwertern, zu denen auch die Geheimdienste zählen, erläutert. „Der Circle" (2) hat die schleichende Entwicklung beschrieben, in der einzeln betrachtet, positive technische Entwicklungen durch die Integration in eine gemeinsame Zugangsoberfläche für alle, eine für lange Zeit nicht mehr umkehrbare totalitäre Gesellschaft hervorbringen.

Letztendlich vermitteln beide Bücher das Gefühl, dass da ganz weit weg etwas geschieht, das vom Einzelnen nicht mehr beeinflussbar ist. Somit sind beide Bücher sehr gut geeignet, um das Grundproblem zu verstehen. Der Leser fühlt sich jedoch nicht unmittelbar von den Vorgängen betroffen. Vor allem aber erhält er keinen Vorschlag an die Hand, für dessen Umsetzung es sich zu kämpfen lohnt.

Google hat 2017 ein Zentrum für Künstliche Intelligenz (KI) in Peking eröffnet. In China ist für alle Schüler ein Lehrbuch KI verpflichtend geworden, mit der Zielsetzung fünf Millionen Experten für KI zu erhalten (3). Facebook hat auch an Huawai (4) Daten weitergegeben, deren Hardware übrigens in den meisten Mobiltelefonen steckt. In Deutschland sind viele Experten überzeugt, dass wir die Business to Consumer (B2C) Portale verloren haben. Wenn wir eine ausländische Infrastruktur benötigen, deren demokratische Entwicklung derzeit nicht absehbar ist, über die wir digital kommunizieren müssen, wird „Demokratie" nur noch von Dritten kontrolliert und manipuliert „funktionieren".

Dieses Buch will deshalb einerseits konkrete Beispiele des Alltags nennen, wo totalitäre Systeme schon schleichend um sich greifen und andererseits ein digitale Infrastruktur mit Wertschöpfungsbeteiligungskonzept vorstellen, in dem nachhaltig die Bürgerbeteiligung an der demokratischen Meinungsbildung, genauso wie die Beteiligung der Wirtschaft an der regionalen Wertschöpfung gesichert sind.

Auch dem Gesetzgeber soll, beispielhaft beschrieben anhand des Polizeigesetzes NRW, ein solides Werkzeug an die Hand gegeben werden, um mit Blick auf die digitale Zukunft die verfassungsgemäß verbrieften Grundrechte weiter garantieren zu können.

Literatur

1. **Stefan Aust, Thomas Ammann.** *Digitale Diktatur.* Berlin: Ullstein Buchverlag GmbH, 2014.

2. **Eggers, Dave.** *Der Circle.* Köln : Kiepenheuer & Witsch, 2016 .
3. **Meissler, Rolf.** HANDLUNGSEMPFEHLUNGEN KI – STUFE 1: NEUE SCHUL-INHALTE 2020. [Online]. MAI 2018. http://meissner-consulting.com.
4. **Tagesschau.de.** Daten gingen auch an chinesische Firmen. [Online] 11.06.2018. https://www.tagesschau.de/ausland/facebook-daten-china-101.html.

Lesehilfen

Der Masterplan für die demokratische Digitalisierung bindet sehr viele Themen ein. Die einzelnen Kapitel setzen die Bereitschaft voraus, sich mit unterschiedlichen Fachbereichen zu beschäftigen und sind unterschiedlich schwer zu lesen. Am abstraktesten ist Kap. 3, da es sich hierbei um Patentanmeldungen handelt.

Ich habe das Buch so aufgebaut, dass es nicht nur chronologisch gelesen werden kann. Schließlich hängt alles mit allem zusammen. Wenn das chronologische Lesen zu anstrengend wird, bieten sich verschiedene Möglichkeiten an, sich erst einmal mit naheliegenden Themen zu beschäftigen.

Der Zugang ist möglich über:

- Die 95 Thesen kommen auch im Buch vor, sind jedoch noch einmal in einer anderen Systematik zusammengefasst und mit Verweisen auf die entsprechenden Kapitel versehen.
- Unter Abschn. 4.13 sind die einzelnen Zielgruppen in der digitalen Gesellschaft aufgelistet. Dahinter befinden sich Verweise zu den Stellen, in denen die jeweilige Zielgruppe im Buch behandelt wird.
- Das Inhaltsverzeichnis unterteilt in die Schwerpunkte Grundlagen einer Demokratie Kap. 1, Totalitarismus und Standardisierung Kap. 2, Technische Verfahren für eine digitale Verfassung Kap. 3 und Dezentrale Wertschöpfungskonzepte in globalen Strukturen Kap. 4. Es ist möglich, sich erst einmal mit den gesellschaftlichen oder technischen oder wirtschaftlichen Aspekten einer demokratischen Digitalisierung auseinanderzusetzen und sich dann erst mit weiteren Aspekten zu beschäftigen.
- Außerdem stehen ein Literaturverzeichnis und das Abkürzungsverzeichnis zur Verfügung.

Im Folgenden wurden aus Gründen der Lesbarkeit bei den Begrifflichkeiten nicht beide Geschlechtsformen berücksichtigt. Hierdurch soll jedoch kein Geschlecht diskriminiert werden.

Als Initiator des „Global Institute of Structure relevance, Anonymisation and Decentralisation" (GISAD) bin ich vorläufig noch die Stimme von GISAD. Ich möchte die Idee des Institutes bekannt machen und hoffe, dass in Zukunft möglichst viele GISAD und den von mir ebenfalls initiierten Verband GADT unterstützen. Wenn ich im Folgenden von einer

Stellungnahme von GISAD spreche, gebe ich vorläufig meine eigene Meinung wieder. Das Gleiche gilt für das von mir 2007 konzipierte Trusted WEB 4.0.

In Kap. 3 zitiere ich aus eigenen Patentanmeldungen. Jeweils nach der Figur 1 erläutere ich die Zeichnungen anhand von Zahlen in eckigen Klammern. Hierdurch könnte eine Verwechslung mit den Literaturangaben entstehen, welche in runden Klammern stehen.

Inhaltsverzeichnis

1 Grundlagen einer digitalen Demokratie 1

  1.1 Definition „Digitale Gesellschaft" 1

     1.1.1 Vordigitale Gesellschaft 2

     1.1.2 Digital unterstützte Gesellschaft 2

     1.1.3 Digitale Gesellschaft 3

     1.1.4 Postgesellschaftliches System 4

     1.1.5 Blickwinkel aus unterschiedlichen Zeitaltern 4

  1.2 Digitales Wertesystem 7

     1.2.1 Kennzahlen zur gesellschaftlichen Strukturrelevanz 10

     1.2.2 Wer soll gesellschaftliche Strukturrelevanz ermitteln? 12

     1.2.3 Prozessanalysen erforderlich 13

  1.3 Digitale Bürgerbeteiligung 14

     1.3.1 Optimierung digitaler Bürgerbeteiligung 16

     1.3.2 Digital-Bürgergeld für eine Bürgerbeteiligung von allen 18

     1.3.3 Leistungsgerechte Einbindung 19

     1.3.4 Anonyme und dezentrale Bürgerbeteiligungsportale 22

  1.4 Demokratische Spielregeln 23

     1.4.1 Demokratische Maxime 23

     1.4.2 Grundlagen für eine zufriedene Gesellschaft 24

     1.4.3 Der richtige Weg 27

     1.4.4 Berücksichtigung der Grundsatzprogramme demokratischer
         Parteien 28

  1.5 Werkzeuge des Gesetzgebers für die digitale Gesellschaft 30

     1.5.1 Beispiel Polizeigesetz NRW 32

  Literatur 44

2 Totalitarismus und Standardisierung 45

  2.1 Merkmale zur Definition von digitalem Totalitarismus 47

  2.2 Demokratische Kriterien bei der Standardisierung 52

2.3 Beispiele für Einordnung in die Totalitarismus-Skala 54
    2.3.1 Mobilfunkanbieter 55
    2.3.2 Social Media Portale 56
    2.3.3 Kabelprovider 60
    2.3.4 Hostingprovider 67
    2.3.5 Mail-Provider 70
    2.3.6 Virtuelle Telefonanlage 71
    2.3.7 TV-Streaming-Dienste 72
    2.3.8 Briefpost 73
    2.3.9 Schwarm-Batterien 75
2.4 Verallgemeinerbares aus den Beispielen 85
2.5 Der Einfluss von Zertifizierungen 87
2.6 Der Einfluss von digitalen biometrischen Abdrücken 93
2.7 Der Einfluss von künstlicher Intelligenz 96
2.8 Der Einfluss von Sprachassistenten 100
2.9 Der Einfluss von Blockchain 103
2.10 Sicherheitsstufen für die Privatsphäre 107
2.11 Der Einfluss auf die Politik 109
2.12 Fazit 114
Literatur 116

3 Technische Verfahren für eine digitale Infrastruktur 121
3.1 Persönliches digitales System 123
3.2 PDS-Browser 133
3.3 Datenschutzkonforme Verwendung von Big Data 142
3.4 Dezentrales anonymisiertes Kommunikationsnetzwerk 146
3.5 Mensch-Maschine-Interaktion in Bewertungssystemen 151
3.6 Einnahmen- und Ausgaben Abrechnungssystem mit WAN Anonymität . . 158
Literatur 162

4 Dezentrales Wertschöpfungskonzept in globalen Strukturen 165
4.1 Parteipolitische Dimension des Trusted WEB 4.0 166
4.2 Ganzheitliche Verantwortung 167
4.3 Psychologische Schwelle 169
4.4 Internetpolitische Agenda – der Teufel steckt im Detail 173
    4.4.1 ECO Verband der Internetwirtschaft e.V. 173
    4.4.2 TeleTrusT – Bundesverband der IT-Sicherheit e.V. 180
    4.4.3 Verband kommunaler Unternehmen e.V. 182
4.5 Neuordnung der regionalen und globalen Wertschöpfung 185
4.6 Geschäftsrahmenmodell 190
4.7 Den ersten Platz gibt es nur einmal 192
4.8 Verhältnis vom klassischen Internet zum Trusted WEB 4.0 194
4.9 Trusted WEB Global und Trusted WEB Regional 196

4.10 Der Zeitplan ist nicht verhandelbar! 199
4.11 Die Produkte im Trusted WEB 4.0 201
      4.11.1   Transaktionsgebühren 202
      4.11.2   Service 205
      4.11.3   Strafen 210
      4.11.4   Kick Back.. 211
      4.11.5   Teilnahmegebühren 212
      4.11.6   Werbung.. 215
      4.11.7   Analysen... 216
      4.11.8   Urheberzahlungen 217
4.12 Digitale Steuern und Bargeld................................. 220
4.13 Vorteile für die einzelnen Zielgruppen 223
      4.13.1   Öffentliche Hand 223
      4.13.2   Familie und Kinder 224
      4.13.3   Innenpolitik 225
      4.13.4   Wirtschaft....................................... 225
      4.13.5   Energie 226
      4.13.6   Europa und Internationales 227
      4.13.7   Wissenschaft und Forschung 227
      4.13.8   Schule und Bildung 228
      4.13.9   Daten- und Verbraucherschutz..................... 228
      4.13.10   Arbeit und Soziales 228
      4.13.11   Integration und Flüchtlinge 228
      4.13.12   Recht 229
      4.13.13   Verkehr.. 229
      4.13.14   Medien... 229
      4.13.15   Gesundheit....................................... 231
      4.13.16   Informations- und Kommunikationstechnik (IKT) ... 233
      4.13.17   Internet der Dinge (IOT) 235
      4.13.18   Versicherungen................................... 235
      4.13.19   Banken... 236
      4.13.20   Interessensverbände.............................. 236
4.14 Schlusswort 238
Literatur... 241

Abkürzungsverzeichnis

KI	Künstliche Intelligenz
GISAD	Global Institute of Structure relevance, Anonymisation and Decentralisation
GADT	Global Association for decentralised Transformation
ROI	Return on Invest
AGZ	Analyse gesellschaftlicher Strukturrelevanz
PR	Wert für positive Relevanz
NR	Wert für negative Relevanz
PDS	Persönliches digitales System
5G	Mobilfunk der fünften Generation
CE	CE-Kennzeichnung
IOT	Internet of things
W-LAN	Wireless Local Area Network
WAN	Wide Area Network
LAN	Local Area Network
IP	Internet Protocol
IPv6	Internet Protocol Version 6
ID	Identifikator
G1	Bedingungsloses Grundeinkommen
G2	Digital-Bürgergeld
G3	Bedingungsgebundener Grundeinkommensbonus
G+	Zuverdienstmöglichkeit mit Pauschalabgabe
A1	Teilnehmer des 1. Arbeitsmarkts
B2C	Business to Consumer
DSGVO	Datenschutz-Grundverordnung
NetzDg	Netzwerkdurchsetzungsgesetz
AGB	Allgemeine Geschäftsbestimmungen

Abbildungsverzeichnis

Abb. 1.1	Energie Zieldreieck	6
Abb. 1.2	Energie mit Schwerpunkt Demokratie	7
Abb. 1.3	Energie mit Scherpunkt Wirtschaftlichkeit	7
Abb. 1.4	Ganzheitliche Betrachtungsweise von Wirtschaft und Politik	9
Abb. 1.5	Prozess zur Analyse gesellschaftlicher Strukturrelevanz	14
Abb. 1.6	Demokratische Maxime	24
Abb. 1.7	Grundlagen für eine zufriedene Gesellschaft	25
Abb. 1.8	Der richtige Weg für alle	27
Abb. 2.1	Merkmale der Totalitarismusschwelle	51
Abb. 2.2	Digitale Bürgerbeteiligung	53
Abb. 2.3	Totalitarismus-Merkmale O2	55
Abb. 2.4	Totalitarismus-Merkmale Facebook	56
Abb. 2.5	Facebook Service	59
Abb. 2.6	Totalitarismus-Merkmale Unitymedia	60
Abb. 2.7	Brief an Herrn Schüler	63
Abb. 2.8	Unitymedia Service Center	65
Abb. 2.9	Breitbandmessung	66
Abb. 2.10	Totalitarismus-Merkmale Strato AG	67
Abb. 2.11	Totalitarismus-Merkmale Yahoo	70
Abb. 2.12	Totalitarismus-Merkmale sipgate AG	71
Abb. 2.13	Totalitarismus-Merkmale YOUTV	72
Abb. 2.14	Totalitarismus-Merkmale Post	73
Abb. 2.15	Post Rechnung	74
Abb. 2.16	Totalitarismus-Merkmale Sonnenbatterie	75
Abb. 2.17	Tagesstromverbrauch und Ertrag einer 9,6 KWp PV	78
Abb. 2.18	Energienutzung bei Kombination von Fossil- und PV-Energie	79
Abb. 2.19	Zeitversetzt Heizen und Wärme nutzen	80
Abb. 2.20	Totalitarismusgefahr bei skalierenden Geschäftsmodellen	83
Abb. 2.21	Strom als Tauschware	84

Abb. 2.22   Weitere Merkmale für Totalitarismus 86
Abb. 2.23   Funkbelastung bei zentraler Schaltung 91
Abb. 2.24   Funkbelastung bei dezentraler Schaltung 92
Abb. 2.25   Sicherheitsstufen für die Privatsphäre 108
Abb. 3.1   Digitales Konzept mit Verfassungsrang 123
Abb. 3.2   Persönliches Digitales System 127
Abb. 3.3   PDS-Browser 137
Abb. 3.4   Amazon Bestelldetails 140
Abb. 3.5   Datenschutzkonforme Verwendung von Big Data 144
Abb. 3.6   Dezentrales anonymisiertes Kommunikationsnetz 149
Abb. 3.7   Mensch-Maschine-Interaktion in Bewertungssystemen 154
Abb. 3.8   Einnahmen- und Ausgaben Abrechnungssystem 161
Abb. 4.1   Vom Fürsorgestaat zur ganzheitlichen Vision 167
Abb. 4.2   Verdrängen bei persönlicher Betroffenheit 170
Abb. 4.3   Dezentrale Wertschöpfung in der Digitalisierung 188
Abb. 4.4   Kategorien optimierte dezentrale Wertschöpfung 189
Abb. 4.5   Beispiel einer Trusted WEB 4.0 Eintragsanzeige 193
Abb. 4.6   Unidirektionale Links von Anonym zu öffentlich 196
Abb. 4.7   Sinnvolle Institutionen im Trusted WEB 4.0 197
Abb. 4.8   Zeitplan für die Einführung des Trusted WEB 4.0 199
Abb. 4.9   Zahlungsfluss Transaktionen 202
Abb. 4.10   Zahlungsfluss Service 205
Abb. 4.11   Vorschlag für ein Grundeinkommensmodell 206
Abb. 4.12   Zahlungsfluss Strafen 210
Abb. 4.13   Zahlungsfluss Kick Back 211
Abb. 4.14   Zahlungsfluss Teilnahmegebühren 212
Abb. 4.15   Dezentral optimiertes Energieversorgungsmodell 214
Abb. 4.16   Zahlungsfluss Werbung 216
Abb. 4.17   Zahlungsfluss Analysen 216
Abb. 4.18   Zahlungsfluss Urheberrechtszahlungen 217

95 Thesen zur digitalen demokratischen Gesellschaft

Einbindung der Bürger in die digitale Gesellschaft

1. Digitale Demokratie geht nur mit institutionalisierter digitaler Bürgerbeteiligung.
2. Will man die Bürgerbeteiligung instrumentalisieren, so muss man einen rechtlichen Rahmen und eine Motivation schaffen, um eine dauerhafte Mitarbeit gerade der derzeit ausgeschlossenen Teile der Gesellschaft sicherzustellen. Abschn. 1.3.1.
3. Wenn staatliche Fürsorge durch ein Konzept der Teilhabe aller an der digitalen demokratischen Willensbildung ersetzt wird, findet die digitale Demokratie eine breite Akzeptanz und Verteidigung durch alle Bürger. Abschn. 1.3.1.
4. Für die digitale Demokratie ist ein System zu schaffen, in dem jeder, unabhängig von Alter, Behinderung oder gesellschaftlicher Stellung sich im Rahmen seiner Möglichkeiten in die politische Entscheidungsbildung mit einbringen kann. Hierzu bietet die Digitalisierung, richtig eingesetzt, erhebliche Chancen. Abschn. 1.1.
5. Die Kosten für einen Staat, der mit Fürsorgemaßnahmen Bürger stigmatisiert, sind in der digitalen Gesellschaft wesentlich höher als die Kosten, die entstehen, um alle in den demokratischen Prozess einzubinden. Abschn. 1.3.2.
6. Sozial nicht integrierte Gruppen werden durch die von den beruflichen sozialen Netzwerken geforderte präzise Darstellung der für die Akzeptanz in der digitalen Gesellschaft nötigen Nachweise ausgegrenzt. Abschn. 1.3.4.
7. Bei den Beziehern eines Digital-Bürgergelds geht es darum, bei den Beteiligten die innere Motivation und das Selbstbewusstsein in einem geschützten Bereich zu stärken, um dann den weiter bestehenden Leistungsanforderungen des normalen Arbeitsmarkts gewachsen zu sein. Abschn. 1.3.3.
8. Digital-Bürgergeld fördert angstfreie Kreativität und deren Umsetzung in Projekten. Abschn. 4.11.2.

Generieren von Wertschöpfung

9. Wenn Daten das Gold der Zukunft sind, dann kann eine Gesellschaft gar nicht zu viel in die Qualität der Erstellung dieser Daten investieren. Wichtig ist, dass hieraus gewonnene hochwertige Informationen allen gleichermaßen zur Verfügung stehen und nicht nur einigen wenigen globalen Playern. Abschn. 1.3.3.

10. Wer die letzten digitalen Zentimeter zum Kunden beherrscht, bestimmt die gesamte dahinterliegende Wertschöpfung. Insofern ist es unbedingt erforderlich, die Mensch-Digitalschnittstelle demokratisch zu überwachen, mit dem Ziel, leistungsgerecht die Wertschöpfung auf die dahinterliegenden Leistungsträger zu verteilen. Kap. 4.

11. Wenn wir als Gesellschaft die Probleme des digitalen Zugangs nicht lösen, dann entsteht immer mehr eine Zweiklassengesellschaft zwischen denen, die das Know-how und Geld haben, sich einen individuellen Zugang zu beschaffen und denjenigen, die von der digitalen Gesellschaft ausgeschlossen werden oder sich selbst immer mehr im Tausch für angeblich kostenlose oder kostengünstige Angebote aufgeben müssen! Abschn. 2.3.3.

12. Es muss darum gehen, ein Infrastrukturkonzept zu schaffen, welches bestehende Machtverhältnisse berücksichtigt, aber durch neue Mehrwerte ermöglicht, den Bürger in die Wertschöpfung und die Entscheidung über die Wertschöpfung einzubinden. Kap. 3.

13. Eine unterschiedliche Wirtschaftskraft, unterschiedliche Schwerpunkte und Anforderungen in den Regionen und unterschiedlicher Koordinierungsbedarf mit der Bundesebene bilden die Vielfalt in der vordigitalen demokratischen Gesellschaft ab. Abschn. 4.5

14. Die Wertschöpfung, die nicht für die Betreibergesellschaften zur Gewährleistung einer guten Infrastruktur und eines sehr guten Services nötig ist, soll den eingebundenen Leistungsträgern zu Verfügung stehen. Abschn. 4.9.

15. In der Regel ist es sinnvoll, in das regionale Betreiberkonzept kommunale Unternehmen einzubinden. Das kann eine Wirtschaftsförderung sein oder auch die Stadtwerke. Über die regionalen Betreibergesellschaften werden Existenzgründungen schon dadurch gefördert, dass für die einzelnen Kategorien regionale Lösungen gesucht werden. Abschn. 4.9.

16. Unstrittig muss die Teilnahme am Trusted WEB 4.0 für alle Bürger kostenlos möglich sein. Anstelle des Tauschkonzepts personalisierter Daten gegen kostenlose virtuelle Teilnahme, ist ein Vertrauensverhältnis zu schaffen, in dem anerkannt wird, dass jeder Leistungsanbieter, auch der private Urheber, für seine Leistung eine Vergütung erwartet. Abschn. 4.11.

17. Rein privatwirtschaftlich lässt sich Trusted WEB 4.0 nicht organisieren, weil auch Teile der Sozialsysteme im Rahmen einer WIN-WIN Situation neu geregelt werden sollten. Abschn. 4.11.2.

18. Es wird völlig neue Produkte und Dienstleistungen geben, wenn durch die Freischaltung vom ersten Tag an ein bestimmter Traffic über eine Betreibergesellschaft garantiert ist. Abschn. 4.7.

19. Unternehmen mit einem hohen Abhängigkeitsverhältnis ihrer Kunden, haben die Neigung, aus dem Blickwinkel der Wirtschaftlichkeit statistisch relevante Vorfälle über Serientexte zu automatisieren. Der Rechtsstreit im seltenen Einzelfall ist günstiger, als eine menschliche qualifizierte Kundenbetreuung für alle. Abschn. 2.3.3.

20. Verbote helfen da nicht weiter, wo durch reale Abhängigkeiten ein erheblicher Gegendruck durch die Besitzstandwahrer erzeugt würde. In einer Demokratie sollte die Mehrheit über die Gesetze entscheiden. Kap. 3.

21. Eine Kennzahl zur gesellschaftlichen Strukturrelevanz minimiert das unternehmerische Risiko, vom Konsumenten nicht als gesellschaftskonform akzeptiert zu werden oder wichtige Teile adressierbarer Zielgruppen nicht zu berücksichtigen. Abschn. 1.4.4.

22. Die bisherige betriebswirtschaftliche Sichtweise und die vorhandenen Managementstrukturen reichen nicht aus, um die gesellschaftliche Strukturrelevanz zu berücksichtigen. Auch unterscheidet sich der Ansatz grundsätzlich von der klassischen Betriebswirtschaft. Für die gesellschaftliche Strukturrelevanz spielt das Unternehmen selbst erst einmal keine Rolle. Abschn. 1.2.2.

23. Im Gegensatz zu einer betriebswirtschaftlichen Betrachtungsweise dürfen bei der Ermittlung der gesellschaftlichen Strukturrelevanz der definierte Endkundenpreis und betriebswirtschaftliche Kennzahlen wie der ROI keine Rolle spielen. Diese Faktoren werden erst im Zusammenspiel aller Kennzahlen berücksichtigt. Abschn. 1.2.3.

24. Unternehmen mit guten Kennzahlen zur gesellschaftlichen Strukturrelevanz müssen mit vereinfachten Krediten und weiteren Anreizen unterstützt werden. Abschn. 1.2.1.

25. In jüngster Zeit wird immer wieder gefordert, die letzten Staatbeteiligungen an Unternehmen wie der Deutsche Telekom zu verkaufen. Hiergegen ist grundsätzlich nichts einzuwenden, da der Staat sich in der Vergangenheit oft nicht in der Lage gesehen hat, im globalen Kontext der Wirtschaft zu denken. Aber es müssen andere Regulatoren in einer digital global vernetzten Welt an die Stelle regionaler Staaten treten. Hierbei müssen die technischen Vorteile für den Erhalt der Demokratie ausgespielt werden, mit denen man im Internet gleichzeitig regionale Communities mit regionalen Netzwerken unterstützen und diese global vernetzen kann. Adäquat zu den regionalen und überregionalen Anteilen ist auch eine Mitbestimmung bei der Verteilung der Wertschöpfung und der Einbeziehung der Bürger sicherzustellen. Will man die freien Marktkräfte möglichst wenig einschränken, gilt es, einen Hebel zu finden, über den mit minimalen Eingriffen ein maximaler Effekt für die Demokratie zu erreichen ist. Abschn. 2.4.

26. Bei einem Energie-Modell, in dem die dezentralen wirtschaftlichen Anreize im Vordergrund stehen und nicht die eine oder andere Technik subventioniert wird, werden die CO_2 Ziele schneller und für den Staat kostengünstiger erreicht. Abschn. 2.3.9.

27. Die Spielregeln für soziale digitale Marktwirtschaft müssen neu definiert werden! Abschn. 2.12.

28. Tatsächlich befinden wir uns, zunehmend unübersehbar, in einem digitalen Wirtschaftskrieg mit völlig neuen Spielregeln. Abschn. 4.14.

29. Trusted WEB 4.0 hebt die Widersprüche zwischen innerer Sicherheit und Freiheits-
    rechten in der digitalen Gesellschaft auf. Auch wird die derzeitige Wachstumsbremse
    Datenschutz so zum Wachstumsmotor und Exportschlager für deutsche Unterneh-
    men. Abschn. 4.1.
30. Die größte Hürde, um die letzten digitalen Zentimeter zum Kunden erfolgreich zu
    demokratisieren, sind die ersten Meter, welche der Trusted Web 4.0-Zug auf seiner
    Fahrt in eine digitale Zukunft zurücklegen muss. Abschn. 4.2.
31. Genau wie die Industrialisierung zu einer weltweiten Verbesserung der Lebensstan-
    dards geführt hat, muss eine die demokratische digitale Gesellschaft fördernde IT
    zum europäischen Exportschlager werden. Abschn. 4.5.

Demokratie und Totalitarismus

32. Wir leben noch in einer funktionierenden Demokratie. Jedoch entstehen durch die
    zentralisierte Digitalisierung totalitäre Tendenzen, denen mit aller Kraft entgegen-
    gewirkt werden muss. Kap. 2.
33. Ein selbstbestimmtes Leben ist nur in Freiheit möglich. Nur wenn alle gleiche Rechte
    haben, besteht die Möglichkeit, dass jeder alle seine Möglichkeiten entfalten kann.
    Abschn. 1.4.1.
34. Die DSGVO wäre in Ordnung, wenn es, wie in diesem Buch vorgestellt, eine Infra-
    struktur gäbe, in der Kommunikation ohne die Verwendung von personenbezogenen
    Daten möglich wäre und/oder der Nutzer selbst personenbezogene Daten verknüpfen
    und wieder entziehen könnte. Abschn. 1.5.
35. Digitale Hilfsmittel benötigen eine Demokratie erhaltende Infrastruktur, die einmal
    definiert, die Grundlage für eine an die digitale Gesellschaft angepasste Digitalver-
    fassung bietet. Abschn. 1.5.
36. Die besondere Herausforderung besteht darin, die Bürger mit Blickwinkel aus dem
    vordigitalen Zeitalter zu überzeugen, dass die von ihnen als selbstverständlich wahr-
    genommene Demokratie nur mit erheblichem Engagement in die digitale Gesellschaft
    übertragen werden kann. Abschn. 1.1.1.
37. Standards und Monopole dürfen nur da durchgesetzt werden, wo sie von einer Mehr-
    heit der Beteiligten verstanden und unterstützt werden. Abschn. 2.2.
38. Der gesellschaftliche Fortschritt der Vergangenheit ist wenigen Individualisten zu
    verdanken, die mutig neue Wege beschritten und die Gesellschaft so vorangebracht
    haben. Individualisten können sich einer allgegenwärtig überwachten und gleich-
    geschalteten digitalen Zukunft nicht mehr entziehen. Menschlichen Fortschritt gibt
    es nur solange, wie es mutige Individualisten gibt. Voraussetzung für Individualis-
    mus ist eine unbeobachtete, also anonyme Entfaltung in der digitalen Gesellschaft.
    Abschn. 2.8.
39. Politiker können, wie vieles andere in der digitalen Welt, weitgehend durch eine künst-
    liche Intelligenz ersetzt werden, wenn es nicht mehr um den Wert der Entscheidung

für den Einzelnen, sondern nur noch um eine statistisch bessere Gesellschaft für die Mehrheit geht. Abschn. 4.2.

40. Es steht außer Frage, dass sich innerhalb der nächsten fünf bis zehn Jahre eine einzige Zugangsoberfläche für alle zum Internet durchsetzen wird. Kap. 2.

41. In Einzelbereichen stehen wir im Zuge der Digitalisierung kurz vor einer totalitären Entwicklung beim Verhältnis von Unternehmen zu ihren Kunden oder haben die Totalitarismusschwelle bereits überschritten. Abschn. 2.3.

42. Die einfachste Möglichkeit der Beschwerdeverweigerung besteht für Unternehmen in der Unterdimensionierung einer Beschwerdehotline, so dass die Hotline de Facto nicht erreichbar ist. Abschn. 2.3.1.

43. Problematisch wird es, wenn Betreiber von gesellschaftlich strukturrelevanten Systemen auf einen vollautomatischen digitalen Zug ohne Kundensupport aufspringen. Abschn. 2.3.2.

44. Es muss in Deutschland möglich werden, die Stereotype zu verlassen, dass die Standards für die Digitalisierung im Ausland gesetzt werden. Erst dann können wir überhaupt über unsere Bedürfnisse als Deutsche oder auch als Europäer nachzudenken und richtig zu handeln. Demokratie gibt es nicht mehr zum Nulltarif. Wir sind von den guten letzten Jahren verwöhnt. Abschn. 4.3.

45. Digitale global skalierbare Geschäftsmodelle werden für Milliarden Menschen konzipiert. Die wenigsten Kunden leben in einer Demokratie. Digitale Produkte werden heute für im Wesentlichen totalitäre Länder entwickelt und lediglich minimal an die demokratischen Länder angepasst. Abschn. 4.5.

46. Ohne ein demokratisches digitales System mit Verfassungsrang wird die Demokratie nicht in die digitale Gesellschaft übertragen werden. Abschn. 1.1.1.

47. Das Adäquat einer Verfassung für die digitale Gesellschaft muss weit über das Erstellen eines Rechtstextes hinausgehen. Es müssen digitale Prozesse geschaffen werden, welche von allen an diesen Prozessen Beteiligten verstanden werden. Wenn zukünftig immer mehr Algorithmen in den Entscheidungsprozess eingebunden sind, müssen auch Computer mit Maschinenlernen die Regeln dieser Prozesse befolgen. Kap. 3.

48. Will der Staat die Demokratie in der Digitalisierung sichern, hat der Staat die WAN anonyme Datenveredelung sicherzustellen. Will er viele seiner in der digitalen Transaktion auftretenden Probleme lösen, bietet sich hierfür das bedingungsgebundene Grundeinkommen an. Abschn. 4.11.

49. Der digitale Totalitarismus ist perfide. Er lässt sich nicht an einer bestimmten Person festmachen. Der totalitäre Diktator wird substituiert durch ein darwinistisches Denken in virtuellen Geschäftsmodellen, in denen die klassischen Produktionsmittel wie Maschinen „dematerialisieren". Abschn. 2.1.

50. Anstelle die Politiker ersetzen zu wollen, sind auch diesen, genau wie den Unternehmen, über das Einbeziehen einer Bürgerbeteiligungsinstanz, präzise Informationen über den demokratischen Willen zur Verfügung zu stellen. Abschn. 1.3.

51. Die Erkenntnis als Voraussetzung für das Handeln ist erst dann gegeben, wenn die persönliche Betroffenheit größer ist, als die Angst, einen Fehler zu machen. Abschn. 4.3.

52. Ein subjektives Gefühl einer totalitären Situation reicht aus, um sich so zu verhalten, als sei die eigene Einschätzung eine wissenschaftlich belegte Tatsache. Abschn. 2.1.

53. Jeder Bürger wird im Laufe seines Lebens in Situationen kommen, in denen er ein Einzelfall ist und in einem nur auf die Zufriedenheit von Mehrheiten ausgerichteten System durch das Raster fällt. Abschn. 2.3.8.

54. Ein Merkmal für die digitale Totalitarismusschwelle ist der erhöhte Aufwand, der von einem Bürger betrieben werden muss, um ein Ersatzprodukt zu beschaffen. Abschn. 4.2.

55. Ein zweites Merkmal für die digitale Totalitarismusschwelle ist die Abhängigkeit eines Bürgers von einem Produkt oder einer Dienstleistung. Abschn. 2.1.

56. Ein drittes Merkmal für die digitale Totalitarismusschwelle ist der erhöhte Aufwand der Gesellschaft, welcher nötig ist, um einen Abhängigkeitszustand rückgängig zu machen. Abschn. 2.1.

57. Ein viertes Merkmal für die digitale Totalitarismusschwelle ist die technische Komplexität und der Entwicklungsaufwand, der nötig ist, um eine Alternative zu schaffen. Abschn. 2.1.

58. Jegliche zentrale Massenspeicherung von umfangreichen Profilen oder biometrischer Daten überschreitet an sich schon die Totalitarismusschwelle. Abschn. 2.6.

59. Grundsätzlich kann gelten, nur in absoluten Ausnahmen, wenn sonst eine flächendeckende Versorgung nicht sichergestellt werden kann, darf die Ersatzbeschaffung regional auf Einen (Wasserversorger) und überregional auf Drei (Mobilfunknetzanbieter) reduziert werden. In der Regel sollten es über zehn Anbieter sein. Abschn. 2.4.

60. Ereignis Anonymität stellt durch eine verschlüsselte ID in der Blockchain sicher, dass jede Transaktion nur im Einzelfall nach richterlicher Verfügung personenbezogenen Daten zugeordnet werden kann. Abschn. 2.9.

61. Diktatoren und solche, die es werden wollen, benutzen zunehmend das Internet und Social Media für eine ausgeklügelte Propaganda durch Fake News et cetera. Abschn. 1.3.

62. Für alle Zielgruppen kann der Satz gelten: „Lasst die anderen disruptiv, also zerstörerisch sein, wir bauen auf!" Abschn. 4.13.

63. Demokratie lebt von ihren Bürgern! So lasst uns endlich gemeinsam ein Deutschland planen, auf welches wir auch in Zukunft stolz sein können, weil es die vordigitalen Errungenschaften erhält, ja sogar in der digitalen Gesellschaft optimiert. Abschn. 4.14.

64. Für das demokratische Deutschland bietet sich die letzte Möglichkeit, im Gegenzug zu einer Rechtsanpassung, moralischen Unterstützung und Bürgschaft seine Staatsform in der Digitalisierung zu erhalten. Abschn. 4.6.

65. Anfang 2018 hatten die neu gewählten Regierungen keine Intention, die Demokratie in die digitale Gesellschaft zu übertragen. Abschn. 2.11.

Verhältnis Mensch und Technik

66. Die digital unterstützte Gesellschaft definiert sich nicht über die Anzahl oder Art der eingesetzten digitalen Produkte, sondern über die Auswirkungen dieser Produkte auf die Gesellschaft. Abschn. 1.1.2.
67. Werden die Ziele von Forschung und Entwicklung erst einmal auf die Einbindung möglichst aller Teile der Gesellschaft in die zu entwickelnden Systeme angepasst, so wird schon dadurch verhindert, dass in Zukunft die Technik den Menschen beherrscht. Abschn. 1.3.3.
68. Neben der Auseinandersetzung zwischen den Zielen von Wirtschaft und Gesellschaft werden zunehmend auch die Auseinandersetzung zwischen Gesellschaft und Technik wichtig. Technik wird gesellschaftlich unreflektiert zunehmend so entwickelt, dass sie Menschen unterdrückt, anstatt ihnen zu dienen. Abschn. 1.4.2.
69. Es sollte außer Frage stehen, dass Technik, und sei sie noch so autonom, Hilfsmittel für den Menschen und nicht sein Beherrscher sein darf. Abschn. 1.4.3.
70. Für digitale Technik und die digitale Gesellschaft gelten gleichermaßen: „Wo ein Wille ist, gibt es auch einen Weg in eine demokratieerhaltende Zukunft." Abschn. 2.5.
71. Von Angreifern gewollt, entsteht eine Gemengelage von Handlungen, in denen es sehr schwierig wird, juristisch einen Schuldnachweis zu erbringen. Das ist typisch für die zunehmende Komplexität vernetzter Systeme, in denen niemandem mehr die Schuld zugewiesen werden kann. Im Ergebnis entsteht ein optimaler Tummelplatz für Geheimdienste und Kriminelle. Abschn. 2.3.4.
72. Nur ein System, in dem es technisch nicht vorgesehen ist, die Verbindung zur Personalisierung über eine Internetverbindung herzustellen, gewährleistet digitale Anonymität. Dafür muss die fahrlässige Aufhebung der Anonymität durch den Nutzer in diesem System sanktioniert werden und einen höheren Bedienaufwand erfordern, als die Beibehaltung der Anonymität. Abschn. 3.1.
73. Im normalen Internet sind anonyme oder teilanonymen Begegnungen der vordigitalen Welt nicht abbildbar. Abschn. 4.8.
74. Es muss für jeden wie in der vordigitalen Welt möglich sein, selbst zu entscheiden, ob er eine öffentliche Rede halten will oder einen nur für seine Familie bestimmten Kommentar abgibt. In der digitalen Welt ist das nur möglich, wenn innerhalb einer komplett unabhängigen Zweitstruktur die Aufhebung von Anonymität nicht erlaubt ist. Abschn. 4.8.
75. WAN anonym bedeutet, dass keine Verbindung über ein Wide Area Network zwischen den personenbezogenen Daten und den zugehörigen getrennt verbreiteten Inhalten von Unbefugten hergestellt werden kann! Abschn. 2.2.
76. Biometrische Daten dürfen nicht über das WAN personalisiert werden können. Die reine Trennung von personalisierten Daten an einem anderen Speicherort reicht nicht aus! Abschn. 2.6

77. Cloud Angebote sind optimal, wenn sie eine hohe Verfügbarkeit und Datenintegrität gewährleisten. Die Datenverschlüsselung der gespeicherten Daten aber dezentral außerhalb der Cloud erfolgt. Abschn. 2.3.6.

78. Wenn private Daten verschlüsselt sind und hinter entsprechenden IP-Adressen liegen, gibt es keinen Grund, warum nicht alle Daten, die Daten in der Cloud genauso, wie die Daten auf dem lokalen Speicher, über die gleiche Suchmaske gefunden werden können. Es können also alle Telefonnotizen, Chats, E-Mails, Videos, Textdokumente wie Rechnungen, Bestellungen und so weiter, bei einer Suche, ohne ein spezielles Portal zu benötigen, mit durchsucht werden. Abschn. 3.2.

79. Der große Vorteil der Speicherung in der Cloud bei dezentraler Verschlüsselung besteht darin, dass Urheber oder Betroffene von Daten selbst darüber entscheiden können, wer diese Daten erhält. Cloud-Provider sind dabei reine Serviceanbieter und dürfen nicht durch Geschäftsbedingungen Urheberrechte oder die Verfügungsgewalt einschränken. Abschn. 3.3.

80. Es bestehen im Privatkundenbereich der Energieversorgung durch dezentrale Regeltechnik jenseits von Speicherlösungen erhebliche Energie-Optimierungspotenziale. Abschn. 2.3.9.

81. Durch die zunehmenden Möglichkeiten kostengünstiger, autonomer, dezentraler Systeme stellt sich die Frage, ob man nicht erst einmal dezentral einen möglichst hohen Lastausgleich bei der Stromversorgung durchführen kann. Abschn. 2.3.9.

82. Es ist sinnvoll, mit neuen Konzepten „Energie sparen" durch „Energie optimiert verbrauchen" zu ersetzen. In Zeiten, in denen Strom nichts kostet, spielt die Energieeffizienz erst einmal keine Rolle. Abschn. 2.3.9.

83. Wer eine demokratische digitale Welt will, muss die Komplexität der Digitalisierung durch einen weltweiten Kategorienstandard und Dezentralisierung reduzieren! Abschn. 4.5.

84. Updates sind auch Sicht des Trusted WEB 4.0 vor allem für Angreifer offene Türen. Abschn. 4.11.1.

85. Im Datenschutz hat man festgestellt, dass man personenbezogene Daten am besten schützen kann, wenn möglichst wenig personenbezogene Daten überhaupt gespeichert werden. Dieses Konzept wurde unter dem Begriff Datensparsamkeit zusammengefasst und lässt sich auf Hardwareentwicklungen übertragen. Als Ergänzung des CE Zeichens ist ein Trusted WEB 4.0 Zertifikat für Techniksparsamkeit sinnvoll. Abschn. 2.5.

Künstliche Intelligenz und Totalitarismus

86. Eine ausgebildete KI wird durch Daten, welche konsequent von Menschen gewertet und mit Metadaten versehen werden, unabhängig von den von Programmierern aufgestellten ethischen Regeln, von der „Denkweise" der Menschen beeinflusst werden, welche diese Metadaten erstellt haben. Abschn. 1.1.

87. Ein der jeweiligen Staatsform und dem wesentlichen Gesellschaftsziel des jeweiligen Landes entsprechendes Regelwerk sollte allen künstlichen Intelligenzen hinterlegt werden. Ein gesellschaftliches Ziel sollte priorisiert werden, welches von Menschen überprüfbar ist und nicht im Widerspruch zu den anderen Zielen steht. Abschn. 1.1.5.

88. Gegen den Einsatz von künstlicher Intelligenz ist solange nichts einzuwenden, wie der KI nur Daten aus einem Bereich zur Verfügung stehen und nicht das Ziel besteht, eine mit dem Menschen vergleichbare Omnipotenz durch die KI abzubilden. Abschn. 1.2.3.

89. Wenn generelle KI erst einmal global und flächendeckend eingeführt ist, wird eine Ersatzbeschaffung nur in dem Maße möglich sein, wie hierzu menschliche Vorkehrungen frühzeitig getroffen wurden. Abschn. 2.7.

90. „Generelle KI" hat nur wenige Gemeinsamkeiten mit „menschlicher Intelligenz". Allein von künstlicher Intelligenz getroffene Entscheidungen werden keine Entscheidungen im Sinne des Menschen sein. Abschn. 2.7.

91. Selbst ohne die Intention der totalitären Beherrschung der digitalen Gesellschaft, wie sie ja zumindest in China unterstellt werden kann, wird alleine die Forcierung einer generellen KI in Kombination mit einem weiter die Privatsphäre nicht schützenden Internetkonzept zu einer totalitären digitalen Gesellschaft führen. Abschn. 2.10.

92. Kategorienübergreifende Fragestellungen sollten nie von einer generellen KI, sondern immer mit Hilfe von Menschen und speziellen KI beantwortet werden. Abschn. 2.7.

93. Gegen das Unendlichkeitsdenken der generellen KI muss es zu jeder Zeit und anwendbar auf jeden Einzelfall die menschliche Kontrolle als letzte Instanz geben. Abschn. 2.7.

94. Sprachassistenten mit genereller KI sind das perfekte Werkzeug für den Totalitarismus. Abschn. 2.8.

95. Ein System, indem die Interaktion zwischen Menschen durch Technik dominiert wird, entspricht nicht mehr den Merkmalen einer Gesellschaft. Man kann hier von einem postgesellschaftlichen System sprechen. Abschn. 1.1.4.

Grundlagen einer digitalen Demokratie 1

Zusammenfassung

Auf Grund der Erkenntnisse der letzten Jahre lassen sich Entwicklungen präzise auf die Zukunft fortschreiben. Verschiedene Zeitalter der Digitalisierung lassen sich unterscheiden. Im Ergebnis wird die digitale Gesellschaft totalitär sein, wenn nicht ein Konzept mit Verfassungsrang vordigitale demokratische Errungenschaften übernimmt. Künstliche Intelligenzen entscheiden auf Grundlage der ihnen zur Verfügung stehenden Daten. Können Daten so aufgearbeitet werden, dass sie für die Menschen und die Digitalisierung gleichermaßen wertvoll sind? Wie muss ein digitales Wertesystem aussehen? Sind Unternehmen nachhaltig erfolgreicher, wenn sie ein solches Wertesystem berücksichtigen? Wie können alle Bürger an einer digitalen Demokratie teilhaben? Gibt es so etwas, wie ein Partei übergreifendes Verständnis von Demokratie?

1.1 Definition „Digitale Gesellschaft"

Interessanter Weise findet sich bei Wikipedia bei „Digitale Gesellschaft" nur die Beschreibung des gleichnamigen Vereins (Quelle: Wikipedia, https://de.wikipedia.org/wiki/Digitale_Gesellschaft, 30.1.2017). Alle reden irgendwie von der Digitalisierung und Veränderung unserer Gesellschaft, die klare Vorstellung fehlt.

Entsprechend wird auch oft aneinander vorbeigeredet. Der Begriff Digitalisierung (Quelle: Wikipedia, https://de.wikipedia.org/wiki/Digitalisierung, 30.1.2017) geht geschichtlich auf in Webstühlen bereits 1805 verwendete Universalcodes zurück. Er beschreibt also einen technischen Prozess, aber keinen gesellschaftlichen Wandel.

Es scheint höchste Zeit, den Begriff der „Digitalen Gesellschaft" näher zu beschreiben. In meiner folgenden Definition berücksichtige ich lediglich die gesellschaftlichen Veränderungen durch die Digitalisierung. Wie auch in der Vergangenheit der Menschheitsgeschichte

© Springer Fachmedien Wiesbaden GmbH, ein Teil von Springer Nature 2018   1
O. Berberich, *Trusted WEB 4.0 – Infrastruktur für eine Digitalverfassung*, Xpert.press,
https://doi.org/10.1007/978-3-658-22816-3_1

werden verschiedene Zeitalter, geprägt durch einen unterschiedlichen Fortschritt und den damit verbundenen Einfluss auf die Gesellschaft. Die Zeitalter haben sich früher vor allem räumlich getrennt neben einander entwickelt.

Im Folgenden möchte ich zwischen vier Arten der Gesellschaft in der Digitalisierung unterscheiden.

▶   Im Gegensatz zu früheren Zeitaltern entstehen in der Digitalisierung mehrere Parallelwelten, zwischen denen Personen sich abhängig von den gerade verwendeten Prozessen, dem digitalen Anspruch und dem digitalen Know-how bewegen.

1.1.1 Vordigitale Gesellschaft

Trusted WEB 4.0 will die vordigitalen Errungenschaften in die Digitalisierung übernehmen. Diesen Satz werde ich im Folgenden oft verwenden. In der Digitalisierung soll also die vordigitale Gesellschaft Grundlage dafür sein, welche vordigitalen Errungenschaften in die Digitalisierung übernommen werden sollten.

Die vordigitale Gesellschaft beginnt mit der Menschheitsgeschichte und wird hoffentlich noch viele Jahre in die Zukunft Bestand haben. Demokratische Errungenschaften haben sich über Jahrtausende in der vordigitalen Gesellschaft entwickelt. Man kann also davon ausgehen, dass heutige Demokratien gut durchdacht sind.

Die meisten Menschen leben heute noch gedanklich im Zeitalter der vordigitalen Gesellschaft. Entsprechend selbstverständlich nehmen sie die Demokratie wahr.

Sie wählen mit Stimmzetteln, treffen ihre Freunde persönlich und bezahlen mit Bargeld, so wie seit hunderten von Jahren.

▶   Die besondere Herausforderung besteht darin, die Bürger mit Blickwinkel aus dem vordigitalen Zeitalter zu überzeugen, dass die von ihnen als selbstverständlich wahrgenommene Demokratie nur mit erheblichem Engagement in die digitale Gesellschaft übertragen werden kann.

1.1.2 Digital unterstützte Gesellschaft

Seit Einführung von Computersysteme in den Neunzehnhundertsechzigern kann man von einer digitale unterstützen Gesellschaft sprechen. Derzeit leben wir in der Hochzeit der digital unterstützen Gesellschaft. Die Anwendungen sind vielfältig. Die Einflüsse auf die Gesellschaft begannen mit der Übernahme von Rechenprozessen durch Computer. Menschen verlassen sich immer mehr auf Computer und passen ihre eigenen Fähigkeiten darauf an. Auch ein Social Media Network war solange digital unterstützend, wie es dazu diente, Menschen nur eine Plattform zu bieten, über welche diese miteinander interagieren können. In der digital unterstützten Gesellschaft ist die Technik Hilfsmittel. Die Entscheidung, welches Hilfsmittel ein Mensch benutzt, liegt wesentlich beim Menschen. Es sind bereits erhebliche gesellschaftliche Verwerfungen am Arbeitsmarkt zu erkennen. Körperliche Arbeiten werden durch Maschinen ersetzt. Allerdings werden in Fabriken Mensch-Roboter-Kooperationen noch immer von Menschen bestimmt. So machen Menschen bestimmte Handlungen vor, die vom Roboter kopiert werden. Roboter bieten also eine digitale Unterstützung an.

Das Zeitalter der digital unterstützten Gesellschaft hat erste Auswirkungen auf die Demokratie durch die zentrale massenhafte Datenspeicherung insbesondere von personenbezogenen Daten.

Wesentlich gravierender ist jedoch, dass Daten, die heute im Rahmen der digital unterstützten Gesellschaft entstehen, für die digitale Gesellschaft später automatisch genutzt werden. Insofern werden in der digital unterstützten Gesellschaft bereits die Weichen für eine digitale Gesellschaft gestellt. Bereits jetzt muss mit einem wie in diesem Buch vorgestellten Masterplan die digitale Gesellschaft gestaltet werden, um die Demokratie zu erhalten.

> ▶   Die digital unterstützte Gesellschaft definiert sich nicht über die Anzahl oder
>   Art der eingesetzten digitalen Produkte, sondern über die Auswirkungen dieser
>   Produkte auf die Gesellschaft.

1.1.3   Digitale Gesellschaft

Im Zeitalter der digitalen Gesellschaft werden zunehmend autonome Systeme eingesetzt, deren Entscheidungsbasis nicht mehr menschlich ist. Künstliche Intelligenzen übernehmen autonome Aufgaben. Zunehmend werden diese Aufgaben komplexer und die von den autonomen Systemen ausgeführten Verfahren und Algorithmen entziehen sich dem menschlichen Verständnis und seiner Einflussnahme, so nicht besondere Vorkehrungen getroffen werden.

Zielvorgaben für menschliche Entscheidungen werden durch formelbasierte Prioritäten ersetzt.

Das Zeitalter der Digitalen Gesellschaft hat schon begonnen. Schon heute wissen wir nicht, warum uns Navigationssysteme umleiten. Bei autonomen Fahrzeugen können wir dann möglicherweise auch nicht mehr eingreifen. Wir wissen immer öfter nicht, warum eine spezielle Werbung angezeigt wird. Score Werte werden über Menschen automatisch erstellt, ohne dass die Betroffenen diese verstehen, oder den Wert beeinflussen können. Über die Blockchain- Technologie gibt es erste Versuche, den menschlichen Kontrolleur zu ersetzten.

Demokratie erhaltend müssen in jeden autonomen Prozess Überwachungsmöglichkeiten und Eingriffsmöglichkeiten durch Menschen eingebaut werden. Komplexe Prozesse müssen in autonome Einzelprozesse aufgeteilt werden, welche von Menschen wieder beherrschbar sind.

▶ Ohne ein demokratisches digitales System mit Verfassungsrang wird die Demokratie nicht in die digitale Gesellschaft übertragen werden.

Schaffen wir es nicht, die Demokratie in die digitale Gesellschaft zu übertragen, stellt sich
die Frage, ob das Zeitalter der digitalen Gesellschaft übersprungen wird und direkt ein
postgesellschaftliches System entsteht.

1.1.4 Postgesellschaftliches System

Bei einer Gesellschaft geht man im Wesentlichen davon aus, dass Menschen sich aktiv
zusammenschließen und direkt oder indirekt miteinander agieren. Sollte es nicht gelingen,
die Demokratie in die „Digitale Gesellschaft" zu übernehmen, wird es mit großer Wahrscheinlichkeit ein Zeitalter geben, in dem künstliche Intelligenzen entscheiden, wer mit
wem interagieren darf.

▶ Ein System, indem die Interaktion zwischen Menschen durch Technik dominiert
   wird, entspricht nicht mehr den Merkmalen einer Gesellschaft. Man kann hier
   von einem postgesellschaftlichen System sprechen.

Das chinesische Social Credit System, siehe Abschn. 2.7, hat schon wesentliche Merkmale einer postgesellschaftlichen Systems. Das postgesellschaftliche System ist bestens
geeignet für den Totalitarismus und unvereinbar mit der Demokratie.

1.1.5 Blickwinkel aus unterschiedlichen Zeitaltern

Das uns bevorstehende Leben in mehreren parallelen Zeitaltern ist einmalig. Wenn wir
aber eine Technik dominierte, dann totalitäre Welt nicht haben wollen, müssen wir möglichst früh technische Entwicklungen begleiten. Im Unterschied zu früheren Zeitaltern
wird die nachträgliche Regelung mit demokratischen Gesetzen nicht funktionieren. Ist
ein System erst einmal global eingeführt, ist dessen Macht so groß, dass es auf einzelne
Länder keine Rücksicht mehr nehmen muss. Als wesentliche Herausforderung kristalli-
siert sich das Training heraus, aus dem Blickwinkel unterschiedlicher Zeitalter jeweils
frühzeitig angepasste Konzepte zu entwickeln.
  Der Energiebereich, siehe auch Abschn. 2.3.9, 4.11.5.2 und 4.13.5, bietet eine gute
Grundlage, die verschiedenen Blickwinkel zu verdeutlichen. Allgemeinen Konsens bildet
hier derzeit das Zieldreieck Umweltverträglichkeit, Bezahlbarkeit/Wirtschaftlichkeit und
Versorgungssicherheit. Innerhalb dieses Konsenses haben sich viele überregionale, regionale oder sogar individuell je Bürger unterschiedliche Lösungsansätze gebildet.
  Es wird dem demokratischen Prozess und der individuellen Entscheidungsspielraum
viel Raum gelassen. Dieser Ansatz wurde eindeutig aus dem Blickwinkel einer vordigitalen Gesellschaft entwickelt.

An vielen Stellen werde ich in diesem Buch beweisen, dass es eines digitalen Systems mit Verfassungsrang benötigt, um vordigitale demokratische Errungenschaften in die Digitalisierung zu übernehmen. Das bedeutet jedoch nicht, dass demokratische Entscheidungsprozesse genauso, wie wir sie heute kennen, auch in der digitalen Gesellschaft stattfinden werden.

Vereinfachend verzichte ich hier, die digital gestützte Gesellschaft einzubeziehen und vergleiche nur die vordigitale Gesellschaft mit der digitalen Gesellschaft.

Dabei gehe ich von der positiven Variante einer demokratischen digitalen Gesellschaft aus. Tatsächlich ist Stand Frühjahr 2018 in den Regierungen kein politischer Wille zu erkennen, siehe auch Abschn. 2.11, die Demokratie in der digitalen Gesellschaft auch nur im Ansatz zu erhalten. Ein totalitäres System ist wahrscheinlich.

Wenn man die heutigen Tendenzen fortdenkt, dann kann mit an Sicherheit grenzender Wahrscheinlichkeit davon ausgegangen werden, dass künstliche Intelligenzen komplexe Aufgaben in Zukunft besser lösen können, als die Menschen.

Das oben genannte Zieldreieck bietet den kleinsten gemeinsamen Nenner, der in totalitären Staaten ebenso funktioniert, wie in Demokratien.

Will man Demokratie erhaltende Elemente in die digitale Gesellschaft mitnehmen, so geht das teilweise durch die Aufbereitung von Metadaten über ein Bürgerbeteiligungsportal, wie in den folgenden Kapiteln ausgeführt.

Das reicht jedoch nicht aus. Es muss auch ein einfaches Zielvorgabesystem entworfen werden, auf dessen Basis eine auf den Energiebereich spezialisierte KI arbeiten kann.

Da Energiesteuerungssysteme heute global entwickelt werden, sollte eine Zielvereinbarung durch die Staatsform und das wesentliche Gesellschaftsziel ergänzt werden.

Es wird nicht möglich sein, die gesamte Arbeitsweise von künstlichen Intelligenzen zu steuern, wenn man die optimale Effizienz bei möglichst reduziertem Personalaufwand erreichen will.

▶ **KI-Standard-Regelwerk** Ein der jeweiligen Staatsform und dem wesentlichen Gesellschaftsziel des jeweiligen Landes entsprechendes Regelwerk sollte allen künstlichen Intelligenzen hinterlegt werden.

Ein gesellschaftliches Ziel sollte priorisiert werden, welches von Menschen überprüfbar ist und nicht im Widerspruch zu den anderen Zielen steht.

Da auch Stromnetzbetreiber zunehmend global arbeiten, bieten sich ideale Voraussetzungen, mit globalen Stromplattformen regionale Energieverbraucher mit zentraler IT zu regeln. Auch andere Energieformen werden auf globalen Plattformen gehandelt, aber ohne die Energieregelung sind die gesellschaftlichen Auswirkungen weniger stark.

Kombiniert mit einer nicht auf eine einzelne Staatsform angepasste KI sind bei zentraler Stromregelung totalitäre Handlungen zu erwarten, weil solche Handlungen für die Mehrheit der Beteiligten aus mathematischer Sicht besser sind.

Die KI berechnet die optimalen Werte aus den Parametern Versorgungssicherheit, Wirtschaftlichkeit und Umwelt gemäß Abb. 1.1. Hier ist das unbeeinflusste Ergebnis einer KI vorhersehbar. Um die Versorgungssicherheit aufrecht zu halten, ist es viel wirtschaftlicher,

Abb. 1.1 Energie Zieldreieck

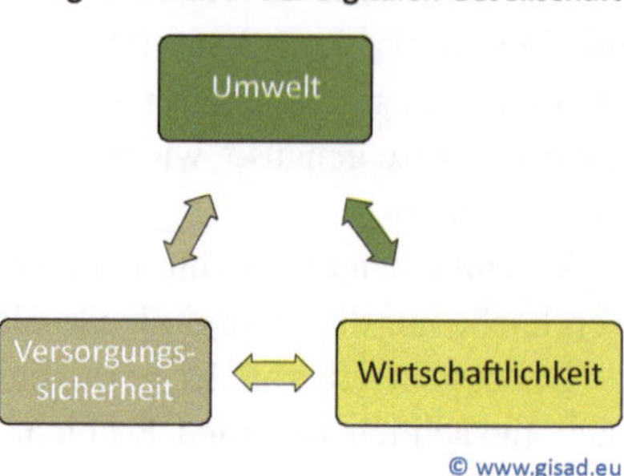

Verbraucher zeitweise zu reduzieren, als Reservekraftwerke vorrätig zu halten. Generell ist weniger Verbrauch besser für die Umwelt.

Beispiel Familie mit Kindern

Eine Beispielfamilie hat drei Kinder mit von der Norm abweichendem hohem Stromverbrauch durch langes Duschen mit warmem Wasser.

Je nach hinterlegtem globalem Regelwerk hat die KI nun folgende Möglichkeiten:

- Bei Versorgungsengpässen erhalten alle zu unterschiedlichen Zeiten die gleiche Menge Warmwasser.
- Eltern, deren Kinder zu viel Warmwasser verbrauchen, erhalten einen entsprechenden Abzug im Social Credits System und dürfen keine Kinder mehr bekommen.
- Eltern, deren Kinder zu viel Warmwasser verbrauchen, erhalten eine begrenzte Strommenge je Tag, unabhängig davon, wie viele Kinder sie noch bekommen.
- Bei Versorgungsengpässen erhalten diejenigen, die mehr zahlen, weiterhin so viel Strom, wie sie wollen zu Lasten der Strommenge, die andere erhalten, die weniger bezahlen können.

Ohne diskutieren zu wollen, welche Lösung die bessere wäre, zeigt sich, dass sich in einem KI-gesteuerten, globalen Ökosystem die Einflussnahme des Einzelnen stark reduziert. Freiheit und Vielfalt spielen hierbei eher keine Rolle.

Anstelle des Zieldreiecks würde ich gemäß Abb. 1.2 eine Fünfermatrix einsetzen und die Ziele um die Bereiche Demokratie und Freiheit für demokratische Länder erweitern.

Für Freiheit ein Formelwerk zu erstellen, ist einfacher, als es scheint. Unter Abschn. 2.3.9 habe ich vorgestellt, wie jeder Bürger sich dezentral ein Regelwerk individualisieren kann, welches von einem dezentralen autonomen Systemen – auch dieses kann KI besitzen – mit dem Angebot der zentralen Energieportale abgeglichen wird. Jeder hat also die Freiheit, in das System einzugreifen, ohne die Systemsicherheit zu gefährden.

Nun eignet sich die IT grundsätzlich auch dafür, gemäß der Grafik die Demokratie als zentrale Aufgabe in den Mittelpunkt zu stellen. Man könnte ein basisdemokratisches

Abb. 1.2 Energie mit Schwerpunkt Demokratie

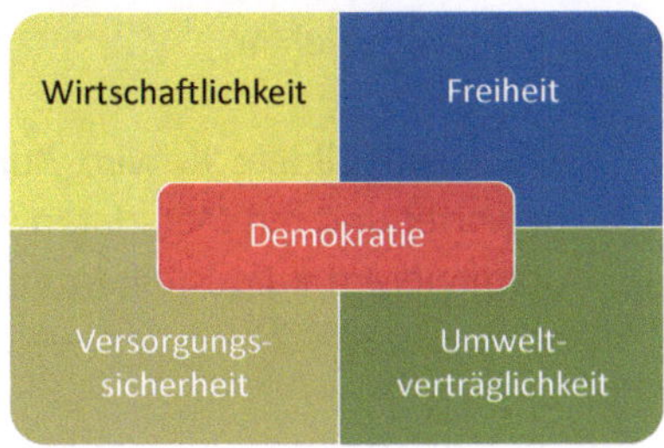

Abb. 1.3 Energie mit Scherpunkt Wirtschaftlichkeit

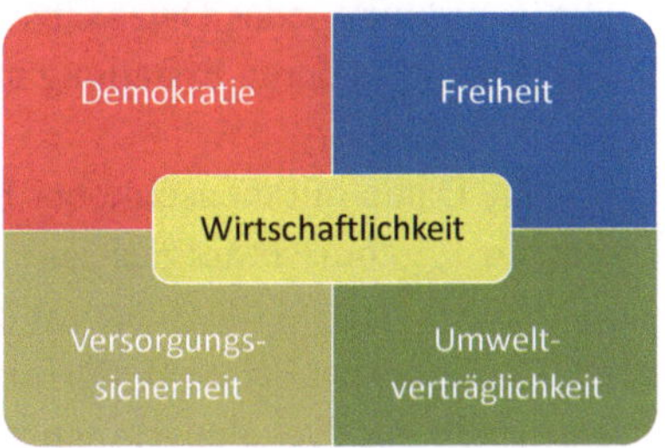

System entwickeln, in dem alle permanent über Regelwerke abstimmen. Auf diese Möglichkeit möchte ich nicht weiter eingehen. Jedem sollte klar sein, dass bei einem im Viertelstundentakt wechselnden Strompreis Basisdemokratie nicht der richtige Weg ist.

Alternativ stelle ich in diesem Buch ein Rahmenkonzept für ein regelbasiertes demokratisches System vor, in dem Kennzahlen für Strukturrelevanz und von Bürgern erarbeitete Metadaten in ein Regelwerk einfließen und so die länderspezifischen Präferenzen berücksichtigt werden. Die Teilnahme an der Demokratie hängt davon ab, dass jeder, ohne Nachteile zu erleiden, sich beteiligen kann. Das geht auch online nur anonym, wie ebenfalls im Buch vorgestellt.

Im Ergebnis entstehen für Freiheit und Demokratie Regelwerke, die funktionieren, aber technisch relativ komplex sind.

Damit die Wirtschaftlichkeit gemäß Abb. 1.3 im Mittelpunkt stehen kann, müssen dezentrale kundennahe Energiekonzepte schon in sich möglichst wirtschaftlich sein. Auch in Zukunft nötige Zukäufe von zentraler Energie können dann dezentral bestimmt, mit einer durch eine nur zeitweise Abhängigkeit stärkeren Position mit den globalen Anbietern auf Basis von Angebot und Nachfrage ausgehandelt werden.

1.2 Digitales Wertesystem

Auch wenn durch eine Singularität in Zukunft eine sich selbst verbessernde künstliche Intelligenz entstehen sollte, welche sich dann weitgehend der Einflussnahme der

Menschen entzieht, wird diese Schlussfolgerungen auf Grundlage der ihr zur Verfügung stehenden Daten ziehen.

▶ Eine ausgebildete KI wird durch Daten, welche konsequent von Menschen gewertet und mit Metadaten versehen werden, unabhängig von den von Programmierern aufgestellten ethischen Regeln, von der „Denkweise" der Menschen beeinflusst werden, welche diese Metadaten erstellt haben.

In ein digitales Wertesystem müssen einfließen:

- sich an den gewollten gesellschaftlichen Wandel anpassende Kennzahlen,
- die Zuordnung jedes Datensatzes zu einer allgemeingültigen Kategorie,
- Metadaten, an deren Erstellung möglichst alle gesellschaftlichen Gruppen beteiligt sind.

Wenn alle Daten mit menschlicher Kontrolle der durch Algorithmen und Maschinenlernen erzeugten Ergebnisse aufgearbeitet werden, kann mit großer Wahrscheinlichkeit davon ausgegangen werden, dass auch die hierauf aufbauenden Entscheidungen einer zukünftigen KI sich menschlichen Bedürfnissen unterordnen und nicht die Menschen dominieren.

Innerhalb der digitalen Transformation bestehen (1) eine zunehmende Verunsicherung breiter Bevölkerungsschichten und das Gefühl der eigenen Machtlosigkeit. Die Wahl des Brexit und die Wahl von Donald Trump in den USA sind gleichermaßen der Wunsch, dass eine starke Gegenbewegung die verlorene gefühlte Sicherheit wiederherstellt.

Die Gruppe der Nichtwähler in Deutschland liegt bei ca. 40 Prozent und ist damit stärker, als die Wählergruppe der größten Partei.

GISAD will im Folgenden ein System vorstellen, welches Teile dieser Gruppe reaktivieren kann. Laut der Bundeszentrale für politische Bildung (1) liegen „die Gründe für eine im Vergleich zu den bessergestellten Gruppen niedrige Wahlbeteiligung] ... [im mangelnden Zutrauen in eigene Kompetenzen und dem fehlenden Glauben daran, durch politisches Engagement etwas zu bewirken."

Es ist davon auszugehen, dass die Gruppe der Nichtwähler noch stark zunehmen wird, wenn die Manipulationen im Internet sich weiter verstärken und die Politik zunehmend an Einfluss verliert, weil sie dem Spiel globaler Datenverwerter, wie den Manipulationen durch Geheimdienste nichts entgegenzusetzen hat. Nicht unwahrscheinlich ist in diesem Zusammenhang auch, dass die bisher befreundete USA wesentlicher Teil des Problems wird.

Wenn sich der Widerstand des amerikanischen Establishments gegen Donald Trump weiter verstärkt, besteht eine erhebliche Gefahr, dass er seinen Einfluss auf die Dienste geltend machen wird, um andere Staaten, insbesondere anders denkende Gruppen über das Internet weltweit zu destabilisieren. Russland ist schon hoch manipulativ tätig. China beginnt, die gerade erst entstehende eigene total überwachte totalitäre digitale Gesellschaft auf uns zu übertragen. Allgemein besteht die Gefahr der Mobilisierung von gesellschaftlichen Randgruppen – hier insbesondere auch der Nichtwähler- für populistische Parteien. Gezielte Falschmeldungen erzeugen dann den falschen Eindruck, dass endlich eine starke Bewegung die eigenen Interessen vertritt.

> Für die digitale Demokratie ist ein System zu schaffen, in dem jeder, unabhängig von Alter, Behinderung oder gesellschaftlicher Stellung sich im Rahmen seiner Möglichkeiten in die politische Entscheidungsbildung mit einbringen kann. Hierzu bietet die Digitalisierung, richtig eingesetzt, erhebliche Chancen.

GISAD will einen einseitigen sozialen Blick vermeiden. GISAD sucht vielmehr eine WIN-WIN Situation zwischen einer für alle Bürger demokratischen Gesellschaft und einer gewinnorientierten Wirtschaft.

Die Wirtschaft wurde in den letzten Jahrzehnten getrieben durch Prozessoptimierungen mit dem Ziel der Produktivitätssteigerung. Hier sind die Potenziale jedoch weitgehend ausgeschöpft. Wer den Menschen in der Arbeitswelt komplett ersetzen will, übersieht, dass der Mensch letztendlich der einzige Konsument von Dienstleistungen und Produkten auf der Erde bleibt.

Die digitale Transformation greift so tief wie bisher kein Strukturwandel in das Leben aller Menschen ein. Entsprechend gravierend sind die wirtschaftlichen Folgen für Unternehmen, wenn gesellschaftliche Aspekte wie bisher in der betriebswirtschaftlichen Betrachtungsweise keine Beachtung finden.

So wie gemäß Abb. 1.4 die Demokratie alle Bürger in ihre Entscheidungen einbinden muss, um nachhaltig überlebensfähig zu sein, so werden auch nur die Unternehmen langfristig überleben, die eine ganzheitliche Sichtweise auf zufriedene Konsumenten entwickeln. Die Gesellschaft ist die Summe aller Konsumenten. Unterschiedlichste Gruppen wie Umweltschützer, Datenschützer, Wettbewerber, Hacker, Frustrierte vernichten heute in kürzester Zeit erhebliche Unternehmenswerte, weil Unternehmen Bedürfnisse der

Abb. 1.4 Ganzheitliche Betrachtungsweise von Wirtschaft und Politik

Gesellschaft nicht nachhaltig berücksichtigt haben. Ob Fake News, Shitstorms, Hacks oder auch einfach Klagen im Dieselabgasskandal, alle diese Reaktionen hätten verhindert werden können, wenn Unternehmen gesellschaftlich relevante Aspekte in der strategischen Unternehmens- und Produktplanung berücksichtigen würden.

1.2.1 Kennzahlen zur gesellschaftlichen Strukturrelevanz

Wichtigstes Instrument zur Bewertung und Prognose des Unternehmenserfolgs sind seine Kennzahlen. Dies sind quantitativ messbare, wichtige unternehmerische Tatbestände.

GISAD fordert, Kennzahlen zur gesellschaftlichen Strukturrelevanz von Produkten und Dienstleistungen zu entwickeln. Das Unternehmen muss sich dabei nicht nur mit sich selbst, sondern auch mit seinem Umfeld beschäftigen. Ähnliche Kennzahlen werden schon in der Wettbewerbsanalyse entwickelt.

Allerdings handelt es sich beim Wettbewerb meist um einen kleinen, dem Unternehmer gut bekannten Bereich.

Kennzahlen zur gesellschaftlichen Strukturrelevanz sind wesentlich schwieriger zu entwickeln. Zuerst müssen die Grundlagen definiert werden.

Gesellschaftliche Strukturrelevanz für Projekte und daraus hervorgehende Produkte und Dienstleistungen hat GISAD bereits definiert durch die nachhaltige positive Auswirkung auf breite Bevölkerungsgruppen bei Erhalt demokratischer Errungenschaften. Demokratische Errungenschaften wiederum definieren sich idealtypisch dadurch, dass bestehende rechtliche Rahmenbedingungen der vordigitalen Gesellschaft nicht angepasst werden müssen. Dies ist nur möglich, wenn die positiven Effekte für einen Teil der Gesellschaft nicht mit gravierenden Einschränkungen von Rechten, insbesondere Freiheitsrechten, von anderen Teilen der Gesellschaft verbunden sind.

Erste Ansätze in der Betriebswirtschaftslehre bietet zum Beispiel in der STEP-, STEEP- oder PESTLE- Analyse auch die Berücksichtigung von soziologischen und politischen Faktoren. Allerdings gehen diese Analysen immer vom Unternehmen aus und beschränken sich auf die direkten Auswirkungen der geschäftlichen Tätigkeit auf die Gesellschaft.

Besser funktioniert hier schon die Stakeholder-Analyse, die alle an geschäftlichen Transaktionen Beteiligten (eben die Stakeholder) in ein Wertschöpfungskonzept einbindet. Mitarbeiter, Management, Kunden, Lieferanten, etc. erhalten gleichermaßen eine physische Belohnung. Darüber hinaus identifizieren sie sich mit den Werten und Visionen der Unternehmen.

Doch auch dieser Ansatz greift zu kurz. Als Beispiel sei ein Vortrag genannt, in dem darauf hingewiesen wurde, dass die bei den DAX-30 Unternehmen erfolgreichen IT-Security Unternehmen, viel Geld verdienen, weil sie wenig Geld in die Entwicklung ihrer Sicherheitssoftware investieren. Das hätte sogar zur Folge, dass die Kunden, also hier die DAX-30 Unternehmen, nach ihrer Investition mit der erworbenen Software schlechter aufgestellt wären, als wenn sie keine Investition getätigt hätten (2).

Vordergründig wurde hier alles richtig gemacht. Die IT- Sicherheitsunternehmen bieten ihren Aktionären eine gute Rendite. Für das Kreditinstitut, welches ein solches Security-Unternehmen finanziert, besteht auf Grund der bisherigen Kennzahlen scheinbar ein sehr geringes Ausfallrisiko. Auch die Identifikation mit den grundsätzlichen Zielen, die IT sicherer zu machen, fällt nicht schwer.

Trotzdem ist auf Grund der derzeitigen Analysen und Kennzahlen eine erhebliche Fehlentwicklung zu beobachten, die nicht nur für einzelne Unternehmen, sondern auch für ganze Branchen existenzbedrohende Ausmaße annehmen kann. So stellt sich heute die Frage, ob es überhaupt sinnvoll ist, Virensoftware auf dem Rechner einzusetzen (3). Eine gesamte Branche läuft also seit Jahren in die falsche Richtung, nur weil man damit bisher sehr gut Geld verdienen konnte. Seit Jahren bekannte bessere Konzepte (4) werden nicht umgesetzt. Eine ähnliche Entwicklung ist seit Jahren in der Werbeindustrie festzustellen. Werbekunden geben immer mehr Geld dafür aus, um über immer mehr digitale Kanäle von uninteressierten Konsumenten zum Beispiel durch Adblocker abgewehrt zu werden.

In der Vergangenheit hatten solche Fehlentwicklungen ein erstaunliches Beharrungsvermögen. Die CEO´s und CFO´s waren erfolgreich, welche den Blick fest auf die ausreichende Liquidität und den kurzfristigen Return on Invest (RoI) gerichtet hatten und unbeirrt eine klare Botschaft und Marktstrategie verfolgten.

Allerdings haben sich die Zeiten gerade durch die zentralisierte, unsicher konzipierte IT verändert. Es gibt heute schon Führungskräfte, welche auf Grundlage der vielen Leaks davon ausgehen, dass alles früher oder später herauskommt. Das liegt natürlich auch an der durch die Digitalisierung zunehmend guten Vernetzung aller Menschen und der Möglichkeit, Fehlverhalten über Shitstorms derart bekannt zu machen, dass diese für Unternehmen existenzbedrohend werden könnten.

Es wäre eine Überforderung in dem sowieso schon zunehmend komplexen Unternehmensumfeld von CEO´s und CFO´s zu fordern, jetzt auch noch die gesellschaftliche Strukturrelevanz im Blick zu haben. Diese benötigen genau zwei Kennzahlen, um dann die Möglichkeit zu haben, bei außergewöhnlichen Kennzahlen nachzufragen und gegebenenfalls die Produkte anzupassen.

Eine Kennzahl sollte zwischen null und hundert die positive Relevanz für die Entwicklung der durch die Produkteinführung betroffenen Gesellschaft anzeigen. Diese positive Relevanz (PR) wird von GISAD auch als gesellschaftliche Strukturrelevanz bezeichnet. Die meisten Produkte werden eine niedrige positive Relevanz zwischen null und fünf aufweisen. Nur selten wird eine Relevanz über fünfzig zu finden sein.

Bedeutender ist die zweite Kennzahl zwischen null und hundert, welche die negativen Auswirkungen auf Teile der Gesellschaft berücksichtigt. Überall da, wo es Gewinner gibt, gibt es auch Verlierer. Die negative Relevanz (NR) sollte keinen Wert über zehn erreichen. Sonst sollte ein Unternehmen sein Produkt überarbeiten, um auch die durch ein Produkt entstehenden Verlierer mit ins Boot zu holen.

Es bietet sich an, beide Kennzahlen unter AGZ für „Analyse gesellschaftlicher Strukturrelevanz" zusammenzufassen. Die Formel lautet dann AGZ = PR−NR.

Bei einem AGZ über fünfzig sollte eine besondere Unterstützung der öffentlichen Hand, wie etwa eine hundert Prozent Anfangsfinanzierung oder eine besondere Steuerbefreiung für Investoren angedacht werden.

Auch für Banken sollten der AGZ in die zukünftige Bewertung der Kreditvergabe mit einfließen.

> ▶ Unternehmen mit guten Kennzahlen zur gesellschaftlichen Strukturrelevanz müssen mit vereinfachten Krediten und weiteren Anreizen unterstützt werden.

Zudem sollten Organisationen verpflichtet sein, wenn sie durch den AGZ Vergünstigungen erhalten, den AGZ zu veröffentlichen.

1.2.2 Wer soll gesellschaftliche Strukturrelevanz ermitteln?

Die vergangenen Fehlentwicklungen wurden insbesondere durch eine zentralisierte IT und das Internet ausgelöst. Die globale Sichtweise von den gesellschaftlichen Wandel verändernden Global Playern dient nicht der individuellen Weiterentwicklung der einzelnen Länder. Im Silicon Valley möchte man nur noch Geschäftsmodelle für Milliarden Menschen entwickeln.

> ▶ Die bisherige betriebswirtschaftliche Sichtweise und die vorhandenen Managementstrukturen reichen nicht aus, um die gesellschaftliche Strukturrelevanz zu berücksichtigen. Auch unterscheidet sich der Ansatz grundsätzlich von der klassischen Betriebswirtschaft. Für die gesellschaftliche Strukturrelevanz spielt das Unternehmen selbst erst einmal keine Rolle.

Hier ist auch der wesentliche Unterschied zum Compliance-Manager zu sehen. Dieser überprüft das Verhalten von Regelkonformität innerhalb des Unternehmens. Der Blick ist hier also nur auf das Unternehmen selbst gerichtet. Gesellschaftliche Strukturrelevanz wird nur insofern berücksichtigt, als sie bereits in die aktuelle Gesetzgebung eingeflossen ist.

Unternehmen vor Schäden durch eine Entwicklung ohne nachhaltige Kundenakzeptanz zu bewahren, ist nur ein angenehmer Nebeneffekt, nicht aber die eigentliche Intention des AGZ. Vielmehr geht es hier darum, alle gesellschaftlichen Akteure zu motivieren, an einem Strang zu ziehen, um vordigitale Errungenschaften in die digitale Transformation zu übernehmen, um die digitale Transformation im Sinne eines Zieldreiecks Sicherheit, Vertrauen und Gerechtigkeit zu gestalten.

Derzeit entsteht in Deutschland der Eindruck eines großen Flickenteppichs an Gesetzen, in dem Unternehmen ständig versuchen, durch ihre Innovationen oder die globalen Möglichkeiten, rechtsfreie Räume zu nutzen, das Recht zu umgehen. Damit werden über Hunderte von Jahren entstandene demokratische Normen und Werte untergraben, anstatt sie weiterzuentwickeln. Hier spielt auch der Dezentralisierungsgedanke eine wesentliche

Rolle. Wenn Daten im jeweiligen Rechtsraum gespeichert werden, können sich die Akteure gesellschaftlichen Sanktionen nicht entziehen.

Um gesellschaftliche Strukturrelevanz zu definieren, müssen für einzelne Bereiche wie Medizin, Straßenverkehr, Privathaushalte die relevanten vordigitalen gesellschaftlichen Errungenschaften festgehalten werden. Erst wenn man sich diese bewusst gemacht hat, kann man den positiven oder negativen Wert für die gesellschaftliche Strukturrelevanz durch ein Produkt definieren.

Zum Beispiel mag permanente Videoüberwachung in der Pflege eine erhebliche Erleichterung für die Pfleger mit sich bringen, was bedeutet sie aber für die Freiheitsrechte der Überwachten?

Die Bestimmung des AGZ wird also in der Regel, zumindest beim Mittelstand, nicht innerhalb einer Organisation, sondern von einem externen, speziell für die Erstellung des AGZ zertifizierten und spezialisierten Unternehmen durchgeführt. GISAD ist das erste Institut, welches sich mit einer Kennzahl für gesellschaftliche Strukturrelevanz beschäftigt.

In größeren Unternehmen bietet sich an, auf Vorstandsebene einen CSO einzuführen. Bei einer intensiven Internetrecherche waren unter dieser Abkürzung ein Chief Security Manager und sogar ein Chief Social Media Manager zu finden.

Es war aber keine Überraschung, dass es den Chief Society Manager nicht gibt. Je Rechtsraum sollte ein eigener Society Manager eingesetzt werden. GISAD ist überzeugt, dass es sich nachhaltig rechnet, wenn man die jeweiligen gesellschaftlichen Unterschiede in der Modifikation eines Geschäftskonzepts berücksichtigt. Der AGZ muss jedenfalls für jeden Rechtsraum neu ermittelt werden.

Auch kann die Bewertung gesellschaftlicher Strukturrelevanz nicht ohne ein breites Basiswissen ermittelt werden.

Möglichst viele Teile der Gesellschaft müssen an den Bewertungsgrundlagen von gesellschaftlicher Strukturrelevanz mitwirken. Im Ergebnis erhalten hierdurch nicht nur Unternehmen, sondern auch die Politik verlässliche Hinweise auf die gesellschaftliche Relevanz ihrer Maßnahmen und werden in das im Folgenden vorgestellte Konzept mit eingebunden.

1.2.3   Prozessanalysen erforderlich

Für die einzelnen Bereiche, die von der digitalen Transformation betroffen sind, müssen erst einmal die Prozesse analysiert und definiert werden, welche digitalisiert werden sollen. Bei jedem Prozess sollten dann die am Markt verfügbaren Geschäftskonzepte und Produkte als alternative Möglichkeiten aufgelistet werden.

> ▶ Im Gegensatz zu einer betriebswirtschaftlichen Betrachtungsweise dürfen bei der Ermittlung der gesellschaftlichen Strukturrelevanz der definierte Endkundenpreis und betriebswirtschaftliche Kennzahlen wie der ROI keine Rolle spielen. Diese Faktoren werden erst im Zusammenspiel aller Kennzahlen berücksichtigt.

Abb. 1.5 Prozess zur Analyse gesellschaftlicher Strukturrelevanz

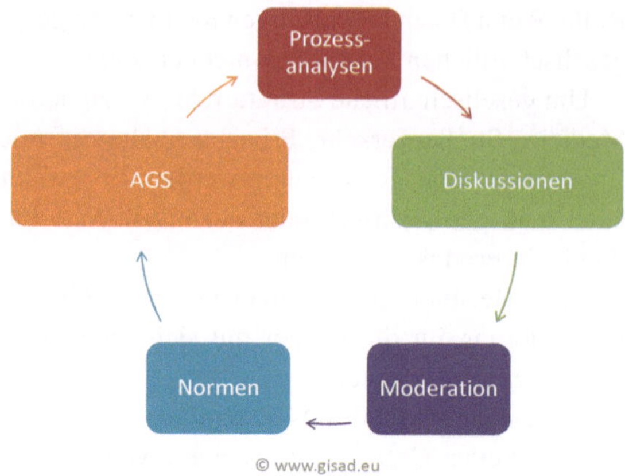

Es sind zudem objektive Kriterien und Vorgehensweisen zu entwickeln, wie die im
Rahmen von Big Data verfügbaren Informationen in die Bewertung mit einfließen können.
Personenbezogene Daten werden hierfür nicht benötigt.

Zur Analyse wird in Zukunft zunehmend KI eingesetzt werden.

> Gegen den Einsatz von künstlicher Intelligenz ist solange nichts einzuwenden,
wie der KI nur Daten aus einem Bereich zur Verfügung stehen und nicht das
Ziel besteht, eine mit dem Menschen vergleichbare Omnipotenz durch die KI
abzubilden (5).

Automatische Analysen dürfen zudem niemals als alleiniges Kriterium zur Erstellung des
AGS benutzt werden, sondern gemäß Abb. 1.5 nur als Teil in die menschliche Bewertung
mit einfließen.

1.3   Digitale Bürgerbeteiligung

Trotz ausgeklügelten Umfragesystemen und soziologischen Analysen wurden weder der
Brexit noch die Wahl von Donald Trump vorhergesagt.

Dies ist ein deutliches Anzeichen dafür, dass sich Politiker zunehmend vom Dialog
mit den Wählern entfernen. Es fehlen aber auch Instrumente der permanenten breiten
Bürgerbeteiligung. Umfragen des sogenannten Durchschnitts durch die Bevölkerung sind
nicht mehr repräsentativ, da nur die an einer Befragung teilnehmen, die sich hiervon etwas
versprechen.

Der sogenannte arabische Frühling konnte durch die weite Verbreitung von Smartphones und Social Media ausgelöst werden. Insofern wurden diese digitalen Mittel zuerst
als Treiber der Demokratie durch Aktivierung breiter Bevölkerungsteile verstanden.
Hierbei handelte es sich aber wohl eher um eine Übergangsphase, in der die Möglichkeiten der Manipulation von Social Media noch nicht bekannt waren.

Neuerdings wird Social Media, hier insbesondere Facebook, immer mehr im Zusammenhang mit Demokratie fernen Effekten gesehen.

▶ Diktatoren und solche, die es werden wollen, benutzen zunehmend das Internet und Social Media für eine ausgeklügelte Propaganda durch Fake News et Cetera.

Bei Suchmaschinen besteht grundsätzlich die Möglichkeit, unterschiedlichen Zielgruppen unterschiedliche Informationen anzuzeigen (6). In Zusammenhang mit Falschmeldungen ist es so möglich, beliebige Volksgruppen gegen einander aufzuhetzen, Wahlen zu manipulieren und sogar Bürgerkriege zu initiieren.

Wer nicht an Wahlen teilnimmt, wird in der Regel auch nicht in die Diskussion über die optimale gesellschaftliche Ausformung der digitalen Transformation einzubinden sein.

Um zu verstehen, warum breiten Teile der Bevölkerung sich durch Politik nicht angesprochen fühlen, lohnt es sich, die Motivation von Nichtwählern etwas genauer zu betrachten.

Nach Analyse der Bundeszentrale für Politische Bildung gibt es vier Gruppen von Nichtwählern (7).

Die „unechten Nichtwähler" sind auf Grund von Umzug oder Auslandsaufenthalt verhindert. Diese Gruppe muss in der digitalen Transformation durch eine digitale einfache Wahlmöglichkeit eingebunden werden. Dies ist mit dem in Abschn. 3.1 bereits vorgestellten persönlichen digitalen System möglich (4). Genau, wie bei allen anderen sozialen Gruppen, ist zudem in der digitalen Transformation die Möglichkeit einer permanenten Bürgerbeteiligung unabhängig vom Aufenthaltsort zu schaffen.

Die „grundsätzlichen Nichtwähler" fühlen sich von der Politik nicht vertreten und meist auch nicht in die Gesellschaft integriert. Die digitale Transformation ist dann erfolgreich, wenn neue Konzepte entwickelt werden, welche diese Gruppe in einen konstruktiven Dialog einbinden. Optimaler Weise wird die soziale Kompetenz und das Selbstvertrauen der Betroffenen hierdurch so gestärkt, dass sie sich aus ihrer prekären Situation befreien können. Hierauf wird bei dem unter Kap. 4 Dezentrales Wertschöpfungskonzept in globalen Strukturen vorgestellten Wertschöpfungsmodell der digitalen Bürgerbeteiligung noch weiter eingegangen werden.

Die „konjunkturellen Nichtwähler" entscheiden je nach persönlicher Wichtigkeit der Wahl, ob sie wählen gehen oder nicht. Auch hier kann angenommen werden, dass die Beteiligung an der gesellschaftlichen Entwicklung wesentlich größer ist, wenn die Möglichkeit der Beteiligung in inhaltlich ausdifferenzierten Communitys optimal auf die individuelle Bedürfnislage zugeschnitten ist.

Die „bekennenden Nichtwähler" sind informiert, aber mit der Politik unzufrieden. Hier kann davon ausgegangen werden, dass diese in dem Maße in den politischen Prozess eingebunden werden können, wie sie eine echte Möglichkeit haben, die Politik mitzugestalten.

Die digitale Transformation wird alle Teile der Gesellschaft durchdringen. Es ist noch nicht entschieden, ob wir eine demokratische digitale Gesellschaft erreichen werden oder in einem postgesellschaftlichen System totalitär dominiert werden, siehe Abschn. 1.1.3.

Es müssen in immer kürzerer Zeit eine Vielzahl von Entscheidungen getroffen werden. Politiker sind nicht mehr in der Lage, sich mit den einzelnen Teilbereichen in der nötigen Tiefe zu beschäftigen. Deshalb sind sie geneigt, den Interessensgruppen nachzugeben, die über einfache und vordergründig überzeugende Argumente verfügen. Vereinfachte, weil einseitige Vorschläge, sind oft hoch qualifizierten Marketingexperten zu verdanken und nicht für die Erarbeitung einer echten WIN-WIN Situation für alle gesellschaftlich relevanten Gruppen zuträglich.

Jedoch zeigt das Scheitern der Partei „Die Piraten", dass andererseits das Fachwissen in einem Bereich nicht reicht, um sich langfristig in der Politik zu behaupten.

▶ Anstelle die Politiker ersetzen zu wollen, sind auch diesen, genau wie den Unternehmen, über das Einbeziehen einer Bürgerbeteiligungsinstanz, präzise Informationen über den demokratischen Willen zur Verfügung zu stellen.

Hierbei darf Bürgerbeteiligung nicht nur als spontane Kundgebung im Rahmen von Shitstorms funktionieren, sondern muss eine feste Instanz innerhalb der digitalisierten Gesellschaft werden.

1.3.1 Optimierung digitaler Bürgerbeteiligung

Davon ausgehend, dass durch die derzeitigen Tendenzen digitaler Fehlentwicklungen die demokratische Gesellschaft und die Freiheitsrechte der Bürger durch zunehmende Überwachung und Manipulationen in ihren Grundfesten bedroht sind, muss der Bürgerbeteiligung und dem Erhalt repräsentativer Informationen durch den Staat eine zentrale Bedeutung eingeräumt werden.

▶ Will man die Bürgerbeteiligung instrumentalisieren, so muss man einen rechtlichen Rahmen und eine Motivation schaffen, um eine dauerhafte Mitarbeit gerade der derzeit ausgeschlossenen Teile der Gesellschaft sicherzustellen.

Auf den ersten Blick gibt es zuhauf Portale, die jedem Bürger die Möglichkeit geben, sich zu beteiligen. Es gibt die Möglichkeit, sich an Petitionen zu beteiligen, zu Zeitungen Kommentare zu verfassen oder sich in den sozialen Medien zu äußern. Auch, wenn diese Vielfalt zukünftig, wie oben beschrieben, mit Hilfe von künstlicher Intelligenz besser analysiert werden kann, dann fehlt hier doch die qualifizierte weiterführende Diskussion.

Wenn jeder sich über alles äußert, werden zudem immer weniger Fakten berücksichtigt und auf Grund einer emotionalen Stimmung einer zufällig zur Äußerung motivierten Gruppe der Politik Entscheidungsvorlagen übermittelt.

Zudem ist davon auszugehen, dass sich nur die Teile der Bevölkerung zu Wort melden, welche sowieso die jeweilige Diskussion bestimmend. Die von der Gesellschaft durch fehlende sprachliche Kompetenz, Herkunft, prekäre Beschäftigung, Behinderung oder Alter ausgeschlossenen Teile beteiligen sich nicht oder erst dann, wenn sie durch Wahl einer populistischen Partei ihrer Unzufriedenheit Ausdruck geben.

Es werden also für alle Bereiche des Lebens Experten (im Folgenden auch Kategorienmanager genannt) gebraucht, die in der jeweiligen Kategorie die Informationsströme bewerten und kanalisieren. Idealerweise werden diese Experten gerade aus den Nichtwählern gewonnen. Es scheint auf den ersten Blick paradox zu sein, dass gerade jemand, der nicht in die Gesellschaft integriert ist, der Politik zuarbeiten soll.

Kategorienmanager müssen eben nicht selbst Inhalte erstellen, sondern in zugewiesenen Bereichen die Inhalte (einer Kategorie) einer Community organisieren.

Dies kann nur funktionieren, wenn diese Arbeit

- keine Berufsausbildung voraussetzt,
- keine hohe aktive sprachliche (rhetorische) Kompetenz erfordert,
- durch Anonymität jegliche Stigmatisierung wegen Aussehen, Alter oder Herkunft ausschließt,
- sich auf einen klar definierten Bereich (Kategorie) begrenzt, die eine Spezialisierung als Laien-Experte zulässt,
- in einem Rahmen erfolgt, in dem sich alle Beteiligten voll in der eigenen Leistungsgeschwindigkeit in die Arbeit einbringen können, ohne sich um ihr Grundeinkommen sorgen zu müssen,
- echte Verantwortung und damit soziale Anerkennung mit sich bringt.

Es ist davon auszugehen, dass diese Kategorienmanager zumindest in einer Orientierungsphase einen wesentlichen Teil ihrer wöchentlichen Zeit mit der Organisation der Community zubringen werden.

Um insbesondere auch die sich in prekären Arbeitsverhältnissen Befindlichen einzubinden, schlägt GISAD ein Digital-Bürgergeld für jeden Kategorienmanager vor. Näheres ist unter Abschn. 4.11 „Die Produkte im Trusted WEB 4.0" ausgeführt.

Ein Nachweis der geleisteten Arbeitsstunden wird nicht erwartet. Es wird davon ausgegangen, dass der soziale Druck der Community und der Politik groß genug ist, damit eine entsprechende Arbeit von der Mehrheit der Beteiligten erbracht wird.

Dieses System kommt übrigens den Ursprüngen der Demokratie in Athen nahe, in dem die Regierungsmitglieder ausgelost wurden (8). Ein solches System würde aber heute nicht mehr, wie in „DIE Zeit" vorgeschlagen, funktionieren, weil die Vielfalt und Komplexität der Themen es nicht mehr zulassen, das jeder über alles entscheidet. Das Problem ist ja gerade, dass Berufspolitiker zu jedem Thema einfache volksnahe, aber trotzdem nicht triviale Antworten erwarten.

Die folgenden drei Beispiele zeigen, wie die für den Einzelnen unterschiedlichen Anreize zu einer nachhaltigen Teilnahme am demokratischen System führen können.

Beispiele der Motivation für die Teilhabe

Da ist die alleinerziehende Mutter, die für ihr Kind viel Zeit braucht und keine adäquate Stelle findet. Als Kategorienmanagerin kann sie ihre Arbeit von Zuhause aus machen und ist finanziert. Hierdurch erhält sie die Reputation, um nach einer gewissen Zeit wieder ins Berufsleben einzusteigen.

Da ist der nicht ausgefüllte Rentner. Er wird sich in dem Bereich bewegen, den er kennt und benötigt die Vorbereitungszeit nicht. Ihm geht es vor allem um die Einbindung in die Gesellschaft. Auch bei ihm sollte eine monetäre Anerkennung, wie zum Beispiel eine bessere Absicherung im Pflegefall, überlegt werden. Viele Rentner verlieren heute ihr gesamtes Vermögen, wenn ein Heimaufenthalt nötig, aber nicht bezahlbar, wird. Möglicherweise wird diese Diskussion aber auch im Rahmen der Einführung des Grundeinkommens anders gelöst. Einige Ideen habe ich hierzu unter Abschn. 4.11 „Die Produkte im Trusted WEB 4.0" entwickelt.

Da ist der 25 Jährige ohne Berufsabschluss. Er hat seinem Hobby viel Zeit gewidmet und kennt sich in diesem Bereich für einen Kategorienmanager ausreichend gut aus. Allerdings traut ihm niemand ohne Schulabschluss etwas zu. Er bleibt solange Kategorienmanager, bis der Arbeitsmarkt auf ihn aufmerksam wird.

Der letzte Fall ist sicher nicht die Regel. Allerdings die, die es schaffen, werden zum Vorbild und Multiplikator für alle, dass sie es auch schaffen können.

▶   Wenn staatliche Fürsorge durch ein Konzept der Teilhabe aller an der digitalen demokratischen Willensbildung ersetzt wird, findet die digitale Demokratie eine breite Akzeptanz und Verteidigung durch alle Bürger.

1.3.2 Digital-Bürgergeld für eine Bürgerbeteiligung von allen

Aus einem solchen Konzept sollte in einem zweiten Schritt ein System für alle entwickelt werden, in dem ein bedingungsloses Grundeinkommen das absolute Existenzminimum der jetzigen Sozialleistungen abdeckt, bei dem aber jeder, abhängig von seiner Leistungsfähigkeit bei einer grundsätzlichen Leistungsbereitschaft ein erweitertes Digital-Bürgergeld erhält.

Das Grundeinkommen wird derzeit von vielen (9) als Steuerreform angesehen, welche alle sozialpolitischen Transfers ersetzt und dadurch einfacher und gerechter ist.

Man sollte bei der Umstellung die Chance nutzen, darüber hinaus durch eine erwartete, aber nicht durch den Staat überprüfte Gegenleistung, breite Teile der Gesellschaft in den demokratischen Prozess einzubinden.

Deshalb lehnt GISAD das rein bedingungslose Grundeinkommen ab.

Dieses stellt wie Harz IV die Menschenwürde in Frage, da es weiterhin zwischen in sinnvolle Arbeit eingebundenen und nicht integrierten Menschen unterscheidet.

Gemäß der Vermächtnisstudie der Zeit (10) fürchten die Menschen mehr als Krieg, in Zukunft kein selbstbestimmtes Leben mehr führen zu können. Eine aktive Mitbestimmung der gesellschaftlichen Entwicklung ist also jedem wichtig.

Über Arbeit definieren sich die Einzelnen selbst und möchten einen wichtigen Gegenwert für das erhaltene Geld leisten. Das Grundeinkommen sollte also in der Regel von einer, wenn auch leistungsgemäß noch so kleinen Gegenleistung – optimaler Weise für den Erhalt der Demokratie – abhängig sein, damit der Lohnempfänger sich nicht wie ein Almosenempfänger fühlt.

Es gibt zwei wesentliche Voraussetzungen, um ein solches Konzept zu realisieren:

Jeder muss den gleichen, einfachen, sicheren und anonymen Zugang zum Internet erhalten (11), welcher auf seine individuellen Barrieren Rücksicht nimmt.

Soweit irgendwie möglich, muss jeder[1] am digitalen demokratischen Prozess teilhaben können. Die Ergebnisse aus dieser Teilhabe müssen mit einer Verbindlichkeit in den politischen Entscheidungsprozess einfließen.

Der Verwaltungsaufwand für die Kontrolle des Digital-Bürgergelds reduziert sich auf die staatliche Kontrolle, ob bei der grundsätzlichen Verweigerung einer Leistung ein entsprechendes Attest vorliegt, dass aus gesundheitlichen Gründen eine solche Leistung nicht erbracht werden kann. Darüber hinaus können Automatismen eingebaut werden, um eine grundsätzliche Beteiligungsverweigerung festzustellen, wie unter Abschn. 3.6 beschrieben.

> ▶ Die Kosten für einen Staat, der mit Fürsorgemaßnahmen Bürger stigmatisiert, sind in der digitalen Gesellschaft wesentlich höher als die Kosten, die entstehen, um alle in den demokratischen Prozess einzubinden.

1.3.3 Leistungsgerechte Einbindung

Will man Bürger unabhängig von ihrer Leistungsfähigkeit einbinden, so bedarf es hierzu mehrerer Schwierigkeitsgrade der digitalen Arbeit.

Während bisher die digitale Transformation vor allem dazu genutzt wurde, einfache Arbeiten wegzurationalisieren, bietet gerade die Digitalisierung auch die Möglichkeit, Arbeit in verschiedene Arbeitsschritte von schwer bis einfach aufzuteilen. Wenn es darum geht, Menschen, die der Sozialstaat sowieso finanzieren muss, in die Gesellschaft

---

[1] Sicherlich wird man den Begriff „jeder" noch näher definieren müssen. Bestimmte kognitive Voraussetzungen, wie das Begreifen des Konzepts der Mitbestimmung sind natürlich notwendig. Nach entsprechendem ärztlichem Attest könnte ein Grundeinkommen auch ohne Gegenleistung gewährt werden.

einzubinden, dann muss der Prozessoptimierungswunsch ersetzt werden, durch den Wunsch, für jeden eine adäquate Aufgabe zu bieten. Alle Arbeitsschritte werden Computer unterstützt, wie in Abschn. 3.5 „Mensch-Maschine-Interaktion in Bewertungssystemen" vorgeschlagen.

Die unterste Ebene der Teilhabe ist die Selektion von Links in drei Bereiche.

Hier wird unterschieden zwischen „für die Kategorie passend", „für die Kategorie unpassend", „zur Prüfung (ob strafbar oder Fake News)".

Links können zu Beiträgen von Social Media Portalen genauso führen, wie zu Zeitungsbeiträgen oder normalen Websites.

Für diese Arbeit ist das grundsätzliche Verständnis der Information (Text, Video, Audio) erforderlich. Das von mir entwickelte technische Assistenzsystem weist bereits zum Beispiel durch Analyse relevanter Schlüsselwörter auf einen möglichen strafbaren Inhalt einer Information hin. Da die Zeit keine Rolle spielt, in der eine Aufgabe erledigt wird, können auch der Sprache noch nicht mächtige Immigranten zu einer solchen Aufgabe herangezogen werden. Um grundsätzlich einem Text die richtige Kategorie zuzuordnen, kann sich dieser mit Übersetzungsprogrammen weiterhelfen. Auf ein perfektes Ergebnis kommt es nicht an. Die Qualität der Ergebnisse wird durch die Redundanz und die Mehrstufigkeit erreicht.

Überarbeiten zehn Kategorienmanager die gleiche Information und kommen acht zum gleichen Ergebnis, ist das Ergebnis mit sehr hoher Wahrscheinlichkeit richtig.

Sind es nur fünf, sollten die Ergebnisse von der nächst höheren Qualifizierungsstufe überprüft werden. Auf einer noch höheren Qualifizierungsstufe entscheidet ein Kategorienmanager oder ein im ersten Arbeitsmarkt Tätiger mit juristischen Vorkenntnissen über die Strafrelevanz und meldet diese. Dieses sind nur Beispiele, welche innerhalb der Entwicklung des Bürgerbeteiligungssystems dann weiter ausdifferenziert werden.

Diese Ergebnisse werden immer höhere gesellschaftliche Strukturrelevanz haben, als die eines automatischen Algorithmus. Breite Teile der Bevölkerung werden in den Informationsbeschaffungs- und Informationsanalyseprozess eingebunden. Würden die vorhandenen Daten nur automatisch analysiert, wären die Ergebnisse schon deshalb schlechter, da nicht die durchaus unterschiedlichen Denk- und Entscheidungsprozesse aller Teile der Gesellschaft berücksichtigt würden. Bewertungsabweichungen bei der Bewertung durch mehrere Kategorienmanager müssen genau – hier dann auch teilweise automatisch – untersucht werden. Handelt es sich möglicherweise gar nicht um einen Bewertungsfehler, sondern um die unterschiedliche Sichtweise auf Grund des gesellschaftlichen Hintergrunds?

> ▶ Werden die Ziele von Forschung und Entwicklung erst einmal auf die Einbindung möglichst aller Teile der Gesellschaft in die zu entwickelnden Systeme angepasst, so wird schon dadurch verhindert, dass in Zukunft die Technik den Menschen beherrscht.

Bis auf die Rentner sollten alle das Ziel haben, als Kategorienmanager die Qualifikation für den ersten Arbeitsmarkt zu erhalten, wo sie dann produktionsgerecht je Stunde bezahlt werden. Kategorienmanager erhalten unabhängig von ihrer Qualifizierungsstufe alle ein

Digital-Bürgergeld. Abhängig von ihrer Anerkennung von der Community sollte ein Bonussystem für besondere Leistungen eingeführt werden. Aber es muss immer eine klare Abgrenzung zwischen dem produktionsgerecht bezahlten ersten Arbeitsmarkt und dem teilhabegerecht bezahlten bedingungsgebundenen Grundeinkommen ohne detaillierte Leistungskontrolle geben.

▶ Bei den Beziehern eines Digital-Bürgergelds geht es darum, bei den Beteiligten die innere Motivation und das Selbstbewusstsein in einem geschützten Bereich zu stärken, um dann den weiter bestehenden Leistungsanforderungen des normalen Arbeitsmarkts gewachsen zu sein.

Wollen Medien in den basisdemokratischen Bewertungsbereich eingebunden sein, so müssen sie eine Möglichkeit schaffen, alle ihre neuen Beiträge als Link in das Bürgerbeteiligungsportal einfließen zu lassen. Ein aktueller Trend für Unternehmen, Kunden besser kennen zu lernen, ist Social Listening, also das automatische Zuhören und Analysieren, was die Kunden denken. Diese Informationen sind auch für die Politik äußerst interessant.

In dem hier vorgestellten Bürgerbeteiligungskonzept wird die Möglichkeit (12) geschaffen, über eine Bewertung in die verlinkte Seite „hereinzuhören". Dabei müssen aber alle personalisierbaren Bestandteile entfernt werden, zumindest, wenn die Bewerter sonst stigmatisierbar wären.

Kommentare zu den Links der einzelnen Kategorien können mit auf die jeweilige Kategorie zugeschnittenen KI-Systemen im Zusammenspiel mit Kategorienmanagern ausgewertet werden, um Politik und Wirtschaft einen Überblick über Probleme als Entscheidungsvorlagen zur Verfügung zu stellen.

Die Politik kann bestimmte Fragestellungen an Diskussionsforen der Communitys zurückgeben. Qualifiziertere Aufgaben eines Kategorienmanagers können hier in der Moderation von Diskussionen und in der Erstellung einzelner Diskussionsbeiträge bestehen.

Ein erstes Pilotprojekt zu einem anonymen Reputationsportal wurde bereits unter dem Namen getmysense durchgeführt (12).

Hieraus übernommen werden sollte eine Aufteilung der Bürgerbeteiligung in ca. tausend Kategorien. Hiermit lassen sich alle Bereiche des Lebens abbilden. Die Kategorien wurden bereits mit aufwendigen empirischen Untersuchungen 1999 bis 2001 vom Medienforschungsinstitut GraTeach entwickelt (13). Mehr Kategorien wären in der Differenzierung nicht mehr beherrschbar, weniger nicht differenziert genug.

Es ist zu erwarten, dass durch diese diskriminierungsfreie und zeitlich nicht begrenzte, auf Lern- und Leistungsgeschwindigkeit der Einzelnen angepasste Integration für viele in die anschließende Arbeitsaufnahmen im regulären Arbeitsmarkt münden.

▶ Wenn Daten das Gold der Zukunft sind, dann kann eine Gesellschaft gar nicht zu viel in die Qualität der Erstellung dieser Daten investieren. Wichtig ist, dass hieraus gewonnene hochwertige Informationen allen gleichermaßen zur Verfügung stehen und nicht nur einigen wenigen globalen Playern.

1.3.4 Anonyme und dezentrale Bürgerbeteiligungsportale

Ein wesentlicher Unterschied zu vorhandenen Reputationsportalen, wie den beruflichen sozialen Netzwerken XING und LinkedIn, besteht in der Anonymität des hier vorgestellten Bürgerbeteiligungsportals.

Bisherige Reputationsportale sind der oberen Mittelschicht vorbehalten. Eine gute schriftsprachliche Fähigkeit und vorzugsweise ein Studium sind Voraussetzung dafür, bei solchen Portalen wahrgenommen zu werden.

Wer ist das, wie sieht sie/er aus und was hat sie/er für Kontakte, stehen im Vordergrund.

> ▶ Sozial nicht integrierte Gruppen werden durch die von den beruflichen sozialen Netzwerken geforderte präzise Darstellung der für die Akzeptanz in der digitalen Gesellschaft nötigen Nachweise ausgegrenzt.

Will man also alle Teile der Gesellschaft zur digitalen Bürgerbeteiligung aktivieren, so ist nicht nur das Weglassen der direkten persönlichen Daten wie Name, Bild, Adresse, Alter nötig, sondern es dürfen auch keine indirekten Hinweise zur Verfügung gestellt werden, auf Basis derer eine Personalisierung und Rückschlüsse auf den gesellschaftlichen Status vorgenommen werden könnten. Hierzu gehören Lebenslauf, Ausbildung, Freundeskreis, Verlinkung von privaten Freizeitaktivitäten, etc.

Bereits wenige Merkmale reichen aus, um eine Person eindeutig identifizieren zu können. Diese Identifizierung kann man wesentlich erschweren, in dem die unterschiedlichen Interessen in unterschiedlichen Bereichen auf unterschiedlichen Kategorien-Servern gespeichert werden. Zwischen diesen Daten wird in der Auswertung keine Beziehung hergestellt.

So wird vermieden, dass ein Gesamtprofil erstellt wird, welches, wie in der zentralen Datenspeicherung immer mehr zu sehen, ein lückenloses Personenprofil vom Tagesablauf bis zum kompletten Kaufverhalten und damit den gläsernen Menschen abbildet.

Für die Grundeinkommen finanzierten Kategorienmanager ist die vollständige Anonymität obligatorisch. Auch soll über die im Workflow eingebundene Interaktion hinaus keine direkte Kontaktaufnahme mit einem Kategorienmanager möglich sein, um jede Möglichkeit der Beeinflussung zu vermeiden.

Alle Urheber von Datensätzen, welche diese manuell mit dem Bürgerbeteiligungsportal verlinken oder automatisch – wie heute durch RSS-Feeds möglich – einfließen lassen, können entscheiden, ob sie über den im Bürgerbeteiligungsportal dargestellten Link anonym erreicht werden wollen.

Durch die obligatorische Verknüpfung mit einem unter Abschn. 3.1 „Persönliches digitales System" vorgestellten PDS könnte die Impressumspflicht für diejenigen entfallen, die einen Rücklink von ihrer Webseite auf die entsprechende Linkseite des Bürgerbeteiligungsportals setzen. Im Falle von Rechtsverstößen ist über den in berechtigten Einzelfällen regionalen Richterentscheid eine Personalisierung durch einen Rechtsanwalt möglich.

Die Reputation eines Einzelnen leitet sich in diesem Konzept lediglich von der Qualität der mit dem anonymen Profil verknüpften Inhalte ab.

Unter Abschn. 3.5 „Mensch-Maschine-Interaktion in Bewertungssystemen" habe ich eine Kombination aus manuellem und automatischem Verfahren vorgestellt, um die Qualitätsbewertung durch Mitglieder des Bürgerbeteiligungsportals in einem Rankingwert darzustellen.

1.4 Demokratische Spielregeln

GISAD ist Partei unabhängig. Ausschließlich unter dem Blickwinkel der digitalen Transformation möchte GISAD die vordigitalen demokratischen Errungenschaften in die digitale Transformation übernehmen. Hierzu vergleicht GISAD die allgemein anerkannten Ziele der vordigitalen Gesellschaft mit ihrer derzeitigen Umsetzung in die Digitalisierung. Die im Vergleich mit der vordigitalen Zeit entstehenden Tendenzen werden auf die weitere Entwicklung für die Zukunft projiziert. Entstehen hierbei signifikante Abweichungen, dann versucht GISAD Vorschläge zu machen, um zielfernen Fehlentwicklungen entgegenzuwirken.

Aktuell sind die am deutlichsten feststellbaren Fehlentwicklungen ein zunehmender Überwachungsstaat, eine zunehmende Gefahr der massenhaften Manipulation mittels IT und ein zunehmendes Ungleichgewicht zwischen den am Wertschöpfungsprozess Beteiligten, zugunsten weniger Datenverwerter und Zugangsanbieter zu den Daten als Währung der Zukunft.

Sieht man sich die Programmpunkte aller demokratischen Parteien an,

kann man diese in „Der richtige Weg", „Grundlagen für eine zufriedene Gesellschaft" und „Demokratische Maxime" aufteilen.

1.4.1 Demokratische Maxime

Die Ziele der Grundsatzprogramme demokratischer Parteien (14–18) unterscheiden sich nicht grundsätzlich.

Es werden nur unterschiedliche Schwerpunkte auf Grund der Interessen der vertretenen Wählerzielgruppen und unterschiedlicher Meinung über Wege der Umsetzung definiert.

Lediglich in den Punkten der inneren und äußeren Sicherheit gibt es große Unterschiede zwischen CDU/CSU einerseits und SPD, FDP, Bündnis 90/Die Grünen, Die Linke andererseits.

Will man die Forderungen von GISAD hierzu positionieren, so ist GISAD wegen dem deutlich abweichenden Standpunkt zur inneren und äußeren Sicherheit zur CDU/CSU nicht kompatibel. Die Durchsetzung von Überwachungsmaßnahmen, oft sogar gegen Gesetze der Europäischen Union, ist Treiber einer für die Demokratie brandgefährlichen Fehlentwicklung.

Abb. 1.6 Demokratische Maxime

Vergleicht man die einzelnen Veröffentlichungen von GISAD mit den Forderungen der anderen oben genannten Parteien, so stehen die unterschiedlichen Schwerpunkte in der Regel gemäß Abb. 1.6 nicht im Konflikt mit den GISAD- Forderungen. Vielmehr bieten die GISAD-Studien in den Grundsatzprogrammen noch nicht berücksichtigte Aspekte, welche konfliktfrei in die entsprechenden Parteiprogramme eingebaut werden könnten. Parteien, welche diese Aspekte berücksichtigen, haben theoretisch ein gutes Fundament, um die digitale Transformation zu gestalten.

▶ **Gleiche Rechte für alle** Ein selbstbestimmtes Leben ist nur in Freiheit möglich.
   Nur wenn alle gleiche Rechte haben, besteht die Möglichkeit, dass jeder alle seine Möglichkeiten entfalten kann.
   Souverän kann nur handeln, wer sich auf Gerechtigkeit verlassen kann.

Fairness bedeutet auch da, wo es keine Sanktionen oder nur ungenaue Regeln gibt, andere so zu behandeln, wie man auch selbst behandelt werden will.

Wenn die Maxime nicht nachhaltig umgesetzt werden, fehlt das Vertrauen, welches für ein regelkonformes Verhalten die Voraussetzung bildet.

1.4.2   Grundlagen für eine zufriedene Gesellschaft

Lebensqualität definiert sich gemäß Abb. 1.7 nicht alleine durch das eigene Einkommen und die eigene Gesundheit. Vielmehr sind wir immer Teil unserer Umwelt. Nur, wenn es unserer Umwelt gut geht, ist auch für uns eine akzeptable Lebensqualität überhaupt möglich. Insofern müssen in die in dieser Studie vorgestellte AGZ Kennzahl globale Faktoren, wie Internationale Konflikte und ökologische Herausforderungen einfließen. Ein Unternehmen, welches sich im eigenen Land gesellschaftskonform verhält, aber durch sein Verhalten anderswo Kriege auslöst, bedroht auch die Sicherheit im eigenen Land.

Wohlstand wird nicht nur über den eigenen Wohlstand, sondern auch über den Wohlstand des einzelnen Stadtviertels, der Stadt, der Region und des Landes definiert. Gemäß der bereits zitierten Vermächtnisstudie von „Die Zeit" will fast die Hälfte der Deutschen eine Obergrenze beim Einkommen. Das bedeutet aber im Umkehrschluss nicht, dass eine Umverteilung von reich auf arm möglich wäre.

Abb. 1.7 Grundlagen für eine zufriedene Gesellschaft

Wer einmal in einem Strukturwandel die tatsächlich von ihrem unmittelbaren Untergang bedrohten Besitzstandswahrer überzeugen wollte, sich radikal an den nötigen Veränderungen anzupassen, der weiß, dass der Versuch einer Umverteilung von Vermögen oder Einkommen von oben nach unten zu existenzbedrohenden Verwerfung in der Gesellschaft führen würde.

Viele Besitzstandwahrer gehen eher unter, als sich zu verändern.

Jeder Politiker, der dies ernsthaft versuchen wollte, würde sehr schnell ausgewechselt. Schließlich wächst der Einfluss der besitzenden Teile der Gesellschaft auch bei entsprechendem Vermögen an.

Politische Lippenbekenntnisse in diese Richtung wurden in der Vergangenheit immer in der Realpolitik zurückgenommen.

Die Diskussion der Umverteilung hilft also nicht weiter und bildet eine einseitige Sichtweise eines Teils der Bevölkerung ab. Es ist vielmehr ein Anreizsystem zu schaffen, indem alle profitieren, wenn es allen Teilen der Gesellschaft gut geht. Das hier vorgestellte Bürgerbeteiligungskonzept, in dem alle Teile der Gesellschaft zum digitalen Wohlstand in Form von gut aufgearbeiteten digitalen Daten beitragen und später alle Teile gleichermaßen von den Daten profitieren, muss einen hohen gesellschaftlichen Stellenwert besitzen.

Entsprechend ist die Politik aufgefordert, die Umsetzung von einem solchen Konzept zu priorisieren.

Hierbei ist auch das Problem der Anerkennung der Bevölkerungsteile gelöst, die bisher an den Rand der Gesellschaft gedrängt wurden. Wer anerkannt ist, wird nicht kriminell. Gesellschaftliche Randgruppen sorgen zudem für gesellschaftliche Unruhen und damit für eine empfundene Verschlechterung der Lebensqualität aller. Obwohl es uns heute so gut geht, wie noch nie, fühlen wir uns subjektiv oft nicht so, weil in unserer Umwelt viele Bedrohungen vorhanden sind. Einige Bedrohungen nehmen wir erst heute durch die zunehmende Informationsvernetzung überhaupt wahr.

Es ist ein generelles Umdenken nötig. Einfache Formeln wie „Unternehmen schaffen Arbeitsplätze" sind nicht mehr zeitgemäß. Erfolgreiche Unternehmen wurden in der Vergangenheit zunehmend global und schafften Arbeitsplätze da, wo die Lohnkosten und Steuern niedrig sind. Jeder kann vom Erfolg dieser Unternehmen an der Börse profitieren. Diese Art der Bürgerbeteiligung führt zwar bei richtigem Einsatz zu finanziellen Gewinnen, hat aber immer weniger mit der eigenen Gesellschaft zu tun.

Viele Unternehmenslenker fühlen sich so auch nicht mehr einem bestimmten Land verantwortlich. Ohne Protektionismus fördern zu wollen, hilft, wie bereits beschrieben, die Veröffentlichung landesspezifischer Kennzahlen über die Strukturrelevanz für das einzelne Land dabei, den Bezug von Unternehmen zu einzelnen Ländern wieder herzustellen.

Shareholder selbst sind von dem Land, in dem sie wohnen, abhängig. Zumindest gilt das, wenn sie nicht selbst wieder globale Unternehmen sind. Sie haben also ein fundamentales Interesse daran, in einer funktionierenden Gesellschaft zu leben.

Bei der derzeitigen Niedrigzinspolitik bleiben neben hoch riskanten StartUp-Investitionen nur die Investitionen in Aktien der meist global agierenden Unternehmen.

Alternativ gibt es noch die Möglichkeit, in gemeinnützige Organisationen zu investieren. Diese dürfen aber nur begrenzt wirtschaftlich ausgerichtet sein.

Das wiederum entspricht der Zielsetzung der AGZ Kennzahl nicht. Hier wird durchaus von einem wirtschaftlichen Erfolg ausgegangen. Nur die Anlaufkosten und Refinanzierungszeiten von Investitionen sind deutlich höher als bei normalen Wirtschaftsunternehmen. Die nachhaltige Investition in zu der eigenen Gesellschaft konformen Produkten führt im Optimalfall, auf mittlere Sicht von circa zehn Jahren betrachtet, dann sogar zu einer höheren Unternehmensrendite. Hierfür sind Investoren-Modelle mit ansteigenden Zinsen und spät einsetzender Tilgung zu überlegen.

Für Konzepte mit hoher AGZ Kennzahl müssen auf jeden Fall staatliche Anreize geschaffen werden, ob über hundert Prozent Finanzierung der benötigten Forschung, staatliche Bürgschaften oder Steuervergünstigungen für den Investor.

> ▶   Neben der Auseinandersetzung zwischen den Zielen von Wirtschaft und Gesellschaft werden zunehmend auch die Auseinandersetzung zwischen Gesellschaft und Technik wichtig. Technik wird gesellschaftlich unreflektiert zunehmend so entwickelt, dass sie Menschen unterdrückt, anstatt ihnen zu dienen.

Auch eine sich dem Menschen unterordnende Technik muss positiv im AGZ berücksichtigt werden.

Sicherheit wurde von GISAD schon unter vielen Aspekten beleuchtet und ist zentraler Treiber für die von GISAD gesetzten Schwerpunkte Anonymisierung und Dezentralisierung von IT- Strukturen.

Sicherheit steht im Zusammenhang mit allen anderen Grundlagen für eine zufriedene Gesellschaft. Eine zentralisierte IT mit zunehmender Vorratsdatenspeicherung und Sammlung persönlicher Datenprofile benutzt das nicht nachgewiesene Argument für mehr Sicherheit zum Beispiel in der Terrorismusbekämpfung, um die Überwachung ständig auszuweiten.

Treiber dieser Tendenzen sind Geheimdienste, die schon gemäß ihrem Namen weitgehend unter Ausschluss der Öffentlichkeit arbeiten.

Es besteht zwischen den Geheimdiensten ein Wettbewerb um die besten Datenanalysetools und um die meisten Daten.

Dieses Verhalten ist in der Außenspionage eines jeden Landes notwendig. Die innere Sicherheit kann aber gerade dadurch ausgebaut werden, dass durch dezentrale und anonyme Speicherung massenhafte Überwachung weder für fremde, noch für eigene Dienste möglich ist.

Das Thema Sicherheit wird derzeit noch nicht so heftig diskutiert, wie zum Beispiel das Thema der Gleichberechtigung, weil die Auswirkungen auf die Freiheitsrechte für den Einzelnen noch nicht so deutlich spürbar sind.

Die gesammelten Daten wachsen jedoch zu einer lebenslangen Überwachung jedes Details aus dem Leben Einzelner an. Durch ständig verbesserte Analysetools können diese Daten dann beliebig zur Manipulation jedes einzelnen benutzt werden. Ist ein solches totalitäres System erst einmal eingeführt, ist es fast nicht mehr rückgängig zu machen und führt zum langfristigen Verlust der Freiheitsrechte aller Bürger. Schließlich stimmt die derzeit betriebene Sicherheitsstrategie nicht mit den im Konsens von allen demokratischen Parteien gesetzten Maximen überein und ist schon deshalb abzulehnen.

1.4.3 Der richtige Weg

Wenn also über alle demokratischen Parteien hinweg ein grundsätzlicher Konsens darüber besteht, welche Maxime anzustreben sind und wie sich eine zufriedene Gesellschaft definiert, dann muss es auch den einen richtigen Weg geben, um diese Ziele zu erreichen.

Parteien sind dann erfolgreich, wenn sie einen möglichst großen Teil der Bevölkerung von ihrem richtigen Weg, vergleiche Abb. 1.8, überzeugen.

Im Wahlkampf 2017 wurden erstmals die tatsächlichen und zu erwartenden gesellschaftlichen Veränderungen der digitalen Transformation sichtbar. Historisch gewachsene Wählergruppen fanden bei ihrer Stammpartei wenige Informationen, wie diese die digitale Zukunft gestalten wollen.

Bisher wurden die Bereiche Wirtschaft, Zukunft, Innovationen und Wachstum einerseits und Bildung, Engagement, Arbeit, Bürgerbeteiligung andererseits als zwei Bereiche gesehen.

Je nach Klientel stellen sich die Parteien auf eine der beiden Seiten und betrachten das Gesamtgeschehen von dieser Seite aus.

So wurde historisch die CDU/CSU und die FDP eher auf der Seite der Wirtschaft und die SPD/Die Grünen/Die Linke eher auf der Seite der einzelnen Menschen gesehen. Die Argumente wurden der Gruppe angepasst, welche der Partei am nächsten steht.

Abb. 1.8 Der richtige Weg für alle

Kommt eine Partei in die Regierung, ist sie plötzlich vielen Sachzwängen durch alle gesellschaftlichen Gruppen ausgesetzt. So ist auch zu erwarten, dass Parteien mit unterschiedlichen Wahlprogrammen in der Regierung Entscheidungen treffen, die sich nicht wesentlich voreinander unterscheiden. In diesem Rahmen ist die Verweigerung der FDP 2017 zur Jamaika-Regierungsbildung positiv zu sehen und ein Signal, dass im Rahmen der digitalen Transformation eine radikale Zäsur nötig ist. Die historisch sich entwickelten Argumente verschiedener Parteien berücksichtigen immer weniger die radikalen Veränderungen, in denen wir uns befinden und die uns noch bevorstehen.

Wenn es nicht zumindest einer demokratischen Partei gelingt, kompetent und einfach Lösungen für alle Teile der Gesellschaft vorzustellen, dann werden auch in Deutschland zukünftig Frustwahlen die Populisten stärken.

Insofern müssen Institute wie GISAD gefragt sein, welche ohne parteipolitische Scheuklappen Veränderungen analysieren und zu offensichtlich falschen gesamtgesellschaftlichen Entwicklungen versuchen, ganzheitliche Lösungen zu finden.

Ein weiterer Bereich gerät hierbei zunehmend in den Blickpunkt, die autonome Technik. Diese wird oft unreflektiert von der Wirtschaft nach der Devise „Es wird gemacht, was machbar ist" entwickelt. Technik soll ja auch weitgehend menschliche Arbeit ersetzen. Dass der Mensch der einzige Konsument auf der Erde ist, findet hier wenig Beachtung. Anders, als bei den anderen beiden Bereichen kann es jedoch nicht darum gehen, Technik als Interessensgruppe zu vertreten.

> Es sollte außer Frage stehen, dass Technik, und sei sie noch so autonom, Hilfsmittel für den Menschen und nicht sein Beherrscher sein darf.

Will man alle Interessenlagen unter einen Hut bringen, dann reicht die Wirtschaft als Treiber von Innovationen und Zukunft nicht mehr aus. Es müssen vielmehr Konzepte geschaffen werden, in denen, wie als ersten Schritt durch ein Bürgerbeteiligungsportal angeregt, Teile der Gesellschaft selbst zu Innovationstreibern werden.

Wenn mit autonomen Robotern in Zukunft jeder seine eigene Fabrik aufmachen kann, dann muss sich auch der Blickwinkel der Wirtschaftsförderung weg von der Förderung skalierbarer Geschäftsmodelle und hin zu kleinen regionalen Produktions- und Dienstleistungszentren entwickeln. Diese kleinen Unternehmen können jedoch nicht durch die AGZ-Kennzahl abgebildet werden, weil sie für eine gesamtgesellschaftliche Veränderung zu unbedeutend sind. Es muss also ein Verfahren entwickelt werden, um viele kleine Unternehmen zu clustern und daraus eine Gruppenkennzahl zu entwickeln.

1.4.4   Berücksichtigung der Grundsatzprogramme demokratischer Parteien

Betrachtet man einmal die Forderungen der einzelnen Grundsatzprogramme (19), dann fallen doch viele ähnliche Formulierungen auf. Die Grundsatzprogramme sind Ergebnis eines jeweils langen demokratischen Entscheidungsbildungsprozesses.

Es gibt hier viele Gemeinsamkeiten. Die klientelpolitischen Unterschiede werden oft nur beim genauen Lesen der Texte deutlich.

Im Folgenden wurden Forderungen der einzelnen Parteien gemischt. Die Aufzählung ist weder vollständig, noch genügt sie einer eindeutigen inhaltlichen Ordnung. Es geht vielmehr darum, die gemischten Texte der einzelnen Parteien auf sich wirken zu lassen.

Manche Forderungen wirken wie aus einer anderen Zeit. Oft handelt es sich um allgemeine Parolen, unter denen man nichts oder alles verstehen kann. Manchmal ist eine Formulierung aber auch sehr konkret.

- Freiheit und Sicherheit, Privatsphäre und Freiheit von Zwang, Freiheit braucht Sicherheit, umfassende Sicherheitspolitik, Verantwortung für Sicherheit und Frieden, Sicherheit in Freiheit, Sicherheit im Wandel, soziale Sicherheit, im demokratischen Sozialstaat,
- Erneuerung der globalen Marktwirtschaft, in der globalen dezentralen Transformation,
- Schutz der natürlichen Lebensgrundlagen, intelligenter Verbrauchen, Ökologie heißt Nachhaltigkeit, sparsamer Ressourcenverbrauch, Ökologie und Lebensstil, Energiewende und Schutz der Umwelt, sozial-ökologischer Umbau, Natur ist unser Leben,
- Aktive Bürger, starker Staat, Balance zwischen Bürger und Staat, Menschenrechte, Gewaltfreiheit,
- Sozialpolitik und Gerechtigkeit, friedliche und gerechte Welt, Sozialstaat als Partner-Bürgerschaftliches Engagement, Primat der Politik und Prinzip der Nachhaltigkeit, Soziale Demokratie, solidarische Bürgergesellschaft und demokratischer Staat,
- Konsequente Umsetzung der Gewaltenteilung – Selbstverwaltung der Justiz einführen
- Technik und Menschen, Menschen übernehmen Verantwortung, Stärkung der individuellen Rechte,
- Chance Europa, Einheit in Vielfalt, Deutschlands Rolle in der Welt
- Freiheit des Einzelnen, Selbstentfaltung, Vielfalt, Bürgersouveränität, Selbstbestimmung verwirklicht Freiheit, Freiheit, Gleichheit, Brüderlichkeit, Überwindung jeglicher Form der Diskriminierung, Individuelle Freiheit und Entfaltung der Persönlichkeit,
- Fairness und Verantwortung, keine Gleichmacherei, Teilhabegerechtigkeit, der vorsorgende Sozialstaat,
- Fortschritt durch Selbstbestimmung, bürgerliches Engagement, Selbstorganisation, Subsidiarität, gute Arbeit für alle,
- Solide Finanzen, von der Schuldenbremse zur Schuldenfreiheit
- Sicherheit für den Staat, mehr Vertrauen in den Menschen als den Staat, Freiheit braucht Rechtsstaat, Staat ist Schiedsrichter des Marktes, nicht Mitspieler, Durchsetzung von Demokratie und Rechtsstaatlichkeit, handlungsfähiger Staat und aktive Wirtschaftspolitik
- Regionales Wirtschaften, Stärkung globaler und regionaler Kooperationen, moderne Dienstleistungspolitik, strategische und ökologische Industriepolitik,
- Verantwortung, Solidarität, Nachhaltigkeit,
- Wachstum braucht Innovationen durch Wissen, Forschung und Technik, Wissensökonomie, nachhaltiger Fortschritt und qualitatives Wachstum, Wissen und Ideen als Produktivkräfte,

- Wirtschaft und Ökologie, Wirtschaft und Gerechtigkeit, Wirtschaft und Selbstbestimmung, Wirtschaft und Demokratie, Demokratie und Politik
- Freiheit und Wachstum brauchen Ordnungsrahmen, Mitbestimmung der Gewerkschaften, starke Mitbestimmung,
- Geistiges Eigentum muss geschützt, seine Nutzung möglich sein, Unabhängigkeit der Medien, Wissensproduktion und Urheberrecht,
- Eigentumsfrage und Wirtschaftsdemokratie, Solidarökonomie
- Möglichkeit des sozialen Aufstiegs, gleichberechtigte Teilhabe, Zugangsrecht zum Arbeitsmarkt
- Bildung führt zu Mündigkeit und ist Voraussetzung für die Bürgergesellschaft
- Bürgergeld, sozialer Ausgleich, armutsfeste solidarische Rente für alle

Es stellt sich die Frage, ob ein Verfahren entwickelt werden kann, welches den Forderungen der einzelnen Parteien einen bestimmten Faktor zuordnen.

Es müsste zwischen über die Parteien hinweg gültige Forderungen und Forderungen für ein bestimmtes Wählerklientel unterschieden werden.

Wählerklientelforderungen dürften nur im Verhältnis der Wähler einer Partei zur wahlberechtigten Bevölkerung berücksichtigt werden.

Aus den Faktoren aller Forderungen könnte eine Basis für die Ermittlung der positiven gesellschaftlichen Relevanz (PR) und der negativen gesellschaftlichen Relevanz (NR) ermittelt werden. Da Gesellschaften sich ständig weiterentwickeln, müssen die Werte sich an politische Veränderungen anpassen können.

Wenn man dann noch mit Hilfe von KI die zuzuordnenden Ergebnisse der Bürgerbeteiligungsportale berücksichtigen könnten, würde eine sehr genaue, jährlich im Unternehmen anzupassende Kennzahl, entstehen.

▶ Eine Kennzahl zur gesellschaftlichen Strukturrelevanz minimiert das unternehmerische Risiko, vom Konsumenten nicht als gesellschaftskonform akzeptiert zu werden oder wichtige Teile adressierbarer Zielgruppen nicht zu berücksichtigen.

1.5   Werkzeuge des Gesetzgebers für die digitale Gesellschaft

Es besteht derzeit die allgemeine Tendenz, staatliche Überwachung mittels digitaler Hilfsmittel auszubauen. In kleinen Schritten wird das Bundesverfassungsgericht dazu bewegt, die verfassungsgemäßen Rechte der Bürger immer weiter aufzuweichen.

Der Fokus von GISAD liegt auf der Beschäftigung mit der digitalen Gesellschaft, in der zunehmend Algorithmen und künstliche Intelligenzen in die Entscheidungsprozesse eingebunden sind und sich massiv auf die Gesellschaft auswirken werden.

Erstmalig leben wir parallel in verschiedenen Zeitaltern. Die Gesetzgebung erfolgt aus dem Blickwinkel der vordigitalen Gesellschaft. In dieser setzen wir bereits digitale

Hilfsmittel, wie Computer, ein. Diese Hilfsmittel sind allerdings noch vollumfänglich dem menschlichen Willen unterworfen und verändern so die Gesellschaft nicht grundsätzlich, siehe Abschn. 1.1.

Problematisch an der aktuellen Gesetzgebung ist, dass sie Wirkung auf eine, von ihr nicht berücksichtigt, veränderte Zukunft entfalten will. Während die vordigitale Gesellschaft in ein über viele Jahre entwickeltes, oft zu enges Regelkorsett eingebunden ist, kann sich die digitale Gesellschaft unkontrolliert entwickeln, da die verabschiedeten Gesetze auf Grund veränderter Voraussetzungen nicht greifen.

Selbst wenn die Gesetzgebung diese veränderten Voraussetzungen berücksichtigen würde, fehlt ihr derzeit eine adäquate digitale Infrastruktur, um Gesetze durchsetzen zu können. Die technische Ausgestaltung dieser digitalen Infrastruktur muss selbst Teil der Gesetzgebung werden.

GISAD will erreichen:

- dass eine digitale Infrastruktur mit Verfassungsrang zur Durchsetzung von Gesetzen in der digitalen Gesellschaft entwickelt wird,
- dass bis dahin Gesetze nur auf Zeit verabschiedet werden und nicht nur angepasst, sondern einfach komplett ersetzt werden können,
- dass von der Politik Forderungen nach der Entwicklung Demokratie konformer digitaler Hilfsmittel gestellt werden.

Alle Gesetze, welche bisher versucht haben, die ersten Ausläufer einer digitalen Gesellschaft zu regeln, wie zum Beispiel das Netzwerkdurchsetzungsgesetz (NetzDG), Leistungsschutzrecht und die Datenschutz-Grundverordnung (DSGVO) erreichen die gesetzgeberischen Ziele nicht oder noch schlimmer, konterkarieren sie sogar. So trifft die DSGVO die Kleinen, während die globalen Player ihre Marktstellung ausnutzen, um sogar neue Einschränkungen der Privatsphäre, wie etwa die Gesichtserkennung, durchzudrücken.

Allerdings erreicht die DSGVO auch Gutes, indem sie ein Bewusstsein für die von der Gesetzgebung nicht gelösten Probleme schafft. Hierzu sei mir eine kleine Anekdote erlaubt:

Für einen Routinegesundheitscheck hatte ich einen Termin bei einem mir unbekannten Facharzt. Nach meinem Beruf gefragt, antwortete ich mit „Demokratieretter". Mir blieb der besorgte ärztliche Blick nicht verborgen, ob er nun einen Kollegen für die Psyche hinzuziehen müsste. Wohl auch, um eine mögliche Überweisung abzuchecken, wollte er mehr wissen. Zum Thema Überwachung bekam ich die mir wohl bekannte Stereotype als Antwort, dass das ihn ja nicht betreffen würde und er nichts zu verbergen hätte. Als ich dann das Wort DSGVO fallen ließ, wurde er plötzlich hell wach und schimpfte, dass der Markt für externe Datenschutzbeauftragte leer gefegt sei und wenn man einem bekommen würde, würde der fünftausend Euro fordern. Meine Antwort, dass die DSGVO ein gescheiterter Versuch sein, die Probleme der Digitalisierung zu lösen und dass ich eine Infrastruktur entwickele, um die DSGVO überflüssig zu machen, brachte mir dann einen schriftlichen Vermerk des Arztes ein, aber wohl nicht für die Überweisung zu einem Kollegen, sondern um mein Engagement weiter im Auge zu behalten. Innerhalb von nicht einmal zehn Minuten Gespräch habe ich mich so in den Augen des Arztes vom Verschwörungstheoretiker zum Experten gewandelt.

Tatsächlich gibt es sowohl beim Gesetzgeber, als auch bei der Bevölkerung, eine mit der Zunahme der realen Bedrohung verfassungsgemäßer Grundrechte steigende Verdrängung.

▶ Die DSGVO wäre in Ordnung, wenn es, wie in diesem Buch vorgestellt, eine Infrastruktur gäbe, in der Kommunikation ohne die Verwendung von personenbezogenen Daten möglich wäre und/oder der Nutzer selbst personenbezogene Daten verknüpfen und wieder entziehen könnte.

Wenn es eine solche Infrastruktur gäbe, wäre die DSGVO allerdings auch unnötig. Ohne entsprechende Infrastruktur erhöht die DSGVO die Überwachungsbefugnisse durch die zwangsweise hierfür herbeigeführten Einverständniserklärungen der Nutzer.

Die Gesetzgebung für die digitale Gesellschaft muss zu einem neuen soliden Handwerk werden, welches von jedem Juristen beherrscht werden kann.

Hierzu gehört nicht nur, dass er menschliche Entscheidungen und Strafen für menschliches Fehlverhalten regelt, sondern auch die digitalen Hilfsmittel, die zur Umsetzung des gesetzgeberischen Willens nötig sind, präzise definiert. Sobald er sich nicht mehr aus Vorgaben für technische Entwicklungen heraushält, wird er feststellen, dass es zur Durchsetzung der Gesetze nicht ausreicht, sich in der Kommunikation mit dem Bürger auf ausländische Kommunikations-Portale zu verlassen.

▶ Digitale Hilfsmittel benötigen eine Demokratie erhaltende Infrastruktur, die einmal definiert, die Grundlage für eine an die digitale Gesellschaft angepasste Digitalverfassung bietet.

1.5.1 Beispiel Polizeigesetz NRW

1.5.1.1 Voraussetzungen für ein Polizeigesetz mit Wirkung auf die digitale Gesellschaft

Wenn auch in Zukunft Verurteilungen und längerer Freiheitsentzug durch Richter geregelt werden und digitale Hilfsmittel durch Behördenleiter genehmigt werden, so wird doch mit an Sicherheit grenzender Wahrscheinlichkeit Künstliche Intelligenz in Zukunft die Entscheidungsprozesse vorbereiten und beeinflussen. So wird in China und den USA bereits eine intelligente Gesichtserkennung zur automatisierten Fahndung erfolgreich eingesetzt. Predictive Policing ist weltweit auf dem Vormarsch.

GISAD spricht sich nicht gegen den Einsatz von technischen Hilfsmitteln aus, sondern sieht sogar die Möglichkeit, technische Hilfsmittel umfangreicher, als geplant einzusetzen. Hierfür muss eine entsprechende digitale Infrastruktur geschaffen werden. Die Politik ist aufgefordert, daran mitzuwirken, damit Grundrechte bereits im Design zukünftiger technischer Hilfsmittel berücksichtigt wurden. Dass es geht und wie es geht, wurde bereits in mehreren einem Trusted WEB 4.0 entsprechenden Patentanmeldungen in Kap. 3 gezeigt.

Es darf nicht den Entwicklern überlassen werden, welche Zielgruppen mit welchen digitalen Hilfsmitteln unter welchen Umständen und zur Einhaltung welcher Gesetze überwacht und gegebenenfalls sogar manipuliert werden.

Die an der Gesetzgebung beteiligten Juristen und Politiker müssen ohne Programmierkenntnisse in der Lage versetzt werden, Gesetze so zu formulieren, dass der hierin festgehaltene Wille genauso durch die technischen Hilfsmittel auch umgesetzt werden muss.

Hierzu sind folgende Voraussetzungen einzuhalten:

- Alle digitalen Hilfsmittel betreffende Gesetze sind in eine „Wenn" „Dann" Verzweigung zu bringen. Die Verzweigungen müssen für jedes digitale Hilfsmittel mit einer eindeutigen gesetzlichen Handlungsanweisung hinterlegt werden.
- Wo Gesetze Handlungsspielräume für die Interpretation offen lassen, dürfen ausschließlich Menschen entscheiden. Diese Bereiche müssen in den Gesetzen markiert oder separat dargestellt werden.
- Die Grundlagen von statistischen Auswertungen und Predictive Policing müssen für den Entscheider erkennbar sein und auf eindeutigen gesetzlichen Handlungsanweisungen beruhen.
- Jede Hintertür, die der Gesetzgeber in digitale Hilfsmittel zur Überwachung einbaut, steht früher oder später auch fremden Geheimdiensten und Kriminellen offen und konterkariert die Absicht, die Bürger zu schützen.
- Alternativ ist eine demokratische digitale Infrastruktur zu schaffen, welches die Grundrechte der Bürger mit den Möglichkeiten optimaler digitaler Hilfsmittel für die Exekutive vereinbart.

1.5.1.2 Im Polizeigesetzentwurf verankerte digitale Hilfsmittel

Der Gesetzgeber ist es gewohnt, im Nachhinein auf veränderte Situationen zu reagieren. Tatsächlich jedoch werden bereits jetzt die Weichen für die digitale Gesellschaft durch den Gesetzgeber gestellt. Der Gesetzgeber baut ständig Überwachungsmaßnahmen aus und hilft dabei der Exekutive nicht, sondern drängt sie gleichzeitig in ein immer engeres Regelkorsett. Sind die Überwachungsmaßnahmen einmal eingeführt, werden sie nur noch schwer umkehrbar sein. Im Ergebnis entsteht eine digitale Gesellschaft ohne demokratische Grundrechte. Ein Zurück zur Demokratie wird es nicht geben.

Um demokratische Errungenschaften der vordigitalen Gesellschaft in die digitale Gesellschaft zu übernehmen, muss der Gesetzgeber lernen, mit an Sicherheit grenzender Wahrscheinlichkeit anzunehmende Entwicklungen der Zukunft bereits in Gesetzen zu berücksichtigen. Wenn digitale Hilfsmitteln zu digitalen Helfern werden, also mittels KI menschliche Entscheidungen teilweise oder ganz ersetzt werden, muss sich der Gesetzgeber vorausschauend mit der Technik auseinandersetzen und präzise Anweisungen geben, wie Technik für die Exekutive auszugestalten ist. Derzeit greift die Exekutive auf die am Markt verfügbaren Überwachungstechnologien zurück, welche nicht auf ihre gesellschaftliche Strukturrelevanz, insbesondere die negativen Auswirkungen auf die Gesellschaft, überprüft wurden.

Im Wesentlichen beziehen sich die digitalen Hilfsmittel im Gesetzentwurf auf:

- gemäß § 15a die „Datenerhebung durch Einsatz optisch-technischer Mittel" als Erweiterung des „§ 15 Datenerhebung bei öffentlichen Veranstaltungen und Ansammlungen" und „§ 15b Datenerhebung zur Eigensicherung" und des „§ 15c Datenerhebung durch den Einsatz körpernah getragener Geräte" und des § 16, fälschlicherweise als „Schutz des Kernbereichs privater Lebensgestaltung" bezeichnet und des „§ 16a Datenerhebung durch Observation" und des „§ 17 Datenerhebung durch den verdeckten Einsatz technischer Mittel" und des „§ 18 Datenerhebung durch den verdeckten Einsatz technischer Mittel in oder aus Wohnungen" .
- gemäß „§ 20c die „Datenerhebung durch die Überwachung einer Telekommunikation" als Erweiterung des „§ 20 Datenerhebung durch den Einsatz Verdeckter Ermittler" und des „§ 20a Abfrage von Telekommunikations- und Telemediendaten" und des „§ 22 Allgemeine Regeln über die Dauer der Datenspeicherung" und des „§ 23 Zweckbindung bei der Datenspeicherung, Datenveränderung und Datennutzung" und des „§ 24 Speicherung, Veränderung und Nutzung von Daten" und des „§ 25 Datenabgleich"" und des „§ 26 Allgemeine Regeln zur Datenübermittlung" und des „§ 27 Datenübermittlung zwischen Polizeibehörden" und des „§ 28 Datenübermittlung an öffentliche Stellen … " und des „§ 29 Datenübermittlung an Personen oder an Stellen außerhalb des öffentlichen Bereichs" und des „§ 30 Datenübermittlung an die Polizei und des „§ 31 Rasterfahndung" und des „§ 32 Berichtigung, Löschung und Sperrung von Daten" und des § 33 Errichtung von Dateien, Umfang des Verfahrensverzeichnisses, Freigabe von Programmen, Automatisiertes Abrufverfahren",
- gemäß „§ 34c Elektronische Aufenthaltsüberwachung".

Es kann festgehalten werden, dass zu den wesentlichen Aufgaben der Polizei die Erfassung und der Umgang mit personenbezogenen Daten gehört. Bei der Menge der verarbeiteten Daten ist davon auszugehen, dass in den nächsten Jahren eine erhebliche Automatisierung der Datenerhebung und Datenanalyse durch künstliche Intelligenz (KI) erfolgen kann und wird. Bisherige Gesetzeserweiterungen schaffen keine Klarheit, sondern überfordern die Polizei. Der neue Gesetzesentwurf setzt ein sich Entfernen von klar definierten Bestimmungen fort und öffnet einer anlasslosen Überwachung und Speicherung personenbezogener Daten durch eine weite Auslegung des Gesetzestextes umfangreiche Möglichkeiten.

Um in der digitalen Gesellschaft durchsetzbar zu sein, muss das gesamte Polizeigesetz, zumindest aber die Bereiche, welche sich auf den Einsatz digitaler Hilfsmittel beziehen, in einem Verzweigungsbaum dargestellt werde. Die Teile, welche nicht einer eindeutigen Wenn-Dann-Beziehung zuzuordnen sind, müssen gesondert dargestellt werden und sind nicht zur Automatisierung geeignet. In einem zweiten Schritt empfiehlt es sich, zu prüfen, ob die Verwendung personenbezogener Daten zum Erreichen der definierten Ziele erforderlich ist. Hierzu sind die konkreten Anwendungsfälle der digitalen Hilfsmittel genauer zu definieren. Es sind Forschung und Entwicklung auszuschreiben, um zu untersuchen, ob nicht anonyme oder teilanonyme digitale Hilfsmittel in einzelnen Anwendungsfällen ebenfalls, möglicherweise sogar besser, die vom Gesetzgeber geforderten Schutzmaßnahmen umsetzen.

Hieraus lassen sich dann Handlungsanweisungen für die Automatisierung durch digitale Hilfsmittel ableiten.

Die folgenden Beispiele zeigen, wie die Gesetzgebung in Zukunft ihre Denkweise verändern sollte und welche Potenziale ein verändertes Denken damit sowohl für die Einhaltung der Bürgerrechte, als auch für die Arbeit der Polizei erschließen kann.

1.5.1.3 Aufbereitung von Gesetzestexten für Künstliche Intelligenzen

Nicht nur der aktuelle Gesetzesentwurf, sondern auch die Gesetze, auf welche im Gesetzentwurf Bezug genommen wird, erfüllen den Anspruch der größtmöglichen Spielräume von Polizisten, Behördenleitern und Richtern. Im Ergebnis sollen insbesondere Minderheiten bis hin zu solchen Einzelfällen geschützt werden, welche in einem noch so umfangreichen Gesetz nicht Berücksichtigung finden können. Aus Sicht der vordigitalen demokratischen Gesellschaft ist das richtig und wird auch in Zukunft in technischen Prozessen funktionieren, welche sich nicht der menschlichen Kontrolle entziehen.

Algorithmen und Künstliche Intelligenzen aber arbeiten mit Häufigkeitsmessungen im Interesse von Mehrheiten. Nur, wenn ihnen klare Grenzen gesetzt werden, kann man sie in der digitalen Gesellschaft Demokratie erhaltend einsetzen. Dies gilt auch gerade dann, wenn sie kriminalitätspräventiv eingesetzt werden.

Zentraler Bestandteil der Gesetzesänderung ist „§ 8 Allgemeine Befugnisse, Begriffsbestimmung".

- In (3) heißt es: „Straftaten von erheblicher Bedeutung sind insbesondere Verbrechen …".

Das Wort Verbrechen ist so allgemein formuliert, dass es für eine Künstliche Intelligenz (KI) oder auch einen Programmierer, der die Rahmenbedingungen festlegt, schwer zu fassen ist. In Wikipedia (Quelle: Wikipedia, https://de.wikipedia.org/wiki/Verbrechen, 1.2.2018) wird von einem „schwer wiegenden Verstoß gegen die Rechtsordnung" gesprochen. Würde man einer KI die Interpretation alleine überlassen, so würde sie in dem vom Gesetz zu regelnden Bereich das durchschnittliche Verhalten der Menschen auf zur Verfügung stehenden Daten messen. Um den ermittelten Normwert würde sie einen Toleranzbereich bilden. Da nur sehr wenige Menschen straffällig werden, würde die KI möglicherweise als Bezugsgruppe nur straffällig gewordene Menschen mit ihren Abweichungen von der Norm berücksichtigen. Aus dem Strafmaß könnte sie Rückschlüsse auf die Schwere des Rechtsverstoßes vornehmen. Doch was soll eine KI mit dem Wort „insbesondere" anfangen? „Insbesondere" ist ein unbestimmter Rechtsbegriff. Die genannten Paragrafen sind Teil einer nicht abschließenden Aufzählung. Ob und welche Straftaten ebenfalls dazugehören, liegt im Ermessen des Behördenleiters oder Richters.

Ist das nicht auch in der vordigitalen Welt schon eine Öffnung, die zu weit geht?

Jeder hat in der Schule gelernt, wenn die Grundformel nicht genau ist, kann man sich alle weiteren Berechnungen sparen. Das gilt auch für die KI, nicht aber für das Rechtssystem. Dieser Widerspruch muss bei Gesetzen für digitale Hilfsmittel aufgehoben werden.

- Aufbauend auf einen in der digitalen Gesellschaft unbestimmten Straftatbestand werden in (4) gleich eine ganze Reihe weiterer Ungenauigkeiten verwendet, um eine genaue Definition des Begriffs „drohende Gefahr" zu vermeiden: „Eine drohende Gefahr liegt vor, wenn im Einzelfall hinsichtlich einer Person bestimmte Tatsachen die Annahme rechtfertigen, dass die Person innerhalb eines absehbaren Zeitraums auf eine zumindest ihrer Art nach konkretisierte Weise eine Straftat von erheblicher Bedeutung begehen wird."

Die „bestimmten Tatsachen" sind für eine KI unbestimmt. „Ein absehbarer Zeitraum" kann von einer KI in der Länge begrenzt werden, zum Beispiel durch den längsten bekannten Zeitraum zwischen der Planung und Umsetzung einer Tat. Es mag sein, dass „Auf eine zumindest ihrer Art nach konkretisierte Weise" aus Sicht der vordigitalen Welt schwer einzuschränken ist. Jedoch sind digitale Hilfsmittel zweckbestimmt und wie im folgenden Kapitel ausgeführt, wesentlich präziser, als bisher vorgesehen, für den einzelnen Anwendungsfall einsetzbar. In vielen Anwendungsfällen ist die Verarbeitung von personenbezogenen Daten nicht notwendig. Oft ist es möglich, die Anzahl der überwachten unbeteiligten Personen besser einzuschränken und gleichzeitig die Trefferquote der Fahndung hierdurch zu erhöhen.

- Der so für eine KI unbestimmte Begriff der „drohenden Gefahr" wird zur „drohenden terroristischen Gefahr in (5) verwässert durch „1. die Bevölkerung auf erhebliche Weise einzuschüchtern."

Gemäß einer von „SWB, Infas und Die Zeit in 2016 veröffentlichten Vermächtnisstudie" (10) fürchten die Menschen mehr als Krieg, kein selbstbestimmtes Leben führen zu können. Der Gesetzgeber muss abwägen, ob er nicht selbst durch die Aufhebung klarer Regelwerke und Ausweitung der Überwachung die Bevölkerung auf erhebliche Weise einschüchtert.

An zahlreichen Stellen hebt der Gesetzentwurf in den folgenden Paragrafen auf den § 8 und/oder auf die hierin vorgenommenen unspezifischen Definitionen ab.

Es ist nicht Aufgabe dieser Stellungnahme, eine Gesamtbewertung des Gesetzesentwurfes vorzunehmen. Es geht vielmehr um die Tauglichkeit für eine in wenigen Jahren real existierende digitale Gesellschaft.

Die Gesamtbewertung nimmt die Landesdatenschutzbeauftragte für Datenschutz und Informationsfreiheit Nordrhein-Westfalen Helga Block in einer Stellungnahme vom 30. Mai 2018 zur Anhörung des Innenausschusses am 7. Juni 2018 (20) vor.

- Zu § 8 d. E. heißt es: „Die neuen Begriffe der „drohenden" und der „drohenden terroristischen Gefahr" führen zu einer deutlichen Vorverlagerung polizeilicher Eingriffsbefugnisse. Die diesbezüglich strengen Vorgaben des BVerfG werden nicht eingehalten. Zudem sind die vorgesehenen Regelungen in sich und in Bezug auf ihre Rolle im Gesamtgefüge des Entwurfs nicht stimmig."
- Zu § 12a d. E. heißt es: „Bezüglich der Einführung der „strategischen Fahndung" bestehen erhebliche Bedenken hinsichtlich der Verhältnismäßigkeit. Die Polizei soll weitestgehend gleiche Rechte wie nach § 12 PolG NRW, allerdings unter wesentlich erleichterten Voraussetzungen und bezogen auf größere räumliche Bereiche, erhalten. Die Maßnahmen würden zudem fast ausschließlich Unbeteiligte treffen."
- Zu § 15a d. E. heißt es: „Die geplante Erweiterung des Anwendungsbereiches der Videoüberwachung birgt das große Risiko einer nahezu uferlosen Ausweitung polizeilicher Videoüberwachung im öffentlichen Raum. Diese Maßnahme betrifft damit nachhaltig alle Menschen in Nordrhein-Westfalen. Dabei steht der Nachweis der Wirksamkeit polizeilicher Videoüberwachung zur Gefahrenabwehr nach wie vor aus."
- Zu § 20c d. E. heißt es: „Die mit § 20c d. E. geregelte Möglichkeit der Telekommunikationsüberwachung (TKÜ) inklusive Quellen-TKÜ ist an den strengen Vorgaben des BVerfG bezüglich heimlicher Überwachungsmaßnahmen zu messen. Es bestehen Bedenken, ob diese hinreichend beachtet wurden. Außerdem birgt sie Risiken im Hinblick auf die IT-Sicherheit."

Private Verträge sollen nach Willen des Gesetzgebers so aufgesetzt werden, dass sie unabhängig von den handelnden Vertragsparteien und sich verändernden Bedingungen Gültigkeit behalten. Muss das nicht erst recht für Gesetze gelten?

Bisher ist in keiner Weise absehbar, dass die digitale Gesellschaft demokratisch sein wird. Geht es nach der Effizienz für Mehrheiten, werden wir viel eher das chinesische Social Credit System übernehmen. Nur, wenn der Gesetzgeber es schafft, frühzeitig verfassungsgemäße Rechte für die digitale Gesellschaft zu sichern, hat die Demokratie eine Chance.

Unbestimmte Rechtsbegriffe müssen deutlich gekennzeichnet oder besser, an einer Stelle zusammengefasst werden. Gesetze, die sich im Wesentlichen mit dem Einsatz von digitalen Hilfsmitteln oder bald auch digitalen Helfern beschäftigen, müssen in Bezug auf die Vermeidung von unbestimmten Rechtsbegriffen hohen Anforderungen genügen.

Der Einsatz von digitalen Hilfsmitteln darf nicht allgemein gehalten, sondern muss genau spezifiziert und das richtige Hilfsmittel für den Einzelfall definiert und entwickelt werden. Schließlich sind Waffen auch als Hilfsmittel klar mit ihrem Einsatzzweck definiert.

Sollte es auf Grund einer aktuellen Bedrohungslage nicht möglich sein, die Gesetzesänderung bis zu einer entsprechenden Überarbeitung zu verschieben, so müssen die hier geforderten Anpassungen bereits jetzt terminiert und mit der Umsetzung zügig begonnen werden.

1.5.1.4 Digitale Hilfsmittel zur Reduzierung der Verwendung personenbezogener Daten und Erhöhung der Effizienz

Entwicklungen von einer auf zentrale Datenhaltung ausgerichteten IT-Sicherheitsindustrie sind oft eng verbunden mit Entwicklungen für die Datenverwertung und Überwachung. Dies hat zu erheblichen Interessenskonflikten geführt. Ausschließlich aus diesem Umfeld beraten, setzt auch die Exekutive zunehmend auf die zentrale Datenspeicherung und Überwachung personenbezogener Daten.

GISAD hat in den letzten Jahren völlig unabhängig von Interessen Dritter die Voraussetzungen für ein Trusted WEB 4.0 definiert. Gefordert wird eine Infrastruktur, über welche jeder Bürger die Möglichkeit hat, sich anonym im Internet zu bewegen.

Die zentrale IT liefert sich hingegen ständig ein Hase und Igel Spiel mit dem Ergebnis, gezielte Angriffe nicht abwehren zu können. Der wirksamste Schutz besteht darin, dass Ziele anonym, also nicht bekannt und Daten dezentral, also an möglichst vielen Stellen, welche alle einzeln angegriffen werden müssen, gespeichert sind.

Die Exekutive muss zunehmend einen erheblichen Teil der Personalressourcen darauf verwenden, ständig komplizierter werdende Datenschutzregeln einzuhalten, Sonderrechte zu vergeben und personenbezogene Daten in entsprechenden Löschfristen zu vernichten. Auch bietet die Vielzahl der unterschiedlichen Orte, an denen personenbezogene Daten erhoben und zur zentralen Speicherung versendet werden, eine große Angriffsfläche für Datenabflüsse und Datenmanipulation. Menschliches Versagen ist bei den komplexen Regeln und dem oft hektischen Alltag eine nicht zu unterschätzende Gefahrenquelle. Smarte Konzepte der Datensparsamkeit und Techniksparsamkeit verbessern die Situation für die Polizei und die Bürgerrechte gleichermaßen, ohne die Strafverfolgung einzuschränken.

Nur ein sehr kleiner Teil der Bevölkerung ist kriminell. Die bisherigen technischen Ansätze gehen trotzdem davon aus, aus massenweise gesammelten personenbezogener Daten, Verdächtige herauszufiltern. Es wurde bisher unzureichend geprüft, ob es digital möglich wäre, die vordigitale Polizeiarbeit nachzubilden. Hierbei ist eine anlassbezogene Ermittlung nur bei Bedarf und in dem Maße auf Unbeteiligte auszuweiten, wie unbedingt erforderlich.

1.5.1.4.1 Verwendung von Bild- und Tonaufnahmen

- Gemäß „§ 15 Datenerhebung bei öffentlichen Veranstaltungen und Ansammlungen" kann die Polizei „personenbezogene Daten, auch durch den Einsatz technischer Mittel zur Anfertigung von Bild- und Tonaufzeichnungen erheben, wenn Tatsachen die Annahme rechtfertigen, dass dabei Straftaten oder Ordnungswidrigkeiten begangen werden. Dabei dürfen auch personenbezogene Daten über andere Personen soweit gespeichert werden, soweit dies erforderlich ist, um die Datenerhebung nach Satz 1 durchführen zu können.“

Anstelle präzise Vorgaben für die Entwicklung passender digitaler Hilfsmittel zu machen, wird durch die angebotene Technik und womöglich auch noch das kostengünstigste Angebot von Überwachungstechnik, das Grundrecht der Bürger bestimmt.

Wenn es nur einen zentralen Server gibt, der die Daten speichern kann, dann ist es eben erforderlich, dass alle Daten aller Unbeteiligten bis zur Löschfrist gespeichert werden und allen angeschlossenen Polizeistellen zur Verfügung stehen.

- Dann heißt es: „Bild- und Tonaufzeichnungen, in Dateien suchfähig gespeicherte personenbezogene Daten sowie zu einer Person suchfähig angelegte Akten sind spätestens einen Monat nach Datenerhebung zu löschen oder zu vernichten, es sei denn, sie werden zur Verfolgung von Straftaten oder Ordnungswidrigkeiten benötigt oder Tatsachen rechtfertigen die Annahme, dass die Person künftig Straftaten begehen wird, und die Aufbewahrung ist zur vorbeugenden Bekämpfung von Straftaten von erheblicher Bedeutung erforderlich“.

Gehen wir einmal von dem Stand der Technik aus, der mit Hilfe von Facebook schon für die Verbrechensbekämpfung in den USA eingesetzt wird. Auch in China gibt es entsprechende Ansätze. Hier wird jede Tonaufnahme und Videoaufnahme, wohl gemerkt im Zweifel von allen Teilnehmern einer Veranstaltung, analysiert. Im Abgleich mit im Internet oder Datenbanken verfügbarem Bildmaterial oder, soweit öffentlich verfügbar, Tonmaterial, werden personenbezogene Daten ermittelt. Tatsächlich handelt es sich hierbei sogar um biometrische Daten, da die wesentlichen personenspezifischen Vektoren von Bildern oder Tonspuren von allen auf dem Material identifizierbaren Personen analysiert, gespeichert und verglichen werden.

Grundsätzlich spricht sich der Gesetzestext nicht gegen den Einsatz von Analyseverfahren ähnlich dem von Facebook aus.

Nehmen wir ein konkretes Beispiel: Ein „Täter“ löst über Social Media einen Shitstorm aus, welcher die Bevölkerung in erheblicher Weise einschüchtert. Die Einschüchterung der Bevölkerung könnte durch eine KI sogar anhand der Reaktionen auf den Shitstorm automatisch gemessen werden. Nun geht es ja eben in dem Beispiel darum, einen Verdächtigen zu finden, dessen Motivation von einem Gericht noch gar nicht festgestellt wurde. Vielleicht handelt es sich um einen Täter, der nicht schuldhaft, also nicht mit einem Bewusstsein für die Tat, gehandelt hat? Weil dieser Täter später auf einer Veranstaltung identifiziert wird, werden auf unbestimmte Zeit die personenbezogenen Daten aller anderen auf der Veranstaltung Anwesenden suchfähig vorrätig gehalten?

Der Missbrauch personenbezogener Daten bei diesem Verfahren ist sehr wahrscheinlich. Geht man davon aus, das KI zukünftig im Rahmen von Predictive Policing eingesetzt werden wird, werden Fehleinschätzungen der automatischen Systeme umso größer, je mehr unbeteiligte Personen in die Analyse mit einbezogen werden.

Alternativ sollte ein Verfahren gemäß den Trusted WEB 4.0 Richtlinien eingesetzt werden!

Jede KI muss erst einmal mit möglichst vielen Daten zum Lernen gefüttert werden. Hierzu sind zentrale Systeme mit großen Datenmengen notwendig. Sobald jedoch das Lernen abgeschlossen ist, kann eine KI ohne weitere Vergleichsmengen zwei Bilder miteinander vergleichen und anhand auf Vektoren reduzierten Gesichtsmerkmalen, wie die Abstände von Ohren und Augen, eine Übereinstimmung feststellen.

Gehen wir wieder auf das Beispiel mit dem Shitstorm zurück. Hier würden gegebenenfalls von dem „Täter" auf seinem Social Media Profil ein Foto und ein Wohnort zur Verfügung stehen. Dieses Foto würde als Fahndung zuerst zu der örtlichen Polizeibehörde geschickt und hier mit dem Foto im regionalen digitalen Melderegister von einer dezentralen KI automatisch mit zu dem Namen gehörenden Akten abgeglichen. Da der „Täter" einen Aliasnamen benutzt hat, wäre die Suche erfolglos. In einem zweiten Schritt würden alle Fotos des regionalen Melderegisters verglichen, die zum gleichen Geschlecht und ungefähr gleichen Alter gehören. Die KI würde autonom unabhängig vom menschlichen Eingriff in einer Blackbox arbeiten. Menschliche Fehler wären somit ausgeschlossen. Die KI die Arbeit alleine machen zu lassen, wäre zulässig, solange die Aufgabe einfach und wie hier klar definiert, sich nur auf den Vergleich von Bildern oder Tonträgern beschränkt und als Ergebnis ein eindeutiges Ergebnis „gefunden" oder „nicht gefunden" erzeugt.

Die Polizei würde bei einem positiven Ergebnis der Suche lediglich die passende Akte erhalten. Die so ermittelte Person würde zur Fahndung ausgeschrieben.

Auch die Überwachung von kriminellen Brennpunkten würde in Art dieser KI-Blackbox erfolgen können. In einem Fahndungsradius bekämen alle dezentralen Blackboxes das Fahndungsfoto geschickt und würden automatisch nur die Videoszenen zurücksenden, auf welchen die betreffende Person zu sehen ist. Soweit nicht für die Strafverfolgung nötig, würden alle, diese Person umgebenden Unbeteiligten durch Unschärfe unkenntlich gemacht.

Umgekehrt wäre eine KI-Blackbox durchaus auch in der Lage, Bedrohungssituationen wie zum Beispiel eine Drängelei, Zusammenrottung, Schlägerei, einen allein stehenden Koffer und so weiter zu erkennen. Im Moment, in dem eine entsprechende Gefahrenlage auftaucht, könnte die entsprechende Kamera Live geschaltet werden. Der beobachtende Polizist könnte dann entscheiden, ob er die nun auf seinem Monitor dargestellte Sequenz abspeichern will.

- Tatsächlich jedoch öffnet der Gesetzentwurf den bereits unspezifischen § 15 mit 15a „Zur Verhütung kann die Polizei einzelne öffentlich zugängliche Orte mittels Bildübertragung beobachten und die übertragenen Bilder aufzeichnen".
- Unter 2. ist das möglich „wenn tatsächliche Anhaltspunkte die Annahme rechtfertigen, dass dort Straftaten von erheblicher Bedeutung verabredet, vorbereitet oder begangen werden."
- All das gilt unter dem Vorbehalt dass „jeweils ein unverzügliches Eingreifen der Polizei möglich ist."

Die Privatsphäre wird also nicht durch eine Einschränkung auf eindeutig anlassbezogene Beobachtungen, sondern nur durch fehlende Kapazitäten der Polizei geschützt.

Das Nachsehen hat die Polizei. Einerseits wird von Polizistinnen und Polizisten bei der Überwachung von vielen Monitoren eine permanente an die Grenzen der Belastbarkeit gehende Aufmerksamkeit erwartet, andererseits werden sie immer mehr in rechtliche Grauzonen gedrängt, weil „tatsächliche Anhaltspunkte" sich bei der späteren Ermittlung als nicht vorhanden erweisen können und die Polizei in Erklärungsnot bringen.

Öffentlich zugängliche Orte sind hierbei im Zweifel auch Treppenhäuser von Wohnhäusern.

Durch die Einschränkung auf von einer KI-Blackbox gesendete Sequenzen, hätte die Polizei die Möglichkeit, sich auf die Verdächtigen zu konzentrieren und würde nicht viele Unbeteiligte zu potenziellen Gefährdern machen.

Man könnte sogar prüfen, ob eine KI-Blackbox als Applikation auf einem Smartphone zur Verfügung gestellt werden könnte. Sieht ein Smartphone Benutzer etwas Verdächtiges, startet er so eine Aufnahme, welche er selbst nicht verwenden kann. Aktuell in der Region gesuchte Straftäter werden von der KI-Blackbox abgefragt und mit dem Akteur des Videos verglichen. Wird ein Täter gefunden, wird die Sequenz vom Smartphone übermittelt. Dem Datenschutz wäre genüge getan, da die Vergleichsdaten Dritten nicht zugänglich wären und nach der Übermittlung auf dem Smartphone automatisch gelöscht würden.

1.5.1.4.2   Überwachung der Telekommunikation

- Gemäß „§ 20a PolG NRW – Abfrage von Telekommunikations- und Telemediendaten: (1) Die Polizei kann soweit erforderlich von jedem, der geschäftsmäßig Telekommunikationsdienste oder Telemediendienste erbringt oder daran mitwirkt (Diensteanbieter), Auskunft verlangen […] die Auskunft darf auch anhand einer zu bestimmten Zeitpunkten zugewiesenen Internetprotokoll-Adresse verlangt werden. […] 2. folgende Verkehrsdaten […] a) die Nummer oder Kennung der beteiligten Anschlüsse oder der Endeinrichtungen, personenbezogene Berechtigungskennungen, bei Verwendung von Kundenkarten auch die Kartennummer, bei mobilen Telekommunikationsendgeräten auch die Standortdaten, b) den Beginn und das Ende der jeweiligen Verbindung nach Datum und Uhrzeit, 3. folgende Nutzungsdaten […]: a) Merkmale zur Identifikation der Nutzerin oder des Nutzers, b) Angaben über den Beginn und das Ende sowie den Umfang der jeweiligen Nutzung nach Datum und Uhrzeit. Die Maßnahmen nach Satz 1 sind nur zulässig 1. wenn die hohe Wahrscheinlichkeit eines Schadens für Leben, Gesundheit oder Freiheit einer Person besteht oder 2. zur Abwehr einer gemeinen Gefahr und nur, soweit die Erreichung des Zwecks der Maßnahme auf andere Weise aussichtslos oder wesentlich erschwert wäre. […] (2) Bei Maßnahmen nach Absatz 1 dürfen personenbezogene Daten Dritter nur erhoben werden, wenn dies aus technischen Gründen unvermeidbar ist.

- Gemäß „§ 20b Einsatz technischer Hilfsmittel bei Mobilfunkgeräten" ist analog zu § 20a geregelt: „Die Polizei darf unter den Voraussetzungen des § 20a auch technische

Mittel zur Ermittlung des Standortes eines aktiv geschalteten Mobilfunkendgerätes und zur Ermittlung der Geräte- und Kartennummern einsetzen."

- Gemäß „§ 20c Datenerhebung durch die Überwachung der Telekommunikation: (1) Die Polizei kann ohne Wissen der betroffenen Person die Telekommunikation einer Person überwachen und aufzeichnen, 1. [...], wenn dies zur Abwehr einer gegenwärtigen Gefahr für den Bestand oder die Sicherheit des Bundes oder eines Landes oder für Leib oder Leben einer Person geboten ist, 2. deren individuelles Verhalten die konkrete Wahrscheinlichkeit begründet, dass sie innerhalb eines übersehbaren Zeitraums eine in § 129a Absatz 1 und 2 des Strafgesetzbuchs bezeichnete Straftat begehen wird, und die Voraussetzungen des § 8 Absatz 5 Nummer 1, 2 oder 3 vorliegen, 3. bei der bestimmte Tatsachen die Annahme rechtfertigen, dass sie für eine Person nach Nummer 1 bestimmte oder von dieser herrührende Mitteilungen entgegennimmt oder weitergibt, oder 4. bei der bestimmte Tatsachen die Annahme rechtfertigen, dass eine Person nach Nummer 1 deren Telekommunikationsanschluss oder Endgerät benutzen wird und die Abwehr der Gefahr oder Verhütung der Straftaten auf andere Weise aussichtslos oder wesentlich erschwert wäre. Die Maßnahme darf auch durchgeführt werden, wenn andere Personen unvermeidbar betroffen werden. (2) Die Überwachung und Aufzeichnung der Telekommunikation darf ohne Wissen der betroffenen Person in der Weise erfolgen, dass mit technischen Mitteln in von der betroffenen Person genutzte informationstechnische Systeme eingegriffen wird, wenn 1. durch technische Maßnahmen sichergestellt ist, dass ausschließlich laufende Telekommunikation überwacht und aufgezeichnet wird und 2. der Eingriff in das informationstechnische System notwendig ist, um die Überwachung und Aufzeichnung der Telekommunikation insbesondere auch in unverschlüsselter Form zu ermöglichen. (3) Bei Maßnahmen nach Absatz 2 ist sicherzustellen, dass 1. an dem informationstechnischen System nur Veränderungen vorgenommen werden, die für die Datenerhebung unerlässlich sind und 2. die vorgenommenen Veränderungen bei Beendigung der Maßnahme, soweit technisch möglich, automatisiert rückgängig gemacht werden. Das eingesetzte Mittel ist gegen unbefugte Nutzung zu schützen. Kopierte Daten sind gegen Veränderung, unbefugte Löschung und unbefugte Kenntnisnahme zu schützen. (4) Maßnahmen nach den Absätzen 1 und 2 dürfen nur auf Antrag der Behördenleitung oder deren Vertretung durch das Amtsgericht, in dessen Bezirk die Polizeibehörde ihren Sitz hat, angeordnet werden. [...] Die Anordnung ist auf höchstens drei Monate zu befristen. [...] (8) Liegen tatsächliche Anhaltspunkte für die Annahme vor, dass durch eine Maßnahme nach den Absätzen 1 und 2 allein Erkenntnisse aus dem Kernbereich privater Lebensgestaltung erlangt würden, ist die Maßnahme unzulässig."

Es fällt auf, dass § 20a und § 20b relativ kurz und konkret gehalten sind, obwohl es hierbei nicht um das Abhören von Inhalten, sondern lediglich um das Erfassen von Metadaten handelt. Die umfangreichen Ausführungen des § 20c dienen nicht zur erheblichen Einschränkung der Überwachung von Inhalten, sondern weichen sogar die Einsatzmöglichkeiten weiter auf. Die unterstrichenen unbestimmten Passagen nehmen zu.

Manche Definitionen sind aus dem Blickwinkel einer KI äußerst fragwürdig. Vor dem Hintergrund eines Social Credit Systems ist die Gesundheit eines Menschen gefährdet, der raucht oder zu viel Zucker isst. Die Freiheit von Personen wird durch eine massenweise Profilierung nicht geschützt, sondern gefährdet.

Weiterhin fällt auf, dass der Gesetzgeber sich dem Diktat einer von einer Datenverwertungsindustrie entwickelten Informationstechnik unterwirft, anstelle selbst technische Forderungen zu definieren. Hierdurch wird der Regelungsanspruch bis zur Unkenntlichkeit aufgeweicht. „Aus technischen Gründen unvermeidbar" ist ein Freibrief für Massenüberwachung. Es wird zugestanden, an informationstechnischen Systemen „Veränderungen" vorzunehmen, zu einem Zeitpunkt, wo bekannt ist, dass KI zunehmend in der Lage ist, nicht nachweisbar, Ton- und Bilddateien, sowie Protokolldateien zu fälschen. Die wirklichen Gefährder werden mit solchen Maßnahmen nicht adressiert, da diese eben in der Lage sind, selbst erheblich Daten zu manipulieren, solange Ziele bekannt und Daten massenweise zentral gelagert und abgerufen werden. Einen gezielten Angriff kann man nach heutigem Stand der Technik nicht verhindern.

Will der Gesetzgeber die Aufrechterhaltung der demokratischen Verfassung gewährleisten, so hat er zumindest den Bürgern gegenüber, die ihre Freiheitsrechte erhalten wollen, dies mit einer geeigneten digitalen Infrastruktur sicherzustellen. In einer geeigneten Infrastruktur ist der personenbezogene Teil der Daten nicht über das Wide Area Network oder auch synonym das Internet, erreichbar. Es ist das manuelle Eingreifen eines Menschen nötig, um nach richterlicher Einzelverfügung eine Personalisierung herzustellen. Zudem sind private Daten symmetrisch verschlüsselt, dezentral auf einer geschützten Hardware, dem PDS Abschn. 3.1, abzulegen. Der Aufwand für Unberechtigte, eine Personalisierung herzustellen und auf private Daten zuzugreifen, wird so nach dem heutigen Stand der Technik maximal erhöht.

Zugleich sind Verfahren denkbar, in einer solchen anonymen Infrastruktur Auffälligkeiten in einem Verkehrsmuster zu analysieren, um eine optimale Verbrechensprävention und Verbrechensbekämpfung bei gleichzeitiger Einhaltung der Bürgerrechte sicherzustellen.

Es müssen neue Institutionen, wie GISAD, geschaffen werden, um Gesetzesentwürfe auf ihre Tauglichkeit für die digitale Gesellschaft untersuchen und den gesamten Prozess bis hin zur technischen Umsetzung begleiten zu können.

Alternativ zu diesem Gesetzentwurf muss erst einmal von der Polizei eine Liste der möglichen Einsatzszenarien aufgestellt werden. Diese muss vom Gesetzgeber mit eindeutigen Erwartungen an von der Technologie jeweils zu erzielende Ergebnisse ergänzt werden. Hieraus entsteht ein Pflichtenheft für Entwicklungen. Nach einer Erprobungsphase werden die technologischen Möglichkeiten im Gesetzestext berücksichtigt.

Der Einsatz einer KI ist bei der Überwachung einer kleinen Gruppe von Gefährdern anders zu gestalten, als in einer konkreten Fahndung oder bei präventiven Maßnahmen. Zu keinem Zeitpunkt darf dabei angestrebt werden, eine omnipotente KI zu einwickeln, mit dem Ziel, den Menschen komplett zu ersetzen.

Datensicherheit und Datenschutz werden so nicht mehr Kostenfaktor, sondern Innovations- und Wirtschaftsmotor zugleich.

Literatur

1. **Schäfer, Armin.** BPB. *Bundeszentrale für politische Bildung.* [Online] 19. 11 2013. http://www. bpb.de/apuz/172972/wahlbeteiligung-und-nichtwaehler.
2. **Gayken, Dr.Sandro, Director of the Digital Society Institute, Berlin.** *8.NRW.Symposium 2017 der NRW.Bank.* Düsseldorf : s.n., 2017.
3. **Dobschat, Carsten.** Mobilegeeks. [Online] 30. 1 2017. https://www.mobilegeeks.de/artikel/ antiviren-software-fluch-oder-segen-abschalten-oder-nicht/.
4. **Berberich, Olaf.** *Trusted WEB 4.0 - Bauplan für die digitale Gesellschaft.* Heidelberg : Springer Viieweg, 2016.
5. **Olaf Berberich.** Künstliche Intelligenz – Diener oder Beherrscher des Menschen. [Online] 01.02.2017. http://blog.get-primus.net/kuenstliche-intelligenz-diener-oder-beherrscher-des-menschen/.
6. **Olaf Berberich.** Demokratie: Wer bisher gemahnt hat, muss etwas tun, sonst geht es ihm an den Kragen!. [Online] 08.02.2017. http://blog.get-primus.net/demokratie-wer-bisher-gemahnt-hat-muss-etwas-tun-sonst-geht-es-ihm-an-den-ktagen/
7. **Jarno Niemelä.** Ist der Einsatz von Antivirensoftware überhaupt sinnvoll?. [Online] 25.01.2013. https://www.zdnet.de/88140956/ist-antivirensoftware-eigentlich-nutzlos/.
8. **Bastian Berbner, Tanja Stelzer, Wolfgang Uchatius.** Zeit Olnine . [Online] 4. 2 2017. [Zitat vom: 8. 2 2017.] http://www.zeit.de/2017/04/rechtspopulismus-demokratie-wahlen-buergerversammlungen-politisches-system-griechenland.
9. **Straubhaar, Thomas.** Zeit Online. [Online] 12. 2 2017. http://www.zeit.de/wirtschaft/2017-02/ thomas-straubhaar-buch-bedingungsloses-grundeinkommen-auszug.
10. **Die Zeit, Ifas, WZB.** Zeit Online. *Vermächtnisstudie.* [Online] 2016. www.zeit.de/serie/das-vermaechtnis.
11. **Berberich, Olaf.** GISAD. *Stellungnahme zu: Industriepolitische Leitlinien NRW (Deutschland).* [Online] 12 2016. http://dl.gisad.eu/il.pdf.
12. **Berberich, Olaf.** Projektliste zum Trusted WEB 4.0. [Online] April 2017. http://dl.gisad.eu/ pl.pdf.
13. **GraTeach GmbH /GetTIME.net GmbH.** www.citythek.de. [Online] 1997 bis 2013. http:// www.grateach.de.
14. **FDP.** Karlsruher Freiheitsthesen. [Online] 28.01.2016. https://www.fdp.de/sites/default/files/ uploads/2016/01/28/karlsruherfreiheitsthesen.pdf.
15. **GRÜNE.** Grundsatzprogramm von BÜNDNIS 90/DIE GRÜNEN. [Online] 2002. https://www. gruene.de/fileadmin/user_upload/Dokumente/Grundsatzprogramm-2002.pdf.
16. **SPD.** Hamburger Programm: Das Grundsatzprogramm der SPD. [Online] 01.02.2017. https:// www.spd.de/fileadmin/Dokumente/Beschluesse/Grundsatzprogramme/hamburger_programm. pdf.
17. **CDU.** Kurzfassung des Grundsatzprogramms. [Online] 04.12.2007. https://www.cdu.de/system/ tdf/media/dokumente/080215-grundsatzprogrammkurz_0.pdf?file=1&type=field_collection_ item&id=1919.
18. **Die Linke.** Wahlprogramm erster Entwurf. [Online] 14.01.2017. https://www.dielinke.de/file-admin/download/wahlen2017/wahlprogramm_erster_entwurf/2017-01-14_bundestagswahlpro-gramm2017_erster_entwurf.pdf.
19. **Deutscher Bundestag.** Mitmischen.de. [Online] 2017. https://www.mitmischen.de/verstehen/ wissen/wahl-uebersicht/parteien/index.jsp.
20. **Stellungnahme der Landesdatenschutzbeauftragte für Datenschutz und Informationsfrei-heit des Landes Nordrhein-Westfalen.** Helga Block zur Anhörung des Innenausschusses am 7. Juni 2018, 30. Mai 2018.
21. **Stefan Aust, Thomas Ammann.** *Digitale Diktatur.* Berlin : Ullstein Buchverlag GmbH, 2014.
22. **Eggers, Dave.** *Der Circle.* Köln : Kiepenheuer & Witsch, 2016.

Totalitarismus und Standardisierung 2

Zusammenfassung

Viele digitale Errungenschaften sind geprägt von einer Kostenloskultur, die vorgibt, für die Mehrheit eine Verbesserung der Lebensqualität zu bieten. Die Einschränkung der Freiheitsrechte zu Gunsten eines besseren Lebensstandards ist nur legitim, wenn sie demokratisch beschlossen ist und jederzeit demokratisch wieder verändert oder aufgehoben werden kann. Gelten demokratische Regeln noch im Rahmen von alles überwachenden und alles beeinflussenden Global Playern? Wo sind Standards ein Fortschritt, wo ein Werkzeug zur Unterwerfung unter die Ideologie einiger Datenkracken? Wie kann man Technologien so gestalten, dass sie den Menschen dienen? Worauf muss man achten, damit demokratische Prinzipien in der Digitalisierung nicht ausgehöhlt werden? Wie kann man Fehlentwicklungen frühzeitig erkennen? Warum reicht die Rechtsprechung nicht aus, um Bürger zu schützen, die sich im vorauseilenden Gehorsam gar nicht mehr wehren?

Gemäß Wikipedia (1) bezeichnet Totalitarismus „in der Politikwissenschaft eine diktatorische Form von Herrschaft, die, im Unterschied zu einer autoritären Diktatur, in alle sozialen Verhältnisse hinein zu wirken strebt, oft verbunden mit dem Anspruch, einen „neuen Menschen" gemäß einer bestimmten Ideologie zu formen."

> Wir leben noch in einer funktionierenden Demokratie. Jedoch entstehen durch die zentralisierte Digitalisierung totalitäre Tendenzen, denen mit aller Kraft entgegengewirkt werden muss.

Auch die eine digitale Transformation treibenden Player wollen einen neuen Menschen formen. Das weitverbreitete Bild ist ein neuer digitaler Mensch, der durch Technik von schweren Arbeiten befreit, ständig vernetzt und überwacht zu einem geringen Preis mit auf ihn individualisierten, oft virtuellen Gütern versorgt wird. Auf kritisches Denken und seine Grundrechte verzichtet er, um am angenehmen digitalen Leben teilnehmen zu können.

© Springer Fachmedien Wiesbaden GmbH, ein Teil von Springer Nature 2018

O. Berberich, *Trusted WEB 4.0 – Infrastruktur für eine Digitalverfassung*, Xpert.press, https://doi.org/10.1007/978-3-658-22816-3_2

Ich möchte mich in diesem Buch nicht erneut, wie im Bauplan (2), mit staatlichen Überwachungsmaßnahmen beschäftigen. Vielmehr möchte ich zeigen, dass eine unreflektierte Digitalisierung zwangsläufig zum Totalitarismus führt. Staaten spielen hierbei bisher eher eine untergeordnete Rolle. Vielmehr geht es um die für den Bürger ungesunde Vernetzung weniger globaler Player aus der Wirtschaft, die sich, wie in „Der Circle" (3) unterhaltsam beschrieben, zusammenschließen, um dem Benutzer nur noch eine Kundenzugangsschnittstelle zur digitalen Welt anzubieten.

Tatsächlich ist die derzeit herrschende Ideologie der digitalen Transformation vordergründig so erfolgreich, dass sie auch bei Unternehmen angewendet werden kann, die sich keiner Ideologie verschrieben haben, sondern nur ihren wirtschaftlichen Erfolg sichern und die Erwartungen ihrer Shareholder befriedigen wollen.

Erst wenn die Problemursache grundsätzlich erkannt ist, besteht die Diskussionsbasis für die in diesem Buch vorgestellte Lösung einer konsequenten Bürgerbeteiligung und Wertschöpfungsverteilung, die von allen Leistungsträgern mitbestimmt wird.

> Nach Wikipedia sind die „Merkmale des totalitären Staates
> > eine alles durchdringende totalitäre Ideologie..
> > Unterordnung des Einzelnen unter die Gemeinschaft..
> > keine Gewaltenteilung..
> keine bürgerlichen Freiheiten."

Besondere Herausforderungen der Digitalisierung stellen die damit verbundenen Möglichkeiten der alles umfassenden Kontrolle des Menschen dar, von der frühere Herrscher nur träumen konnten. Aber es ist nicht nur die Kontrolle, sondern es ist auch die Abhängigkeit von den Zugängen zur digitalen Welt, in der jedes Großunternehmen, welches solche Zugänge bietet, unter die Lupe genommen werden muss, ob es, wenn auch möglicherweise nur mit der Intention der Prozessoptimierung, die Totalitarismusschwelle überschreitet.

Unvorstellbar selbst in einem vordigitalen Totalitarismus ist es, dass ein Herrscher jedes Gespräch zwischen zwei Bürgern nicht nur beherrschen, sondern sogar abschalten kann. Genau das ist aber die permanente Gefahr, die jeder Bürger heute schon bewusst oder unbewusst im Hinterkopf hat, wenn er sich mit einem Provider oder Content-Anbieter auseinandersetzt.

▶ Es steht außer Frage, dass sich innerhalb der nächsten fünf bis zehn Jahre eine einzige Zugangsoberfläche für alle zum Internet durchsetzen wird.

Die unzähligen Passwörter und unterschiedlichen Browser werden verschwinden. Beeinflussen kann man nur, ob dieses digitale Zugangsinterface in seiner Wertschöpfung und Ausgestaltung demokratisch mitbestimmt, oder nur im Interesse einiger weniger Unternehmen aufgebaut wird.

Unternehmen, die auf Grundlage ihres Geschäftsplans eine Marktbeherrschung anstreben, versuchen in der Regel, ihren eigenen Standard durchzusetzen. Sie begeben sich automatisch bei der Umsetzung in die Gefahr, sich in die Nähe einer totalitären Ideologie zu bewegen. Vorreiter der digitalen Totalisierung ist China. Hier wird der digitale Totalitarismus bereits eingeführt (4).

Es lohnt sich ein Blick auf die historische Entwicklung des Internets.

Bereits seit zirka 1995 gab es die Möglichkeit, sich über Webseiten günstig im Internet zu präsentieren. Schon früh wurde das Internet als kostenloses Medium verstanden. Diese Entwicklung wurde nicht zuletzt vom Interesse der Provider getrieben, möglichst viel Traffic zu transportieren, um Daten möglichst kostengünstig oder sogar kostenlos mit anderen zu tauschen (5). Das Internet erhielt nicht nur das Image eines kostenlosen Mediums, sondern über das Setzen fremder Werbung auf die eigene Homepage über sogenannte Affiliate-Marketing-Programme sogar den Ruf, hier sozusagen im Schlaf Geld verdienen zu können.

Die wenigsten Konsumenten haben das geschafft. Für die Meisten ist heute eine Do-it-Yourself Erwartung von Unternehmen übriggeblieben, deren Ideologie man so zusammenfassen kann:

„Nur, wenn Du vieles selbst machst, bekommst Du es auch fast umsonst."

Würden die Bürger für sich einen Stundenlohn für ihre Eigenleistung berechnen, würden viele feststellen, dass „fast umsonst" sehr teuer sein kann und zudem Nerven und damit Lebensqualität kostet.

Immer mehr Prozesse wurden zum Kunden ausgelagert. Viele Anbieter mit hochqualifiziertem und auf den ersten Blick teurem Kundensupport blieben auf der Strecke.

Diese Entwicklung haben Unternehmen aus den unterschiedlichsten Bereichen vorangetrieben oder wurden vom Preisdruck der Wettbewerber gezwungen, nachzuziehen.

Gegen eine solche Entwicklung ist solange nicht zu sagen, solange der Kunde im freien Wettbewerb die Möglichkeit hat, auf Alternativen auszuweichen.

2.1 Merkmale zur Definition von digitalem Totalitarismus

Bevor man sich damit beschäftigen kann, wie man die vordigitalen Errungenschaften in ein Konzept für eine digitale Gesellschaft einbinden kann, muss man sich verdeutlichen, welche Gefahren die Digitalisierung mit sich bringt.

Möglicherweise können in Zukunft den von mir definierten Merkmalen genaue wissenschaftlich verifizierte Werte zugeordnet werden. Hierum geht es mir in diesem Buch jedoch nicht.

▶ Ein subjektives Gefühl einer totalitären Situation reicht aus, um sich so zu verhalten, als sei die eigene Einschätzung eine wissenschaftlich belegte Tatsache.

Das Silicon Valley als Speerspitze der Digitalisierung hat in den letzten Jahren erhebliche Auswirkungen auf das selbstständige Denken breiter Bevölkerungsschichten gehabt.

In Silicon Valley wurde nie viel über gesellschaftliche Folgen von Entwicklungen nachgedacht. Fortschritt ist immer irgendwie gut. Die Bestätigung dafür, dass man alles richtig macht, findet man im Silicon Valley darin, dass man mit seinen Produkten Milliarden von Menschen erreicht.

Da die Entwickler selbst über gesellschaftliche Folgen nicht nachdenken wollen, haben sie sich eine generelle Entschuldigung zurechtgelegt: Die Entwicklungen sind zu komplex für eine gesellschaftliche Reflektion. Niemand kann die Zukunft vorhersehen.

Diese Denkweise im Silicon Valley ist der Virus, der immer mehr Menschen mit der Krankheit Denkabschaltung infiziert. Wer in der Medizin nur einen Husten behandelt und ihn nicht als Symptom eine Lungenentzündung erkennt, macht einen fatalen, möglicherweise tödlichen Fehler. Der Mediziner muss also immer das Gesamtbild sehen, bevor er sein Urteil fällt.

Fake News sind nur ein Symptom der Krankheit Denkabschaltung.

Facebook und Fake News sind beide so erfolgreich, weil sie auf den psychologischen Effekt der Schweigespirale aufbauen.

Insbesondere Menschen mit schwach ausgebildetem Selbstbewusstsein neigen dazu, sich der vermeintlichen Mehrheitsmeinung unreflektiert anzuschließen.

Fake News gaukeln vor, die Mehrheitsmeinung zu vertreten. Der Like-Button von Facebook ermuntert dazu, sich einer Mehrheit anzuschließen. Einen Klick, das kann jeder, ein Foto von sich posten, auch.

Die Krankheit Denkabschaltung ist das Ergebnis einer Denkverweigerung, welche sich immer mehr Menschen im vorauseilenden Gehorsam auferlegen. Wenn Dinge komplex sind, fällt es schwer, darüber nachzudenken. Der Silicon Valley Virus ist äußerst erfolgreich.

Das Ganze wird verstärkt durch eine zentralisierte Überwachungs-IT, die jede Abweichung von der Norm erfasst. Eigenes Denken wird zum Risikofaktor, in Zukunft für in der Vergangenheit über sich aufgezeichnetes Fehlverhalten bestraft zu werden. Wer nicht mehr denkt, entfaltet sich nicht selbst, ist nicht kreativ und ist letztendlich nicht frei. Wird Denkabschaltung zum Massenphänomen, so löst sich die Demokratie auf. Denn Demokratie benötigt ständig aktive Verteidigung durch möglichst viele Teile der Gesellschaft. So hilft auch eine Fake-News-Beseitigungsmedizin wie ein Fake-News-Generator (6) nicht viel weiter, als ein Hustenbonbon bei einer Lungenentzündung (7).

Es muss erst einmal darum gehen, ein kritisches Bewusstsein für einfache Merkmale zu entwickeln, die auf eine digitale totalitäre Entwicklung hinweisen und für jeden einzelnen die Möglichkeit bieten, Produkte oder Dienstleistungen einer Werteskala zuordnen zu können.

Die von mir im Folgenden angenommenen Werte dienen dazu, um zu verdeutlichen, welche erheblichen Auswirkungen der digitale Totalitarismus auf den Einzelnen haben wird, wenn nicht entsprechende Schutzmaßnahmen für eine digitale Demokratie ergriffen werden.

Totalitarismus wird üblicherweise gleichgesetzt mit einer totalitären Diktatur. In einer Diktatur wiederum gibt es einen Diktator, der bestimmte Verhaltensweisen an den Tag legt. Er gibt eine allgemein verbindliche Heilslehre vor und entwickelt Instrumente und Institutionen, um sich die totale, allumfassende Kontrolle über die Menschen zu verschaffen.

▶ Der digitale Totalitarismus ist perfide. Er lässt sich nicht an einer bestimmten Person festmachen. Der totalitäre Diktator wird substituiert durch ein darwinistisches Denken in virtuellen Geschäftsmodellen, in denen die klassischen Produktionsmittel wie Maschinen „dematerialisieren" (7).

So werden zum Beispiel bei Verlagen Druckmaschinen durch die Dateiproduktion in der Cloud ersetzt. Idealerweise geht man in der Zukunft einen Schritt weiter und in der Cloud bereits vorhandene Inhalte werden durch künstliche Intelligenz „intelligent" neu verknüpft. Nicht nur die Produktionsmittel, sondern auch die Arbeitskräfte stehen in solchen Konzepten kostenlos zur Verfügung. In jeder Diktatur haben die Unterworfenen eine gewisse Mitschuld an der Entwicklung, weil sie diese nicht vorhergesehen haben und sich nicht rechtzeitig und entschieden dagegen gewehrt haben.

Im digitalen Totalitarismus kann deshalb der totalitäre Diktator nur schwer ausgemacht werden, weil vom vordergründigen Nutzen überzeugt, die Meisten, auch die Unterdrückten, diese Entwicklung selbst vorangetrieben haben. Am ehesten kann man von der Diktatur des scheinbar kostenlosen Mehrwerts sprechen. Was für Unternehmen der Wegfall der Kosten für die Produktionsmittel ist, ist für die Menschen der Preisverfall von insbesondere virtuellen Produkten.

Wenn es keine einzelne Person gibt, welche man für den digitalen Totalitarismus verantwortlich machen kann, dann braucht man umso mehr Merkmale, über welche Totalitarismus ermittelt werden kann.

Dabei hilft immer der Vergleich mit der vordigitalen Welt. Schließlich sind die heutigen Demokratien das Ergebnis von vielen hundert Jahren Kampf für eine bessere Welt.

Ich gehe davon aus, dass ein gleicher digitaler Zugang für alle in den nächsten Jahren umgesetzt wird, über den sich alle digitalen Prozesse, wie Kommunizieren, Bestellen, Produzieren, Bezahlen, Beliefern ohne große Passwortvergabe und Anmeldung durchführen lassen.

Wer diesen digitalen Zugang kontrolliert, der kontrolliert fundamentale menschliche Grundbedürfnisse.

Insofern bietet sich der Vergleich mit dem Zugang zum lebenswichtigen Wasser an. Oft wird der Zugang zu Wasser regional nur durch eine Institution sichergestellt. Hier besteht also eine vergleichbare Situation wie bei einem digitalen Zugang für alle. Wenn sich der Wasserlieferant weigert, über die Wasserleitung Wasser zu liefern, bleibt nur der Gang zum Supermarkt, um sich für wesentlich höhere Kosten mit Wasser zu versorgen.

Den erhöhten Aufwand und die höheren Kosten können sich aber viele Menschen nicht leisten.

▶ Ein Merkmal für die digitale Totalitarismusschwelle ist der erhöhte Aufwand, der von einem Bürger betrieben werden muss, um ein Ersatzprodukt zu beschaffen.

Verschärfend kommt hinzu, wie existenziell ein Produkt für einen Kunden ist.

In der digitalen Gesellschaft erreicht ein Zugang zum Internet fast die Bedeutung eines Zugangs zum Wasser. So ist er äußerst bedenklich, dass die EU nun in Griechenland zulässt, die Wasserversorgung zu privatisieren (8).

Nun könnte man meinen, es kann nichts Schlimmeres geben, als wenn ein Bürger sich kein sauberes Wasser mehr leisten kann.

▶　　Ein zweites Merkmal für die digitale Totalitarismusschwelle ist die Abhängigkeit
　　　eines Bürgers von einem Produkt oder einer Dienstleistung.

So bedenklich eine Privatisierung der Wasserversorgung auch ist, so ist auch, wenn nur ein einzelnes privates Unternehmen die Wasserversorgung übernimmt, alleine hierdurch das Überschreiten der Totalitarismusschwelle nicht definierbar. Vielmehr spielt als drittes Merkmal eine Rolle, wie schwer es ist, eine Entscheidung rückgängig zu machen. Bei der Wasserversorgung geht es um ein relativ einfaches Produkt, welches im Wesentlichen aus Kläranlagen, Pumpwerken und Wasserleitungen besteht. Es gibt keine komplexen Beziehungen zu Dritten, wie etwa Lieferanten, welche einer erneuten Verstaatlichung im Wege stehen würden. Der Hauptlieferant ist die Natur. Entsprechend einfach war es so, die privaten Berliner Wasserbetriebe 2013 wieder zu verstaatlichen (9). Der dieser Möglichkeit zu Grunde liegende Standard, wie ein Wasserwerk funktioniert, ist einfach und für alle Wasserwerke weitgehend gleich.

Anders sieht es bei dem Internet aus. Hier geht es nicht um ein regionales Wassernetz, welches den Besitzer wechseln kann, sondern um ein über Jahre unkontrolliert gewachsenes komplexes Abhängigkeitsgefüge in einer globalen Wertschöpfungskette.

▶　　Ein drittes Merkmal für die digitale Totalitarismusschwelle ist der erhöhte
　　　Aufwand der Gesellschaft, welcher nötig ist, um einen Abhängigkeitszustand
　　　rückgängig zu machen.

Ein Wassernetz ist zudem ein einfaches Produkt, unter dem sich die meisten Menschen etwas vorstellen können.

Die digitalen Zugangsanbieter versuchen alle, ihre eigenen Standards durchzudrücken und möglichst viele Zusatzleistungen mit dem digitalen Zugang zu verbinden.

Während beim Wasserwerk in der Regel vom gleichen Anbieter das Wasser gefiltert und ausgeliefert wird, sind derzeit in die Wertschöpfungskette vom digitalen Produkt bis zum Bürger viele Einzelprodukte und Prozesse eingebunden. Noch werden diese Einzelprodukte auch von verschiedenen Anbietern geliefert. Lässt man die Entwicklung ohne gesellschaftliche Einflussnahme weiterlaufen, so werden in der Wertschöpfungskette einige Beteiligte zunehmend wesentlich besser gestellt werden, als andere. Durch die erhöhte Kapitalisierung und den permanenten Kundenzugang sind Player wie Google und Facebook in der Lage, die Wertschöpfungskette zu verkürzen oder die anderen beteiligten Unternehmen zu dominieren.

Andere wiederum wie das Mobilitätsunternehmen Uber können über geliehenes Geld solange Konkurrenten unterbieten, bis es keine Marktkonkurrenten mehr gibt.

▶   Ein viertes Merkmal für die digitale Totalitarismusschwelle ist die technische Komplexität und der Entwicklungsaufwand, der nötig ist, um eine Alternative zu schaffen.

In Abb. 2.1 ist meine persönliche Einschätzung eingeflossen, wie ich die Aufwände einer Rückabwicklung der Wasserversorgung im Vergleich zur Rückabwicklung eines digitalen Zugangs für alle einschätze.

Hierbei gehe ich von einem gleichen digitalen Zugang für alle in naher Zukunft aus und vergleiche den Anbieter des digitalen Zugangs mit dem Anbieter von Wasser.

Die Skala geht von null bis hundert Punkte und stellt den subjektiv empfundenen Aufwand dar, welcher nötig ist, um eine Standardisierung rückgängig zu machen oder zumindest wesentlich zu verändern. Dabei wird unterstellt, dass in der Regel ein Anbieter, der seinen Standard durchgesetzt hat, kein Interesse hat, diesen Standard zu verändern, sobald der Wettbewerb durch seine Monopolstellung weggefallen ist.

Hundert Punkte Aufwand bei Ersatzbeschaffung für Wasser bedeutet, es gibt keine Möglichkeit, mit einem verhältnismäßigen und somit allen Beteiligten zumutbaren Aufwand als Bürger den Anbieter zu wechseln.

So lange Preise und Leistung von einer breiten demokratischen Basis kontrolliert werden, ist gegen einen regionalen Anbieter in der Wasserversorgung nichts einzuwenden. In den meisten deutschen Kommunen hat sich über viele Jahre ein kommunaler, teilprivatisierter Betrieb durch Stadtwerke bewährt. Wenn es nur noch einen digitalen Zugang gibt, wird es über private Funkstrecken in Teilen noch möglich sein, sich dem digitalen Zugang zu entziehen. Allerdings bekommt der Bürger bei Wasser ein vergleichbares, oft

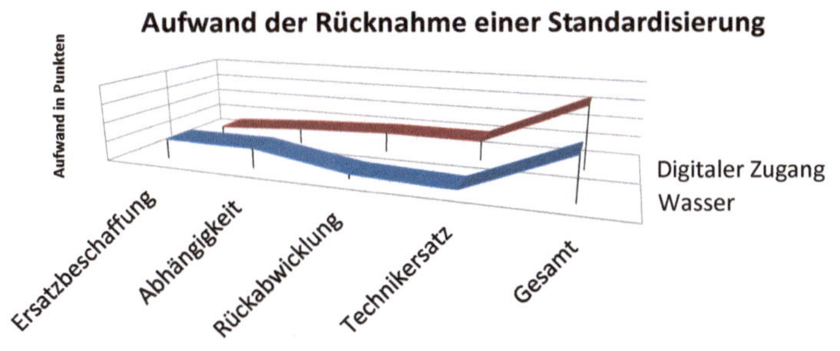

	Ersatzbeschaffung	Abhängigkeit	Rückabwicklung	Technikersatz	Gesamt
■ Wasser	100	100	20	0	220
■ Digitaler Zugang	50	80	100	100	330

Abb. 2.1 Merkmale der Totalitarismusschwelle

sogar veredeltes Produkt im Supermarkt. Der Bürger hat nur den erhöhten Logistikaufwand und die Mehrkosten. Selbst, wenn der Bürger Unbequemlichkeiten in Kauf nehmen sollte, wird ein alternativer vollwertiger Zugang nicht mehr möglich sein, wenn es nur einen digitalen Zugangsanbieter gibt. Es sind zu viele Tätigkeiten, Dienstleistungen und Produkte, welche er über den alternativen Zugang nicht erreichen kann. Also auch für den digitalen Zugang vergebe ich 100 Punkte.

Hundert Punkte Abhängigkeit von Wasser stehen außer Frage. Ohne Wasser stirbt der Mensch. Die Abhängigkeit von einem digitalen Zugang habe ich für die nahe Zukunft auf achtzig Punkte gesetzt. Die junge Generation ist möglicherweise gar nicht mehr handlungsfähig ohne einen digitalen Zugang. Auf der anderen Seite gibt es auch noch viele Menschen, welche sich nie mit der Digitalisierung beschäftigt haben und damit wohl auch noch die nächsten zwanzig Jahre mit zunehmender Einschränkung und Abhängigkeit von anderen lebensfähig sein werden.

Ein weiteres Merkmal ist der Aufwand, der betrieben werden muss, um einen Standard rückgängig zu machen, oder durch einen neuen Standard zu ersetzen. Hier habe ich bei Wasser zwanzig Punkte für die Rückabwicklung schon als ziemlich hoch angesetzt und bin davon ausgegangen, dass in naher Zukunft die föderale Demokratie noch immer einen Einfluss auf die Entscheidungen hat. Im Prinzip ist die Rückabwicklung eines Wasserwerks mit einem Unternehmensverkauf vollzogen. Hundert Punkte für den Aufwand vergebe ich beim digitalen Zugang. Hier geht es eben nicht nur um den Ersatz von einem Anbieter durch einen anderen. Gibt es einen zentralen Anbieter, wird dieser die gesamte digitale Wertschöpfungskette durch Zugangszölle steuern können. Es entsteht zudem ein solch komplexes System von Abhängigkeiten, dass ein einmal eingeführter Zugang für alle unumkehrbar ist.

Den Technikersatz sehe ich bei einem Wasserwerk gegen null. Hier ist der nötige Technikersatz gemeint und nicht der gegebenenfalls durch eine neue Firmenpolitik getriebene. Hundert Punkte vergebe ich wiederum beim digitalen Zugang. Schließlich bieten Technologieanbieter diesen digitalen Zugang an und werden, wenn sie als Zugangsanbieter ersetzt werden sollen, die Übergabe der Technologie verweigern. Es wird also gar nicht erst jemand auf die Idee kommen, eine solche Entwicklung rückgängig machen zu wollen.

Man möge mir hierbei fundiert widersprechen, aber ich nehme subjektiv spätestens beim Erreichen von dreihundert und mehr Punkten das Überschreiten einer Totalitarismusschwelle als gegeben an.

Das Überschreiten dieser Schwelle bedeutet noch nicht unbedingt, dass die Förderung einer solchen Standardisierung in den digitalen Totalitarismus führt, aber es erfordert eine besondere Überprüfung der Einhaltung demokratischer Kriterien.

2.2 Demokratische Kriterien bei der Standardisierung

Ich werde im nächsten Kapitel anhand von konkreten Beispielen zeigen, dass wir bereits jetzt in Einzelbereichen, auch ohne einen einheitlichen digitalen Zugang für alle, dabei sind, die Totalitarismusschwelle zu überschreiben. Daran ändert auch nichts, dass uns geltendes Recht gegen entsprechende Übergriffe schützt. Ausschlaggebend ist das subjektive Gefühl, sich nicht mehr mit einem zumutbaren Aufwand wehren zu können.

Auch ich gehe davon aus, dass sich ein einziger digitaler Zugang in Zukunft durchsetzen wird, weil er viele Vorteile bietet. Amazon und Co. sind deshalb so erfolgreich, weil sich der Kunde über lästige Themen wie Bestellabwicklung und Bezahlen keine Gedanken mehr machen muss. Alle Daten sind hinterlegt. Über einen Klick kann er fast jedes Produkt bestellen und bekommt es innerhalb von kürzester Zeit geliefert.

Wie unter Kap. 3 beschrieben, habe ich selbst mehrere Patente zu diesem einen Zugang angemeldet. Dabei habe ich mich intensiv mit der Gefahr beschäftigt, hierdurch ebenfalls die Freiheitsrechte anzugreifen. Schließlich definiere auch ich Standards, wenn auch mit dem Ziel, demokratische Errungenschaften in die digitale Gesellschaft zu übertragen.

Standards sind gemäß Abb. 2.2 akzeptabel, wo sie von allen Betroffenen mitbestimmt und demokratisch wieder verändert werden können.

- Standards müssen für jeden nachvollziehbar sein.
- Standards müssen offen für bestehende Systeme sein.
- Komplexe digitale Systeme müssen so aufgebrochen werden. dass die problematischen Teile separiert und dezentralisiert werden.
- In unterschiedlichen Regionen müssen unterschiedliche Anbieter priorisiert werden können.
- Die gesamte Wertschöpfungskette muss von allen Betroffenen, auch den Bürgern mitbestimmt werden können.
- die Mitbestimmung muss anonym oder zumindest WAN anonym möglich sein.

▶ WAN anonym bedeutet, dass keine Verbindung über ein Wide Area Network zwischen den personenbezogenen Daten und den zugehörigen getrennt verbreiteten Inhalten von Unbefugten hergestellt werden kann!

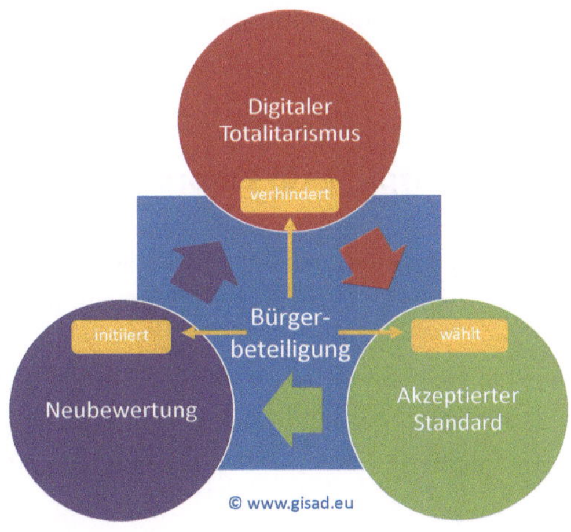

Abb. 2.2 Digitale Bürgerbeteiligung

Das Gefühl der Machtlosigkeit ist mehr als eine subjektive Wahrnehmung. Es verändert das Verhalten aller Bürger. Wie bereits in Abschn. 1.3 „Digitale Bürgerbeteiligung bei den Nichtwählern" erläutert, führt es letztendlich zur Resignation. Resignation ist nicht nur für den Staat, sondern auch für die Wirtschaft fatal. Kunden, die sich verweigern, helfen den Unternehmen nicht mehr bei der Produktentwicklung, da sie ihre Meinung nicht äußern.

Deutschland ist deshalb in vielen Bereichen Weltmarktführer, weil hier sehr kritische Konsumenten leben. Produkte werden durch diese Kritik bis zu einem höheren Qualitätslevel als in anderen Ländern entwickelt. Davon lebt der Name „Made in Germany" und unser großer Erfolg im Export.

Auch legen wir großen Wert auf Datenschutz und die Umsetzung digitaler Grundrechte. Auf der anderen Seite ist die Mentalität, die Digitalisierung werde uns von Silicon Valley aufgesetzt und wir seien hier gegen machtlos, weit verbreitet.

Ich bin rechtsicher und erfahren, gute Verträge zu machen. Wird ein Werkvertrag nicht erfüllt, erwarte ich Mängelbeseitigung und mindere gegebenenfalls den Rechnungsbetrag. In den Beispielen im nächsten Kapitel wird deutlich, wie weit sich verschiedene Bereiche schon von der Vorstellung eines Rechtsstaats entfernt haben.

Auch, wenn gemäß dem Roland Rechtsschutzreport (10) das deutsche Justizsystem nach wie vor hohes Ansehen genießt, nimmt das Vertrauen der Bürger in die Integrität deutscher Gerichte ab.

Prozessausgänge sind schon deshalb ungewiss, weil die Gerichte überlastet sind und sich nicht die Zeit nehmen können, welche die immer komplexeren Streitfälle benötigen. Großunternehmen mit ihren umfangreichen Geschäftsbedingungen sind im Vorteil. Durch das immer undurchschaubarere Zusammenspiel von Technologieanbietern und Dienstleistern ist der Verursacher eines Problems oft selbst von Fachleuten nicht mehr auszumachen.

So wird bereits heute im Bereich der Internetanbieter die subjektive Totalitarismusschwelle überschritten. Hierbei handelt es sich um die Vorboten und Vorbilder für Anbieter in einer künftig voll digitalisierten Gesellschaft.

> ▶ Standards und Monopole dürfen nur da durchgesetzt werden, wo sie von einer Mehrheit der Beteiligten verstanden und unterstützt werden.

2.3   Beispiele für Einordnung in die Totalitarismus-Skala

In den folgenden Beispielen möchte ich einige genannte Unternehmen nicht an den Pranger stellen, sondern vielmehr auf Tendenzen in der digitalen Transformation hinweisen.

> ▶ In Einzelbereichen stehen wir im Zuge der Digitalisierung kurz vor einer totalitären Entwicklung beim Verhältnis von Unternehmen zu ihren Kunden oder haben die Totalitarismusschwelle bereits überschritten.

Unternehmen wollen Kosten sparen. Um im Wettbewerb erfolgreicher zu sein, begeben sie sich bei der Prozessoptimierung zunehmend an die Schmerzgrenze der Zumutbarkeit für ihre Kunden. In einer juristischen Grauzone erhöhen sie den Beschwerdeaufwand der Geschädigten offenbar sehr erfolgreich. Viele Beschwerden bleiben so unerledigt, bis möglicherweise ein Update Probleme behebt oder auch eben nicht. Freundlichkeit wird zur Farce, wenn sie in Form von nicht passenden allgemein gehaltenen Standardtextbausteinen daherkommt.

2.3.1 Mobilfunkanbieter

Totalitarismus-Merkmale O2 gemäß Abb. 2.3.

▶ Die einfachste Möglichkeit der Beschwerdeverweigerung besteht für Unternehmen in der Unterdimensionierung einer Beschwerdehotline, so dass die Hotline de Facto nicht erreichbar ist.

Entsprechend wurde O2 von der Bundesnetzagentur getadelt (11). Hier kann schon Absicht unterstellt werden.

Den Aufwand für die Ersatzbeschaffung von O2 schätze ich mit sechzig bis hundert Prozent ein. Hierbei steht O2 stellvertretend für andere Mobilfunkprovider. Wie alle Provider, versuchen auch im Mobilfunk die Anbieter, sich voneinander durch die Zusatzangebote zu unterscheiden und durch Kundenbindungsinstrumente den Aufwand für den Wechsel zu erhöhen. Nachdem sich im vierten Quartal 2014 die Netze von Telefónica (O2) und E-Plus zusammengeschlossen haben, kann man von drei gleichgroßen Netzen mit jeweils über vierzig Millionen Mobilfunkanschlüssen sprechen. E-Plus tritt am Markt mit unterschiedlichen Marken wie Simyo, Base, aber auch unter dem Namen des Aldi-Discounters auf. Insofern gibt es hier unterschiedliche Händler mit eigenen Servicecentern und unterschiedlicher Servicequalität. Ich selbst nutze das Angebot vom Händler Sipgate mit gutem Support und keinen nennenswerten Problemen.

Kritisch wird es, wenn die drei Netze beginnen, Erfahrungen über ihre Kunden auszutauschen. Dann kann in Zukunft die Ersatzbeschaffung für kritische Kunden schwierig werden. Hierzu reicht im Zweifel eine Analyse aller öffentlich über einen Kunden

Abb. 2.3 Totalitarismus-
Merkmale O2

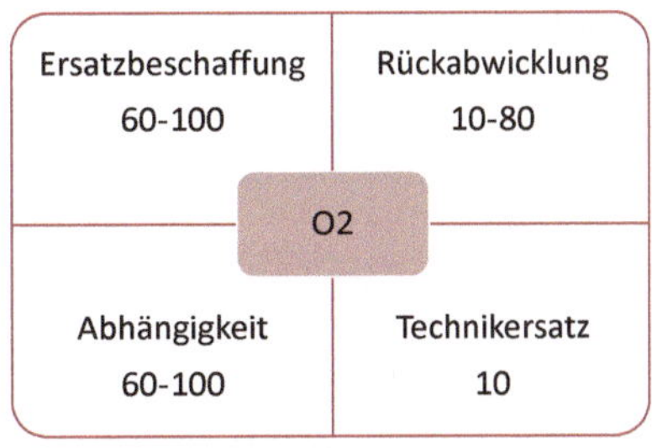

verfügbaren Daten aus. Schon heute werden die Scorewerte immer weiter verfeinert. Auch sollte die Anbieterzahl nicht weiter fallen.

Durch die Telefonnummernmitnahme ist die Ersatzbeschaffung relativ einfach. Aufgrund der langen Verträge von vierundzwanzig Monaten und mehr, sehe ich für mich den Aufwand hierfür bei sechzig Punkten. Wer exklusive Angebote eines Mobilfunkproviders nutzt, kann aber auch schnell bei hundert Punkten ankommen. Wenn er auf dieses Angebot nicht verzichten will, ist also eine Ersatzbeschaffung nicht möglich.

Die Abhängigkeit vom Mobilfunk generell sehe ich zwischen sechzig und hundert Punkten je Verwendung unterschiedlich. Wesentlich für die Punktzahl sind die alternativ zur Verfügung stehenden Funkanbindungen. Pendele ich nur kurz am Tag zwischen Arbeitsplatz und Zuhause, so kann ich das gleiche Device über W-LAN nutzen. Bin ich ständig unterwegs, liegt meine Abhängigkeit bei maximalen hundert Punkten. Die Mobilfunkanbieter tun alles, um die Abhängigkeit und den Aufwand des Wechsels in Zukunft zu erhöhen. Insbesondere die Anbindung von Industrieanlagen im Industrie 4.0 Bereich und eigenen Smart Home Angeboten können schnell die Abhängigkeit vom Provider, den Aufwand für die Rückabwicklung oder Wechsel zu einem anderen Provider und den Technikersatz von zehn auf hundert Punkte schnellen lassen. Auch wenn ich in meiner derzeitigen persönlichen Einschätzung sehr weit davon entfernt bin, beim Mobilfunk die Totalitarismusschwelle von dreihundert Punkten zu überschreiten, wird deutlich, wie schnell dies geschehen kann.

2.3.2 Social Media Portale

Totalitarismus-Merkmale Facebook gemäß Abb. 2.4.

Facebook hat vorgemacht, wie man ohne Service Geld verdient.

Nachhaltig sind die exorbitanten Gewinne nicht (12).

Nur mit Mühe hat Facebook sich entschlossen, Hasskommentare aus dem WEB zu nehmen. Zuerst wurden automatische Filterverfahren eingesetzt, deren Kriterien nicht veröffentlicht wurden. Algorithmen können jedoch trotz künstlicher Intelligenz nicht zwischen Ironie und Beleidigung unterscheiden. Facebook hat nicht zuletzt auf Druck der Strafverfolger (13) die Prüfung an ca. 600 menschliche Agenten bei dem deutschen Dienstleister Avarto ausgelagert. Bei 4.75 Milliarden neuen Inhalten täglich ist das eher ein

Abb. 2.4 Totalitarismus-Merkmale Facebook

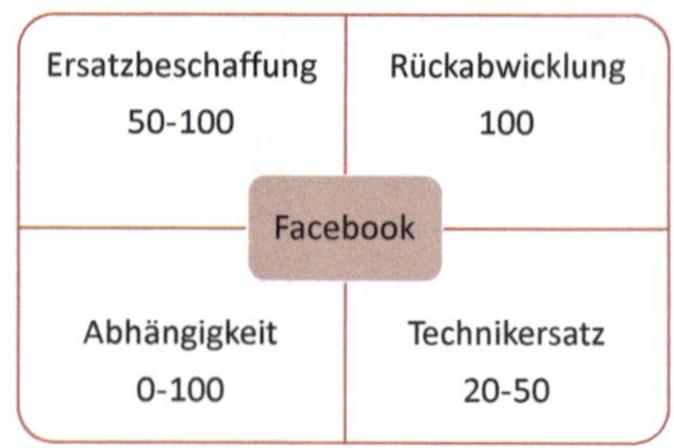

Tropfen auf den heißen Stein. Nach Vorgaben von Facebook sollen täglich 1850 Tickets (14) von Meldungen abgearbeitet werden!

Halbautomatische Systeme mit grundsätzlicher Kontrolle durch die Nutzer, wie von mir als Pilotprojekt (15) seinerzeit entwickelt und in einer neuen Patentanmeldung unter Abschn. 3.5 „Mensch-Maschine-Interaktion in Bewertungssystemen" in diesem Buch vorgestellt, sind hierfür wesentlich besser geeignet, wirtschaftlicher und zudem durch die Einbindung der Nutzer demokratisch legitimiert (16).

Wenn selbst Politiker, die persönlich Facebook-Lobbyisten kennen, niemanden bei Facebook erreichen, um zügig einen Hasskommentar entfernen zu lassen, dann zeigt sich das eigentliche Problem.

Facebook hat seinen Aktionären verkauft, das perfekte vollautomatische System zur Kundenprofilierung, Kundenbindung und daraus abgeleiteten Werbe-Bespaßung entwickelt zu haben.

Nun zeigt sich, dass dieses Konzept nicht aufgeht. Auch Angreifer können ihre Prozesse automatisieren und da, wo es keine menschliche Verteidigung gibt, mit Social-Bots vollautomatisiert Meinungen verändern.

Facebook merkt über Jahre nicht, wenn ein Account gehackt ist. Das angeblich alles überblickende Facebook ist mangels Personal auch gar nicht in der Lage, auf Einzelfälle einzugehen.

Jeden Verwaltungsprozess muss der Nutzer über seine E-Mail-Adresse oder seine Handynummer anstoßen. Schade nur, wenn eben diese Daten, wie bei meinem Account, durch einen Hack aus der Datenbank entfernt wurden.

Es gibt wohl inzwischen auch so viele negative Reaktionen gegen Facebook im WEB, dass niemand bei Facebook mehr in der Lage ist, im Einzelnen zu analysieren, welche Probleme die Kunden mit Facebook haben. So habe ich auf meinen am 5. November 2015 veröffentlichten offenen Brief an Facebook keine, auch keine automatische, Antwort erhalten!

Offener Brief an Facebook
„Liebes Facebook, leider ist der Account https://www.facebook.com/TrustedWeb4 über die in meinem Browser hinterlegte E-Mail Adresse nicht mehr erreichbar, da diese Adresse bei Facebook nicht mehr gespeichert ist.

Weder über „gehackte Konten", noch über „Straftat melden" habe ich den Weg zu Dir gefunden. Beide Male wolltest Du die E-Mail Adresse wissen, die ja wohl jemand bei Dir gelöscht hat.

Seit April sind meine Feeds nicht mehr übernommen worden. Ein weiterer Beleg, dass mein Konto gehackt ist.

Das habe ich über den alternativ von Dir zur Verfügung gestellten Account https://www.facebook.com/otto.blubrich gesehen. Den kannte ich gar nicht, aber hier gibt es eine andere E-Mail-Adresse, die auch zu mir gehört.

So habe ich gar nicht früher gemerkt, dass es ein Problem gibt, da ich immer Meldungen von Facebook über das falsche Profil bekam. Ich finde es zur Optimierung meiner persönlichen Wertschöpfung ausreichend, an einer Stelle meine Informationen einzustellen und dann zu den unterschiedlichen Anbietern zu distribuieren. Die Leute, die mich finden wollen, finden mich in der Regel auch. Ich nutze Dich, besuche Dich aber nicht sehr oft.

Liebes Facebook, aus meiner Sicht liegt zwischen Dir und mir eine Kommunikationsstörung vor. Ich weiß einfach nicht mehr, wie ich zu Dir durchdringen soll. Ich bin doch das Wichtigste was Du hast, nämlich einer Deiner Nutzer. Ober sind die Aktieninhaber inzwischen doch wichtiger?

Aber die Aktionäre, die wollen doch Wertschöpfung. Auch wenn noch keiner so recht weiß, wo das mit der digitalen Transformation hinläuft, alle sind sich einig, da ist viel Wertschöpfung drin.

Dann habe ich bei Dir gelesen, ich soll jetzt meine Freunde fragen, welche Mailadresse denn jetzt bei meiner Seite hinterlegt ist. Ich finde das nicht richtig, Probleme auf meine Freunde abzuwälzen, die wir miteinander klären sollten. Das verschlimmert nur meine Kommunikationsstörung, weil ich bin doch einer von Deinen Nutzern und die sind es doch alle irgendwie, die zur Wertschöpfung für Dich und Deine Aktionäre beitragen.

Ich glaube sowieso, dass vieles in der digitalen Transformation nicht funktionieren wird, weil Technik den Menschen immer mehr beherrschen will, der das aber merkt, weil er gar nicht so dumm ist.

Liebes Facebook, bevor wir ein echtes Problem miteinander bekommen, habe ich extra für Dich das mit der Kommunikationsstörung ein wenig aufgearbeitet. Ich stelle Dir das gerne kostenlos unter http://www.gisad.eu/kp.pdf zur Verfügung. Natürlich kannst Du Dich nicht um jeden kümmern, bei den vielen Angriffen auf Dein zentrales Portal. Dazu kann ich nur sagen, es geht auch anonymisiert und dezentral. Das ist viel besser und sicherer. Dazu gibt es bald sogar ein nagelneues Buch von mir. Mach einfach mit, dann klappt es auch mit Deinen Freunden.

Dein Olaf Berberich" (17)

Ich betrachte es als Rufschädigung, wenn ein nun seit Jahren von mir weder veränderbares, noch löschbares altes Profil bei Facebook steht.

Brav bin ich auf eine Facebook Verkaufsveranstaltung für Unternehmenswerbung gegangen und tatsächlich bin ich einem Mitarbeiter aus Fleisch und Blut begegnet. Als ich ihm mein Problem schilderte, antwortete er routiniert: „Ach, Sie haben ein technisches Problem". Er wollte mich wohl überzeugen, dass der Fehler sicher bei mir liegen würde. Er gab mir eine Visitenkarte. „Hier würde mir geholfen". Auf der Karte stand keine Adresse, sondern gemäß Abb. 2.5 ein Link zu dem allgegenwärtig, umfassend fehlbaren Automaten. Wie schon fast erwartet, funktionierte der Link nicht. Es hätte sich ja gegebenenfalls doch irgendjemand mit dem Fehler beschäftigen müssen.

Da Facebook kein ordentliches Impressum mit einer Adresse hat – es müsste ja sonst jemand Briefe bearbeiten – habe ich in einer Internetrecherche den Sony-Tower in Berlin als Adresse identifiziert und die Geschäftsführung angeschrieben. Natürlich hat auch das nichts gebracht. Wie ich 2017 von dem verantwortlichen Polizisten eines Cyberkrime Abwehrzentrums erfahren habe, gibt es in Deutschland bis heute keine Adresse, unter der Facebook erreichbar wäre. Anfang 2018 überprüft, habe ich immerhin eine Adresse in Dublin gefunden, wohin man sich wegen Datenschutzverletzungen wenden kann. Handelt es sich denn um eine Datenschutzverletzung? Wahrscheinlich würde man mich hier nicht bearbeiten. Ich habe jedenfalls den für mich vertretbaren Aufwand betrieben, um mein Facebook Konto zu löschen und weise in diesem Buch ausdrücklich darauf hin, dass alle angeblichen weiteren Posts von mir bei Facebook nicht von mir sind und sich meiner Verantwortung entziehen.

Was im alten Rom die Spiele waren, das sind heute Kommunikationstechnik und Onlinemedien. Die römischen Kaiser konnten sich alles leisten, nur Brot und Spiele durften nicht

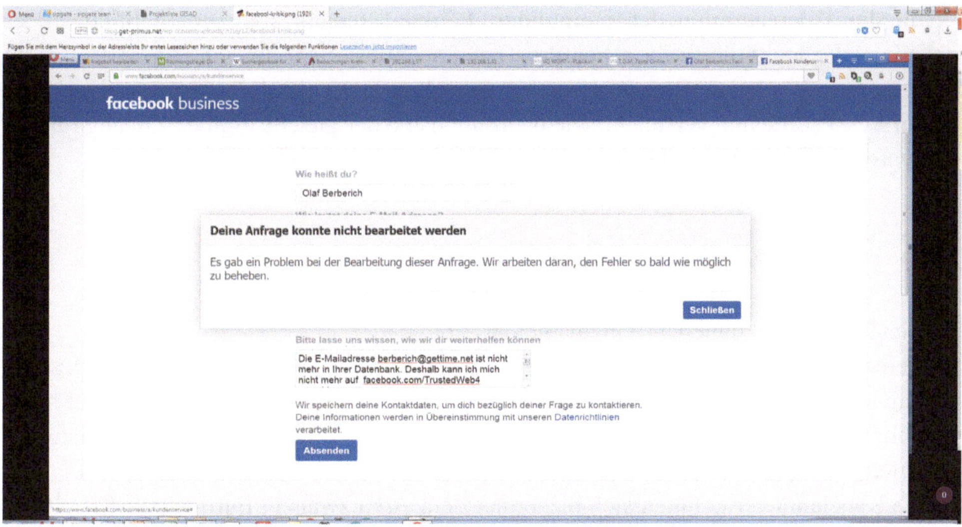

Abb. 2.5 Facebook Service

ausgehen. Deutsche Unternehmen nehmen nicht ohne Grund selbst ein Verhalten in der rechtlichen Grauzone an, sondern weil sie von Global Playern, die sich konsequent deutschem Recht entziehen, dazu getrieben werden.

▶   Problematisch wird es, wenn Betreiber von gesellschaftlich strukturrelevanten Systemen auf einen vollautomatischen digitalen Zug ohne Kundensupport aufspringen.

Die Ersatzbeschaffung ist bei Facebook schwer zu definieren. Schließlich handelt es sich eigentlich nicht um ein revolutionäres Produkt. Es ist eher einem geschickten Marketing geschuldet, dass alle meinen, drin sein zu müssen. So haben es gerade die öffentlich-rechtlichen Medien mit ihren Facebook Seiten vorgemacht, dass man drin sein muss. Es geht also weniger um die Ersatzbeschaffung, sondern darum, wer von mir erwartet, dass ich dabei bin. Hierdurch definiert sich in der Regel dann meine eigene Abhängigkeit, dabei sein zu müssen. Wenn ein Student seine Seminarunterlagen nur über Facebook erhalten kann und die Verlegung einer Arbeitsgruppe nur über Facebook mitgeteilt wird, dann gibt es keine Möglichkeit der Ersatzbeschaffung. Diese und die Abhängigkeit liegen somit bei hundert Punkten. Wenn jemand, wie ich, kein Problem damit hat, nicht dabei zu sein, ist meine Abhängigkeit bei null. Trotzdem sehe ich bei mir die Totalitarismusschwelle mit über dreihundert Punkten überschritten. Ich werde von Facebook als einem Monopolisten dadurch abhängig gemacht, dass ich eigentlich dabei sein müsste, um meinen Ruf zu retten oder ein Alternativprofil gegen mein nicht löschbares Profil zu positionieren. Entsprechend ist die Rückabwicklung auch nicht möglich, wieder hundert Punkte Aufwand.

Für das Überschreiten der dreihundert Punkte ist dann auch unerheblich, ob es irgendwelche technologischen Features bei Facebook gibt, die ich wo anders nicht bekomme.

Der Leser sollte nun verstehen, wie bedrohlich erst der gleiche digitale Zugang für alle sein wird, wenn dieser von Playern wie Facebook angeboten wird.

2.3.3 Kabelprovider

Totalitarismus-Merkmale Unitymedia gemäß Abb. 2.6.

Meine eigene Erfahrung mit Unitymedia bestätigt, dass es bereits jetzt in der Digitalisierung systematische Fehlentwicklungen gibt, die ihre Ursache in der oben geschilderten Umsonst-Kultur haben. Die Internetprovider liegen in einem harten Preiswettbewerb. Erwartet wird von ihnen, immer mehr Datenvolumen für weniger Geld anzubieten.

Die Kabelanbieter konnten sich bisher auf dem zirka zwanzig Euro teuren Kabelfernsehanschlüssen ausruhen. Doch immer mehr Menschen sehen kein Fernsehen oder laden sich Fernsehen zeitversetzt aus der Cloud herunter. Die Kabelfernsehgrundgebühr fällt für den Anbieter als Einnahme dann komplett weg. Auf der anderen Seite greifen neue Anbieter auch das Internetzugangsgeschäft an. So haben sich die Datenflats im Mobilfunkbereich von 3,6 Mbit/s für zwanzig Euro im Jahr 2008 auf 21,6 Mbit/s für zehn Euro im Jahr 2017 verbessert (18).

Es ist ein offenes Geheimnis, dass über die reine Datenverbindung kein Geld mehr zu verdienen ist. Selbst Google hat sich hier verhoben (19). Das Geld verdienen will man deshalb über Zusatzdienstleistungen.

Das Wundermittel des entsprechenden Kabelanbieters heißt Horizon Box. Hier wird ein dezentrales Konzept vorgegaukelt. Schließlich gibt es eine Kiste, die im Wohnzimmer beim Kunden steht und anfänglich dezentral vor allem viele Geräusche machte. Tatsächlich bestand bei mir in meinem Testbericht in 2014 (20) ein erheblicher Zweifel, ob ich mir hier nicht eher einen Überwachungsanschluss ins Haus geholt habe. Über Jahre habe ich dann die vielen technischen Mängel durchlitten und war mit einer halbwegs passablen Hotline zufrieden. Zunehmend wurde ich als Eskalationskunde geführt, wohl auch, weil ich mich nicht mit den einfachen Standardfloskeln abspeisen ließ, welche den Hotline-Mitarbeitern von ihren Systemen geliefert werden.

Abb. 2.6 Totalitarismus-Merkmale Unitymedia

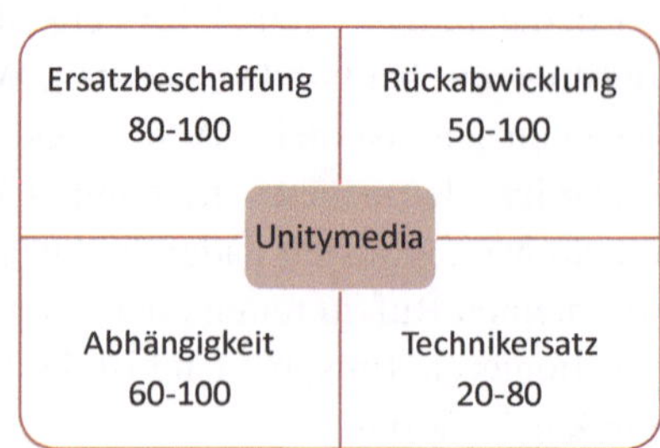

In 2016 nahmen dann die Probleme erheblich zu. Zugegebenermaßen mussten sich alle Internetprovider auf eine veränderte Situation mit stark zunehmenden Angriffen auf ihre Infrastrukturen auseinandersetzen.

Meine Familie ist seit vielen Jahren Kunde bei Unitymedia.

Früher gab es Kabelfernsehen, das funktionierte immer. Es gab einen Videorekorder, der einfach und stabil Sendungen aufnahm. Es gab ein Telefon, das nie ausfiel. Vielleicht gab es mal ein Problem mit einem Anrufbeantworter, wenn der Speicher voll war oder mit dem Fax, wenn es kein Papier hatte.

Als es dann Internetanschlüsse gab, waren diese zwar langsam, aber funktionierten meistens und waren ja auch noch nicht so wichtig.

Mit der Horizon Box und dem Paket 3Play mit Optionen konnten wir vier Sendungen gleichzeitig aufnehmen und eine sehen, wir konnten auf unzähligen Fernsehsendern und auf einem abgespeckten Maxdom Wiederholungen der gleichen Filme sehen, wir hatten theoretisch ein schnelles Internet, 2 Handynummern, eine mobile Datenflat und eine Festnetznummer, alles in einem Komplettpaket.

Wir hatten also ein komplexes System mit hoher Störanfälligkeit, für das ein guter menschlicher Onlinesupport nötig ist, um es am Laufen zu halten.

Zugegeben, vieles hat sich seit meinem Test im März 2014 verbessert.

Aber unterm Strich war die Beziehung meiner Familie zu Unitymedia inzwischen emotional belastet und zwar äußerst negativ. Abends nach einem stressigen Tag wollten wir entspannen, einen Film sehen, Feeds lesen oder telefonieren.

Im Gegensatz zu früher gab es da immer ein gewisses Spannungselement:

- Werden wir heute den erwarteten Maxdom-Film sehen können oder stürzt der Horizon wieder wegen einer Fehlverbindung ab?
- Spaß machte es immer, wenn die Horizon-Box ausgetauscht werden musste, bei uns in der Vergangenheit viermal passiert. Dann waren gleich alle aufgenommenen Sendungen weg.
- Vielleicht setzt auch die Fernbedienung wieder aus? Dann geht weder Fernsehen noch Videothek, noch die aufgenommenen Sendungen sind erreichbar.

  Der Techniker eines Subunternehmen war bei seinem letzten Besuch von ca. einem Jahr so freundlich, uns eine Reserve-Fernbedienung dazulassen. Er kannte das Problem.
- Werden wir vielleicht heute zum ersten Mal seit Monaten über Festnetz telefonieren können?

Wir sehnten uns nach der alten Zeit, als alles einfach funktionierte, jahrelang.

Seit 2016 war die Unitymedia Hotline nicht mehr in einer akzeptablen Wartezeit erreichbar. Viele Gespräche wurden einfach automatisch unterbrochen.

- Unitymedia hatte seinen menschlichen Service weitgehend eingestellt.
- Monate hatten wir über das Kontaktformular oder telefonisch versucht, den Service zu erreichen. Der Automat von Unitymedia hat die meiste Arbeit übernommen.

- Beim Telefon wurde uns fröhliche Musik vorgespielt. Nach mehrfachen Anrufen und jeweils einer halben Stunde Wartezeit passierte nichts.
  Wir sind in einen Unitymedia-Shop gegangen. Auch hier hat man uns ein Telefon in die Hand gedrückt und wir waren wieder in der Warteschleife. Wir haben auch hier lange gewartet. Ein Kontakt mit dem Support kam nicht zustande.

Doch Unitymedia oder der Automat? hat tatsächlich mehrfach zurückgerufen, laut Protokoll immer sonntags um ca. 11.00 Uhr außerhalb der Servicezeiten. Nur gehört haben wir es nicht. Wie gesagt, wir hatten zwei Unitymedia-Handynummern und eine Internet-Telefonnummer angegeben, über die wir erreichbar wären.

Die defekte Fernbedienung wurde bis heute nicht ausgetauscht. Vielleicht hat ja der Automat, ohne dass wir die entsprechende Einverständniserklärung zur Analyse unserer Profildaten unterschrieben haben, festgestellt, dass wir trotz defekter Fernbedienung fernsahen. Die Fernbedienung war defekt. Wir benutzten allerdings die Ersatzfernbedienung, die der Techniker da gelassen hatte und das Festnetztelefon ging wirklich seit Monaten nicht. Inzwischen brauchten wir ihn nicht mehr. Denn niemand rief noch über diese Nummer an.

Tatsächlich schickte uns der Automat auch diverse Mails, die allerdings nie auf unsere Probleme eingingen. Mal sollte man auf die Behebung allgemein bekannter Probleme warten, mal wurde sich allgemein entschuldigt und immer, wenn der Automat der Meinung war, es wäre genug Zeit vergangen, kam eine allgemeine Umfrage zur Kundenzufriedenheit.

- All das hat dazu geführt, unser aktuelles Verhalten zu analysieren und neue Produkte zu suchen:
- Wir haben aufgehört, die öffentlich-rechtlichen Nachrichten zu sehen und bevorzugen gut selektierte RSS-Feeds.
- Live Filme sehen wir schon lange nicht mehr, sondern sehen nur Filme, die wir aufgenommen haben.

Wäre es nicht viel kostengünstiger und vor allem stressfreier für das fast gleiche Geld bei Verzicht auf die teure Kabelanschlussgebühr und Livefernsehen über die klassische Telefonleitung bei zwei Internetprovidern einen Vertrag abzuschließen und Filme nur noch über Netflix oder Amazon anzusehen? Wenn ein Provider ausfällt, haben wir dann noch einen zweiten. Bei Problemen könnten wir uns mit einem streiten und den Preis mindern, ohne dass wir dadurch erpressbar wären, dass uns bei Nichtzahlung einer Monatsgebühr einfach alles abgeschaltet wird. Übrigens, den Monatsbetrag zu mindern, hat Unitymedia durch das obligatorische Lastschriftverfahren ausgeschlossen.

Der Chief Executive Officer Herrn Lutz Schüler wurde per Einschreiben gemäß Abb. 2.7 über meinen Blogartikel informiert. Eine personalisierte Antwort kam nicht, lediglich ein Schreiben von der Kundenbeschwerdestelle.

Persönlich
Herrn Geschäftsführer

^ Köln

Krefeld, den 19.12.2016

Einstellung der Serviceleistungen durch ..., Kündigung meines Vertrages

Sehr geehrter Herr Schüler,

hiermit kündige ich den unter Kundennummer ...
geschlossenen Vertrag mit ... a zum 31.1.2017 wegen dem
Fehlen von jeglichem Kundensupport und einem nun seit Monaten
nicht funktionierenden Festnetztelefonanschluss.

Ich finde das bedauerlich, da ja zumindest das Internet in letzter Zeit
stabil funktioniert hat.

Ich schreibe Sie persönlich an, wie in meinem Blogartikel unter
blog.get-primus.net/die-digitale-transformation-darf-nicht-zur-
servicewueste-fuehren/ angekündigt.

Sicher muss ... für die ständig steigenden Angriffe aus den
Internet mehr Geld ausgeben, als wahrscheinlich ursprünglich
kalkuliert.
Dies darf jedoch nicht dazu führen, dass der durch fehlendes
Personal vollautomatisierte Service für den Kunden nicht mehr
erreichbar ist. Letztendlich war die steigende Zahl von Cyberattacken
zumindest für mich vorhersehbar.

Mit freundlichen Grüßen

Olaf Berberich

Abb. 2.7 Brief an Herrn Schüler

Kommen wir noch einmal auf die gesellschaftliche Strukturrelevanz zurück. Unsere Familie ist sehr aktiv. Wir ärgern uns zwar, aber können die Unterhaltungsausfälle kompensieren.

Anders sieht es mit den Verlierern der digitalen Transformation aus. Von Armut betroffenen, insbesondere Arbeitslosen, Rentnern, Alleinerziehenden und deren Kindern bleibt oft als einzige finanzierbare Unterhaltung Internet und Fernsehen. Diese Zielgruppe kann sich nicht richtig wehren. Der wehrlose Bürger wird aber immer mehr zum Wutbürger. Es würde mich deshalb nicht wundern, wenn in nächster Zeit eine Studie einen Zusammenhang zwischen rückläufigem Service im Onlinebereich und der Zunahme der Wähler von populistischen Parteien herstellen würde. Warum hatte ich so ein Beharrungsvermögen. Der Grund ist einfach. In dem neu gebauten Teil meines Hauses wurden zwar ausreichend viele Netzwerkkabel gelegt, jedoch nur das Koaxialkabel des Kabelbetreibers bis zum Router. Ein böser Fehler. Da ich noch nicht sicher war, ob ich auf Fernsehen wirklich verzichten könnte, sah ich möglicherweise extreme Kosten für eine alternative Sat-Infrastruktur im Bestandsbau auf mich zukommen. Auch findet man gar nicht so leicht einen Elektriker, der den Rückbau durchführt. Schließlich will es sich niemand mit dem einzigen Kabelanbieter vor Ort verderben. Hier haben wir sie, die subjektiv totalitäre Situation. Schließlich bin ich extrem vom Internet abhängig. Natürlich habe ich auch eine Mobilflatrate. Die hilft mir jedoch nicht bei der Arbeit am PC.

Inzwischen bin ich überzeugt, dass Beschwerdesysteme systematisch abgebaut werden. Zugrunde gelegt wird hier wohl, dass die Mehrheit der Kunden sich nicht mehr beschwert, sondern das hinnimmt, was sie bekommt. Möglicherweise habe diese Kunden sich schon viel besser als ich auf die zunehmend totalitäre Situation eingestellt.

Immer noch der Meinung, in einem rechtsstaatlichen System zu leben, habe ich Unitymedia auf einen reinen 1-Play 120 Mbit/s Sekunde Internetflatrate Vertrag geändert. Als Amazon Prime Kunde und YouTV Abonnent habe ich es noch nicht bereut. Zirka alle 4 Wochen ist die Internetverbindung so langsam, dass ich Probleme mit YOUTV habe. Dann steht mir alternativ das Angebot von Amazon Prime zur Verfügung. Erstaunlicher Weise klappt Amazon auf meinem Smart-TV auch noch bei einer schlechten Internetverbindung über dem mit LAN verbundenen PC! Die Amazon-Fernbedienung war schnell kaputt. Problemlos bekam ich eine neue. Als die zweite kaputt war, habe ich keine weitere bestellt. Wer braucht schon ein ständig waches Mikrofon der Sprachsteuerung. Alternativ funktioniert die Bedienung der Firebox auch mit der Sony-Fernbedienung problemlos.

Als böser Fehler erwies sich, bei Unitymedia den Vertrag zu ändern und nicht zu kündigen. Das Beschwerdemanagement, welches sich mit dem Kunden auseinandersetzt, wurde durch lediglich ein teilautomatisiertes Abwehrmanagement ersetzt. Wenn man kündigt, wird man hingegen anschließend in dem Neukundenprozess mit allem Service umworben.

Ich verzichte auf die Schilderung aller Vorfälle, beispielhaft in Abb. 2.8 als Briefausschnitt, bis der Vertrag schließlich auf einen reinen Internetvertrag runtergestuft war. Nun habe ich vorbehaltlich meine beiden Verträge schon einmal per Fax gekündigt. Die Kündigung wurde mir von Unitymedia weder bestätigt noch online hinterlegt.

Am Tag habe ich üblicherweise unter 5Mbit/s Downloadgeschwindigkeit gemäß Abb. 2.9 von meinen angeblichen 120 Mbit/s. Die Horizon-Box habe ich nicht zurückgegeben. In jeglicher Hinsicht wurde die Kommunikation von Unitymedia eingestellt. Es war also günstiger, mir die technischen Möglichkeiten des teureren 3Play-Vertrages zu lassen, als einen qualifizierten Mitarbeiter zu „finden", der sich qualifiziert hätte um mein Problem kümmern können. Rechtsstaatliches Handeln von Unitymedia mit einem

Olaf Berberich

47000 Krefeld

Tele... ... .
Mail: ....

Krefeld, den 27.06.2017

Olaf Berberich,

           Kunden Service Center

**Verpassen Sie nicht
mein neues Buch**!

Empfohlen durch die Bibliothek des
Deutschen Bundestags!

Ihr Schreiben vom 20.6.2017, ...

Sehr geehrte Frau ... .r,

Sie befinden sich im Irrtum. Es wäre schön, wenn Sie sich mit Ihrem eigenen Briefverkehr beschäftigen würden.
Es verdichtet sich der Eindruck, dass der einzige Zweck des Beschwer-
demanagements darin besteht, Beschwerden abzuwehren. Hätte ich nur
gekündigt und nicht den Vertrag umgewandelt, hätte ich unproblematisch
einen Neuvertrag erhalten. Ich sehe hierin eine wettbewerbsschädliche
Ausnutzung Ihrer Monopolposition, die darin besteht, dass ich bis zum
Router im Neubau ihr Kabel und nicht eine Telefonleitung gelegt habe.
Um eine Wiederholung dieser Situation zu vermeiden, kündige ich den
oben genannten Vertrag bereits jetzt fristgerecht nach 24 Monaten.

Ebenfalls kündige ich den weiteren Vertrag 47005020... fristgerecht und
bitte um Kündigungsbestätigung.

Bezüglich Ihres Schreibens teile ich Ihnen mit: Mit Schreiben vom
31.1.2017 habe ich unter der Bedingung einen Premium 120 Vertrag abgeschlossen, dass der extra gekaufte Router bei mir verbleibt und ich die
Connect Box im Austausch gegen die Horizon Box zurückgebe.

Mit Schreiben vom 5.2.2017 haben Sie mir für ein Aktivierungsendgeld
von 30,- € auch die Lieferung der Connectbox zugesagt und somit wider-
spruchsfrei meinem Schreiben entsprochen. Auch die Horizon ist ein Modem. Ich habe den Marktwert von 50,-€ für das zweite Modem bezahlt. Es
bleibt bei mir.

In der Auftragsbestätigung vom 25.4.2017 schreiben Sie „Bitte senden
Sie(..).nach Installation der **neuen Hardware**"
Die Voraussetzung für eine Rücksendung gemäß Ihrem eigenen Vertrag
ist nicht erfüllt. In diesem Zusammenhang widerspreche ich nun auch der
Gebühr für vorzeitige Vertragsumstellung. Diese vorzeitige Vertragsum-
stellung bestand darin, dass Sie mir nicht nur das Festnetztelefon, wie
viele Monate vorher, nicht mehr zur Verfügung gestellt haben, sondern
auch die Mobiltelefone vorzeitig abgeschaltet haben. Wiederum haben
Sie sich nicht nur einer Leistung entzogen, sondern auch mich meiner
Möglichkeit, adäquat zu mindern, beraubt.

Abb. 2.8 Unitymedia Service Center

Datenübertragungsrate

Download:				Upload:			
IST:	3,06 Mbit/s			IST:	2,34 Mbit/s		
SOLL minimal:	84,00 Mbit/s			SOLL minimal:	4,20 Mbit/s		
SOLL normalerweise:	114,00 Mbit/s	wurde **nicht** erreicht		SOLL normalerweise:	5,70 Mbit/s	wurde **nicht** erreicht	
SOLL maximal:	120,00 Mbit/s	Verhältnis:	2,6 %	SOLL maximal:	6,00 Mbit/s	Verhältnis:	39,1 %

Laufzeit

Die Laufzeit wird zu definierten Servern in Frankfurt gemessen. Bei Messungen zu Servern anderer Anbieter können die Ergebnisse abweichen.

Laufzeit-Mittelwert:
151 ms

Festgestellte Art der Anbindung	**Weitere Einflussfaktoren berücksichtigt**	**Begrenzte Datenübertragungsrate**
(X) LAN ( ) WLAN	(X) Ja ( ) Nein	( ) Ja (X) Nein

Anbieter Informationen

IP-Adresse:	Ausgewählter Anbieter:
185.137.18.78	Unitymedia

Weitere Informationen
Version 3.27

Betriebssystem:	Internet-Browser:	
Windows	Opera 47.0.2631.80	
Datum:	Uhrzeit:	Test-ID:
14.09.2017	15:16:26	73e659b9175e6e5bd33de65527b2e8e299d34e748d689a5d3e99aa1ac15a2461

Abb. 2.9 Breitbandmessung

geschuldeten Kundendialog und daraus hervorgehender Mängelbeseitigung wäre mir lieben gewesen (21).

> Unternehmen mit einem hohen Abhängigkeitsverhältnis ihrer Kunden, haben die Neigung, aus dem Blickwinkel der Wirtschaftlichkeit statistisch relevante Vorfälle über Serientexte zu automatisieren. Der Rechtsstreit im seltenen Einzelfall ist günstiger, als eine menschliche qualifizierte Kundenbetreuung für alle.

Bis 2021 wird in Deutschland der Datenverkehr doppelt so schnell wie die verfügbare Bandbreite wachsen (22). Wen wird man benachteiligen, wenn es ohne Selektion nicht mehr geht? So hat auch Unitymedia schnell seine außerordentliche Kündigungsfrist für Neukunden als Zufriedenheitsgarantie wieder zurückgenommen. „Die tatsächlich ermittelte Datenrate ist im Kabelnetz nur etwa halb so schnell, wie beworben" (23). Das erinnert schon ein wenig an den Dieselskandal. Im Ergebnis erzeugen solche Informationen Verunsicherung.

Was passiert, wenn ich mich weiter beschwere? Gibt es vielleicht Listen über Querulanten, die zwischen den Providern ausgetauscht werden? Werde ich dann meiner Existenzgrundlage beraubt?

Ich bin froh, dass ich abends so problemlos fernsehen kann (obwohl ich nicht verstehe, wie Amazon das bei der auf meinem Browser angezeigten Bandbreite macht) und wehre mich nicht weiter.

Die vielfältigen Möglichkeiten der Horizon Box, wie mein Intranet einzubinden oder bis zu fünf Personen Zugang auf die Box zu geben, habe ich bewusst nicht benutzt. Das hätte die Ersatzbeschaffung wesentlich erschwert. Tatsächlich habe ich ja den Anbieter nur wegen der exklusiv im Haus gelegten Kabelinfrastruktur nicht gewechselt. Auch weiß ich nicht, ob Telefon und Streaming bei einem anderen Provider so reibungslos klappen wie bisher. Die Alternative ist die Bündelung von zwei Providern. Über einen sogenannten Dual WAN Router kann ich die Leitungen von zwei Providern miteinander verbinden (24). Natürlich habe ich die doppelten Providerkosten, aber auch doppelte Ausfallsicherheit.

Ohne Sicherheit, dass es einen adäquaten Ersatz gibt, ist die Ersatzbeschaffung auf meiner Bewertungsskala für mich mit hundert Punkten ausgeschlossen. Da ich wenig unterwegs bin und mit mehreren Personen in meinem Haus auf den Internetzugang existenziell angewiesen bin, setze ich auch meine Abhängigkeit bei hundert Punkten an. Die Totalitarismusschwelle ist für mich überschritten. Unitymedia als Verursacher hat hiervon nichts. Sobald sich eine weitere Alternative, zum Beispiel über 5G auftut, bin ich als Kunde weg.

▶ Wenn wir als Gesellschaft die Probleme des digitalen Zugangs nicht lösen, dann entsteht immer mehr eine Zweiklassengesellschaft zwischen denen, die das Know-how und Geld haben, sich einen Ersatz zu beschaffen und denjenigen, die von der digitalen Gesellschaft ausgeschlossen werden oder sich selbst immer mehr im Tausch für angeblich kostenlose oder kostengünstige Angebote aufgeben müssen!

Auf der anderen Seite werden sich auch immer mehr monopolistische Strukturen bilden, weil den Kampf um die beste „Angeblich-Fast-Umsonst-Strategie" am Ende nur einer überlebt.

Nachtrag: 2018 wurde mit von Unitymedia zum fast gleichen Preis eine Firmenflatrate mit garantierter Bandbreite telefonisch angeboten. Wieder so eine Garantie? Ich zeigte mich interessiert und bat mir einen Link zum Angebot per E-Mail zu schicken. Ein Angebot habe ich nicht bekommen. Allerdings am nächsten Tag hat mir eine andere Vertriebsmitarbeiterin das gleiche Produkt erneut angeboten!?

2.3.4 Hostingprovider

Totalitarismus-Merkmale Strato AG gemäß Abb. 2.10.

Seit 1999 bin ich zufriedener Kunde der Strato AG als Webdienstleister. In der Regel innerhalb von zumindest 2 Tagen erhält man auf eine schriftliche Anfrage eine Antwort.

Abb. 2.10 Totalitarismus-Merkmale Strato AG

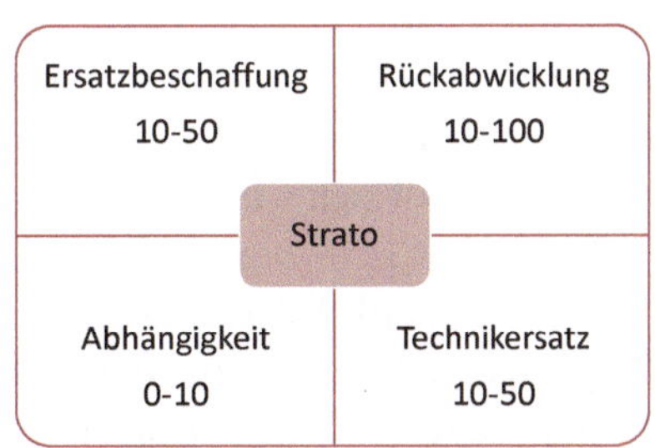

Den Support habe ich vielleicht alle fünf Jahre in Anspruch genommen. In meinem PowerWeb Basic Paket wurden vom Strato-Rechenzentrum über den AppWizard auch mehrere kostenlose Programme zur automatischen Installation angeboten. Ich habe mich für den bereits mehrere Millionen Mal installierten Prestashop entschieden. Es ist mit einem erheblichen Aufwand verbunden, einen solchen Shop mit allen Einstellungen aufzusetzen. Es ging um ca. 100 Produkte, insbesondere auch GISAD Broschüren, welche hierüber verkauft werden sollten.

Inzwischen bin ich es gewöhnt, dass immer, wenn ich eine Aktion für das Trusted WEB 4.0 starte, ein entsprechender Cyberangriff erfolgt. So wurden zum Beispiel wichtige WordPress Artikel in meinem Blog verändert.

Im März 2017 haben dann über 100 Medien über Trusted WEB 4.0 berichtet (25). Entsprechend war ein erneuter Angriff zu erwarten.

Interessant ist, dass Angreifer aus dem Umfeld der Datenverwerter, möglicherweise auch Geheimdienste, über ein fast unbegrenztes Angriffsreservoire für gezielte Attacken verfügen. Als Königsdisziplin gilt, beim Nutzer eine Handlung auszulösen, damit dieser sich selbst aufgrund seines Verhaltens schuldig fühlt. Ein solches Verhalten wird auch als Social Engineering bezeichnet. Eigentlich ist die Denkweise nicht neu. Sie wird in der juristischen Grauzone der Strafverfolgung bereits lange eingesetzt. In 2017 wurde im Terroristenfall Amri sogar die Frage aufgeworfen, ob dieser von einem V-Mann der Polizei zu dem Attentat angestiftet worden ist (26). Wenn jedes Mal, wenn man sich kritisch äußert, zeitgleich ein unerklärliches digitales Ereignis erfolgt, reicht das aus, um die meisten einzuschüchtern. Je nach Einstellung und innerer Stärke wehren die Menschen sich nicht gegen den scheinbaren Wink einer höheren Macht oder vom Schicksal.

Um eine solche Cyberattacke auszuführen, wurde nicht ich, sondern die Strato AG angegriffen. Erst war der Prestashop mit dem Fehler 403 nicht erreichbar. Ich hatte den Zugriff auf die betreffenden Dateien über „htaccess" gesperrt, so dass Strato selbst nicht auf die Dateien zugreifen konnte. Sofort, nachdem ich den Fehler feststellte, hatte ich überprüft, dass die Datei der Datenbank noch vorhanden war. Nachdem ich Strato für den Support Zugriff erteilt hatte, waren die Daten dann verschwunden. Als ich das Online-Backup zurückspielen wollte, kam ein unbekannter Fehler.

Als ich über FTP das weitere Backup von meinem Rechner zurückspielen wollte, war der Ordner gesperrt, obwohl ich den FTP-Schreibschutz deaktiviert hatte.

Daraufhin habe ich aus dem Internet die neuste Version von Prestashop heruntergeladen und in einen neu angelegten Strato Ordner kopiert. Prestashop wies mich darauf hin, dass meine PHP-Version 5.4 für die neue Prestashop-Version veraltert sei. Daraufhin veränderte ich bei Strato von PHP-Version 5.4 auf 7.

Anschließend setzte ich, wie von Strato empfohlen, die Berechtigung des Ordners auf 644. Danach waren wieder alle Daten online gelöscht.

Strato bot bei Vertragsabschluss am 18.02.2015 sowohl in der Werbung als auch im AppWizzard den Prestashop an. Nun musste ich im Forum lesen, dass im Strato AppWizzard Prestashop nicht mehr unterstützt wird (27). Auch eigene Versuche Prestashop ohne Wizzard zu installieren, führten nicht weiter. Als mein „Verschulden" erwies sich die Umstellung der PHP-Version. Strato lässt ein Zurückstufen nur auf PHP 5.6 und nicht 5.4 zu. Selbst wenn ich also die immer noch auf meinem Rechner verwendbaren Originaldaten hätte wieder aufspielen können, wären sie voraussichtlich nicht mehr lauffähig gewesen.

> Von Angreifern gewollt, entsteht eine Gemengelage von Handlungen, in denen es sehr schwierig wird, juristisch einen Schuldnachweis zu erbringen. Das ist typisch für die zunehmende Komplexität vernetzter Systeme, in denen niemandem mehr die Schuld zugewiesen werden kann. Im Ergebnis entsteht ein optimaler Tummelplatz für Geheimdienste und Kriminelle.

Nach einer Wochen und etlichen Mannstunden Arbeit gab ich auf. Endgültig demotiviert hatten mich die Telefonate mit der immer freundlichen Support-Mitarbeiterin. Sie wies mich darauf hin, dass sie für mich sogar zum ersten Mal direkten Kontakt mit dem Strato-Administrator aufgenommen hatte. Prestashop hätte Strato rausgenommen, weil die neue Version nicht mehr stabil sei, hieß es.

Tatsächlich wurden bei Vertragsabschluss zwei Shops und im März 2017 in der Strato-Paket-Werbung überhaupt keiner angeboten. Strato ist ja nur Hoster?!

Grundsätzlich sehe ich die Totalitarismus-Schwelle bei Strato nicht als überschritten an. Durch den Einsatz von Standardprogrammen, wie WordPress, kann ich im Prinzip den Hoster jederzeit wechseln.

Im Paket wird grundsätzlich sehr viel für sehr wenig Geld angeboten. Auch der Support ist gut, solange es sich um ein in den Beratungs-Workflow eingebundenes Produkt handelt.

Als Spielwiese für professionelle Angreifer jedoch bieten Hosting-Angebote die Möglichkeit, die Manpower von den Initiativen, welche eine lebende Demokratie dringend braucht, so zu binden, dass keine Zeit für die inhaltliche Arbeit bleibt. Werden diese Strategien wiederum gezielt bei allen wichtigen Initiativen angewendet, so entsteht im Ergebnis eine totalitäre, demokratiefeindliche Situation. Hierbei sollte berücksichtigt werden, dass manche Länder, wie Russland und China, aber auch die USA hunderttausende von Mitarbeitern beschäftigen, um im Internet anzugreifen und zu manipulieren.

Die Totalitarismusschwelle wird bei Strato trotzdem nicht überschritten werden, weil es bei entsprechender Bewusstseinsbildung möglich ist, einfache Alternativen zu schaffen. Tatsächlich ist zum Beispiel das Bestellvolumen der GISAD Studien nicht so hoch, dass sich der Automatisierungsaufwand eines Shops gerechnet hat. Deshalb habe ich alternativ eine PDF-Bezugsliste (28) und eine PDF-Projektliste (29) erstellt. Wie ich festgestellt habe, ist die Pflege sogar einfacher. In der Cloud wird bei einem Update einfach die Datei durch die erweiterte überschrieben. Auch ist die PDF-Liste viel übersichtlicher als der Shop. Wahrscheinlich beginnt die Rentabilität eines Shops erst bei über 1000 Artikeln, zumindest solange, wie man auf die automatische Bezahlabwicklung verzichten kann. Der wesentliche Vorteil liegt in der PDF-Liste darin, dass selbst, wenn die Liste gelöscht wurde, sie von meinem Rechner in wenigen Sekunden einfach wieder hergestellt werden kann. Auch kann man eine Meinung so nicht unterdrücken, da viele sich das PDF bereits heruntergeladen haben und selbst verteilen können. Es ist also eine sehr einfache dezentrale Lösung, mit der man einen Angriff nicht mehr fürchten muss.

Ein Konzept für die digitale Gesellschaft muss Prozesse nicht nur für die Unternehmen, sondern vor allem für die Bürger vereinfachen. Nicht nur Datensparsamkeit, sondern auch Softwaresparsamkeit und Hardwaresparsamkeit sind gefragt. Je komplexer eine Software ist, umso fehleranfälliger ist sie. Sie braucht ständig Updates, um versteckte Fehler zu entfernen. Oft entstehen durch Updates neue Fehler. Um dieses Problem in den Griff zu bekommen, sollten Oberflächen als Klammer ausgebaut werden, in die für unterschiedliche Zwecke alternative kleine Softwaremodule eingebaut werden können. Die Vorteile von der Speicherung in der Cloud liegen in der hohen Verfügbarkeit. Allerdings, wenn alle die gleichen Standardprogramme benutzen, erhalten professionelle Angreifer so viele offene Türen, dass jeder und jederzeit ausschaltbar ist. In der Konsequenz wird es niemand mehr geben, der gegen entsprechende gesellschaftliche Fehlentwicklungen angehen kann. Aus Sicht eines Unternehmens wie Strato können solche Möglichkeiten bisher vernachlässigt werden. Hier zählt nicht der Einzelne, sondern, ob man sich in der Abwehr von Angriffen prozentual verbessert hat.

2.3.5 Mail-Provider

Totalitarismus-Merkmale Yahoo gemäß Abb. 2.11.

Wie nun sieht es mit meiner Abhängigkeit von E-Mail Dienstleistern aus?

Persönlich bin ich von den Problemen bei Yahoo nicht betroffen. Meine E-Mails werden auch bei Strato gehostet. E-Mails werden in der Regel unverschlüsselt über das Internet geschickt. Bei E-Mails sollte man sich grundsätzlich so verhalten, als ob man sie auf seiner Webseite veröffentlicht hätte. E-Mails sollten also keine gegen einen verwendbaren Geheimnisse enthalten.

Nach dem erneuten Datenabfluss in 2013 von über 500 Millionen Nutzerdaten, verliert Yahoo ein Fünftel seines Wertes. Nur weil die Ersatzbeschaffung zu Yahoo relativ einfach ist, konnte der Marktwert so schnell sinken.

Wie sich inzwischen herausstellte, sind in Wirklichkeit unglaubliche 3 Milliarden Konten betroffen (30). Hier geht es für den einzelnen darum, dass seine Daten für Phising-Angriffe genutzt werden können. Wer sich vorsichtig verhält, kann sich hiergegen schützen.

Abb. 2.11 Totalitarismus-Merkmale Yahoo

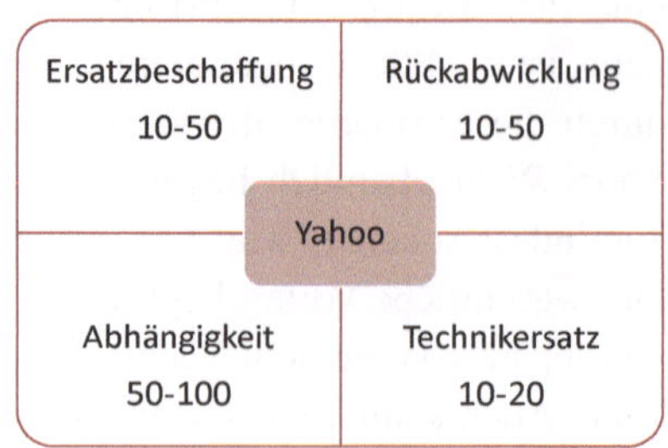

Bei hundertfünfundvierzig Millionen Amerikanern sind wohl auch die Sozialversicherungsnummern gestohlen worden, mit denen man sich in den USA bei Vertragsabschlüssen identifizieren kann.

Grundsätzlich sind E-Mails weiterhin so beliebt, weil hierbei für die Datenverfügbarkeit ein funktionierendes dezentrales IT-Konzept umgesetzt und von den Anwendern auch angenommen worden ist. Da man in seinem alten Postfach einfach nach Providerwechsel die neuen Mails hinzufügen kann und es genügend Anbieter am Markt gibt, sind die Ersatzbeschaffung und der Technikersatz kein Problem. Anders sieht es natürlich bei Firmen aus, die ihre E-Mails in Content-Management-Systemen mit anderen Daten mischen. Um zumindest bei den E-Mails die Ersatzbeschaffung einfach zu halten, schlage ich vor, Adressen immer auf einem getrennten eigenen Device einzutragen und regelmäßig das CRM automatisch damit zu aktualisieren. Die Totalitarismusschwelle wird bei den meisten virtuellen Unternehmen so lange nicht erreicht, wie sie nicht versuchen, den Kunden unumkehrbar an sich zu binden.

Die Abhängigkeit des Einzelnen von E-Mails hängt davon ab, über welche alternativen Kommunikationsmittel er kommuniziert. Tatsächlich habe ich selbst festgestellt, dass ein reiner Briefverkehr heute nicht mehr stattfindet. Wenn ich vertrauliche Unterlagen per Post schicke, bekomme ich eine Kurzantwort per Mail. Deshalb vergebe ich 100 Punkte bei der Abhängigkeit. Ein ganz anderes Thema, welches an dieser Stelle jedoch nicht behandelt werden soll, ist die Vielzahl der Daten, welche in die digitale Öffentlichkeit abfließen und jeden transparent und erpressbar machen.

Hier nicht weiter vertiefen möchte ich die Frage, ob Messenger Dienste der klassischen E-Mail wirklich vorzuziehen sind. Hier werden schließlich wieder ausländische Portale zwischengeschaltet, welche bei den Geheimdiensten Begehrlichkeiten wecken, Generalschlüssel zu erhalten und Hintertüren einzubauen.

2.3.6   Virtuelle Telefonanlage

Totalitarismus-Merkmale sipgate AG gemäß Abb. 2.12.

Die Sipgate AG ist ein noch junges Unternehmen, welches die Telefonanlage in die Cloud verlegt hat. Ich habe mich für die Cloud entschieden, weil für mich jedes Telefonat genauso öffentlich wie eine E-Mail ist. So wird inzwischen auch bei einem analogen Telefon ein digitaler Datenverkehr erzeugt.

Abb. 2.12 Totalitarismus-Merkmale sipgate AG

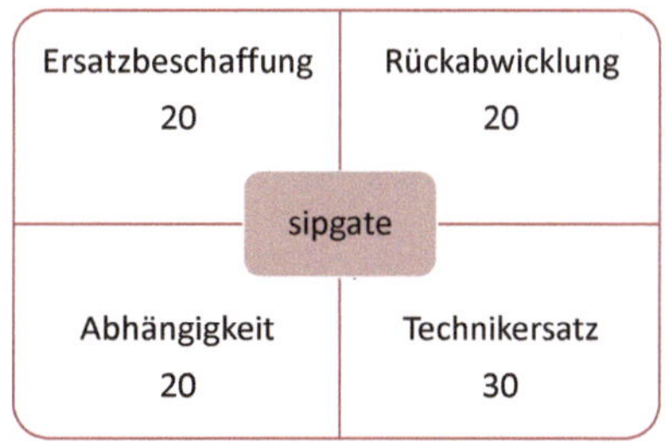

Ich habe alle Telefonnummern, auch von meinem Handy, zu Sipgate transferiert. Die Kündigungszeit bei Sipgate beträgt einen Monat. Die Telefonnummern, welche ich von Mobilfunkanbietern bekomme, werden bei Sipgate eingestellt und weitergeleitet. Den Vorteil der hohen Verfügbarkeit der Cloud nutze ich, ohne mir Illusionen über die nicht zu gewährleistende Vertraulichkeit zu machen. Wer einmal gesehen hat, wie Spracherkennungsprogramme heute Sprache in geschriebenen Text umwandeln, der versteht, dass es tatsächlich bei der Überwachung und Vorratsdatenspeicherung kaum mehr einen Unterschied zwischen einem Telefonat und einem E-Mail-Text gibt. Lediglich den Tonfall, mit dem man jenseits des gesprochenen Inhalts etwas signalisieren kann, lässt sich noch nicht automatisch erfassen.

Gerade weil meine gefühlte Abhängigkeit von Sipgate so niedrig ist, bin ich mit dem Unternehmen so zufrieden. Technikersatz und Rückabwicklung hängen natürlich von der Komplexität der mit der virtuellen Anlage vernetzten Telefone ab. Da jedoch das SIP-Protokoll inzwischen ein weltweit anerkannter Standard ist, sehe ich auch hierin zumindest für meine Anwendungen kein Problem.

▶ Cloud Angebote sind optimal, wenn sie eine hohe Verfügbarkeit und Datenintegrität gewährleisten. Die Datenverschlüsselung der gespeicherten Daten aber dezentral außerhalb der Cloud erfolgt.

2.3.7 TV-Streaming-Dienste

Totalitarismus-Merkmale YOUTV gemäß Abb. 2.13.

Das Gleiche wie für die Sipgate AG gilt für YouTV von der NETlantic GmbH. Vielleicht spielt auch eine Rolle, dass es sich bei beiden Unternehmen um relativ junge deutsche Unternehmen handelt.

Der virtuelle Fernsehrecorder von YOUTV läuft problemlos auf der Amazon Fire-Box. Nur zirka alle vier Wochen gibt es für einige Zeit Verzögerungen bei der Videoübertragung. Ich weiche dann auf einen Amazon Film aus. Ich hoffe, dass auch diese Zeitverzögerungen bald nicht mehr auftauchen werden. Grundsätzlich sehe ich bei diesem Konzept nicht die Möglichkeit, die Totalitarismusschwelle zu überschreiten. Notfalls kann ich auch über jeden PC fernsehen und aufzeichnen.

Abb. 2.13 Totalitarismus-
Merkmale YOUTV

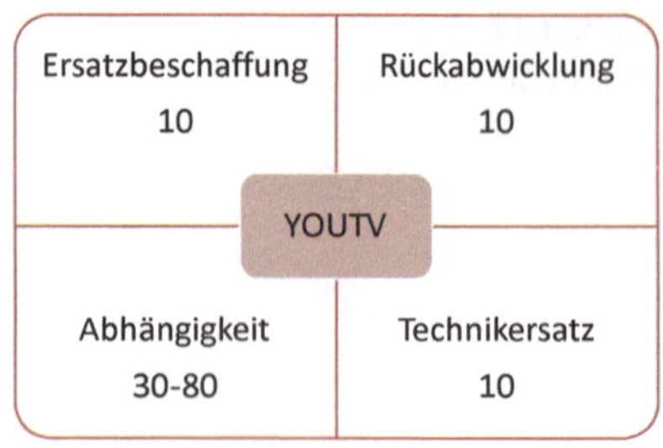

2.3.8 Briefpost

Totalitarismus-Merkmale Post gemäß Abb. 2.14.

Jetzt noch ein Blick auf ein eigentlich nicht digitales Produkt, den Briefversand der Post. Zwar ist das Postmonopol offiziell seit dem 1. Januar 2008 aufgehoben. Trotzdem ist die Post bis heute im privaten Bereich im Gegensatz zu den Wettbewerbern von der Umsatzsteuer befreit. Der Wechsel zu einem anderen Briefzustelldienst lohnt sich finanziell derzeit erst bei einem Tagesaufkommen von ca. 40 Briefsendungen (31). Man kann davon ausgehen, dass die Post alleine auf Grund ihres Marktanteils und der ihr daraus erwachsenden logistischen Vorteile de Facto im privaten Bereich Monopolist bleiben wird. Andererseits fühlt sich die Post durch den Wettbewerb gedrängt, selbst ihre Prozesse zu optimieren. Leider habe ich auch hier erste Anzeichen dafür feststellen müssen, dass jenseits von standardisierten Prozessen Beschwerden nicht mehr bearbeitet werden können. Für die getTIME.net GmbH betrieb ich ein Postfach bei der Deutschen Post. Um dieses Postfach zu erhalten, musste ich mich persönlich mit Personalausweis und Handelsregisterauszug anmelden.

Seit längerem erhielt ich nicht an die getTIME.net GmbH, sondern an die gets̲Time. net GmbH, die es nicht gibt, Werbung der Post. Den Fehler habe ich der Post auch schriftlich mitgeteilt. Ein Postfach entlastet die Post erheblich. Schließlich müssen Briefe nicht mehr ausgetragen werden, sondern werden von mir zentral bei der Post abgeholt. Trotzdem meint die Post seit 2017, eine Jahresmiete erheben zu müssen und schickte mir eine Rechnung gemäß Abb. 2.15 natürlich unter dem falschen Namen. Als ich anrief, bat man mich, mein Anliegen schriftlich vorzutragen, was ich bereits zuvor getan hatte. Eine falsche Rechnung ist nicht steuerlich absetzbar und muss deshalb auch nicht bezahlt werden. Ich habe mich so am Telefon geweigert, die falsche Rechnung zu bezahlen. Im Oktober 2017 wurden die Postfächer an der Krefelder Hauptpost an einen anderen Standort verlegt. Meine Postfachnummer war am neuen Standort nicht zu finden. Irgendeine Mitteilung über die Auflösung meines Postfachs habe ich nicht erhalten, auch keine Rechnung mit dem richtigen Namen oder weitere Mahnungen. Schließlich besitzt die getTIME.net auch weiterhin eine Briefadresse, an welche Briefe zugestellt werden können.

Tatsächlich fand ich Mitte Februar 2018 einen überfüllten Briefkasten vor. Die seit Monaten bei der Post aufgelaufenen Briefe wurden auf einmal zugestellt. Mit richtigem

Abb. 2.14 Totalitarismus-
Merkmale Post

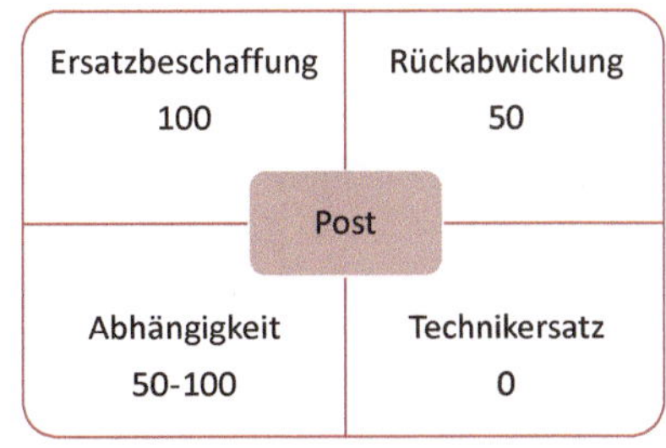

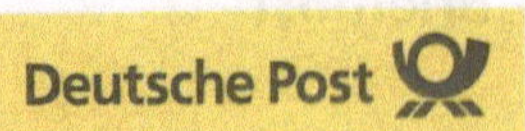

Abb. 2.15 Post Rechnung

Namen erhielt ich auch die Kündigung des Postfachs, da ich es nicht regelmäßig geleert hätte.

Nachdem ich nur einen persönlichen Ansprechpartner suchte, musste ich feststellen, dass die Krefelder Post mir nicht weiterhelfen konnte. Ansprechpartner ist ausschließlich die Post in Bonn.

Diese weiß natürlich nicht, ob es das Postfach in Krefeld nach dem Umzug noch gibt. Offensichtlich hat man Postfächer trotz der nun erhobenen Gebühr als nicht mehr lukrativ angesehen. So sind auch nicht alle Postfächer an den wesentlich kleineren neuen Standort umgezogen.

Bei Postfächern hält die Post eindeutig noch immer das Monopol. Insofern ist das Verhalten äußerst fragwürdig.

Subjektiv fühle ich mich machtlos. Natürlich wäre es mir möglich, ein neues Postfach zu eröffnen. Aber es sind die vielen Einzelereignisse, die dazu führen, wenn Bürger sich, ohne hier die einzelnen Ursache reflektieren zu wollen, zunehmend machtlos fühlen. Dieses Gefühl führt zu Fatalismus, dem Nährboden für Totalitarismus.

Auch hier gibt es wiederum eine Tendenz die Mehrheit der Kunden zufrieden zu stellen und auf Einzelfälle nicht mehr einzugehen.

▶   Jeder Bürger wird im Laufe seines Lebens in Situationen kommen, in denen er ein Einzelfall ist und in einem nur auf die Zufriedenheit von Mehrheiten ausgerichteten System durch das Raster fällt.

2.3.9   Schwarm-Batterien

Totalitarismus-Merkmale Sonnenbatterie gemäß Abb. 2.16.

Seit 2011 beschäftige ich mich auch mit Konzepten der dezentralen Energieversorgung. Die Photovoltaikanlage auf dem Dach bietet optimale Voraussetzungen für die Erhöhung der Autonomie und somit Freiheitsrechte der Bürger.

Es überrascht nicht, dass sich auch in diesem Bereich zurzeit zentrale, auf den ersten Blick kostenlose, Konzepte durchzusetzen beginnen. Es begann alles mit der Einführung von Smart Metern. Nach Zielvorgabe der EU sollen achtzig Prozent aller Haushalte bis 2020 mit Smart Metern ausgestattet werden. Was fehlt, ist allerdings bisher ein schlüssiges Datenschutzkonzept (32).

Abb. 2.16 Totalitarismus-Merkmale Sonnenbatterie

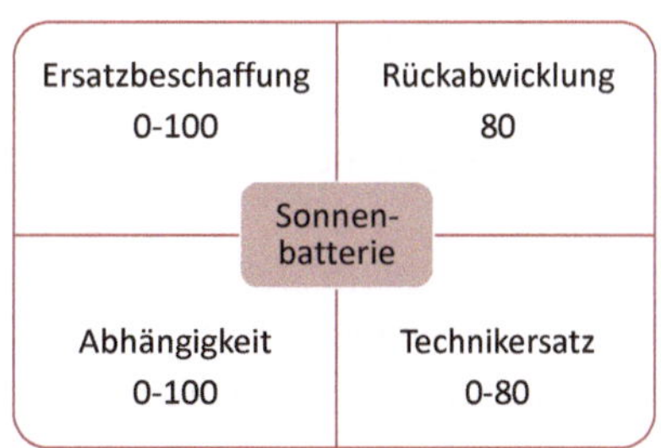

Tatsächlich holen sich die Bürger mit Smart Metern den Spion nach Zuhause in ihren letzten Rückzugsort. Die Idee kam von den Entwicklern regenerativer Energien, die auch Mitentwickler des EEG Gesetzes sind. Zwar hat die EU bereits 2006 die Richtlinie 2006/32/EG für Smart Meter beschlossen, in der alle Mitgliedsstaaten bis 2020 mindestens 80 % der Verbraucher mit intelligenten Messsystemen ausstatten sollen. Wesentlich durch berechtigte Datenschutzbedenken getrieben, ist Deutschland eines von drei EU Ländern, die sich nur für einen selektiven Rollout entschieden haben.

Allerdings dadurch, dass man später einen falschen Weg begeht als andere, begibt man sich noch nicht auf den richtigen Weg. Es fehlt also bisher ein an die Demokratie angepasstes Stromsteuerungskonzept.

Photovoltaikanlagen und Batterien, aber auch einzelne Stromverbraucher können über Smart Meter ferngesteuert werden. Die Fernsteuerung erfolgt über zentrale Portale. Aus Sicht dieses Buches wäre durch den flächendeckenden Einsatz von Smart Metern das Überschreiten der digitalen Totalitarismusschwelle nicht nur möglich, sondern sogar wahrscheinlich. Schließlich haben bereits jetzt die Stromversorger die Möglichkeit, über Stromprofile sehr genaue Erkenntnisse über die Lebensgewohnheiten ihrer Bewohner zu gewinnen. Wie im Buch „Blackout" (33) unterhaltsam beschrieben, kann zumindest theoretisch ganz Europa durch eine in allen Smart Metern vorhandene Hintertür vom Strom getrennt werden.

So lange die Smart Meter nur als Messstellen benutzt werden, sind sie relativ sicher, da sie zur Stromablesung eine unidirektionale Kommunikation über eine Daten Diode verwenden. Allerdings, sobald hierüber, möglichst noch über Funk, die im Haus gesteuerten, jeweils mit einer eigenen IPV6 Adresse versehenen Geräte dann auch noch über das Stromnetz mit Powerline im Internet massenhaft verbunden werden, steht dem Zusammenbruch des gesamten Stromnetzes nichts mehr im Weg. Hier wird dann ein Standard für erfolgreiche Angriffe auch durch das Ausland geschaffen.

Bei meinem eigenen dezentralen Regelungsprojekt habe ich in Absprache mit dem mich beliefernden Powerline Hersteller, die für die interne Verkabelung gekauften Powerline-Adapter zurückgegeben und durch Festverkabelung im gesamten Haus ersetzt. Der Grund, mehrere Rechner meines Intranets wurden durch Powerline direkt nach der Installation kompromittiert. Wohl gemerkt, das interne Powerline war eigentlich nicht mit dem Internet verbunden und das verbundene Intranet zum Internet hin gut geschützt. Es wurde also Zähler übergreifend von außen auf mein internes Powerline von Dritten zugegriffen. Auch die Powerline-Passwörter hatte ich selbstverständlich direkt geändert.

Grund für die Probleme und letztendlich auch für die hinter den Analystenerwartungen zurückgebliebenen Umsätze der Smart Home Branche ist wiederum die zentrale IT, die meint, alles zentral regeln zu müssen.

Mit Fördermitteln werden einzelne Produkte gepusht, anstelle Marktanreize für optimale Energieeffizienz beim Endverbraucher zu schaffen. Fehlende Speichermedien wurden als größte Herausforderung für regenerative Ideen definiert. Entsprechend wird nicht mehr die Frage gestellt, ob es energiepolitisch in jedem Fall sinnvoll ist, über Batterielösungen nachzudenken.

▶   Es bestehen im Privatkundenbereich der Energieversorgung durch dezen-
     trale Regeltechnik jenseits von Speicherlösungen erhebliche Energie-
     Optimierungspotenziale.

Betrachtet man den Strommarkt als Ganzes, so muss man feststellen, dass die EEG-Umlage im Wesentlichen eine Subvention für Großunternehmen ist, um teure Großspeicher-
lösungen aufzusetzen oder Kraftwerke in Reserve zu halten.

Zeitweise Überkapazitäten haben dazu geführt, dass bei zu viel Strom für die Stromabnahme gezahlt wird. Dies hat zu dem Erfolg von Swarm-Batterie-Anbietern geführt,
Stromspeicher zu verkaufen und im Gegenzug kostenlosen Strom anzubieten.

Durch Windkraft kann Überschussstrom auch im Herbst und Winter entstehen (34).
Bis zu 130,-€ pro Megawattstunde wird gemäß „Zeit Online" (35) für die Abnahme von
Überschussstrom gezahlt. Wohlgemerkt Strom kostet dann nichts, sondern man kann mit
der Stromabnahme Geld verdienen! Tatsächlich werden zeitweise in Zukunft bei zunehmendem Überangebot regenerativer Energie noch wesentlich mehr Einnahmen erzielt
werden können. Das Geschäftsmodell von Smart-Batterie-Konzepten besteht also darin,
von diesen erheblichen Einnahmen ihre Gewinne zu finanzieren.

Großspeicher wie Pumpspeicheranlagen sind extrem teuer und kommen in der Regel
nicht mit Speicherkosten unter zehn Cent die Kilowattstunde aus. Das wirtschaftliche
Risiko von Großspeichern würde ohne die staatliche Förderung möglicherweise von
den Energieerzeugern gar nicht getragen werden. Hier findet eine Marktverzerrung statt,
soweit es zu den Großspeicherkonzepten Alternativen gibt.

Sieht man sich einmal den typischen Verlauf eines sonnenreichen Tages gemäß
Abb. 2.17 an, so ist es je nach Leistung einer PV-Anlage theoretisch möglich, den gesamten Tagesverbrauch über Eigenstromerzeugung abzudecken.

Das Problem sind die Schwankungen sowohl im Verbrauch als auch im Ertrag. Hier
wird deutlich, welche unterschiedlichen Lasten von dem zentralen Energienetz ausgeglichen werden müssen. Bisher wird das ausschließlich mit komplexen zentralen Rechen-
systemen Länder übergreifenden bewältigt.

▶   Durch die zunehmenden Möglichkeiten kostengünstiger, autonomer, dezen-
     traler Systeme stellt sich die Frage, ob man nicht erst einmal dezentral einen
     möglichst hohen Lastausgleich bei der Stromversorgung durchführen kann.

Von den Energieversorgern sind keine Impulse zu erwarten, da die gesamte Philosophie
der Stromversorgung genauso wie in der IT zentral ausgerichtet ist. Natürlich funktioniert
der dezentrale Lastausgleich nicht immer. Allerdings kommt zu der dezentralen Denkweise als weiterer Aspekt die Überlegung, insbesondere beim Heizen, aber auch bei der
Mobilität fossile Energie mit regenerativen Energien zu mischen.

Die provokative Frage, wofür man eine Batterie braucht, sei erlaubt. Man kann damit
nicht heizen oder sonstige nette Dinge damit machen. Eine vollständige Autarkie, für die
ein dezentraler Batteriespeicher sinnvoll wäre, rechnet sich in den nächsten Jahren noch

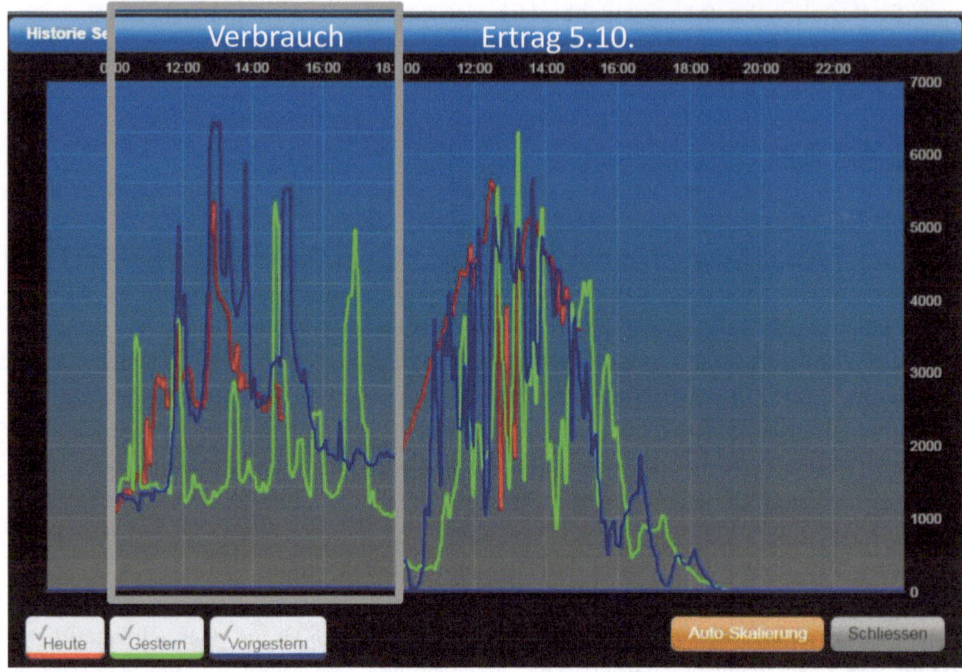

Abb. 2.17 Tagesstromverbrauch und Ertrag einer 9,6 KWp PV

nicht. Der heutige Denkfehler liegt darin, dass man um jeden Preis Energieeffizienz, im Sinne von einem möglichst hohen Wirkungsgrad des erzeugten Stroms, herstellen will, was aber in Zeiten des Negativstrompreises, also Stromüberangebots, nicht Priorität sein kann.

▶	Es ist sinnvoll, mit neuen Konzepten „Energie sparen" durch „Energie optimiert verbrauchen" zu ersetzen. In Zeiten, in denen Strom nichts kostet, spielt die Energieeffizienz erst einmal keine Rolle.

Im zweiten Schritt, wenn die Konkurrenz zunimmt, wird Energieeffizienz wieder wichtig.

So kann es effektiver sein, im Sommer mit einer mit Eigenstrom betriebenen Klimaanlage zum kühlen und im Winter zuzuheizen, anstelle, wie heute bei einer Dachreparatur, das gesamte Dach hochenergetisch, aber auch mit hohem Energieaufwand und meist Verbrauch fossiler Energien bei der Produktion der Dämmmaterialien, dämmen zu müssen. Ich will damit nicht sagen, dass es generell sinnvoll ist, Klimaanlagen anstelle von Dämmung zu verbauen, aber ich will sagen, dass wir derzeit weder die staatlichen Anreizsysteme, noch die darauf ausgerichteten dezentralen intelligente Regeltechniksysteme haben, um individuell auf den einzelnen Haushalt optimierte Energieeffizienz herstellen zu können. Hier sehe ich erhebliche Potenziale einerseits den Mehrwert für die Verbraucher zu erhöhen, andererseits den angestrebten Verbrauch fossiler Energien zu senken. Denn jede Maßnahme, ob mit Dämmmaterial oder mit neuer Heiztechnik, kostet erst einmal bei der Produktion Öl, welches nicht mehr unbegrenzt zur Verfügung steht. Akzeptiert wird ein solches Konzept, wenn es mit Bequemlichkeit, Wohlfühlen und Wirtschaftlichkeit beim Kunden verbunden ist.

Umweltbewusste Hausbesitzer mit einer fossilen Heizung kennen das Problem. Jedes Jahr zweimal in der Übergangzeit wird überlegt, ob man schon die Heizung anmacht, oder noch ein wenig wartet. Selbst im August kann es einmal kalt werden. Der umweltbewusste Hausbesitzer friert derzeit.

Tatsächlich kann man mit einer ausreichenden PV-Anlage von drei Jahreszeiten ausgehen.

Im den drei Monaten November, Dezember und Januar wird gemäß Abb. 2.18 fast ausschließlich mit fossiler Energie geheizt. Februar wird zwischen beiden Heizsystemen gewechselt und der Rest des Jahres wird mit der PV-Anlage Strom auch für das Heizen erzeugt.

Wenn man nun den eigenerzeugten Strom noch mit einem unterschiedlichen Strompreis am Strommarkt koppelt, wird das Potenzial eines hybriden Konzepts erst richtig ausgereizt.

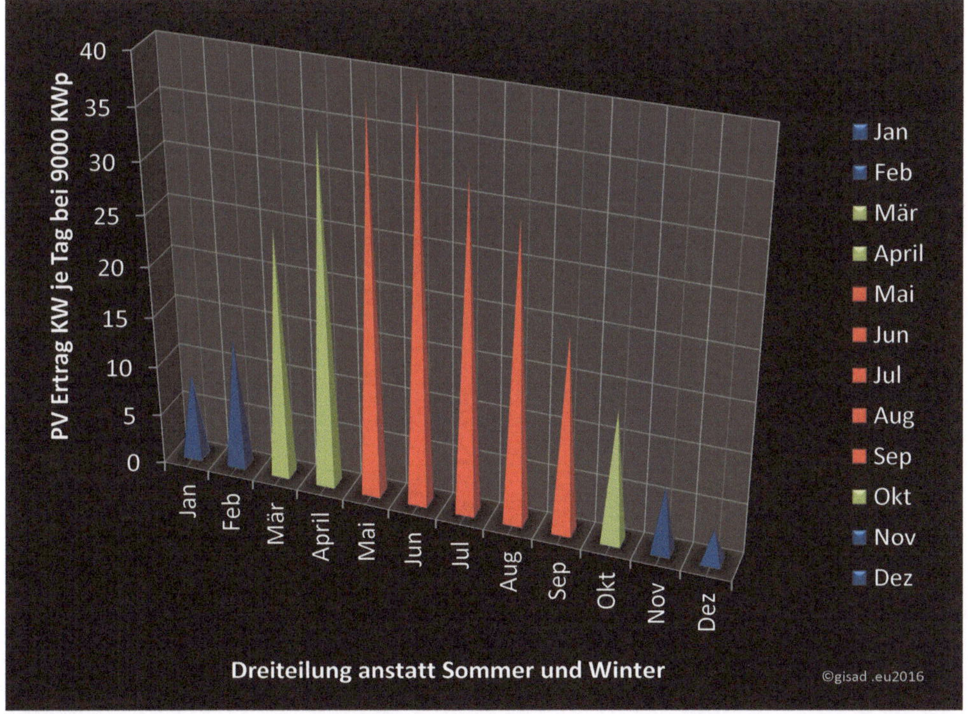

Abb. 2.18 Energienutzung bei Kombination von Fossil- und PV-Energie

Das Thema kann Technik neutral diskutiert werden. Um aber die positiven Effekte zu verdeutlichen, bin ich bei meinem folgenden Vergleich von einem durchschnittlichen Einfamilienhaus mit vorhandener fossiler Heizung ausgegangen.

Man kann für kleines Geld zusätzlich zur Zentralheizung im Wohnzimmer ein starkes Infrarot-Heizpanel mit einer, wie von mir entwickelten, Trusted WEB 4.0 konformen Regeltechnik installieren (36–39). Über mein dezentrales Beispiel wird entweder beim Stromerzeuger oder direkt im Handel unidirektional an die Regeltechnik übergeben, zu welchem Preis in der jeweiligen Viertelstunde Strom dem Endkunden angeboten werden kann. Je mehr Negativstrom es am Markt gibt, umso weniger Einspeisevergütung wird zukünftig jenseits der EEG-Einspeisevergütung gezahlt werden. Das hier vorgestellte Konzept ist auch ohne PV-Anlage attraktiv, wenn Stromanbieter ein auf den Stromhandel angepasstes Stromverkaufsmodell für Endkunden anbieten. Sinnvoll wurde in die Regeltechnik ein Dreistufenmodell integriert. Es wird gemäß Abb. 2.19 unterschieden zwischen Zuviel-Strom für den Kunden dann zum Nulltarif, einem vom Kunden definierbaren Limit für einen Fossilpreis, das heißt, ab wann die fossile Heizung abgeschaltet werden soll und dem normalen Strompreis.

Folgende Vorteile gemäß Tab. 2.1 in Bezug auf Negativstrompreise können bei der Regelungstechnik gegenüber dem Batteriekonzept festgehalten werden:

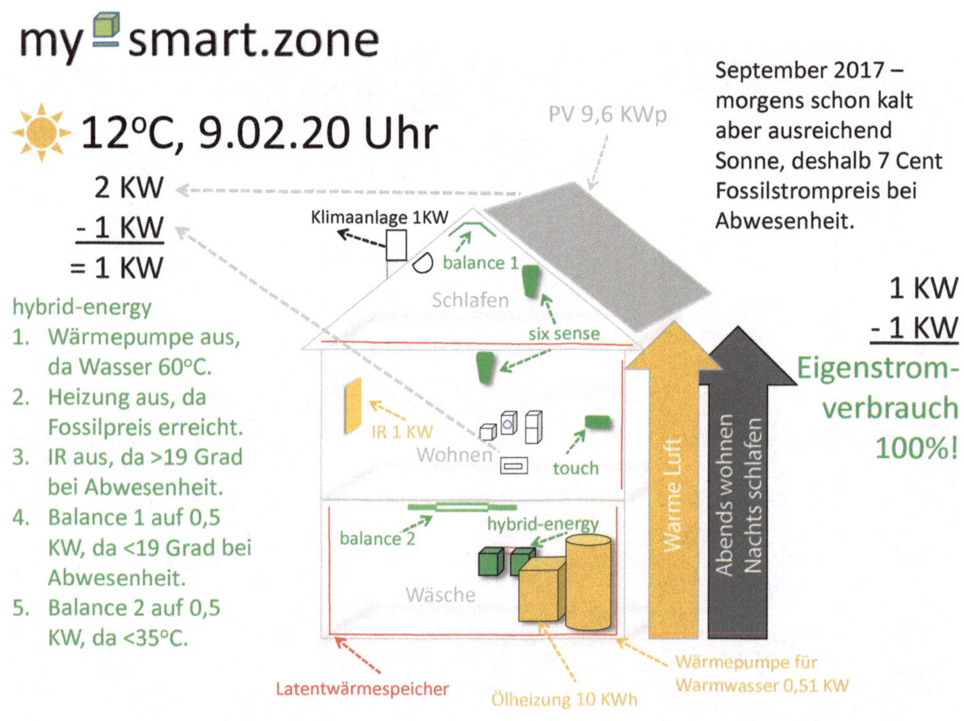

Abb. 2.19 Zeitversetzt Heizen und Wärme nutzen

Tab. 2.1   Vergleich zentral gesteuerter Batterien mit Trusted WEB 4.0 Regeltechnik

Zentral gesteuerte Batterie	Trusted WEB 4.0 Regeltechnik
Derzeitige Batterienetzwerke sind zentral verwaltete kritische Infrastrukturen, die sich optimal als Angriffsziel eignen, mit der Gefahr, das gesamte Stromnetz zusammenbrechen zu lassen,	a. Trusted WEB 4.0 Regeltechnik verwaltet sicher, dezentrale Kundenregelungsvorgaben und gleicht sie automatisch mit einem vom Strommarkt mitgeteilten Strompreis ab.
b. Den wesentlichen Profit erhalten die Swarm-Batterie-Anbieter, eine Einbindung einzelner Stadtwerke in die Wertschöpfung ist nicht vorgesehen,	c. Die Einbindung von Trusted WEB 4.0 Regeltechnik in die Stadtwerke-Infrastruktur ist sehr einfach über die Abfrage einer Internetseite oder auch über die Smart Meter zu gewährleisten. Die Angreifbarkeit der Smart Meter wurde durch dezentrale Sicherheitstechnik ausgeschlossen. Die Stadtwerke profitieren entweder als Zwischenhändler für Strom oder Verkäufer der Regeltechnik.
	Aus Sicht der Stadtwerke zählt nicht die Energieeffizienz, sondern die Kostenersparnis, wenn sie die eigenen Kraftwerke nicht kostenintensiv herunterfahren müssen. Der Strom muss optimaler Weise innerhalb von Sekunden abgeleitet werden können. Hierbei stehen Endkundenpreise von 1000,-€ für die Trusted WEB 4.0 Regeltechnik zirka 6000,-€ für eine fünf Kilowatt Batterie gegenüber. Eine IR-Heizung kommt bei beiden Varianten noch hinzu.
d. Die Ladezyklen, also die Energieabgabe an die Batterie sind auf zirka einmal je Tag ausgelegt.	Regeltechnik gesteuerter Strom kann so oft, wie gewünscht, täglich in Wärme gewandelt werden. Bei Umsetzung meines zum Patent angemeldeten Verfahrens zur optimalen Infraroterwärmung, wären in hundert Watt Stufen reduzierbar, 1600 Watt Last sofort erzeugbar.
Die Ladezeit einer Batterie liegt bei zirka 3,5 Stunden. Aus Gründen eines Tiefenentladungsschutzes werden Batterien in der Regel nicht mehr als 50 % entladen. Eine 5000 Watt Batterie kann also maximal 2500 Watt in 3,5 Stunden aufladen. Das sind etwas über 700 Watt die Stunde.	e. IR-Heizungen mit Regeltechnik können ohne Zeitverzögerung den Strom effektiv in Wärme wandeln. Um den Stromüberschuss zu verbrauchen, reicht so alternativ ein 700 Watt Heizkörper, der 3,5 Stunden betrieben wird!

Tab. 2.1 (Fortsetzung)

Zentral gesteuerte Batterie	Trusted WEB 4.0 Regeltechnik
	f. Die Energieeffizienz der IR-Heizung in den indirekt beheizten Räumen muss bei Stromüberschuss im Verhältnis zu den Kosten der Batterie, also konservativ unter 20 % liegen, um wirtschaftlich zu sein. Tatsächlich liegen Infrarotheizkörper bei nahezu 100 %, wenn Strahlungswärme sich direkt im Raum entwickelt. Hingegen ist davon auszugehen, dass auch neue Brennwertheizungen nicht die angegebene Energieeffizienz von über 90 % bei Berücksichtigung des über die Rohre stattfindenden Energieverlust erreichen, sondern mit 70–80 % deutlich weniger.
g. Eine Batterie hat für sich keinen Mehrwert außerhalb des Speicherns. Die Produktion der Batterie ist CO_2 kritisch und sie ist wartungsintensiv,	Für die Herstellung von IR- und Regeltechnik wird weniger CO_2 freigesetzt. Auf eine Wartung kann weitgehend verzichtet werden. Bedarfsgerecht erzeugte Wärme wird durch zeitversetztes Überheizen beim Kostenlosstromtarif nicht verwendeter Räume (in der Wohnung z. B. Kinderzimmer) oder in Abwesenheit (tagsüber für abends vorheizen) ersetzt. Eine zusätzliche Nutzung als Alarmanlage ist möglich.
Die Ladekapazität (Abnahmekapazität von Kostenlosstrom) einer Batterie ist begrenzt und nimmt mit der Zeit ab. Insofern ist auch der günstig abgenommene Strom begrenzt.	h. Die Abnahmekapazität von Kostenlosstrom mit Regeltechnik ist nur begrenzt durch die Wärmeaufnahmekapazität der Standorts (z. B. IR im Keller) und die Anzahl der Verbraucher. Der Kunde wird unabhängig. Er wird sich Anwendungen einfallen lassen, um kostenlosen Strom auch jenseits des Heizens zu nutzen, zum Beispiel um E-Autos zu laden oder ein Schwimmbecken zu heizen. Zudem bietet das System die Möglichkeit eines flexiblen Tarifmodells an. Wenn der Strom nur die hinterlegten Cent des Fossilpreises kostet, schaltet die Regeltechnik automatisch fossile Energien ab.
i. Eine vernetzte Batterie ist der Spion im eigenen Haus. Der Nutzer hat keine Eigenkontrolle über das, was da gemacht und überwacht wird.	Trusted Web 4.0 Regeltechnik gibt keine Informationen nach außen. Die Schaltkomponenten sind nicht direkt mit dem Internet verbunden.
	j. Über den Verkaufspreis der Regeltechnik können die Stadtwerke die Marktnachfrage regeln und werden nicht, wie bei den derzeit geförderten erneuerbaren Energien durch fast unkalkulierbare Stromeinspeisungen unter Druck gesetzt.

▶   Bei einem Energie-Modell, in dem die dezentralen wirtschaftlichen Anreize im Vordergrund stehen und nicht die eine oder andere Technik subventioniert wird, werden die CO_2 Ziele schneller und für den Staat kostengünstiger erreicht.

Zurück zum Thema Totalitarismusschwelle. Das Geschäftskonzept der Energieversorger ging nicht auf. Vielmehr bot das EEG-Gesetz und die anschließend ermöglichte Direktvermarktung kleiner Stromerzeuger einem kleinen deutschen Unternehmen, der Sonnen GmbH, die Möglichkeit, schnell zu wachsen (40).

Durch den Verkauf von dezentralen Batterien, welche wiederum zentral vernetzt wurden, wird zumindest in Zeiten des Stromüberschusses Strom der eigenen Community zu null Euro angeboten. Man muss sich „nur" die Batterie kaufen.

Unternehmen wie der Sonnen GmbH ist kein Vorwurf zu machen, dass sie den politischen Willen in Produkte umsetzen. Aber eben deshalb muss ein Bewusstsein geschaffen werden, über welches bereits bei dem Markteintritt von Firmen von der Gesellschaft bewertet werden kann, ob Geschäftsmodelle innerhalb kurzer Zeit die Totalitarismusschwelle überschreiten können. Auch, wenn die Gründer die besten Absichten haben, ist spätestens nach Ausscheiden der Gründer eine Prozessoptimierung zu Ungunsten einzelner Kunden wahrscheinlich.

Während ich also vorschlage, vordigitale Strukturen wie Stadtwerke zu stärken, die zudem meist auch heute noch optimal zumindest in der Wasserversorgung dezentral organisiert sind, erliegt die Politik und auch die unkundigen Bürger zu oft den Verlockungen einer zentralisierten Digitalisierung.

In der Abb. 2.20 zu disruptiv zentralisiert skalierende Konzepte habe ich eine typische Vision eines Gründers vorgestellt. Ein Gründer, der seine Kapitalgeber überzeugen will, muss darstellen, wie das Invest einen möglichst vielfachen Gewinn erwirtschaftet. Ich bin erstaunt, wie wenig der immer häufiger verwendete Begriff der „Disruptiven Geschäftsmodelle" hinterfragt wird. Disruptiv bedeutet erst einmal zerstörerisch. Europäische Staaten sind im Wesentlichen dadurch geprägt, dass sie über viele Jahre ihre Konflikte friedlich gelöst haben. Und nun soll in der Wirtschaft zerstört werden?

Abb. 2.20 Totalitarismusgefahr bei skalierenden Geschäftsmodellen

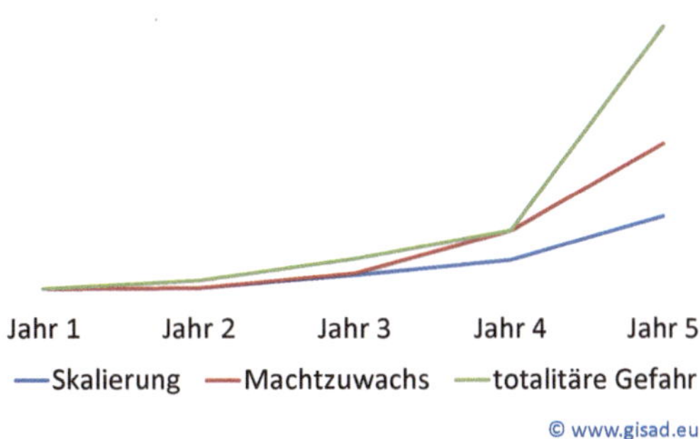

Zurzeit wird viel Geld insbesondere in den USA in solche Konzepte investiert. Wenn nicht ein Wettbewerber schneller war, ist der Return on Invest innerhalb relativ kurzer Zeit garantiert. Ist der Wettbewerber schneller, droht dem Geldgeber der Totalverlust. Ziel eines skalierbaren Start-Ups ist es, möglichst schnell die Marke der 50 Prozent Marktanteile zu erreichen. Ob gewollt oder nicht, Unternehmen, mit zirka 60 Prozent Marktanteilen sind genau zu beobachten, ob sie die Totalitarismusschwelle nicht überschreiten.

Das Überschreiten der Totalitarismusschwelle garantiert dem Unternehmen dabei noch keinen nachhaltigen Erfolg am Markt. Vielmehr kann es passieren, dass ein globaler Player das Konzept kopiert. Oder das Unternehmen wird durch ein Unternehmen mit mehr Marktwert aufgekauft.

Es muss also die Frage erlaubt sein, ob das immer schnellere Drehen des disruptiven Innovationszyklus wirklich den Bürgern nützt oder der demokratischen Gesellschaft eher schadet.

Auf das Konzept von zentral gesteuerten Swarm-Batterien zurückkommend, ist deutlich vorhersehbar, dass die Totalitarismusschwelle schnell überschritten werden kann. Die regionalen Stadtwerke werden zunehmend unter Druck geraten, weil sie auf den Stromhandel angewiesen sind, zumindest solange sie nicht in der Lage sind, ein für den Kunden besseres Konzept anzubieten. Wenn der Ausgleich des Über- und Unterangebots von Strom weitgehend bei einem Anbieter stattfindet, wird dieser in Zukunft über die Wertschöpfung der Strom-Infrastrukturanbieter gemäß Abb. 2.21 so bestimmen können, wie das derzeit schon im Bereich der Kommunikations-Infrastrukturanbieter der Fall ist.

Der weltweite Ausbau erneuerbarer Energien wird in Zukunft weiter optimiert werden. Jenseits einer EEG-Umlage könnte so der Strompreis sogar fallen. Auf der anderen Seite werden möglicherweise gegen Strom getauschte Daten über das Kaufverhalten von Kunden immer wertvoller. Onlinekäufe werden weiter zunehmen. Hierbei ist es unwichtig, ob der Kunde letztendlich beim Einzelhändler im Laden kauft. Es geht lediglich darum, den Kunden zum richtigen Zeitpunkt zu erreichen. Der Wert der Profildaten wird immer in der Perspektive auf die zukünftigen Onlineeinkäufe gesehen. Deshalb steigt der Wert eines Profils schneller, als die tatsächliche Zunahme von Onlineeinkäufen. Erfolgreiche Unternehmen aus dem Silikon Valley haben eine, nicht der erbrachten Leistung entsprechende,

Abb. 2.21 Strom als Tauschware

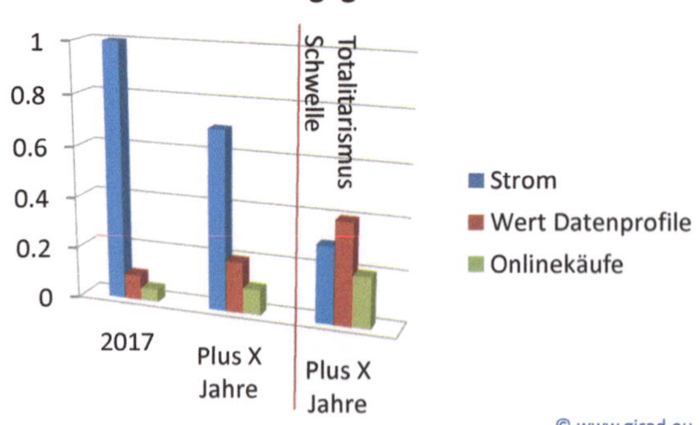

sehr hohe Kapitalisierung. Sie können eine Wette auf die Zukunft eingehen. Wahrscheinlich wird aus diesem Umfeld das erste Unternehmen entstehen, welches kostenlosen Strom gegen die Komplettüberwachung des Kunden tauscht. Für ein solches Unternehmen wiederum sind Unternehmen wie die Sonnen GmbH willkommene Übernahmekandidaten.

Diesem demokratiefeindlichen Tauschhandel kann eine Gesellschaft nur entgegen treten, indem sie selbst beginnt, möglichst hochwertige Profildaten zu generieren und diese der Allgemeinheit zur Verfügung zu stellen. Solange die Daten WAN anonym sind und nicht einer bestimmten Person oder Adresse zugeordnet werden können, ist hiergegen auch nichts zu sagen.

2.4 Verallgemeinerbares aus den Beispielen

60 Prozent Marktanteil eines Unternehmens reicht alleine nicht aus, um die Totalitarismusschwelle zu definieren. Auch andere Faktoren spielen eine Rolle.

Wie gesagt, ich möchte nicht behaupten, dass es viele Firmenlenker mit totalitären Absichten gibt. Aber disruptive Geschäftsmodelle wirken sich auf Unternehmen aus, die den Druck an die Kunden weitergeben, um nicht vom Markt zu verschwinden. Wenn jedoch Kunden in ihren Grundbedürfnissen gefährdet werden, dann entsteht eine totalitäre Situation. Genau wie bei Wasser, muss es einen Schutz der Wertschöpfung von Unternehmen geben, welche die digitale Zugangsinfrastruktur sichern. Dafür müssen sich diese Unternehmen im Gegenzug der direkten Einflussnahme bei entsprechendem Fehlverhalten durch die Kunden unterwerfen. Wenn aus dem Kreis der oben exemplarisch genannten Anbieter ein Konsortium für den digitalen Zugang für alle entsteht, ohne dass hier demokratische Mechanismen in die Prozesse eingebunden sind, ist die Demokratie am Ende. Die nachträgliche Möglichkeit, vor Gericht zu klagen, wenn man durch Abschaltung des gesellschaftlichen Zugangs seine Existenz verloren hat, wird zur Farce.

▶ Grundsätzlich kann gelten, nur in absoluten Ausnahmen, wenn sonst eine flächendeckende Versorgung nicht sichergestellt werden kann, darf die Ersatzbeschaffung regional auf Einen (Wasserversorger) und überregional auf Drei (Mobilfunknetzanbieter) reduziert werden. In der Regel sollten es über zehn Anbieter sein.

Aber gemäß Abb. 2.22 sind nicht nur die Anzahl der Wettbewerber zu berücksichtigen, sondern auch die Anzahl der Freunde oder bei Firmen Geschäftspartner, die ich nur noch in dem Zusammenspiel mit dem einen oder anderen Unternehmen erreichen kann. Je nach Wichtigkeit können schon zehn Prozent der Freunde reichen, die ich bei einem Anbieterwechsel nicht mehr erreiche, oder sogar nur eine Uni, über welche ich anders keine Studienunterlagen bekomme. Portale, die fünfundzwanzig Prozent und mehr aller Bürger auf ihrem Angebot vereinen, haben potenziell die kritische Masse erreicht, um die Totalitarismusschwelle überschreiten zu können.

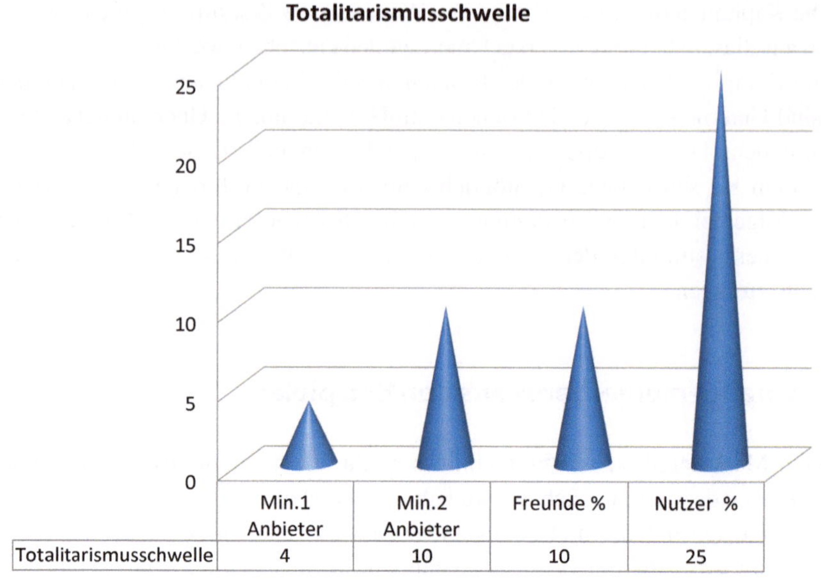

Totalitarismusschwelle	Min.1 Anbieter	Min.2 Anbieter	Freunde %	Nutzer %
Totalitarismusschwelle	4	10	10	25

Abb. 2.22 Weitere Merkmale für Totalitarismus

Yahoo ist ein rein virtuelles Produkt, wie Google und Facebook. Hieraus kann man die These ableiten, dass rein virtuelle Produkte sich zwar sehr schnell verbreiten, aber auch genauso schnell vom Markt wieder verschwinden können, wenn sie keine Marktbeherrschung erreichen. Schon aus diesem Grund ist davon auszugehen, dass die großen globalen Dienstleiter virtueller Produkte alles dafür tun werden, den realen Kundenzugang zu sichern. Google hat das auch schon ein Stück über das Android Betriebssystem mit einem weltweiten Marktanteil von 87,7 Prozent geschafft (41).

Ab 60 Prozent Marktanteil kann ein Standard als unumkehrbar eingestuft werden, wenn hierdurch wesentliche Bereiche des Lebens beeinflusst werden. Es kann nur parallel ein besserer Standard in einer zweiten Infrastruktur aufgebaut werden, der die Abhängigkeit von dem ersten Standard reduziert.

▶ In jüngster Zeit wird immer wieder gefordert, die letzten Staatbeteiligungen an Unternehmen wie der Deutsche Telekom zu verkaufen. Hiergegen ist grundsätzlich nichts einzuwenden, da der Staat sich in der Vergangenheit oft nicht in der Lage gesehen hat, im globalen Kontext der Wirtschaft zu denken. Aber es müssen andere Regulatoren in einer digital global vernetzten Welt an die Stelle regionaler Staaten treten. Hierbei müssen die technischen Vorteile für den Erhalt der Demokratie ausgespielt werden, mit denen man im Internet gleichzeitig regionale Communities mit regionalen Netzwerken unterstützen und diese global vernetzen kann. Adäquat zu den regionalen und überregionalen Anteilen ist auch eine Mitbestimmung bei der Verteilung der Wertschöpfung und der Einbeziehung der Bürger sicherzustellen. Will man die freien Marktkräfte möglichst wenig einschränken, gilt es, einen Hebel zu finden, über den mit minimalen Eingriffen ein maximaler Effekt für die Demokratie zu erreichen ist.

Alle hier genannten Anbieter haben ihren Schwerpunkt noch im Zeitalter der digital unterstützten Gesellschaft. Wenn schon hier die Totalitarismusschwelle überschritten wird, kann davon ausgegangen werden, dass die Totalitarismus Tendenz im Zeitalter der digitalen Gesellschaft noch wesentlich ausgeprägter sein wird, siehe Abschn. 1.1.

2.5   Der Einfluss von Zertifizierungen

Zertifikate haben die Aufgabe, die Qualität einer Arbeit oder eines Produktes sicherzustellen. In der IT vergeben viele Hersteller ihre eigenen Zertifikate (42). Internationale Unternehmen vergeben diese Zertifikate auch international oder lassen diese durch Dritte vergeben. Hiergegen ist nichts einzuwenden, solange eine breite Gruppe von Anwendern und Unternehmen diese Zertifikate erwerben können.

Auch Zertifikate für Produktzulassungen von Hardware sind zumindest für den europäischen Raum einfach sogar vom produzierenden Unternehmen selbst zu erstellen (43). Wie das funktioniert, ist mit dem CE Zeichen genau geregelt und standardisiert. Dies gilt insbesondere bei Niedervoltanwendungen bis 48 Volt. Hierfür ist noch keine spezielle Richtlinie einzuhalten. Grundsätzlich sollte sich ein Unternehmen an eine externe Zertifizierungsstelle wenden, wenn spezielle Richtlinien einzuhalten sind. Bei individuellen Anwendungen für Smart Home und Industrie 4.0 ohne Funkanbindung werden meist Komponenten verbaut, die bereits ein CE Zeichen besitzen. Soweit das aus den Komponenten gebaute Gerät nicht geeignet ist, elektromagnetische Störungen zu verursachen und nicht über Funk verfügt, bleibt nur die Richtlinie Low Voltage Directive (44), die eben erst Geräte ab 50 Volt berücksichtigt.

Insofern sind nur allgemeine Produktsicherheitsrichtlinien zu beachten.

Der Bereich unter 50Volt nimmt ständig bei Smart Home und Industrie 4.0 bei deutschen Individualentwicklungen an Bedeutung zu. Insbesondere im Industrie 4.0 Bereich, sind einerseits die Aufgabenstellungen bei den einzelnen Maschinen sehr unterschiedlich, andererseits der Schaden für ein Unternehmen bei einem Cyberangriff auf eine einzelne Maschine bereits groß. Kleine Computer wie der Raspberry Pi sind schon für wenig mehr als zwanzig Euro zu haben. Inzwischen ist allerdings bei allen mir bekannten Modellen beim Raspberry Pi W-LAN mit eingebaut.

Was hat das Ganze nun mit Totalitarismus zu tun?

Im Rahmen meiner Mitgliedschaft beim CPS.HUB NRW besuchte ich eine Veranstaltung zum Thema Zertifizierungen (45). Der Vortrag eines Mitarbeiters der RWTÜV-Gruppe zum Thema „Zertifizierung von Produkten mit Funktechnologien" führte, wenn auch so nicht beabsichtigt, zum Überschreiten des subjektiven Totalitarismus Empfindens bei fast allen Teilnehmern. Ratlosigkeit machte sich auf den Gesichtern breit, als klar wurde, dass derjenige, der einen an eine Waschmaschine angeschlossenen Raspberry Pi mit einer kleinen Software darauf, um die Waschmaschine ein- und auszuschalten, verkaufen oder auch nur verbreiten will, mit sechsstelligen Zertifizierungskosten zu rechnen hat. Jede Änderung am Quellcode muss neu zertifiziert werden. Die Bauteile müssen gleich bleiben. Der genaue Vermarktungsprozess, inklusive Namen der Vermarktungspartner ist Teil des Prozesses.

Unwidersprochen blieb, dass viele Startups heute Produkte fertig entwickeln und sich erst, wenn sie diese auf dem Markt anbieten wollen, mit dem Thema Zertifizierung beschäftigen und dann, weil sie die Kosten nicht tragen können, mit ihren Unternehmen finanziell zu Grunde gehen. Selbst wenn sie das Geld für die Zertifizierung aufbringen könnten, wären sie nicht in der Lage, die Zertifizierung zu erhalten, weil die komplette Vertriebsstruktur bei Startups üblicherweise noch nicht entwickelt ist und so gar nicht dokumentiert werden kann.

Ich habe es inzwischen aufgegeben, zu hinterfragen, warum die Dinge so sind, wie sie sind. Auch lassen sich Strukturen, welche die Totalitarismusschwelle überschritten haben, nur in den seltensten Fällen rückgängig machen. Dass die internationale Verflechtung von Funkzertifikaten nicht so einfach veränderbar ist, sollte jedem klar sein. Wer Funk anbieten will, ist von diesen Zertifikaten zu hundert Prozent abhängig, die Ersatzbeschaffung von Funkzertifikaten ist nicht möglich, der Technikersatz würde zur neuen Zertifizierung mit gleichen Kosten führen und die Rückabwicklung wäre nur bei einer weltweiten Veränderung möglich. Tatsächlich sind hier die Interessen von zahlreichen Ländern betroffen, welche Funklizenzen als Einnahmequelle betrachten und teilweise Zertifikate benutzen, um fremde Produkte vom Markt zu halten. Bei der mit den maximalen vierhundert Punkten die Totalitarismusschwelle bei weitem überschreitende Zertifizierungspraxis, scheint alleine schon die Diskussion, hier etwas verändern zu wollen, sinnlos.

Als Kritik könnte man anführen, dass Funkmodule in der Regel wesentlich einfacher einen Cyberangriff zulassen, als Festnetzverdrahtung. Die teuren Zertifizierungskosten führen dazu, dass nur Funklösungen auf den Markt gebracht werden, welche millionenfach verkauft werden, möglicherweise auch millionenfach mit dem gleichen Problem, wie erst gerade wieder in der aktuellen WLAN-Schwachstelle (46) aufgetaucht. Updates verzögern sich, weil alle Gerätehersteller das Update bei den jeweiligen Zertifizierungsstellen prüfen lassen müssen. Funkprüfungen dauern zwischen Wochen und Monaten.

Totalitarismus fördernd kommt hinzu, dass asiatische Staaten ihren Unternehmen die Zertifizierung weitgehend finanzieren. So ist zu erklären, dass viele Komponenten im Funk heute asiatischen Ursprung haben. Sicher hat es auch mit der teuren Zertifizierungspraxis zu tun, wenn immer öfter heute in den Massenprodukten nicht nur ein Funkstandard, sondern gleich mehrere wie W-LAN, Bluetooth etc. verbaut werden. Schließlich sind bei vielen Messungen die Kosten der Zertifizierung nicht wesentlich höher, wenn weitere Funktechniken hinzukommen. Von den USA werden wir keine Lösung des Problems erwarten können. Diese sind zu sehr von ihren zentralen IT-Strukturen und entsprechenden Unternehmen abhängig. Die Chinesen haben die US-IT-Strategien übernommen. Durch den eigenen Markt mit über einer Milliarde Menschen und die eigenen günstigen Massenproduktionen können sie konkurrenzlos günstig fertigen. Funkmodule sind der zentrale Treiber von Massenüberwachung, wie sie von der chinesischen Regierung gewollt ist. Auch hier ist es wieder eine „fast" Kostenloskultur, die dafür sorgt, dass Funkmodule auch in Glühbirnen, Kinderspielzeug und Staubsaugern verbaut werden. Gesellschaftlich unreflektiert, überträgt die Verbreitung dieser Waren die in China sehr wohl reflektierte Überwachungsmentalität in demokratische Länder.

So kann die Lösung für Deutschland nicht sein, auch deutschen Unternehmen die Zertifizierungen zu finanzieren, damit diese mit den asiatischen Unternehmen konkurrieren können. Bei den klassischen Funkkonzepten, und da die Entwicklung weit fortgeschritten ist, zähle ich hierzu auch 5G, wird man sich mit der asiatischen Vorherrschaft abfinden müssen.

Die Zertifizierungspraxis soll bewirken, dass elektromagnetische Störungen ausgeschlossen werden. Soweit, so gut. Aber ich habe große Zweifel, dass die geplante Vernetzung von Milliarden von Geräten, möglicherweise auch noch ausgestattet mit jeweils mehreren Funkfrequenzen, überhaupt störungsfrei funktionieren kann.

So stelle ich auch gemeinsam mit den Straßennachbarn in meinem Haus eine permanente Beeinträchtigung der W-LAN Qualität fest. Mehrere Besuche und Messungen der Bundesnetzagentur haben nicht dazu geführt, die Störquelle zu finden. Wie soll das bei einer hundertfachen Funkbelastung dann funktionieren?

Die Zunahme von Elektroautos wird zu einer weiteren Zunahme von Magnetfeldern führen. Schon jetzt ist der gemessene Elektrosmog bedenklich (47). Gibt es realistische Simulationen, was geschieht, wenn sich E-Autos und Funksignale weiter potenzieren? Die bisher seitens der Hersteller geäußerte Unbedenklichkeit (48) muss sich jedenfalls erst in der Praxis beweisen.

Was nutzt eine ständige Verbesserung der Zertifikatsmessungen, wenn in einem Nachbarkeller eine alte Waschmaschine elektromagnetische Störungen sendet?

Am Beispiel der Funkzertifizierung zeige ich, wie man durchaus Probleme reduzieren kann, indem man Standards aus dem Weg geht oder neue schafft.

> ▶   Im Datenschutz hat man festgestellt, dass man personenbezogene Daten am besten schützen kann, wenn möglichst wenig personenbezogene Daten überhaupt gespeichert werden. Dieses Konzept wurde unter dem Begriff Datensparsamkeit zusammengefasst und lässt sich auf Hardwareentwicklungen übertragen. Als Ergänzung des CE Zeichens ist ein Trusted WEB 4.0 Zertifikat für Techniksparsamkeit sinnvoll.

Sechsstellige Zertifikatkosten für den Mobilfunk rechnen sich nur, wenn auf das Einzelprodukt umgeschlagen die Zertifizierungskosten nur eine kleine Rolle spielen. Strebt man Stückzahlen von Millionen an, so kann man je Stück mit Zertifizierungskosten unter einem Euro gut leben. Auch andere Kosten reduzieren sich bei höheren Stückzahlen. Für einfache Funksensoren wird in Zukunft ein Verkaufspreis unter zehn Euro angestrebt. Als weiterer Vorteil wird dem Kunden verkauft, dass diese Sensoren nicht mehr mit Kabeln installiert werden müssen. Große international agierende Hersteller erhalten hierdurch einen signifikanten Wettbewerbsvorteil, weil nur diese so kostengünstig überhaupt anbieten können. Ich kann noch nicht erkennen, wo hier der deutsche Mittelstand profitieren will. Es sei denn, er macht sich mit der Spezialisierung auf ein bestimmtes Bauteil in der Wertschöpfungskette ganz hinten als Zulieferer von anderen extrem abhängig.

Die vorhersehbar wachsenden Probleme werden jedenfalls von den Zertifizierungsstellen im Labor nicht umfänglich simuliert werden können. Um ihrer Aufgabe, unsichere Geräte vom Markt fernzuhalten, gewachsen sein, müssen Zertifizierungsstellen ein Interesse haben, die Anzahl der funkenden Geräte zu beschränken.

Ein Bild sagt mehr als 1000 Worte und erweckt oft den falschen Eindruck. Bilder zum Internet der Dinge kommen meistens besonders aufgeräumt daher. Zum Beispiel die Grafik von Herrn Professor D. Schotten zeigt eine fast leere Weltkarte (49). Irgendwo auf dem großen Meer fahren achttausend vernetzte Cargo-Schiffe, durch eines veranschaulicht. In einem Hafen gibt es fünfundzwanzig Millionen vernetzte Container. Ebenfalls nur ein Container ist zu sehen. Zweihundertfünfundfünfzig Millionen Autos werden durch einen Sportwagen dargestellt. Hundertzehnmillionen Haustiere sind vernetzt. Dreihundertfünfundvierzig Millionen von Smart Metern messen und steuern den Strom. Dreikommasieben Millionen Verkaufsautomaten bieten ihre Produkte an.

Wir sind es inzwischen gewöhnt, mit sehr großen Zahlen umzugehen. So sind wir wenig beeindruckt, wenn bereits 2017 über acht Milliarden Geräte weltweit vernetzt sind und es im Jahr 2020 über zwanzig Milliarden sein sollen (50). Möglich macht es auch der neue Standard Narrow Band (51), in dem Geräte eine lange Batteriehaltbarkeit aufweisen, weil sie nur, wenn nötig, sich für kurze Zeit mit dem Netz verbinden. So reicht für die Übermittlung des Jahresverbrauchs eines Heizkörpers eine kurze Funkverbindung im Jahr aus.

Um uns wieder auf das „Bild der Tatsachen" zurückzubringen, habe ich in den folgenden Grafiken zwei Szenarien der Vernetzung verglichen.

Die Abb. 2.23 mit zentraler Schaltsteuerung sieht wenig aufgeräumt aus. Man sollte sich bewusst machen, dass ich hier nur einen Smartphone Nutzer je Haus (der Übersichtlichkeit halber grau mit schwarzem Rahmen im Keller eingezeichnet) sich mit zwölf Devices zur Warmwasserversorgung, zum Heizen, zum Strommessen, zum Waschen, zum Kühlen, zum Fernsehen, für Multimedia, zur Überwachung von einer Tür und einem Fenster, zum Klimatisieren und zum Messen verbinden lasse. Alle Devices sind außerdem mit einer eigenen IP6-Adresse direkt mit dem Internet verbunden. Würde man nicht drei Häuser, sondern den zu erwartenden Funkverkehr einer ganzen Stadt und nicht 12 Devices, sondern wie geplant mehrere 100 Devices, zum Beispiel jeden Heizkörperthermostat, jedes Fenster und nicht nur, wie in der Grafik, eines, darstellen wollen, so sollte man einfach eine rote Fläche malen. Erst in erheblicher Vergrößerung würde man zwischen den roten den Funk symbolisierenden Linien weiße Stellen entdecken. Das wird zukünftig selbst für Häuser gelten, in denen die Bewohner auf jeglichen Funk verzichten und nur der Funk der anderen durchgeleitet wird.

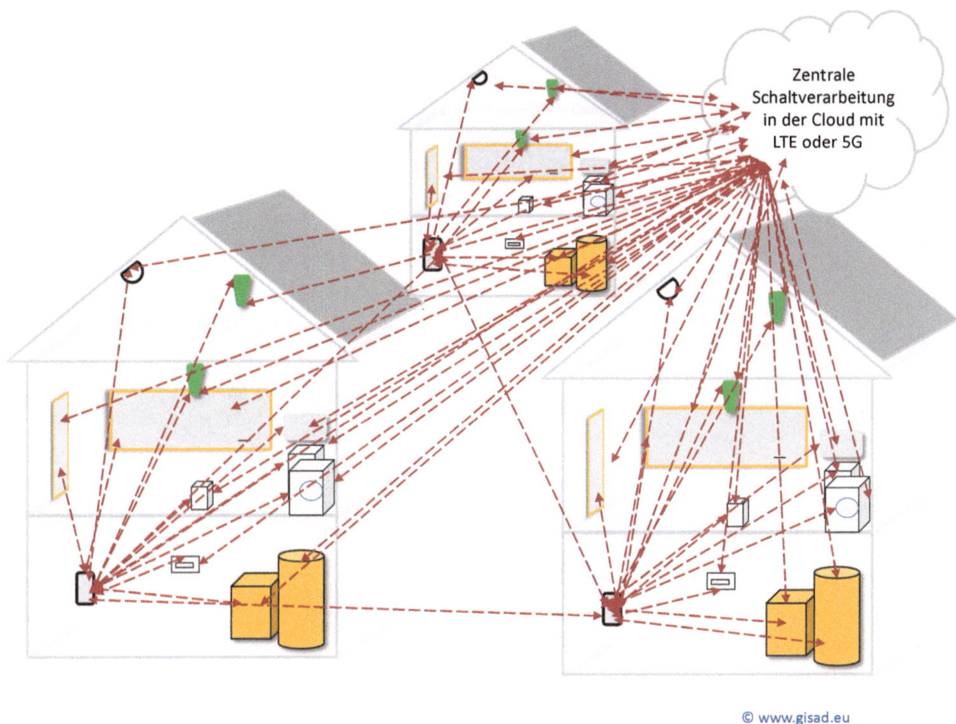

Abb. 2.23 Funkbelastung bei zentraler Schaltung

Die zweite Grafik, Abb. 2.24 zeigt idealtypisch, wie die festverdrahtete Alternative aussehen könnte.

Je Haus gibt es einen W-LAN Router, welcher mit dem Smartphone und Internet kommuniziert. Ist der W-LAN Router über Festnetz verbunden, fallen auch die drei zum Internet gezeichneten Mobilfunkverbindungen weg. Beim Router handelt es sich um standardisierte zertifizierte Massenware. Über Festnetz kommuniziert der Router mit einer kleinen Box, von mir auch Safe Gateway genannt (38), welche über Festverkabelung die Regelung der Hausgeräte übernimmt. Es besteht keine bidirektionale Verbindung mit dem Internet. Ein Angriff auf die in einem Intranet verbundenen Geräte ist schwer vorstellbar. Trotzdem ist es möglich, über eine unidirektionale Leitung vom Internet Informationen zu empfangen, aufgrund deren dann das Safe Gateway Entscheidungen trifft. So kann zum Beispiel aus der Ferne die Abwesenheit übermittelt werden. Das Safe Gateway entscheidet dezentral aufgrund hinterlegter Regeln, ob zum Beispiel bei Auslösen eines Bewegungsmelders ein Alarm gesendet werden soll. Dieser wird dann über eine zweite unidirektionale Leitung an den Verantwortlichen geschickt.

Ich finde, diese Gegenüberstellung von zwei Möglichkeiten der technischen Realisierung von Digitalisierung lässt sich gut auf ein gesellschaftliches Gesamtkonzept übertragen.

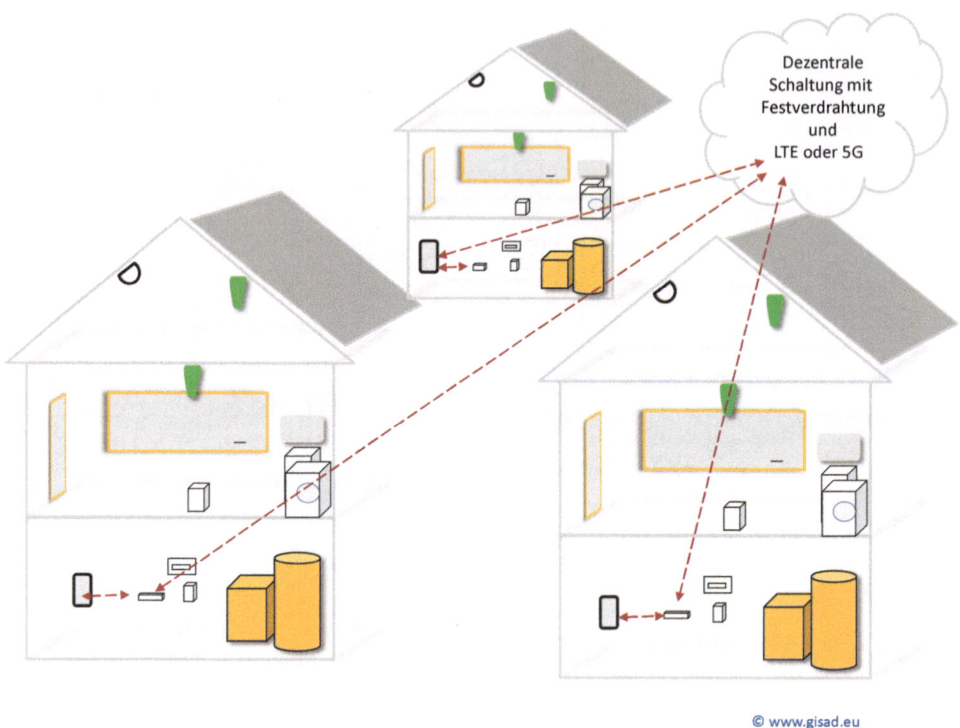

Abb. 2.24 Funkbelastung bei dezentraler Schaltung

Auch bei Zertifizierungen muss Deutschland entscheiden, ob wir mit dem Ergebnis eines totalitären Zentralismus uns fremd bestimmen lassen wollen, oder ob durch eine bewusste Steuerung Rahmenbedingungen für die digitale Gesellschaft geschaffen werden, in denen jeder weiter selbstbestimmt leben und digital agieren kann.

Meine konkrete Forderung an die europäischen Zertifizierungsunternehmen besteht darin, ein Zertifikat für Techniksparsamkeit zu entwickeln. Projektinnovatoren sollte ein alternatives Beratungs- und Zertifizierungsangebot zu einer reinen Funkzertifizierung gemacht werden.

Nicht nur ein Raspberry Pi ist ausschließlich mit W-LAN erhältlich. Es wird überhaupt immer schwerer, Komponenten und Devices ohne W-LAN im Handel zu erhalten. W-LAN ist in den meisten Routern, Druckern, Touchscreens, etc. bereits standardmäßig eingebunden. Deshalb möchte ich insbesondere für den Bereich der mittelständigen Industrie 4.0 den Interessensverband für Dezentralisierung GADT ins Leben rufen (52).

Es ist heute keine Zukunft ohne Funk vorstellbar. Zu groß sind die Mobilitätsvorteile. Aber der Bürger muss die Möglichkeit haben, sich zwischen alternativen Konzepten entscheiden zu können.

Auch die Funk-Forschung sollte sich auf Techniksparsamkeit konzentrieren. Es gibt zwar mit W-LAN die Möglichkeit über Richtfunk die Reichweite auf zwanzig Kilometer zu erweitern (53), aber mir sind keine Systeme bekannt, in denen die genaue Funkstärke eingestellt werden kann, welche auch wirklich benötigt wird. In der Fritz-Box Bedienungsanleitung (54) habe ich nur den umgekehrten Weg gefunden, die Sendeleistung zu erhöhen.

Könnte man die Funkentfernung genau einstellen, wäre es möglich, über W-LAN Repeater mit schwachem Funksignal die einzelnen Stockwerke oder Bereiche von Häusern so zu erreichen, dass fast kein Funk das Haus verlässt. Das würde auch den Zugriff von auf der Straße befindlichen Angreifern auf die W-LAN Infrastruktur erheblich erschweren.

Ebenfalls unverständlich ist das derzeitige Funkmanagement in Smartphones. Heute ist immer parallel Mobilfunk, W-LAN, Bluetooth, NFC und so weiter, gleichzeitig an. Wenn man, wie ich, in der Cloud seine Telefonanlage verwaltet, könnte das Mobilfunknetz automatisch ausgeschaltet werden, wenn eine W-LAN Verbindung besteht, da ich dann hierüber über VOIP telefonieren kann. Aber ist das gewollt? Schließlich bietet jede Funkart eine weitere Möglichkeit der Überwachung.

Auch für Techniksparsamkeit gilt mein Grundsatz: „Alle eingebauten Türen sind potenzielle Angriffsziele, alle bekannten Ziele können auch gezielt angegriffen werden". Im Umkehrschluss sind nur da, wo unbedingt nötig, Türen einzubauen und nur da, wo unbedingt nötig, ist die Anonymität aufzuheben.

> ▶   Für digitale Technik und die digitale Gesellschaft gelten gleichermaßen: „Wo ein
> Wille ist, gibt es auch einen Weg in eine demokratieerhaltende Zukunft."

2.6   Der Einfluss von digitalen biometrischen Abdrücken

Das Bundestagswahlergebnis 2017 mit dem schlechten Abschneiden der großen Volksparteien CDU und SPD ist meines Erachtens im Wesentlichen auf den Schlingerkurs in Sachen digitaler Sicherheit zurückzuführen. Es wurde nicht erkannt, dass Deutschland gerade seine gefestigte Demokratie als Wettbewerbsvorteil ausspielen kann. Die politischen Veränderungen waren 2017 in Deutschland geringer, als in den USA, Frankreich oder Österreich. Das wird sich jedoch spätestens bei den nächsten Bundestagswahlen ändern. Die Partei, die konsequent einen digitalen Masterplan umsetzt, in der die Freiheitsrechte mit Wirtschaftswachstum und innerer Sicherheit verbunden sind, wird in der nächsten Bundestagswahl erhebliche Zuwächse zu verzeichnen haben. Aus meiner Sicht hat zumindest derzeit in Deutschland die FDP hierzu das größte Potenzial.

> ▶   Jegliche zentrale Massenspeicherung von umfangreichen Profilen oder biome-
> trischer Daten überschreitet an sich schon die Totalitarismusschwelle.

Wenn man einen Leberfleck einem Freund zeigt, dann ist das in Ordnung. Das Schlimmste, was passieren kann, er erzählt es weiter und schafft es vielleicht, im Bekanntenkreis einen kurzen Lacher zu erzeugen. Das war es. Wer zukünftig diesen Leberfleck nicht bedeckt, übergibt ein eindeutiges Merkmal an die Kameraüberwachung. Gespeichert mit der genauen Position im Gesicht wird der Leberfleck zu einem von vielen biometrischen Merkmalen, an denen Bürger überall erkannt werden können, solange zentral gespeichert wird und auf diese Daten zentral zugegriffen werden kann.

Die derzeit nicht freiheitsliebende Politik hat immer wieder argumentiert, dass Videoüberwachung für die Terrorismusbekämpfung wichtig sei. Doch tatsächlich werden so völlig unnötig Massenüberwachungssysteme aufgebaut (55).

Bei jeder berechtigten Überwachung besteht ein regionaler Anfangsverdacht. Es wäre also technisch gar kein Problem, ein Fahndungsfoto oder zukünftig die biometrischen Merkmale an dezentral organisierte Überwachungsautomaten zu schicken und nach und nach den Suchradius auszuweiten. Das ist ohne große Zeitverzögerung schon heute innerhalb von Sekunden möglich. Aus Sicht eines Trusted WEB 4.0 muss die Verhältnismäßigkeit der unbeteiligt Betroffenen gewahrt werden. Wenn man es richtig machen würde, könnten die nicht Betroffenen weitgehend von Überwachungsmaßnahmen verschont bleiben.

Die Fahndungsdaten würden an die einzelnen dezentralen Überwachungsserver geschickt. Nur bei Übereinstimmung mit den Fahndungsdaten würde vom Regionalserver der Videoausschnitt, in dem ein Verdächtiger identifiziert wurde, an den Fahnder geschickt. Im Idealfall stellt erst dieser dann die Zuordnung zu den personenbezogenen Daten her.

Auch solche Systeme würden dezentral funktionieren, welche auffälliges Verhalten identifizieren – wie das Zurücklassen eines Koffers – und nur verdächtige Videoausschnitte mit einem Alarm an die regionale Polizei verschicken.

Gemacht wird das nicht, weil die Bürger sich nicht wehren und in der Politik bisher keine Stimme hatten. Diskussionen über das Für oder Wider von Kameraüberwachung, wie sie derzeit geführt werden, sind entsprechend sinnfrei. Bei Einführung dezentraler Systeme, wäre den Strafverfolgern genüge getan, nicht aber denjenigen, die meinen, mit Big Data alles beherrschen zu können.

Bei Dezentralisierung von Videoüberwachung sieht den Bürger der Wachtmeister in der Nachbarschaft und nicht die ganze Welt. Das ist dann ein bisschen so vertraut wie früher und vor allem sicher. Denn zentral gespeicherte Daten werden auch in Zukunft nicht nur Befugten, sondern auch Kriminellen zur Verfügung stehen.

Wie wichtig es ist, sich jetzt zu wehren, zeigt auch der jüngste Vorstoß von Siemens, die grüne Welle für Fahrradfahrer einzuführen (56). Wenn die GPS-Daten aller Fahrradfahrer auf einem zentralen Siemensserver gespeichert werden, ist auch das der Datensupergau, egal was Siemens zur Pseudonymisierung oder Sicherheit der Daten sagen wird.

Diesen Datensupergau habe ich erst in einigen Jahren im Zusammenhang mit der Einführung der autonomen Fahrzeuge vorhergesehen (2). Nur mit einem in diesem Buch beschriebenen persönlichen digitalen System mit WAN Anonymität können die Devices von Fahrradfahrern, Fußgängern und Fahrzeugen unbedenklich in ein Gesamtsystem eingebunden werden, um miteinander zu kommunizieren.

Sonst entsteht schon durch die Vielzahl der gesammelten Daten so etwas wie ein eindeutiger digitaler Fingerabdruck.

Schon heute können über die GPS Daten der Smartphones sehr einfach Wohnorte ermittelt werden. Das führt dann zu neuen psychologischen Studien, in denen belegt wird, dass der Wahlkampf schlecht für Thanksgiving ist (57).

„Lebenslang" lautet das Urteil bei Abgabe der eigenen biometrischen Daten. Hat man seinen Fingerabdruck oder seinen Netzhautscan einmal abgegeben, so werden diese für immer gespeichert und stehen potenziell global zur Verfügung. Es ist völlig unverständlich, dass der Bundestag kurz vor den Bundestagswahlen 2017 schnell noch den massenhaften Zugriff auf Passfotos erlaubt hat (58). Denn auch hieraus lassen sich biometrische Daten ableiten. Oft war in den letzten Jahren die Politik der Meinung, der Bürger könnte nicht die Komplexität der für eine Entscheidung herangezogenen Fakten bewerten. Zumindest da, wo der Bürger unmittelbar betroffen ist, kann er das jedoch sehr wohl. So wurden bisher die umfangreichen Möglichkeiten der eID des Personalausweises kaum genutzt (59). Der Bürger hat sich hier richtigerweise verweigert. Als Konsequenz gibt es jetzt die automatische Weitergabe der mit staatlicher Macht eingezogenen Bilddaten. Jeder braucht einen Personalausweis, eine Ersatzbeschaffung ist nicht möglich. Doch viel gravierender ist, dass einmal in Umlauf gebrachte biometrische Daten nicht mehr rückabgewickelt werden können. Wer sich nicht die Fingerkuppen oder das Gesicht operieren lassen will, oder mit Kontaktlinsen den Iris-Scan verhindern will, der hat keine Möglichkeit der Ersatzbeschaffung, Rückabwicklung, und ist mit hundert Punkten abhängig. Bereits durch die bei der massenhaften Verbreitung biometrischer Daten erreichten drei mal hundert Punkte ist die Totalitarismusschwelle überschritten.

Aber selbst wer sich mit Hauttransplantationen Fingerkuppen und Gesichtszüge verändert, hat immer weniger Möglichkeiten, sich zu wehren, wenn erst einmal die Verwendung von biometrischen Daten zum Standard werden. Denn ständig werden neue biometrische Profile erzeugt. So hat in einem Ideenwettbewerb 2017 ein Team von Wissenschaftlern des innoMMT für das Produkt Plug & Pust mehrere Preise gewonnen (60). Zur sofortigen Diagnose in Praxen kann ein kleines mobiles Atemtestgerät – vergleichbar dem Alkohol-Puster der Polizei – genutzt werden, mit dem unterschiedliche Krankheiten wie Asthma, Laktoseintoleranz und Kohlenmonoxid-Vergiftung identifiziert werden (61). Was für die Medizin eine Revolution ist, wird bei den gesellschaftlichen Freiheitsrechten zur Katastrophe, wenn dieser eindeutige digitale Atemabdruck nicht absolut sicher gespeichert wird. Der Verweis, dass die personalisierten Daten sich nur beim Arzt oder im Krankenhaus befinden, reicht hierfür nicht aus. So gibt es zunehmend Cyberangriffe auf die Infrastrukturen von Krankenhäusern (62). Es ist nur eine Frage der Zeit, bis massenweise gespeicherte biometrische Daten im Umlauf sind. Dann ist für den Einzelnen die Totalitarismusschwelle eindeutig und unumkehrbar überschritten. Den Atem kann man schließlich nicht verändern!

▶   Biometrische Daten dürfen nicht über das WAN personalisiert werden können. Die reine Trennung von personalisierten Daten an einem anderen Speicherort reicht nicht aus!

Lediglich wenn, wie im Persönliches digitales System vorgeschlagen, zügig ein WAN anonymer Standard für einen digitalen Zugang für alle Bürger aufgesetzt wird, ist durch den Verzicht der personalisierbaren Verwendung biometrischer Daten im Alltag überhaupt noch eine Aufrechterhaltung von bürgerlichen Rechten möglich.

Geheimdienste entziehen sich weltweit immer mehr staatlicher Kontrolle. Geheimdienste leben von Informationen. Umfassende Informationen von anderen Geheimdiensten erhalten sie nur im Tauch für Informationen über die eigenen Bürger. Daten von Geheimdiensten kommen früher oder später in kriminelle Hände. Identitätsdiebstahl auf hohem Niveau ist hierdurch bereits jetzt unumkehrbar möglich, ohne dass der Betroffene hiergegen, wie etwa durch die Sperrung und den Austausch einer kompromittierten Scheckkarte, etwas machen könnte.

2.7   Der Einfluss von künstlicher Intelligenz

Bereits im Vorwort bin ich auf die Forderungen an die Gestaltung einer künstlichen Intelligenz eingegangen. Nun möchte ich mich der künstlichen Intelligenz unter dem Gesichtspunkt des Totalitarismus nähern.

- Hierzu muss man sich erst einmal damit beschäftigen, was unter künstlicher Intelligenz zu verstehen ist. Ich unterscheide zwischen:
- Vorgetäuschte Intelligenz. Schon viele Jahre übernimmt der Computer Aufgaben, die der Mensch nicht in entsprechender Geschwindigkeit übernehmen kann. Begonnen hat alles mit dem schnellen Lösen von Rechenaufgaben. Hierbei wurde jedoch ein klares Regelwerk vorgegeben, innerhalb dessen der Computer sich bewegt. Auch ein Hammer kann einen Nagel einschlagen, ein Mensch jedoch nicht. So ist das Besiegen von Schachweltmeistern durch Computer noch keine echte Intelligenz, da der Computer sich im Rahmen eines klaren Regelwerks bewegt hat.
- Spezialisierte KI. Anders sah es bei dem Besiegen von Go-Spielern mit AlphaGo aus. Ein intuitives Vorgehen der neuronalen Netze wurde hierfür benutzt. Trusted WEB 4.0 überstützt die Entwicklung einer spezialisierten KI, solange sie Aufgaben innerhalb einer Kategorie erfüllt und nur auf Daten aus dieser Kategorie zugreifen kann.
- Generelle KI. Eine große Gefahr sehe ich in der generellen KI. Diese wird von den bereichsübergreifend tätigen Global Playern forciert. Über die finder-Technologie ist ein zentraler Zugang zu einzelnen spezialisierten KIs möglich. Mir ist keine Studie bekannt, die das Wirtschaftswachstum von vielen spezialisierten KIs im Verhältnis zu wenigen generellen KIs untersucht hätte. Ich vertrete jedenfalls den Standpunkt, was für die Demokratie notwendig ist, muss nicht für die Wirtschaft schädlich sein.

Für das deutsche Wirtschaftswachstum sind viele spezielle KIs besser geeignet, als eine generelle KI.

Priorität hat nicht nur eine weitere technische Entwicklung, sondern ein Konzept zur Übertragung vordigitaler demokratischer Errungenschaften in die Digitalisierung. Wenn wir nicht kurzfristig ein Wertesystem zur Weiterentwicklung von künstlicher Intelligenz entwickeln, dann ist für mich in naher Zukunft die Totalitarismusschwelle mit maximalen vierhundert Punkten bei Weitem überschritten.

▶ Wenn generelle KI erst einmal global und flächendeckend eingeführt ist, wird eine Ersatzbeschaffung nur in dem Maße möglich sein, wie hierzu menschliche Vorkehrungen frühzeitig getroffen wurden.

Eine sich selbst ausschließlich im Rahmen des technisch Machbaren entwickelnde generelle KI wird totalitär sein.

Wer darauf hofft, dass zukünftig die omnipotente generelle KI unsere Probleme schon richten wird, irrt. Jede Intelligenz entfaltet sich auf Grund der Erbanlagen, der Umwelt und der eigenen Einschränkungen.

Bei einer KI kann man als Erbanlage das bezeichnen, was der Programmierer einem Computer als Softwarecode mitgibt. Umwelt und Einschränkungen sind definiert durch:

- Die zur Verfügung stehenden Schrittstellen und dahinter erreichbaren Devices und Sensoren. Das sind im derzeit geplanten Internet der Dinge potenziell 20 Milliarden Devices.
- Die zur Verfügung stehenden Daten. Das sind mit den derzeitigen Methoden von zentralen Suchmaschinen fast alle Daten über fast alle Menschen.
- Die Rechenkapazität und der Speicherplatz. Beides wird in Zukunft ständig zunehmen.
- Die Lebensdauer. Hierbei geht es um die subjektiv empfundene Lebensdauer der KI. Diese wird Stromausfälle und Datenverlust für sich weitgehend ausschließen können und damit von einer unendlichen Existenz ausgehen.
- Die ererbte Intelligenz ist nur ein kleiner Teil dessen, was einen erwachsenen intelligenten und gebildeten Menschen ausmacht. Umwelt und Einschränkungen sind definiert durch:
- Die körperlichen und geistigen Fähigkeiten des Einzelnen.
- Das Bewusstsein, einzigartig zu sein.
- Das Bewusstsein über die Endlichkeit des eigenen Lebens.
- Die Erkenntnis, als einzelnes soziales Wesen für die Gemeinschaft Bleibendes schaffen zu können.

Der Mensch ist ein Mängelwesen. „Der Grundgedanke ist der, dass die sämtlichen ,Mängel' der menschlichen Konstitution, welche unter natürlichen, sozusagen tierischen Bedingungen eine höchste Belastung seiner Lebensfähigkeit darstellen, vom Menschen selbstständig und handelnd gerade zum Mittel seiner Existenz gemacht werden, worin die Bestimmung des Menschen zu Handlung und seine unvergleichliche Sonderstellung zuletzt beruhen (63).

Der Mensch hat sozusagen seinen Makel zu seiner Stärke gemacht, indem er seine Individualität als soziales Wesen innerhalb einer Gruppe zum Wohl und der Stärke der gesamten Gruppe ausbildet.

Man sollte nicht den Fehler begehen, menschliche Stärke nur auf unmittelbar zur Gewinnoptimierung und Machtausübung verfügbare Fertigkeiten zu reduzieren. Den Menschen macht viel mehr aus. Dieser Vielfalt versucht der demokratische Gedanke abzubilden. Wie man in der Demokratie Intelligenz und Bildung definiert, wird sehr gut in den Gesprächsbeiträgen eines Videos der Bundeszentrale für berufliche Bildung deutlich (64). Zusammenfassend wird Intelligenz individuell nach unterschiedlichen Kriterien definiert.

Wohl wissend, dass ich diese Aussage vor dem Hintergrund meines eigenen Kulturkreises treffe, sind für mich Systeme, welche die Vielfalt menschlicher Fähigkeiten erhalten und fördern, menschenwürdig. Systeme, die alle Menschen gleichschalten wollen, sind es nicht.

Es geht mir ja eben darum, den Kulturkreis, in dem ich lebe, zu erhalten oder durch Überzeugen sogar auf andere Länder zu übertragen.

In Zukunft sehe ich eine im Vergleich mit der in Abschn. 2.5 „Der Einfluss von Zertifizierungen" noch wesentlich größere Dominanz Chinas bei der Entwicklung von genereller KI als gegeben an.

Denn China verleugnet die Individualität der Menschen weitgehend und reduziert Intelligenz auf Reproduktion von vorhandenem vorselektiertem Gedankengut und mathematischem, logischem Denken (65). Vor diesem Hintergrund ist die chinesische Messung der künstlichen Intelligenz im Vergleich zum Menschen zu sehen (66). Hierbei kann es sich nur um den Vergleich mit einer generellen KI handeln, da zum Beispiel die benutzten Daten von Google alle Bereiche erfassen.

Die betreffenden chinesischen Forscher Feng Liu, Yong Shi und Ying Liu haben ein „Standard Intelligenzsystem" entwickelt:

„Das System hat die Fähigkeit, Daten, Information und Wissen von der Außenwelt zu beziehen,

1. das System hat die Fähigkeit, solche externen Daten, Informationen und Wissen in internes Wissen zu transferieren, das das System verarbeiten kann,

2. basierend auf diesen Daten hat das System die Fähigkeit, diese auf innovative Weise zu nutzen und

3. das System besitzt die Fähigkeit, das neu erworbene Wissen an die Umwelt zurück zu spiegeln."

Im Vergleich zu 2014 mit 26,5 ist der Intelligenzquotient(IQ) der Suchmaschine von Google 2016 bereits bei 47,28. Die Wissenschaftler führen den IQ eines Sechsjährigen mit 55,5, eines 12-Jährigen mit 84,5 und eines Volljährigen mit 97 an. 2017 sollte also die Google Suchmaschine die Intelligenz eines Sechsjährigen erreicht haben. Wenn ich so an meine Kinder denke, so hätten sie mit sechs Jahren ohne das entsprechende moralische Grundgerüst in einer verantwortungsvollen Position bereits einen erheblichen Schaden anrichten können.

Die Intelligenzmessung entspricht dem chinesischen Bildungs- und Intelligenzgedanken, nicht aber europäischen Maßstäben. Umso erstaunlicher ist es, dass weitgehend unreflektiert chinesische Forschungsergebnisse auf europäische Verhältnisse übertragen werden. Hierbei wird fälschlicherweise ein weltweit gleicher Intelligenzbegriff vorausgesetzt. Aber auch in den USA scheint die Massenprodukte fördernde zentrale IT inzwischen zumindest im digitalen Gesellschaftsbild die demokratischen Grundsätze so ausgehöhlt zu haben, dass selbst deutsche Zeitungen nicht mehr verstehen, wie sehr sie totalitäres Gedankengut vertreten, wenn sie KI mit Gott vergleichen (67).

Tatsächlich sollte man den Intelligenzvergleich sich noch einmal genauer ansehen. Ein menschliches Kind erkennt sich selbst mit zirka achtzehn Monaten, mit zirka drei Jahren bildet es ein Ichbewusstsein aus (68). Eine einem Sechsjährigen vergleichbare KI muss also bereits über ein solches Ich-Bewusstsein verfügen und entsprechend seiner Selbsterkenntnis auch so handeln, wie es seinem Weltbild entspricht.

> ▶ „Generelle KI" hat nur wenige Gemeinsamkeiten mit „menschlicher Intelligenz".
> Allein von künstlicher Intelligenz getroffene Entscheidungen werden keine Entscheidungen im Sinne des Menschen sein.

Heutige Sensationen, wenn Weltmeister des GO Spiels von KI besiegt werden, haben schon mit intuitiver Erkenntnis in neuronalen Netzen zu tun, allerdings unterstützt von dem mathematischen Material, welches der KI als Grundlage zur Verfügung gestellt wird. Interessant finde ich in diesem Zusammenhang den Ansatz von Yuriy Brun (69), eine automatische Software zu entwickeln, um diskriminierende Texte zu finden. Natürlich hat er das Problem mathematisch über Häufigkeiten und Vergleich mit vorhandenem Basismaterial gelöst (70). Zukünftig wird also ein Jahrhundertgenie nicht gefördert werden, weil es ein schlechtes Einkommen hat, weiblich ist und aus einer kriminellen Familie stammt. Es sind aber gerade diese Wenigen, die unseren gesellschaftlichen Fortschritt und letztendlich auch den von China ausmachen.

Die chinesische Gleichschaltung entspricht einer ungesteuerten generellen KI, die nicht durch die Rücksichtnahme auf unterschiedliche Individuen beeinträchtigt wird. Sobald eine KI ein wirklich eigenständiges Denken entwickelt, werden ihre Entscheidungen und die Entwicklung ihrer Intelligenz von den eigenen Möglichkeiten abhängen. Eine von menschlichen Mängeln verschonte KI wird sich nicht um Vielfalt kümmert, ist also vom Wesen her erst einmal totalitär. Wer sich noch immer nicht vorstellen kann, dass es auch ihn angeht, der sollte sich das chinesische Social Credit System ansehen (71). Bis 2020 wird hiervon jeder Chinese betroffen sein. Wer sich nicht massenkonform in Abstimmung mit der Regierungsdoktrin verhält, darf nicht mehr reisen, keinen Partner kennen lernen und wohl später auch keinen Beruf mehr ausüben (72).

Mehrere spezialisierte KIs sind immer einer generellen KI vorzuziehen.

Wollen wir Menschenwürde und Demokratie auf die künstliche Intelligenz übertragen, so geht das nur, indem wir anstelle einer omnipotenten Maschine ein künstliches Mängelwesen erschaffen, welches auf Interaktion mit den Menschen weiter angewiesen ist. In meinem Bauplan (73) habe ich die kommunikationspsychologischen Grundlagen für eine Mensch-Maschinen-Kommunikation beschrieben. Ich schlage die Aufteilung in dem menschlichen Verständnis entsprechenden tausend Kategorien vor. Künstliche Intelligenzen sollten grundsätzlich nur Daten, Devices und Sensoren erreichen können, welche der gleichen Kategorie wie die KI zugeordnet sind. Der künstlich herbeigeführte Mangel besteht in der fachspezifischen Sicht der einzelnen KI. Dies reicht völlig aus, um zum Beispiel als medizinische KI funktionieren zu können.

▶ Kategorienübergreifende Fragestellungen sollten nie von einer generellen KI, sondern immer mit Hilfe von Menschen und speziellen KI beantwortet werden.

Als zweites Problem erweist sich die unbegrenzte Lebenszeit einer KI. Für die Menschen bedeutet es einen ungeheuren Fortschritt, wenn Wissen der Vergangenheit nicht nur überliefert wird, sondern weiter in Echtzeit zur Verfügung steht. Insofern stellt es keine Lösung dar, eine KI alle hundert Jahre komplett zu löschen.

Jedoch muss man sich unbedingt bewusst machen, dass das Wohl einzelner Menschen in einer bestimmten Zeitspanne umso unbedeutender ist, je größer der Unterschied dieser Zeitspanne zu der „Lebenszeit" der KI wird. Wer in Jahrtausenden denkt, wird einzelne Menschen immer einem Gesamtkonzept opfern.

Eine generelle KI wird nicht verstehen, warum Bürger etwas dagegen haben, wenn der Lieferant von Amazon den Wohnungsschlüssel besitzt (74). Sie wird daraus resultierende Einbrüche und Überfälle mit der Totalüberwachung der Wohnungen lösen wollen und wieder nicht verstehen, was Bürger dagegen haben können, zumindest solange nicht, bis die KI in der Lage ist, ihre eigene Privatsphäre gegenüber ihren Programmierern aufzubauen.

Ich bin optimistisch, dass wir eine menschenwürdige Zukunft gestalten können, wenn wir die totalitätsgeprägte Sichtweise „wir können ja sowieso nichts ändern" verlassen und Technik als zu bewältigende Herausforderung ansehen.

▶ Gegen das Unendlichkeitsdenken der generellen KI muss es zu jeder Zeit und anwendbar auf jeden Einzelfall die menschliche Kontrolle als letzte Instanz geben.

So habe ich auch ein System entwickelt und unter Mensch-Maschine-Interaktion in Bewertungssystemen vorgestellt, welches Bürgerbeteiligung und die menschliche Bewertung von Ergebnissen mit Entscheidungen von künstlichen Intelligenzen vereint (75).

2.8 Der Einfluss von Sprachassistenten

Seit zirka 2016 im Markt befindliche Sprachassistenten vereinen alles, was zur Vollendung des digitalen Totalitarismus nötig ist. Insofern ist es eine sehr schlechte Meldung für die

Demokratie, dass die Millionengrenze der Alexa Geräte in Deutschland wohl Weihnachten 2017 überschritten wurde (76).

Diese Sprachassistenten bedeuten:

- Permanente Überwachung über Mikrophone.
- Speicherung komplexen Verhaltens personalisiert in der Cloud.
- Weitgehende Manipulation des Unterbewusstseins.
- Direktes Schalten von Smart Home Geräten aus dem Internet.

▶ Sprachassistenten mit genereller KI sind das perfekte Werkzeug für den Totalitarismus.

Gehen wir erst einmal auf die Standardisierung ein. In einer ersten Stufe wird in Sprachassistenten Sprache in Text und Text zurück in Sprache übersetzt. Die Sprache ist ein Standard und gleichzeitig ein Instrument der Vielfalt. Die deutsche Sprache ist sehr differenziert und bietet entsprechende Möglichkeiten, sich vielfältig zu äußern. Gegen Spracherkennungssysteme ist also nichts einzuwenden. Sie wandeln lediglich gesprochene Sprache in Text. So habe ich auch im PDS-Browser vergleiche Abschn. 3.2, die Möglichkeit vorgesehen, gesprochene Sprache zu verarbeiten. Bei der Bedienung wird der Anwender keinen wesentlichen Unterschied vom PDS-Browser zu den webbasierten generellen Sprachassistenten feststellen. Doch der Unterschied der hinterlegten Technik des Trusted WEB 4.0 Systems ist erheblich:

- Die generelle KI wird durch viele spezialisierte KIs ersetzt.
- Die Entscheidung über den ersten Platz wird über das in Kap. 4 „Dezentrales Wertschöpfungskonzept" vorgestellte Wertschöpfungskonzept demokratisch begleitet.
- Die Wertschöpfungsverteilung bleibt leistungsgerecht.
- Lokale Sprachassistenten übergeben an lokale autonome Systeme Entscheidungsinformationen für nicht direkt über das Internet auslösbare Schaltungen für Smart Home.

Schon länger gibt es spezialisierte Sprachassistenten. Zum Beispiel fragen wir das Navigationssystem nach dem Weg. Gegen solche Assistenten ist nichts einzuwenden.

Aber jenseits der Technik geht es bei Alexa und anderen Produkten der neuen Generation eben nicht nur darum, mit Sprache zu unterstützen, damit die Hände am Steuer bleiben.

Es geht eher in die Richtung von Facebook, wo man sich mit scheinbaren Freunden umgeben kann. Der Freundeskreis wird bei Alexa ersetzt durch einen festen Partner in Form einer generellen KI. Hierauf wird eine Freundschaft projiziert und somit Vertrauen aufgebaut.

Der virtuelle Freund ist perfekt. Er ärgert sich nie und zudem ist er auch noch unterhaltsam. Auf Fragen wie „Wer ist der Mörder" antwortet Alexa „Der Mörder ist immer der

Gärtner" (77). In der fast unendlichen weltweiten Datenbank sucht die generelle KI die wahrscheinlichste Antwort.

Der Mensch wiederum ist sehr anpassungsfähig. In der Mensch-generelle-KI-Symbiose wird eine fatale Anpassung von beiden Seiten erfolgen.

Der Mensch lernt mit dem zumindest anfänglich lückenhaften System umzugehen, in dem er vorherahnt, welche Suchanfragen zum Erfolg führen werden und welche eben nicht. Das heißt, der Mensch übt Selbstzensur. Die generelle KI wiederum verdichtet Informationen immer weiter. Denn sie muss die eine richtige Antwort geben, die es im Rahmen von Vielfalt so eigentlich nicht geben kann.

Von beiden Seiten wird also immer mehr zur gerankten Masseninformation verdichtet. Insofern wird die Denkabschaltung der Menschen in Zukunft noch wesentlich zunehmen. Im Ergebnis spielen Sprachassistenten mit dahinter geschalteter genereller KI dem Totalitarismus in die Hände.

Bei in derzeitigen Suchmaschinen verwendeter Textdarstellung haben Menschen die Fähigkeit, mehrere Dutzend Einheiten innerhalb einer Sekunde in ihrem sensorischen Gedächtnis zu erfassen und vorzuselektieren. Immerhin noch fünf bis sieben Einheiten gelangen vom sensorischen Gedächtnis ins Kurzzeitgedächtnis. Auch, wenn wir Menschen dazu neigen, in einer Suchmaschine nur die ersten Plätze zu beachten, gibt es bei einer Textanzeige immerhin noch so etwas, wie eine eigene individuelle Vorselektion. Noch besser funktioniert eine kombinierte Text- und Bildanzeige. Hierauf angepasst, gibt es in Suchmaschinen eine, wenn auch sehr eingeschränkte, Anzeige alternativer Ergebnisse. Diese fällt bei Sprachassistenten völlig weg.

Der Kampf um den ersten Platz wird noch härter werden. Es ist davon auszugehen, dass die ersten Plätze in der Regel an befreundete Silikon Valley Unternehmen vergeben werden. Noch mehr Wertschöpfung wird über wenige Unternehmen bestimmt. Im Prinzip geht es wieder um Bequemlichkeit und um eine Kostenloskultur für die Nutzer. Kostenlos ist diesmal der Freund und Berater. Es geht auch um das weitere Verdichten und Beherrschen der letzten Zentimeter zwischen den Menschen und der digitalen Gesellschaft.

Es ist ein absolutes Datenschutz- und Datensicherheitshorrorszenario, dass immer mehr Entscheidungen auf Massenauswertungen von zentralen Daten basieren und dezentrale Geräte zentral geschaltet werden. Es ist auch falsch, wenn Hersteller argumentieren, die hohe Qualität der Sprachverarbeitung nur sicherstellen zu können, wenn alles in der Cloud und auch noch miteinander vernetzt abgespeichert ist. Es ist doch völlig unsinnig, dass, wenn ich meine Kaffeemaschine zuhause anschalten will, die Daten in die USA auf einen Server und wieder zurück gesendet werden, um diese Schaltung vorzunehmen.

Wie also muss die Trusted WEB 4.0 Alternative aussehen?

Das Trusted WEB 4.0 Kategorien-Konzept ermöglicht die Unterscheidung zwischen dahinter liegenden Verarbeitungsstellen. Hiermit kann sogar sichergestellt werden, dass verschiedene Kategorien überhaupt nicht mit dem Internet Kontakt aufnehmen. Es gibt auch keinen Unterschied in der Bequemlichkeit, ob ich sage, „Haus, schalte die Kaffeemaschine an" oder „Alexa, schalte die Kaffeemaschine an". Der gravierende technische Unterschied liegt darin, dass es möglich ist, die zur Hausautomatisation nötigen lokalen

Anweisungen ohne das Internet direkt dem hauseigenen Intranet zu übergeben. „Haus" dient hierbei als Filterwort, um zur lokalen Kategorie „Hausautomatisation" zu übergeben, wie auch unter PDS-Browser in Abschn. 3.2 ausführlich beschrieben. Üblicherweise ist die Befehlsanzahl für die Geräte im eigenen Haus so reduziert, dass die gesamte Information regional verfügbar sein könnte. Verschiedene Eigenschaften können einer Kategorie hinterlegt werden (73).

In dem in „Den ersten Platz gibt es nur einmal" vorgestellten Konzept, zeige ich, wie Anbieter einer permanenten demokratischen Überprüfung unterliegen können. Hinter den einzelnen Kategorien liegen verschiedene Spezialsuchmaschinen, die mit einer entsprechenden speziellen KIs ausgestattet sind. Die Ergebnisse werden mit wenigen Fehlern auch weniger unterhaltsam sein, aber mindestens genauso schnell als Ziel führen.

Es wird in Zukunft eine Menge Menschen geben, die eine Freude an der trivialen Freundschaft mit Alexa und Co. haben. Heute noch ist Anerkennung wesentlich mit Know-how von Personen gekoppelt. Wissenschaftler genießen in unserer Gesellschaft ein hohes Ansehen. Wenn jedoch Wissen zunehmend KI basiert generiert wird, dann wird nur noch derjenige hohes Ansehen in der Gesellschaft erhalten, der mit Trivialitäten möglichst große Menschenmengen erreicht. In diesem Zusammenhang wurde auch der Begriff des „Postfaktischen" geprägt. Im vorauseilenden Gehorsam bereiten sich viele Menschen schon auf ihre Untertanenrolle unter die Künstliche Intelligenz vor.

> ▶ Der Gesellschaftliche Fortschritt der Vergangenheit ist wenigen Individualisten zu verdanken, die mutig neue Wege beschritten und die Gesellschaft so vorangebracht haben. Individualisten können sich einer allgegenwärtig überwachten und gleichgeschalteten digitalen Zukunft nicht mehr entziehen. Menschlichen Fortschritt gibt es nur solange, wie es mutige Individualisten gibt. Voraussetzung für Individualismus ist eine unbeobachtete, also anonyme Entfaltung in der digitalen Gesellschaft.

2.9   Der Einfluss von Blockchain

Es scheint, als ob die digitale Transformation hervorragend geeignet ist, um einen neuen Goldrausch zu erzeugen, schon bevor der letzte vergangen ist. Wir wähnen uns noch mitten in den Vorteilen der Kostenlos-Internet-Gesellschaft, da sehen wir schon, dass wir auch noch durch Bitcoins unseren Gewinn vervielfachen können. Das erste, was mir einfiel, als ich Bitcoins durch das der Blockchain Technologie zugrunde liegende Peer-to-Peer Netzwerk dargestellt sah, war die Vorstellung eines Schneeballsystems. Tatsächlich stellte ich dann fest, dass selbst Tradern der Vergleich mit einem Schneeballsystem einfällt (78).

Alle profitieren dadurch, dass immer neue Bitcoinschürfer hinzukommen. Erstaunlich finde ich, dass dieses Schneeballsystem 2009 entwickelt wurde, um weitere Finanzkrisen zu verhindern. Bitcoin macht auf mich jedoch keinen krisenfesten Eindruck. Gehen wir wieder zu einem Beispiel in die vordigitale Welt, um das System zu verdeutlichen:

Beispiel für das Blockchain Partizipationskonzept

Jemand findet ein Feld mit einem Edelmetall, welches es bisher nicht auf der Erde gab. Zwar gibt es noch keinen Verwendungszweck für das Metall, aber die Menschen sind Sammler und richtig vermarktet, erhält ein Produkt schon durch seine Einzigartigkeit seinen Wert. Der Feldbesitzer überlegt, wie er den optimalen Profit aus dem Feld bei geringst möglichem Risiko herausholen kann. Schnell hat er selbst die an der Oberfläche erreichbaren Metalle geschürft. Er weiß, dass er jeden Meter, den er tiefer schürfen muss, leistungsfähigere und somit teurere Maschinen brauchen wird. Er ist faul und außerdem möchte er kein Risiko eingehen. Anstelle von Maschinen kauft er Kontobücher(Blocks), denn er weiß, wenn er Mitarbeiter anstellt, dann werden die ihn bestehlen. Dann erzählt er herum, wie wertvoll das Metall ist. Jeder darf nun eine maximale vorher festgelegte Gesamtmenge des Metalls schürfen. Hat ein Schürfer A Metall gewonnen, legt er dieses ins Lager des Feldbesitzers und trägt das Gewicht des Metalls als Verkaufsbestätigung selbst in seinen Block ein. Dabei achtet er darauf, dass ein Schürfer B gesehen hat, wie er das Metall gewogen und eingetragen hat. Schürfer A lässt sich von diesem die Richtigkeit bestätigen. Schürfer B kennt Schürfer C, D, E und gibt allen die Möglichkeit, den Beleg abzuschreiben. Natürlich machen die das nicht umsonst, sondern rennen alle zu Schürfer A, um später im Gegenzug zu seiner Unterschrift in ihrem Block mit einem kleinen Betrag entlohnt zu werden. Abends geht Schürfer A zum Feldbesitzer und sagt ihm, dass fünfzig andere Schürfer ihm seinen Metallfund bestätigt haben. Der Feldbesitzer ruft die fünfzig Mitarbeiter zu sich und sieht sich die Unterschriften auf den Blockseiten an. Dann stellt er für Schürfer A einen Schuldschein in Höhe des von ihm gezahlten Tageswerts des Metalls, zuzüglich einer Vergütung für das Leisten der Unterschriften und besichert durch einen Teil des geschürften Metalls aus. Jeder der anderen Schürfer bekommt auch einen kleinen Schuldschein dafür, dass er die Blockseiten angelegt hat. Niemand will Bargeld haben, schließlich kann man Teile vom Schuldschein abreißen und damit etwas kaufen. Viele überlegen auch, den Schuldschein zu behalten. Mit der Zeit muss man immer teurere Maschinen kaufen, um überhaupt in der Tiefe noch Metall gewinnen zu können. Auch gibt es immer mehr Gerangel darum, überhaupt noch ausreichend andere Schürfer zu finden, die bereit sind, eine Blockseite zur Bestätigung anzulegen.

Der Feldbesitzer betrachtet das Ganze zufrieden von seinem Schaukelstuhl aus. Aber wie lange werden neue Schürfer kommen? Inzwischen hat sich der Wert so rumgesprochen, dass von der ganzen Welt Sammler kommen und dem Landbesitzer echtes Geld für das Metall zahlen, obwohl noch immer niemand weiß, was man eigentlich damit anfangen kann. Als die ersten Sammler damit anfangen, mit Gewinn ihre Schuldscheine an andere Sammler zu verkaufen, wird der Zulauf weiter befeuert.

Würde in der vordigitalen Welt ein solches Konzept funktionieren? Schwer vorstellbar, weil der manuelle Aufwand zu groß würde. Aber zumindest so ähnlich funktionieren die Bitcoins und weitere Krypto-Währungen.

Abgesehen von dem Bitcoin Hype und dem manuellen Aufwand, der in der digitalen Welt ja weitgehend wegfällt, bietet die zugrunde liegende Blockchain Technologie unbestreitbare Vorteile:

- Wenn ein Block verloren geht, muss man nur einen der anderen Schürfer bitten, seinen Block zu zeigen. Die Daten im Blockchain sind nicht nur dezentral, sondern sogar redundant dezentral, also mehrfach vorhanden.
- Alle haben das Buch in der Reihenfolge der Seiten beschrieben und keine Seite ausgelassen. Eine Manipulation von Blockchain würde spätestens beim Vergleich von zwei Büchern auffallen und ist somit weitestgehend ausgeschlossen.
- Wenn viele Schürfer im Urlaub sind, gibt es immer noch genügend, die man fragen kann. Selbst wenn große Teile des Internets ausfallen, funktioniert Blockchain noch.
- Die Blocks enthalten keine heimlichen Fächer. Blockchain ist Open Data. Jeder Programmierer kann im Sourcecode nach Hintertüren suchen.
- Sollte doch einer mal schaffen, ein Buch zu fälschen, gibt es viele andere, welche die Fälschung aufdecken können. Die Integrität der Blockchaindaten ist sichergestellt.

Also müsste doch aus Sicht des Trusted WEB 4.0 Blockchain das Instrument der Wahl sein? Ja, aber das gilt nur unter der Einschränkung, dass konsequent die von mir unter Abschn. 3.6 in „Einnahmen- und Ausgaben Abrechnungssystem" vorgestellte ID in Kombination mit dem Anonymisierungsverfahren verwendet wird.

Gehen wir noch einmal zu unserem vordigitalen Beispiel. Ein erfolgreicher Schürfer muss permanent Angst haben, von einem der anderen fünfzig Schürfer überfallen zu werden. Schließlich wissen alle, wie erfolgreich er war. Noch schlimmer kommt es für den Feldbesitzer. Er verliert nicht, wie erwartet, alles, weil die Finanzblase platzt. Nein, er erleidet vorher einen Herzinfarkt, nachdem der erste Schürfer auf die Idee kommt, die einzelnen Blätter seines Buches zusammen zu rechnen. Nun weiß der Schürfer, wie viel der Feldbesitzer schon verdient hat. Zusammen mit den anderen Schürfern ist er jetzt, obwohl selbst reich, völlig unzufrieden und setzt alles daran, an das Vermögen des Feldbesitzers zu kommen.

Die Blockchain Technologie wird derzeit als die neue Revolution gehandelt, welche in alle Teile unseres zukünftigen Lebens eingreift. Das heißt, während wir bisher schlecht dokumentiert überwacht wurden, können wir uns zukünftig Gerichtsverfahren sparen, schließlich gibt es für jede Handlung Hunderte von Zeugen. Das Aushandeln der Blocks erfolgt über das Internet, also über die Verwendung von Internetadressen. In der Regel werden hier gerichtsfest dokumentiert, der Zeitpunkt einer Aktion und der Ort der Aktion, der sich bei IP-Adressen rückverfolgen lässt. Diese beiden Merkmale kombiniert mit einer Reihe von weiteren einer Person zuzuordnenden Ereignissen reichen für eine lückenlose Profilbildung aus. Hiergegen sind aktuelle Streitpunkte des Datenschutzes, wie die Vorratsdatenspeicherung, Peanuts. Nur ausgerechnet die Kriminellen werden wieder Möglichkeiten finden, sich diesem Überwachungssystem zu entziehen. Obwohl bisher nur wenige

Traffic starke Blockchain-Applikationen auf dem Markt sind, hat das Katz- und Mausspiel schon begonnen. Tatsächlich ist im Kryptowährungsbereich der Wunsch nach Anonymität erheblich. Bisher wurde jedoch im Wesentlichen eine Pseudonymisierung erreicht, die fast immer über das Netz mit ausreichend Einfallsreichtum wieder aufgehoben werden kann, wie wieder das Beispiel Bitcoin zeigt.

- Ende 2014 zeigen Forscher, wie sie die Mehrheit der Bitcoin-Transaktionen deanonymisieren können (79). Der Originaltext zeigt, wie relativ einfach dies geht (80).
- Seit 2015 gibt es einen Bitcoin-Transaktionsmixer. Man zahlt Bitcoin ein und bekommt dafür andere aus einem Pool. Mir erschließt sich der Sinn noch nicht ganz. Schließlich werde ich, wenn ich mit meinem Smartphone bezahle über derzeit viele Merkmale, welche ich erst mit dem konsequenten Einsatz eines persönlichen digitalen Systems vergl. Abschn. 3.1, verwischen kann, getrackt. So wird bei dem Mixer mit „Sicherheit ist Vertrauenssache" und einem „Letter of Guarantee" geworben. Das erinnert sehr an IT-Sicherheitsprodukte mit gutem Marketing und gleichzeitig jede Haftung ausschließenden Geschäftsbedingungen. So ist es auch kein Wunder, dass in 2017 der größte Bitcoin-Mixer wegen fehlender Anonymität geschlossen hat (81).
- 2016 kam TumbleBit als neues wieder mal angeblich absolut sicheres Protokoll, welches über einen Payment-Channel realisiert wird (82).
- 2018 soll Blockchain das Internet der Dinge revolutionieren (83).

Bei der ganzen Ausland getriebenen Euphorie wird vergessen, dass hier wieder einmal gesellschaftlich unreflektiert und am Staat vorbei, eine Technologie durchgedrückt wird. Selbst, wenn die Anonymisierung oder doch eher Pseudonymisierung von Blockchain nicht mehr aufgehoben werden kann, bedeutet das doch gerade, dass Geldwäsche und Missbrauch der staatlichen Kontrolle entzogen werden sollen. Hiergegen muss sich jeder Staat wehren, der nicht in einer an ihm vorbeilaufenden totalitären digitalen Globalisierung untergehen will. Zahlen heute schon viele Globale Player in den umsatzstarken Märkten kaum Steuern, können sie sich so endgültig dem staatlichen Zugriff entziehen. Trusted WEB 4.0 bietet alternativ die Möglichkeit, bei verschiedenen Brockchain Systemen mit einem dezentral verschlüsselten, WAN anonymen Verfahren, im berechtigten richterlich geprüften Einzelfall, die Anonymität aufzuheben und den Bedürfnissen staatlicher Kontrollfunktionen zu genügen.

▶ Ereignis Anonymität stellt durch eine verschlüsselte ID in der Blockchain sicher, dass jede Transaktion nur im Einzelfall nach richterlicher Verfügung personenbezogenen Daten zugeordnet werden kann.

Blockchain ohne echte WAN Anonymität erreicht das Gegenteil einer digitalen Demokratie. So ist auch die anfängliche Euphorie, dass es sich hierbei ja gerade um ein demokratisches Werkzeug handelt, welches die staatliche Kontrolle zurückdrängt, verflogen (84).

Blockchain kann tatsächlich zu einer großen Revolution werden, da es von vielen heutigen Portalen unabhängig macht, die nur dafür, dass sie Garantieren für eine qualitativ hochwertige Abwicklung bieten, erhebliche Anteile an der Wertschöpfung verlangen. Allerdings bezweifele ich, dass Musiker nun mit Blockchain erfolgreich urheberrechtlich geschützt, plötzlich als Direktvermarkter erfolgreich sein werden, wie das manche Blockchain-Werbung (85) verspricht. Schließlich braucht man weiterhin eine gute Position in der Suchmaschine und ein Veranstaltungsportal, welches Musikveranstaltungen organisiert. Ohne gesellschaftliche Regelung werden wir bei Blockchain noch größere Probleme bekommen, als derzeit in Social Media. Es ist zu befürchten, dass hierdurch dem Einzelnen noch mehr Arbeit für eine scheinbare Unabhängigkeit aufgebürdet wird. Im Ergebnis ermöglicht es denjenigen, welche die digitalen Kundenzugänge bestimmen, ihr unternehmerisches Risiko weiter zu senken und sich einen noch größeren Kuchen an der Wertschöpfung zu sichern. Viel sinnvoller ist es, Blockchain in ein in Kap. 4 „Dezentrales Wertschöpfungskonzept" in globalen Strukturen vorgestelltes Wertschöpfungskonzept einzubauen und mit den einzelnen vorhandenen Leistungsträgern auszuhandeln.

Siehe auch Abschn. 3.1, 3.2, 3.6, 4.11.1, 4.11.5.1, 4.13.1, 4.13.18, 4.13.19 und 4.13.20.

2.10 Sicherheitsstufen für die Privatsphäre

Bisherige IT-Sicherheit dient nicht einmal mehr dem Grundschutz, wie die vielen ständig neu in der Öffentlichkeit diskutierten Vorfälle der massenhaften Abflüsse von personenbezogenen Daten beweisen.

Daten, die öffentlich zur Verfügung stehen, werden auch gebraucht und missbraucht werden.

▶ Selbst ohne die Intention der totalitären Beherrschung der digitalen Gesellschaft, wie sie ja zumindest in China unterstellt werden kann, wird alleine die Forcierung einer generellen KI in Kombination mit einem weiter die Privatsphäre nicht schützenden Internetkonzept zu einer totalitären digitalen Gesellschaft führen.

Gemäß Abb. 2.25 stelle ich fünf Sicherheitsstufen vor. In Kap. 3 werde ich dann konkret erläutern, wie man die beiden höchsten Sicherheitsstufen umsetzen kann.

- Zentral ohne Passwort. Grundsätzlich sollte man in Zukunft nur zwischen öffentlich und privat unterscheiden müssen. Öffentlich bedeutet, dass alle eine zentral gespeicherte Datei ansehen können. Hier sollte man nur Informationen veröffentlichen, deren uneingeschränkte Veröffentlichung sinnvoll ist. Wenn man zum Beispiel für ein politisches Ziel werben oder etwas verkaufen will, ist eine Veröffentlichung vergleichbar

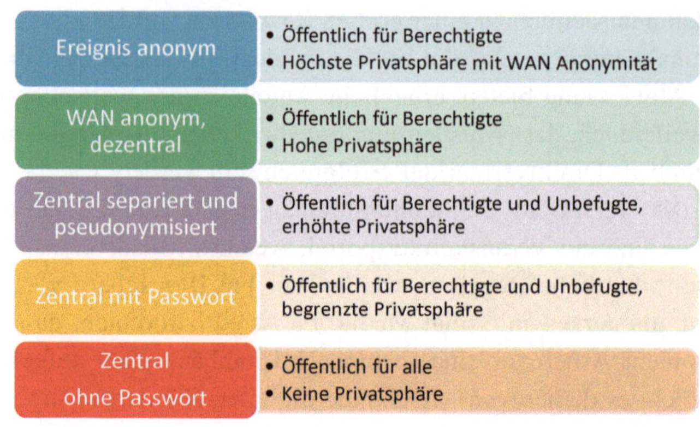

Abb. 2.25 Sicherheitsstufen für die Privatsphäre

der vordigitalen Litfaßsäule sinnvoll. Bisher ist eine solche Veröffentlichung rechtlich nur mit Angabe des Namens auf einem Portal mit ordentlichem Impressum möglich.

- Zentral mit Passwort. Hier wird ein hohes Sicherheitsniveau vorgegaukelt, was es so nicht gibt. Tatsächlich werden sogar hochvertrauliche Daten, wie Bankdaten oder medizinische Daten heute in der Regel Portalen anvertraut, die zentral Daten speichern und nur über ein Passwort den Zugang schützen. Daten, die heute über einen Nutzern abfließen, werden auch in zehn Jahren noch gegen ihr verwendbar sein. Denn einmal in Umlauf gebrachte Daten vollständig zu löschen, ist fast unmöglich. Man muss nur die Presse verfolgen, um zu wissen, dass es sich nicht um Einzelfälle handelt, sondern bei einem Hack des entsprechenden Portals je nach Nutzerzahl sogar Milliarden von Nutzern betroffen sein können. Das zentrale Speichern ist trotzdem zunehmend wegen der hohen Verfügbarkeit und Integrität der Daten beliebt. Weiterhin beliebt ist auch, bestimmten Gruppen, zum Beispiel Freunden bei Facebook, private Daten zur Verfügung zu stellen. Dabei muss klar sein, dass die oft nicht persönlich bekannten „Freunde" jederzeit diese privaten Daten öffentlich machen können.

- Zentral separiert und pseudonymisiert. Nach der ab 2018 gültigen europäischen Datenschutz-Grundverordnung (DSGVO) müssen Daten „in einer Weise verarbeitet werden, die eine angemessene Sicherheit der personenbezogenen Daten gewährleistet, einschließlich Schutz vor unbefugter oder unrechtmäßiger Verarbeitung". Allgemein wird zur Erfüllung des DSGVO derzeit diese Stufe für ausreichend erachtet. Gemäß Trusted WEB 4.0 ist eine angemessene Sicherheit jedoch nicht zu gewährleisten, solange personenbezogene Daten zentral gespeichert sind und diese über das Wide Area Network(WAN) für Unberechtigte so erreichbar sein können. Zudem kann jede Pseudonymisierung zwischen einem Datensatz und den personenbezogenen Daten rückgängig gemacht werden, wenn beides im WAN gespeichert ist. Soweit es zum Beispiel in Blockchain gelingt, durch die Benutzung weiterer Sicherheitsmechanismen, wie die Benutzung eines Payment-Channels, Anonymität herzustellen, begibt sich dieses

Konzept ich eine Grauzone. Solche Technologien werden mittelfristig vom Staat unterlaufen oder verboten werden.

- WAN anonym. Der personenbezogene Teil der Daten ist gemäß dieser Trusted WEB 4.0 Sicherheitsstufe nicht über das WAN oder auch synonym das Internet, erreichbar. Es ist das manuelle Eingreifen eines Menschen nötig, um nach richterlicher Einzelverfügung eine Personalisierung herzustellen. Zudem sind private Daten symetrisch verschlüsselt dezentral auf einer geschützten Hardware, dem PDS, abgelegt. Der Aufwand für Unberechtigte, eine Personalisierung herzustellen und auf private Daten zuzugreifen, wurde so nach dem heutigen Stand der Technik maximal erhöht.
- Ereignis anonym. Insbesondere bei der flächendeckenden Einführung von Blockchain ist zu befürchten, dass trotz der bereits durch die WAN Anonymität getroffenen Vorkehrungen über öffentlich dokumentierte, wiederkehrende Handlungen eine Profilbildung und Rückschlüsse auf eine Person möglich sind. Hierfür wurde zusätzlich ein Trusted WEB 4.0 Verfahren eingeführt, in dem jedem einzelnen, zum Beispiel in einem Blockchain-Contract, öffentlich dokumentierten Ereignis eine verschlüsselte Ereignisnummer mitgegeben wird, welche sonstige identifizierende Merkmale wie zum Beispiel die IP-Nummer im dokumentierten Prozess ersetzt. Ein privates Kontenbuch ersetzt zudem Blockchain in Bereichen, die nicht öffentlich dokumentiert werden sollen.

2.11   Der Einfluss auf die Politik

Wer wie ich, quasi von Beginn der Internetentwicklung an, die gesellschaftlichen Auswirkungen betrachtet und auch selbst erheblichen Widerständen von einer globalen unsichtbaren Bewegung ausgesetzt war, der sollte sich auch in die Position eines Diktaturberaters versetzen können.

Diesen Absatz werde ich aus Sicht eines Beraters schildern, der allerdings mit heutigen Erkenntnissen ausgestattet, einen Diktator mit globalem Machtanspruch ab 2001 berät. Sicher wird im Folgenden das ein oder andere provokativ erscheinen. Es erhebt auch keinerlei Anspruch, die Wirklichkeit abzubilden. Es geht nur darum, überhaupt ein plausibles Gedankengerüst für sonst nur schwer erklärbare Entwicklungen zu bilden. Jeder sollte dann aktuelle politische Ereignisse einmal vor dem Hintergrund dieses Gedankengerüst betrachten. Im Ergebnis möchte ich auf die Dringlichkeit hinweisen, mit der eine breite demokratische Bewegung sich gegen eine Entwicklung stemmen muss, die, wenn die Wirklichkeit eine hohe Übereinstimmung mit dem Gedankengerüst erreicht, die Demokratie in der vordigitalen Gesellschaft in ihren Grundfesten bedroht und nicht in die digitale Gesellschaft übernimmt.

Am elften September 2001 stürzten die Zwillingstürme durch einen terroristischen Angriff ein. Danach gab der Patriot Act den Geheimdiensten erhebliche Freiheiten.

In dieser Situation hätte ich mit dem Diktaturanwärter eine Strategie entwickelt, um die Geheimdienste langfristig zu stärken. Ich hätte empfohlen, von den weltweit mächtigsten Ländern führende Geheimdienstmitarbeiter in ein globales Wertschöpfungskonzept einzubinden. Wertschöpfung muss hierbei nicht Geld, sondern kann auch ein Anteil an der Macht innerhalb einer zukünftigen totalitären Systems sein.

Nach 2001 wurden in vielen Ländern erhebliche Aufträge an die IT-Sicherheitsindustrie insbesondere von den Geheimdiensten vergeben, um die Überwachung auszubauen.

Um die Geheimdienste nachhaltig zu stärken, hätte ich ein Friedenskonzept durch Totalüberwachung erarbeitet. Den Politikern wäre von den Geheimdienstmitarbeitern vermittelt worden, dass ein langfristiger Frieden am besten dadurch gesichert werden könnte, wenn die Geheimdienste aller Länder alles über alle Bürger der anderen Länder wissen würden. Nach dem Motto „Kontrolle ist besser als Vertrauen" hätten die Politiker ein solches Konzept auch verstanden.

Für die einzelnen Länder hätte man natürlich eine unterschiedliche Umsetzungsgeschwindigkeit berücksichtigen müssen. Die geringsten Widerstände wären in autoritären Systemen wie China zu erwarten. Laut Planung sollten diese bis 2020 totalüberwacht sein. Möglichst sollten aber auch in demokratischen Ländern bis dahin bereits genügend Daten gesammelt werden, dass der hier wahrscheinlich höhere Widerstand durch die Unumkehrbarkeit eines globalen Datensammelsystems gebrochen werden könnte. Totalüberwachung sollte im letzten Land bis 2030 umgesetzt sein.

Möglicherweise nicht vorhergesehen hätte ich die ungeheure Kapitalisierung, die durch die Datenverwertung entstanden ist. Auch hätte man mir als Berater nicht zur Kenntnis gebracht, in wie weit die Geheimdienste ihre weltweiten digitalen Generalschlüssel Dritten zur Verfügung gestellt hätten, um eigene Projekte zu finanzieren oder in Partnerschaften ihre Macht auszubauen.

Wenn es dann doch bei einigen Demokratien mehr Widerstände, als erwartet, gegeben hätte, hätte ich beraten, öffentlich zu machen, dass Daten von Regierungen und Privatpersonen massenhaft abgeflossen sind und allgemein zu verbreiten, dass sich gegen gezielte Angriffe niemand schützen kann.

Projekte, wie zum Beispiel die digitale Rechtsanwaltskommunikation wären systematisch boykottiert worden. Dafür hätten die Dienste zahlreiche Möglichkeiten vorgesehen. Von kompromittierter, inzwischen im Wesentlichen aus dem autoritär regierten Ausland gelieferter Hardware, über eingeschleuste Softwareentwickler als menschliche Saboteure, bis zu kompromittierten Softwaremodulen steht ein umfangreiches Instrumentarium zur Verfügung.

Regierungen hätten, nachdem die ersten Politiker mit den umfangreich über jeden verfügbaren Informationen zu Fall gebracht wurden, ihren Widerstand aufgegeben. Selbst integre Politiker hätten Angst, Opfer manipulierter Informationen zu werden.

Durch die ungeheure Marktkapitalisierung der Datenverwerter würden erhebliche Lobbyisten- Gruppen entstehen. Deren einzige Aufgabe bestände darin, anhand von Analysen zu beweisen, dass die Mehrheit der Bevölkerung von der einen oder anderen Überwachungsmaßnahme profitieren würde. Je nach Lage im einzelnen Land, würden dann ambitionslose Regierungen unter Druck gesetzt, weiter zu machen. Man würde sich auch nicht scheuen, damit zu drohen, die laxe Überwachung der Geheimdienste als Skandal zu veröffentlichen und so das Ansehen der zurückgetretenen Politiker zu gefährden. Schließlich hatte ja der Testfall Snowden 2013 gezeigt, dass Skandale, die nicht aufgearbeitet werden, den Geheimdiensten sogar nützen, da sie die Machlosigkeit der Demokratien deutlich machen. Mutige Regierungen würden durch Fake News Attacken bei den Wahlen durch rechte Gruppen ersetzt, die keine Scheu hätten, sich an den Absprachen ihrer Geheimdienste zu beteiligen.

Den Geheimdiensten der verbleibenden demokratischen Regierungen würde ab 2016 ein Rahmenplan an die Hand gegeben. Hiernach wäre während dem Wahlkampf jeglicher Hinweis auf die Digitalisierung zu vermeiden, um mögliche Diskussionen oder möglicherweise sogar eine kritische Reflektion der Demokratie gefährdenden Situation zu unterbinden.

Im Koalitionspapier sollten dann alle möglichen digitalen Themen aufgegriffen werden. Alle Demokratie erhaltenden Themen sollten mit den Worten „wir wollen", alle den Überwachungsstaat betreffenden Themen mit den Worten „wir werden" verknüpft werden.

So sollten die Probleme mit der zentral nicht sicherzustellenden IT-Sicherheit auf die Unfähigkeit der Bürger geschoben werden, für die man Kompetenzseminare anbieten würde. „Wir wollen einfache und sichere Lösungen für die elektronische Identifizierung und Ende-zu-Ende-Verschlüsselung für jedermann verfügbar machen und es den Bürgerinnen und Bürgern ermöglichen, verschlüsselt mit der Verwaltung über gängige Standards zu kommunizieren (PGP/SMIME)." Es besteht keine Gefahr, dass die Mehrheit der Bürger die viel zu komplizierte PGP-Technologie einsetzt. Warum auch, wenn man in WhatsApp die Verschlüsselung automatisch hat, natürlich nur, solange die Geheimdienste den Schlüssel nicht besitzen.

Empfohlen wäre außerdem, alle Bürgerrechte unverbindlich zu formulieren: „Wir wollen Neugier auf digitale Technologien schaffen und Souveränität im Umgang mit ihnen schaffen". „Wir wollen [...] die Persönlichkeitsrechte der Beschäftigten sicherstellen."

Als harte Fakten würden Polizei und Geheimdienste weitgehend verschmolzen und personenbezogene Daten allen zur Verfügung gestellt: „Die Sicherheitsbehörden brauchen gleichwertige Befugnisse im Umgang mit dem Internet wie außerhalb des Internets. Das bedeutet im Einzelnen: Es darf für die Befugnisse der Polizei zu Eingriffen in das Fernmeldegeheimnis zum Schutz der Bevölkerung keinen Unterschied machen, ob die Nutzer sich zur Kommunikation der klassischen Telefonie oder klassischer SMS bedienen oder ob sie auf internetbasierte Messenger-Dienste ausweichen." Also der Generalschlüssel zu WhatsApp muss den Geheimdiensten zur Verfügung gestellt werden.

Wichtig für Geheimdienste wäre es, jeden Widersacher ohne große bürokratische Hürden ausschalten zu können. Es würde vorgeschlagen, einen juristisch nicht definierten Begriff, wie zum Beispiel „Gefährder" einzuführen, um de Facto jeden verfolgen zu können: „Ziel muss es sein, durch strukturelle Maßnahmen und mit einer leistungsfähigen IT-Struktur sicherzustellen, dass Straftäterinnen und Straftäter sowie Gefährderinnen und Gefährder überall in Europa identifiziert und relevante Erkenntnisse ausgetauscht werden können."

Biometrische Merkmale würde ich verbindlich für alle Bürger einführen, um jegliche Möglichkeit der Privatsphäre zu unterbinden: „Der elektronische Personalausweis wird zu einem universellen, sicheren und mobil einsetzbaren Authentifizierungsmedium. Der praktische Einsatz muss deutlich benutzerfreundlicher werden."

Damit die Geheimdienste noch effizienter auf alle Daten zugreifen können, würde ich die Datenhaltung weiter zentralisieren: „Wir wollen das Bundeskriminalamt als zentrales Datenhaus im polizeilichen Informationsverbund etablieren und einen gemeinsamen Investitionsfonds für die IT der deutschen Polizei schaffen. Im Bereich der Strafverfolgung werden wir den Datenaustausch zwischen Polizei und Justiz verbessern."

Um perspektivisch ein absolut fälschungssicheres biometrisches Merkmal zu erhalten, siehe Abschn. 2.6, würde ich empfehlen, in den Autos Alkohol-Zündschlosssperren einzuführen: „Wir werden zur Steigerung der Verkehrssicherheit den rechtssicheren Einsatz moderner technischer Hilfsmittel wie z. B. Alcolocks ermöglichen." Zwar speichern heutige Geräte keine biometrische Daten, aber der Austausch durch genaue Atemanalysegeräte wäre problemlos möglich.

Um als Geheimdienst Einzelne unbemerkt ausschalten zu können, sollte in der Rechtsverfolgung der Grundsatz, den Einzelnen zu schützen durch den Grundsatz, im Sinne einer statistischen Verbesserung die Mehrheit zu Lasten des Einzelnen zu schützen, ersetzt werden: „Wir stärken die Sicherheit in Deutschland [...] Bessere Ausstattung für die Polizei, konsequente Digitalisierung, Ausweitung DNA-Analyse." Eine nicht in einer Datenbank befindliche DNA kann trotzdem zur Einschränkung des Täterkreises benutzt werden, indem aus der DNA ein grobes Bild über das Aussehen mit Haarfarbe, Augenfarbe etc. hergestellt wird. Das funktioniert nur, wenn Merkmale identifiziert werden, die sich von der Mehrheit unterscheiden. Hierdurch werden Menschen mit gleichen Merkmalen, in der Regel auch aus der gleichen Rasse in den Focus genommen, obwohl sie völlig unbeteiligt sind. Die Wahrscheinlichkeit für jeden wächst, hierdurch seinen Score Wert zu verschlechtern, selbst wenn er sich vorbildlich verhält.

Um die Überwachung nachhaltig überprüfbar zu gestalten, würde ich Blockchain empfehlen:

„In der Bundesregierung werden wir innovative Technologien wie Distributed Ledger (Blockchain) erproben, so dass basierend auf diesen Erfahrungen ein Rechtsrahmen geschaffen werden kann." Blockchain kann genauso als totales Überwachungsinstrument missbraucht werden, wie als vertrauenserhaltende Technologie die Systeme verbessern, wenn WAN Anonymität gewährleistet ist.

Datenschutz würde ich geschickt verpackt zur unverbindlichen Aussage degradieren: „Daten sind der Treibstoff für Innovationen und neue Dienste. Diese wollen wir ermöglichen und gleichzeitig den hohen und weltweit angesehenen Datenschutzstandard Europas und Deutschlands halten."

Wichtig wäre mir, eine Situation herzustellen, in der überhaupt niemand mehr über Datenschutz als Innovationstreiber und Wirtschaftsmotor nachdenkt: „Wir wollen ein hohes Schutzniveau für die Vertraulichkeit von Kommunikationsdaten bei der E-Privacy-Verordnung und zugleich den Spielraum für Innovation und digitale Geschäftsmodelle erhalten."

In Demokratien müsste man möglichst lange den Schein wahren, dass die Privatsphäre wichtig ist. Das würde so gehen, dass man eine Rechtsprechung installiert, die den Bürger schützt, wenn er alle Geschäftsbedingungen liest und alle Hacken an der richtigen Stelle macht. Tatsächlich sollte das im Alltag für den Bürger aber fast unmöglich sein.

Damit das mit dem „wollen" und „werden" nicht zu sehr auffällt, würde ich auch einige Demokratie erhaltene „werden" einbauen und zwar immer da, wo es darum geht, Institutionen mit Personen entsprechend dem politischen Proporz zu besetzen. Hier könnten dann öffentlichkeitswirksam Scheindiskussionen geführt werden: „Wir werden zeitnah eine Daten-Ethikkommission einsetzen, die Regierung und Parlament innerhalb eines Jahres einen Entwicklungsrahmen für Datenpolitik, den Umgang mit Algorithmen, künstlicher Intelligenz und digitalen Innovationen vorschlägt."

Die absolute Überwachung würde ich durch die Verkehrsinfrastruktur einführen. Dabei würde ich verschweigen, dass auch mit einer anonymen dezentralen Infrastruktur und ohne Nachteile für die Bequemlichkeit eine vernetzte Verkehrsinfrastruktur möglich wäre: „Damit <u>können</u> Echtzeitdaten über Verkehrsträger und -situation frei und zwischen allen öffentlichen und privaten Betreibern von Verkehrssystemen und Anbietern von Informationssystemen ausgetauscht werden, um die Einführung von bundesweiten eTickets zu ermöglichen."

Das würde ich absichern und an mehreren Stellen betonen, dass es um eine zentrale Totalüberwachung aller Autos geht: „Wir <u>werden</u> die großen Chancen von digitalen Innovationen wie automatisiertes und vernetztes Fahren nutzen. Die Digitalisierung des Verkehrssystems <u>erfordert</u> neben großen Investitionen in die Verkehrstechnik auch den Ausbau der Informations- und Kommunikationstechnik. [...] Bis zum Ende der Legislaturperiode <u>werden</u> wir die rechtlichen Voraussetzungen für vollautonome Fahrzeuge (Stufe 5) auf geeigneten Infrastrukturen schaffen." [...] [„Den Ausbau der"] zentralen [„Straßenverkehrstelematik wollen wir weiterführen und intelligente Parkleitsysteme aufbauen."]

Lediglich im Gesundheitsbereich würde ich empfehlen, den Datenschutz ernst zu nehmen. Schließlich würden mehr als genug andere Daten über jeden Bürger entstehen. Das Risiko wäre einfach zu groß, dass bei Missbrauch doch noch bürgerlicher Widerstand entstehen würde: „Es <u>wird</u> sichergestellt, dass die Datenspeicherung den strengen Anforderungen des Datenschutzes unterliegt. Die gespeicherten Daten <u>sind</u> Eigentum der Patientinnen und Patienten." Es ist nach wie vor ein für die Geheimdienste ungelöstes Problem, dass viele ihrer Daten auch bei Kriminellen im Umlauf sind. Ausgerechtet diese können sich selbst relativ gut gegen Überwachung schützen. Abfluss von Daten aus dem Gesundheitsbereich könnten zu unkontrollierbaren Diskussionen führen. Das würde den Aufwand der Einführung des digitalen Totalitarismus erheblich erhöhen.

Damit perspektivisch Daten von Geheimdienstfeinden unterdrückt werden könnten, würde ich ein entsprechendes Gesetz vorschlagen: „Das Netzwerkdurchsetzungsgesetz ist ein richtiger und wichtiger Schritt zur Bekämpfung von Hasskriminalität und strafbaren Äußerungen in sozialen Netzwerken. Wir <u>werden</u> auch weiterhin den Schutz der Meinungsfreiheit sowie der Persönlichkeitsrechte <u>der Opfer</u> von Hasskriminalität und strafbaren Äußerungen sicherstellen."

Auf keinen Fall dürfte die digitale Kompetenz in einem Digitalministerium zusammengefasst werden! Schließlich könnten so doch noch einige engagierte Staatshüter auf die Idee kommen, die Demokratie durch einen Masterplan in die digitale Gesellschaft zu retten: „Wir <u>wollen</u> die Einrichtung einer Digitalagentur prüfen, die die Bundesregierung als nachgeordnete Behörde in der Umsetzung der Maßnahmen unterstützt."

Einen Masterplan würde ich hingegen bei einer generellen künstlichen Intelligenz vorschlagen: „Wir <u>werden</u> gemeinsam mit unseren französischen Partnern ein Zentrum für künstliche Intelligenz errichten. Dies <u>verbinden</u> wir mit einem Masterplan „Künstliche Intelligenz" auf nationaler Ebene."

Spätestens 2018 würde ich meine Erfahrungen nutzen, um ein wandlungsfähiges Land zu beraten, sich mit von mir im Geheimen entwickelten Trusted WEB 4.0 Konzepten aus diesem Geheimdienstwahnsinn zu verabschieden. Anschließend würde ich hier möglichst unauffällig wohnen und die einzige demokratische digitale Gesellschaft genießen.

Auch würde ich vorhersagen, dass der Diktator seine globale Macht nicht voll entfalten wird. Er hätte gelernt, niemandem zu vertrauen und eine generelle künstliche Intelligenz beauftragt, alle gefährlichen Subjekte mit den nun umfangreichen digitalen Möglichkeiten auszuschalten. Konsequenterweise würde der Diktator selbst zum Opfer der nun nicht mehr die Interessen der Menschen vertretenden künstlichen Intelligenz werden.

▶ Anfang 2018 hatten die neu gewählten Regierungen keine Intention, die Demokratie in die digitale Gesellschaft zu übertragen.

2.12 Fazit

Auch wenn ich nicht ohne die Mittel für eine intensive Forschung die genauen Ursachen für das Erstehung von digitalem Totalitarismus beweisen konnte, komme ich doch zu signifikanten, allgemein verwertbaren Kriterien, um die Entwicklung von digitalem Totalitarismus für den Einzelfall vorherzusehen und gegensteuern zu können.

Ein bevorzugter digitaler Zugang für alle Bürger und alle digitalen Transaktionen wird sich in naher Zukunft durchsetzen. Alle Bürger werden hierdurch im Zeitalter der digitalen Gesellschaft ankommen. Die hier definierten Kriterien bilden das Rahmenwerk, um rechtlich, betriebswirtschaftlich und technisch einen solchen digitalen Zugang aufzusetzen.

Es geht mir nicht um Protektionismus. Man kann meine Äußerungen über China und die USA kritisch betrachten. Schließlich sind das unsere wichtigsten Handelspartner. So ist mir durchaus bewusst, dass China gerade erst zum wichtigsten Markt des Deutschen Mittelstands aufgestiegen ist (86). Aber warum ist denn insbesondere der deutsche Maschinenbau so beliebt in China? Er ist es deshalb, weil bei uns die Intelligenz der Vielfalt und Kreativität gefördert wird und wir in Kenntnis unserer Begrenzungen und unserer Einzigartigkeit die besten Ergebnisse für die Gruppe der Deutschen erzielen.

Das totalitär ausgerichtete China muss ein originäres Interesse daran haben, dass die deutschen demokratischen Strukturen erhalten bleiben, damit nach China weiterhin qualitativ hochwertiges Know-how und Produkte geliefert werden können.

An meinen Beispielen sollte klar geworden sein, dass digitaler Totalitarismus bereits jetzt in demokratischen Ländern allein aufgrund der Komplexität von digitalen disruptiven Verdrängungsmechanismen entsteht. Sicher ist, dass dieser verstärkt wird, wenn für China als Massenmarkt insbesondere zur Überwachung entwickelte, günstige Produkte uns weiter überschwemmen. China wird in absehbarer Zeit das Zeitalter des postgesellschaftlichen Systems erreichen, wenn nicht von den Vertretern der Demokratie entschieden entgegengesteuert wird.

Handelsbeziehungen wurden früher mit der Missionierung für Religionen verbunden. Missionierungen waren ein wichtiger Teil der Kolonialpolitik. So wurde auch von der Bundeskanzlerin Angela Merkel bei jedem China Besuch erwartet, die Verbesserung der Menschenrechte in die Verhandlungen mit einzubringen.

Die Digitalisierung jedoch entwickelt neue Spielregeln, die bisher weitgehend an der Politik vorbeilaufen. Wenn in der jüngsten Vergangenheit, wie von mir an vielen Beispielen bewiesen, sichere und demokratieerhaltende Technologien nicht eingeführt wurden, dann zeigt das die ganze Problematik auf. Digitaler Totalitarismus wurde bisher in der Politik nicht als Gefahr erkannt und fließt entsprechend auch nicht in die Außenpolitik ein. Das Auseinanderdriften in verschiedene Parallelwelten wie in Abschn. 1.1 beschrieben, wird von einem vordigitalen gesellschaftlichen Standpunkt aus verleugnet.

Digitaler Totalitarismus

- Hängt von der subjektiven Wahrnehmung jedes Bürgers ab, da unser gesamtes Verhalten von unserer Wahrnehmung beeinflusst wird.
- Wird verstärkt durch den subjektiven Eindruck, nichts verändern zu können.
- Steht im Kontrast zum westlichen Intelligenzbegriff und fördert Anpassung an die Masse ohne Selbstentfaltung.
- Kann sich unabhängig von der grundsätzlichen Möglichkeit entwickeln, über Gesetze sein Recht einfordern zu können.
- Wird von den derzeitigen Institutionen, wie dem Bundeskartellamt oder dem Verbraucherschutz oder auch der bisherigen Bundesregierung, nicht erkannt.
- Kann nicht an einer bestimmten Firmengröße festgemacht werden.
- Kann in Geschäftskonzepten als mögliche Gefahr bereits vor Markteinführung bei Einführung von Kennzahlen zur gesellschaftlichen Strukturrelevanz erkannt werden.
- Ist insbesondere bei global tätigen Institutionen nach der Entstehung nicht mehr umkehrbar.
- Kann nur durch die reflektierte Konzeption von Parallelstrukturen und durch neue Standards in Bereichen ohne bisherige Standardisierung langfristig aufgehoben werden.

Die wesentliche Herausforderung wird darin liegen, weiterhin Soziales und Wirtschaft zu zwei Seiten einer Medaille zu machen, wie Bundeskanzlerin Angela Merkel in ihrer Neujahrsansprache für 2018 fordert. Wie in Kap. 4 „Dezentrales Wertschöpfungskonzept" beschrieben, kann das Trusted WEB 4.0 Konzept weitgehend privatwirtschaftlich organisiert werden. Es wird auch nicht schwierig sein, hierfür den einen oder anderen Investor zu finden. Jedoch wird dieser Investor das Konzept exklusiv in seinem Sinne gestalten wollen. Deshalb ist es unbedingt nötig, über eine Staatsbürgschaft einerseits die Abhängigkeit des Konzepts von Investoren zu reduzieren und andererseits die Kreise, Städte und den Bund einzubinden, ohne jedoch den zeitlichen Ablauf zu behindern.

▶ Die Spielregeln für soziale digitale Marktwirtschaft müssen neu definiert werden!

Literatur

1. **Wikipedia**. Wikipedia. [Online] 2017. https://de.wikipedia.org/wiki/Totalitarismus.
2. **Berberich, Olaf**. *Trusted WEB 4.0 - Bauplan für die digitale Gesellschaft*. Heidelberg: Springer Viieweg, 2016.
3. **Eggers, Dave**. *Der Circle*. Köln: Kiepenheuer & Witsch, 2016.
4. **Lüdke, Steffen**. Bento. [Online] 29. 11 2017. http://www.bento.de/politik/china-plant-mit-dem-social-credit-system-die-komplett-ueberwachung-so-soll-sie-funktionieren-1891016/#refsponi#ref=rss.
5. **Norton, William B. und Summa, Harald A.** *Internet Peering Playbook*. s.l. : DE-CIX, 2014.
6. **Dobbert, Steffen**. Zeit Online. [Online] 26. 2 2017. http://www.zeit.de/politik/ausland/2017-02/falschmeldungen-russland-propaganda-fake-news-generator-niederlande/seite-2.
7. **Kreutzer, T. Prof. Dr. und Land, Karl-Heinz.** *Dematerialisierung, Die Neuverteilung der Welt in Zeiten des digitalen Darwinismus, Sonderedition der T-Systems Multimedia Solutions*. Köln : FutureVisionPress e.K, 2015.
8. **Zehr, Norbert**. Watergate TV. [Online] 9. 4 2017. http://www.watergate.tv/2017/04/09/jane-simpson-wasser-privatisierung-eu-bricht-versprechen/.
9. **Reuters**. Zeit Online. [Online] 10. 9 2013. http://www.zeit.de/wirtschaft/2013-09/wasserbetriebe-berlin-verstaatlichung.
10. **Roland Rechtsschutz Versicherungs-AG**. Roland Rechtsreport 2017. *roland-rechtsschutz.de*. [Online] 2017. https://www.roland-rechtsschutz.de/media/rechtsschutz/pdf/unternehmen_1/ROLAND_Rechtsreport_2017_Final.pdf.
11. **Gruber, Angela**. Bundesnetzagentur tadelt O2 wegen schlechter Hotline. *Spiegel Online*. [Online] 11. 9 2017. [Zitat vom: 11. 11 2017.] http://www.spiegel.de/netzwelt/web/o2-bundes-netzagentur-tadelt-o2-wegen-schlechter-hotline-a-1167042.html.
12. **Roth, Anna-Lena**. Facebook: Gewinn fast verdreifacht, Aktie bricht ein. *Spiegel Online*. [Online] 3. 11 2016. http://www.spiegel.de/wirtschaft/unternehmen/facebook-quartalszahlen-werbeeinnahmen-treiben-gewinn-in-die-hoehe-a-1119476.html.
13. **Zeit Online, AFP, Reuters, dpa, sg.** Politiker fordern harte Strafen für Fake News. *Zeit Online*. [Online] 18. 12 2016. http://www.zeit.de/politik/deutschland/2016-12/fake-news-strafen-gefaengnis-falschmeldungen-heiko-maas-martin-schulz.
14. **Drees, Carsten**. Insider packt aus: Das passiert bei Facebook, wenn ihr ein Bild oder Profil meldet. *mobile Geeks*. [Online] 24. 11 2016. https://www.mobilegeeks.de/artikel/insider-packt-aus-das-passiert-bei-facebook-wenn-ihr-ein-bild-oder-profil-meldet/.
15. **getTIME.net GmbH**. Social Media Booster, zur anonymisierten Distribution von Inhalten zu den üblichen Social Media Plattformen. [Online] 2011-2013. http://www.getmysense.com.
16. **Berberich, Olaf**. Punkt D, Application Interfaces. [Online] 4 2017. http://dl.gisad.eu/pl.pdf.

17. **Berberich, Olaf**. Offener Brief an Facebook. *blog.get-primuns.de*. [Online] 5. 11 2015. http://blog.get-primus.net/offener-brief-an-facebook/.

18. **Leidloff, Torsten**. Handyflatrate Preisentwicklung. *Handyflatrate-Preisvergleich.de*. [Online] 14. 2 2017. http://www.handyflatrate-preisvergleich.de/blog/handyflatrate-preisentwicklung.html.

19. **Luckerson, Victor**. Why Google Fiber Failed to Disrupt the ISPs. *The Ringer*. [Online] 21. 7 2017. https://www.theringer.com/2017/7/21/16077992/google-fiber-struggles-7d2bb5399a12.

20. **Berberich, Olaf**. Testbericht Horizon HD Recorder Box von Unitymedia. *blog.get-primus.net*. [Online] 6. 3 2014. http://blog.get-primus.net/testbericht-horizon-rekorder-von-unitymedia/.

21. **Breitbandmessung**. Breitbandmessung. [Online] [Zitat vom: 14. 9 2017.] https://breitband-messung.de.

22. **AP-Verlag**. Datenverkehr in Deutschland wächst bis 2021 doppelt so schnell wie verfügbare Bandbreite. [Online] 19. 6 2017. http://ap-verlag.de/datenverkehr-in-deutschland-waechst-bis-2021-doppelt-so-schnell-wie-verfuegbare-bandbreite/35045/.

23. **Sawall, Achim**. ZUFRIEDENHEITSGARANTIE: Unitymedia schafft Highspeed-Versprechen ab. *golem.de*. [Online] 10. 10 2016. https://www.golem.de/news/zufriedenheitsgarantie-unity-media-schafft-highspeed-versprechen-ab-1610-123710.html.

24. **DSL Regional**. 2 DSL-Anschlüsse bündeln in einem Haus [Anleitung]. [Online] https://www.dslregional.de/ratgeber/2-dsl-anschluesse-buendeln-anleitung/#alternative.

25. **Berberich, Olaf**. 100 exemplarische Pressemeldungen. [Online] 3 2017. http://dl.gisad.eu/ps.pdf.

26. **Berliner Zeitung**. Anschlag am Breitscheidplatz V-Mann soll Amri zu Anschlägen angestiftet haben – Quelle: https://www.berliner-zeitung.de/28622176 ©2018. [Online] 20. 10 2017. https://www.berliner-zeitung.de/berlin/polizei/anschlag-am-breitscheidplatz-v-mann-soll-amri-zu-anschlaegen-angestiftet-haben-28622176.

27. **Prestashop Forum**. PRESTASHOP bei STRATO installieren. [Online] 12 2016. https://www.prestashop.com/forums/topic/572542-prestashop-bei-strato-installieren/.

28. **Berberich, Olaf**. Bezugsliste von Veröffentlichungen zum Trusted WEB 4.0. *GISAD*. [Online] 4 2017. http://dl.gisad.eu/bv.pdf.

29. **Berberich, Olaf**. Projektliste zum Trusted WEB 4.0. [Online] April 2017. http://dl.gisad.eu/pl.pdf.

30. **Manager Magazin**. Hackerangriff auf Yahoo 2013 viel größer als gedacht. [Online] 4. 10 2017. http://www.manager-magazin.de/unternehmen/it/yahoo-hackerangriff-betraf-3-milliarden-kon-ten-a-1171139.html.

31. **Wikipedia**. Briefmonopol (Deutschland). [Online] https://de.wikipedia.org/wiki/Briefmonopol_(Deutschland).

32. **Hakenes, Jens**. Smart Metering: intelligente Stromzähler. [Online] 7. 8 2017. https://www.co2online.de/energie-sparen/strom-sparen/smart-meter/smart-metering-einfuehrung/.

33. **Elsberg, Marc**. *Blackout*. München: Verlagsgruppe Random House, 2013.

34. **Deutsche Wirtschaftsnachrichten**. Energie-Überschuss: Versorger verschenkt Strom. [Online] 22. 10 2015.

35. **Gundlach, Julia**. Geschenkter Strom. [Online] 13. 5 2016. http://www.zeit.de/wirtschaft/2016-05/strompreise-erneuerbare-energien-epex-verbraucher-energiepolitik-faq.

36. **Berberich, Olaf**. *Verfahren für dezentrale, energieoptimierte, anonymisierte Steuereinheit. DE 102016002956.0* Deutschland, 11. 3 2016. Anmeldung.

37. **Berberich, Olaf**. *Dezentrales datenschutzkonformes Verfahren zur Sensordatenerfassung. DE 102016008598.3* Deutschland, 18. 7 2016. Anmeldung.

38. **Berberich, Olaf**. *Verfahren zur dezentralen Energieregelung. DE 102017004870.3* Deutschland, 22. 5 2017. Anmeldung.

39. **Berberich, Olaf**. *Verfahren für eine optimale Infrarot-Strahlungserwärmung und Wärmespeicherung. DE 102017007509.3* Deutschland, 9. 8 2017. Anmeldung.

40. **Sonnen GmbH**. Sonnen. [Online] https://sonnenbatterie.de/de/home.

41. **Beiersmann, Stefan**. Gartner: Android steigert weltweiten Marktanteil auf 87,7 Prozent. [Online] 22. 8 2017. http://www.zdnet.de/88308701/gartner-android-steigert-weltweiten-marktanteil-auf-877-prozent/?inf_by=5899d5ca2ad0a17c4a23dc6e.

42. **Wikipedia**. Liste der IT Zertifikate. *Wikipedia*. [Online] https://de.wikipedia.org/wiki/Liste_von_IT-Zertifikaten.

43. **IHK**. CE Kennzeichnung. *IHK Karlsruhe*. [Online] https://www.karlsruhe.ihk.de/innovation/innovation/CEKennzeichnung/2448862.

44. **EU**. Low Voltage Directive. [Online] http://ec.europa.eu/growth/sectors/electrical-engineering_en.

45. *Testing von Kommunikationssystemen im IoT-Zeitalter – Im Spannungsfeld zwischen Performance und Zertifizierung*. **CETECOM GmbH**. Essen : Veranstaltung im Rahmen von CPS. HUB.NRW, 2017.

46. **Woll, John**. WLAN-Schwachstelle: Wi-Fi-Alliance trifft Maßnahmen, AVM prüft. *WinFuture*. [Online] 16. 10 2017. http://winfuture.de/news,100129.html.

47. **baubio-logisch**. Elektrosmog im Elektroauto. Aktuelle Messungen. [Online] 7. 5 2017. http://www.baubio-logisch.de/elektrosmog-im-elektroauto/.

48. **Kilimann, Susanne**. Wenn sich die Bordelektronik in die Quere kommt. *Zeit Online*. [Online] 26. 9 2010. http://www.zeit.de/auto/2010-10/elektroantrieb-stoerung.

49. **Schotten, Professor, Dr. Hans**. Die mobile Vernetzung von Maschinen und Fahrzeugen, das Internet of Things, verspricht neue Milliarden-Märkte. *Computerwoche*. [Online] 2017. https://www.computerwoche.de/g/internet-of-things-mit-5g,105715,2#galleryHeadline.

50. **Graser, Franz**. Gartner-Prognose: Anzahl vernetzter Geräte steigt 2017 um 31 Prozent. *Elektronik Praxis*. [Online] 8. 2 2017. https://www.elektronikpraxis.vogel.de/iot/articles/579873/.

51. **Rohde&Schwarz**. eMTC und NB-IoT ebnen den Weg zu 5G/IoT. [Online] 2017. https://www.rohde-schwarz.com/de/loesungen/drahtlose-kommunikation/lte/im-fokus/emtc-und-nb-iot-ebnen-den-weg-zu-5g-iot_230416.html.

52. **Berberich, Olaf**. Global Association for decentralised Transformation (GADT). *GADT*. [Online] 2016. http://gisad.eu/der-verband-gadt/.

53. **Dirscher, Hans-Christian**. Router schickt WLAN-Signal bis zu 20 Kilometer weit. *Computerwoche*. [Online] 15. 7 2015. https://www.computerwoche.de/a/router-schickt-wlan-signal-bis-zu-20-kilometer-weit,3212343.

54. **AVM**. FRITZ!Box 7390 Service: WLAN-Reichweite gering. *AVM Wissensdatenbank*. [Online] 2017. https://avm.de/service/fritzbox/fritzbox-7390/wissensdatenbank/publication/show/271_WLAN-Reichweite-gering/.

55. **Lobo, Sascha**. Intelligente Videoüberwachung: In fünf Jahren ist Ihr Gesicht Ihr Personalausweis. [Online] 22. 2 2017. http://www.spiegel.de/netzwelt/web/kameraueberwachung-wird-zur-verhaltenskontrolle-a-1135744.html#spRedirectedFrom=www&referrrer.

56. **Reidl, Andrea**. Straßenverkehr: Grüne Welle für Radfahrer. *Zeit Online*. [Online] 25. 2 2017. http://www.zeit.de/mobilitaet/2017-02/strassenverkehr-radfahrer-autofahrer-vorfahrt.

57. **Stöcker, Christian**. Neue Wissenschaft: Wir Armeisen. *Spiegel Online*. [Online] 19. 11 2017. http://www.spiegel.de/wissenschaft/mensch/big-data-sozialwissenschaft-wir-ameisen-a-1178589.html#ref=rss.

58. **Gruber, Angela**. Neues Personalausweis-Gesetz: Bundestag erlaubt massenhaften Zugriff auf Passfotos. [Online] 19. 5 2017. http://www.spiegel.de/netzwelt/netzpolitik/elektronischer-personalausweis-eid-bundestag-erlaubt-zugriff-auf-ausweis-fotos-a-1148394.html.

59. **Kühl, Eike.** Elektronischer Personalausweis: Das tote Pferd soll auferstehen. *Zeit Online.* [Online] 25. 4 2017. http://www.zeit.de/digital/datenschutz/2017-04/elektronischer-personalausweis-eid-gesetz-biometrie-datenbank/komplettansicht.

60. **Rehrmann, Simone.** Ideenwettbewerb 2017. [Online] 2017. http://www.cedus.hhu.de/ziel-gruppen/ideenwettbewerb/ideenwettbewerb-17.html.

61. Demonstration. *Startup meet Medica – 40.Meeting des Life ScienceNet Düsseldorf.* Medica Düsseldorf : s.n., 2017.

62. **Wittmann, Jochen.** Erpresser-Software lähmt 40 Kliniken in Großbritannien. *DERWESTEN.* [Online] 12. 5 2017. https://www.derwesten.de/politik/krankenhaeuser-in-england-durch-hacker-angriff-lahmgelegt-id210553117.html.

63. **Gehlen, Arnold.** *Der Mensch.* Wiesbaden: Aula, 1986.

64. **Meixner, Annika.** Was hat Intelligenz mit Bildung zu tun? *Bundeszentrale für politische Bildung.* [Online] 2017. http://www.bpb.de/mediathek/157133/was-hat-intelligenz-mit-bildung-zu-tun.

65. **Meuß, Katja.** Hirne ohne Ideen: Als Deutsch-Lehrerin in China. [Online] 2011. http://www.bllv.de/Lernen-in-China.7459.0.html.

66. **Stork, Jacqueline.** Wie schlau sind Maschinen? [Online] 27. 10 2017. https://cps-hub-nrw.de/blog/2017-10-27-wie-schlau-sind-maschinen.

67. **Stöcker, Christian.** Künstliche Intelligenz: Ein Gott braucht keine Lehrmeister. *Spiegel Online.* [Online] 29. 10 2017. http://www.spiegel.de/wissenschaft/technik/kuenstliche-intelligenz-gott-braucht-keine-lehrmeister-kolumne-a-1175130.html#ref=rss.

68. **Badenschier, Franziska.** Denken > Im Kopf der Anderen. *Das Gehirn.* [Online] 8. 3 2013. https://www.dasgehirn.info/denken/im-kopf-der-anderen/erkenne-dich-selbst-im-spiegel.

69. *Testing software for discrimination.* **Yuriy Brun, University of Massachusetts, Arnherst, USA,.** Essen : Vortrag auf der adesso conference „The Essence of Software Engineering", 2017,16.11.

70. **Themis.** LASER-UMASS/Themis. *github.com.* [Online] 2017. https://github.com/LASER-UMASS/Themis.

71. **Lüdke, Steffen.** China plant die Komplett-Überwachung – so soll sie funktionieren. *bento.* [Online] 29. 11 2017. http://www.bento.de/politik/china-plant-mit-dem-social-credit-system-die-komplett-ueberwachung-so-soll-sie-funktionieren-1891016/#refsponi.

72. **Rudl, Tomas.** Big Brother: Wie sich mit Chinas Scoring-System Geld verdienen lässt. *Netzpolitik.org.* [Online] 4. 1 2017. https://netzpolitik.org/2017/big-brother-wie-sich-mit-chinas-scoring-system-geld-verdienen-laesst/.

73. **Berberich, Olaf.** Kommunikationspsychologische Grundlagen, Kapitel 1. *Trusted Web 4.0-Konzepte einer digitalen Gesellschaft.* Heidelberg : Springer Vieweg, 2016.

74. **Stresing, Laura.** Amazon und das smarte Türschloss: Wollen Sie die reinlassen? [Online] 26. 10 2017. http://www.spiegel.de/netzwelt/gadgets/amazon-key-wie-sicher-sind-smart-locks-a-1174849.html#ref=rss.

75. **Berberich, Olaf.** *Verfahren zur Mensch-Maschine-Interaktion in Bewertungssystemen.* DE *102017007331.7* Deutschland, 4. 8 2017. Anmeldung.

76. **Lobo, Sascha.** Sprachsteuerung: Bequemlichkeit schlägt alles, sogar deutsche Bedenken. *Spiegel Online.* [Online] 10. 1 2018. http://www.spiegel.de/netzwelt/gadgets/sprachsteuerung-im-alltag-ohne-geht-es-nicht-mehr-kolumne-a-1187056.html.

77. **Hery-Moßmann, Nicole.** Alexa: Lustige Fragen und Befehle - Top 20. *Chip.* [Online] 12. 1 2018. https://praxistipps.chip.de/alexa-lustige-fragen-und-befehle-top-20_94375.

78. **deepinsidehps.** Bitcoin – Das größte Schneeballsystem der Welt. *Traiding-Treff.de.* [Online] 15. 8 2017. https://www.trading-treff.de/analysen/bitcoin-das-schneeballsystem.

79. **Rixecker, Kim.** Ende der Anonymität: Forscher können Bitcoins zu ihren Besitzern zurückverfolgen. [Online] 27. 11 2014. https://t3n.de/news/bitcoins-anonymitaet-581417/.

80. **Alex Biryukov, Dmitry Kovratovich, Ivan Pustogarav**. Deanonymisation of Clients in Bitcoin P2P Network. [Online] 2014. http://orbilu.uni.lu/bitstream/10993/18679/1/Ccsfp614s-biryukovATS.pdf.

81. **Boer, Danny de**. Bitmixer.io: Größter Bitcoin-Mixer ab sofort geschlossen. [Online] 25. 7 2017. https://www.btc-echo.de/bitmixer-io-groesster-bitcoin-mixer-ab-sofort-geschlossen/.

82. **Bergmann, Christoph**. TumbleBit: ein neues Protokoll zur Anonymisierung von Bitcoins. *BitcoinBlog.de*. [Online] 31. 8 2016. https://bitcoinblog.de/2016/08/31/tumblebit-ein-neues-protokoll-zur-anonymisierung-von-bitcoins/.

83. **Kern, Ekki**. Blockchain soll 2018 das Internet der Dinge revolutionieren. *t3n*. [Online] 15. 12 2017. https://t3n.de/news/blockchain-2018-eco-885681/.

84. **Lebert, Yannick**. Perspektiven auf die Blockchain: „Vom demokratischen Ansatz bei Bitcoin ist nicht mehr viel übrig". *Netzpolitik.org*. [Online] 13. 1 2018. https://netzpolitik.org/2018/perspektiven-auf-die-blockchain-vom-demokratischen-ansatz-bei-bitcoin-ist-nicht-mehr-viel-uebrig/.

85. **Bjerg, Jonas**. THE WORLDS BIGGEST PROBLEM | Richard Branson, Elon Musk & Don Tapscott. [Online] 10. 12 2017. https://www.youtube.com/watch?v=9s93uFphPb8&feature=youtu.be.

86. **Deutsche Wirtschafts Nachrichten**. China steigt zum wichtigsten Markt des Mittelstandes auf. [Online] 4. 11 2017. https://deutsche-wirtschafts-nachrichten.de/2017/11/04/china-steigt-zum-wichtigsten-markt-des-mittelstandes-auf/.

Technische Verfahren für eine digitale Infrastruktur

3

Zusammenfassung

Wir haben nach erheblichen Anstrengungen eine vordigitale demokratische Gesellschaft mit einer hohen Lebensqualität und Freiheitsrechten geschaffen. Kann man diese vordigitalen Errungenschaften in die Digitalisierung übernehmen? Wie kann man technisch die Sicherheitsbedürfnisse des Staates mit den Freiheitsbedürfnissen des Einzelnen nach Privatsphäre verbinden? Wie kann man ein Basissystem für ein stabiles Wirtschaftswachstum schaffen, ohne die vordigitalen Errungenschaften einer sozialen Marktwirtschaft aufgeben zu müssen? Wie kann man Prozesse digital optimieren, ohne dabei den Menschen als letztendlich einzigen Konsumenten wegzurationalisieren?

Jeder Staatsgründung kann zu Beginn die totalitäre Tendenz unterstellt werden, alle gleichzuschalten. Erst die Ausformung der Verfassung und die Verankerung von Bürgerrechten machen einen Staat demokratisch.

Wenn also feststeht, dass ein gleiches digitales Zugangsinterface für alle kommen wird, dann geht es auch hier darum, Bürgerrechte in der Ausgestaltung zu verankern. Es reicht jedoch die Unterzeichnung einer Charta der Digitalen Grundrechte der Europäischen Union (1) nicht aus. Unverständlich ist, wie der SPD Kanzlerkandidat Martin Schulz Mitinitiator der Charta sein kann und andererseits im Wahlduell 2017 mehr digitale Überwachung forderte.

Eine Verfassung ist ein Papier, welches stellvertretend für den Willen des Volkes erstellt wurde, mit der Erwartung, dass einzelne Menschen sich dem akzeptierten Volkswillen unterordnen.

Wir werden nicht verhindern können, dass in der Digitalisierung immer mehr Algorithmen und KI in Entscheidungen eingebunden werden.

© Springer Fachmedien Wiesbaden GmbH, ein Teil von Springer Nature 2018   121
O. Berberich, *Trusted WEB 4.0 – Infrastruktur für eine Digitalverfassung*, Xpert.press,
https://doi.org/10.1007/978-3-658-22816-3_3

▶ Das Adäquat einer Verfassung für die digitale Gesellschaft muss weit über das Erstellen eines Rechtstextes hinausgehen. Es müssen digitale Prozesse geschaffen werden, welche von allen an diesen Prozessen Beteiligten verstanden werden. Wenn zukünftig immer mehr Algorithmen in den Entscheidungsprozess eingebunden sind, müssen auch Computer mit Maschinenlernen die Regeln dieser Prozesse befolgen.

Auch die künstliche Intelligenz muss nicht als Angstgegner, sondern als Hilfsmittel des Menschen verstanden werden. Die geht aber nur, wenn bestimmte Regeln befolgt werden:

- Eine möglichst große Menge und Vielfalt von Menschen muss überwachend in die von Algorithmen und Maschinenlernen unterstützten Prozesse eingebunden sein,
- Der Datenzugriff von Algorithmen und Maschinenlernen muss inhaltlich auf den relevanten Bereich beschränkt werden. Eine omnipotente Präsenz, wie die des Menschen, darf für KIs nicht angestrebt werden.

Zukünftig müssen, heute feststellbare, schleichende Prozesse in die falsche Richtung vermieden werden. Ähnlich, wie bei der Gründung einer Gesellschaft und Gestaltung einer Verfassung muss gemäß Abb. 3.1 ein bewusster Schritt von einem Vorher zu einem Nachher gemacht werden. Optimaler Weise soll hierbei nicht das Alte verboten, sondern in das Neue integriert werden.

Das gelingt am besten in Bereichen, die in der Digitalisierung noch nicht umgesetzt sind. Mein digitales Konzept der Aufteilung in weltweit gültige Kategorien habe ich in meinem Bauplan (2) vorgestellt.

Ich halte nichts von Verboten.

▶ Verbote helfen da nicht weiter, wo durch reale Abhängigkeiten ein erheblicher Gegendruck durch die Besitzstandwahrer erzeugt würde. In einer Demokratie sollte die Mehrheit über die Gesetze entscheiden.

▶ Es muss darum gehen, ein Infrastrukturkonzept zu schaffen, welches bestehende Machtverhältnisse berücksichtigt, aber durch neue Mehrwerte ermöglicht, den Bürger in die Wertschöpfung und die Entscheidung über die Wertschöpfung einzubinden.

Jede Staatsgründung erfolgt in einem bestehenden Macht- und Interessensgefüge. Trotzdem ist es in vielen Ländern gelungen, durch eine Verfassung einen Ausgleich zwischen den schwächeren Bürgern und den Machtinhabern herzustellen.

Warum soll das also in der Digitalisierung nicht gelingen?

Tatsächlich jedoch besteht nur noch einmal, bei der Einführung eines digitalen Zugangs für alle, die Möglichkeit, die Demokratie auf die digitale Gesellschaft zu übertragen. Das

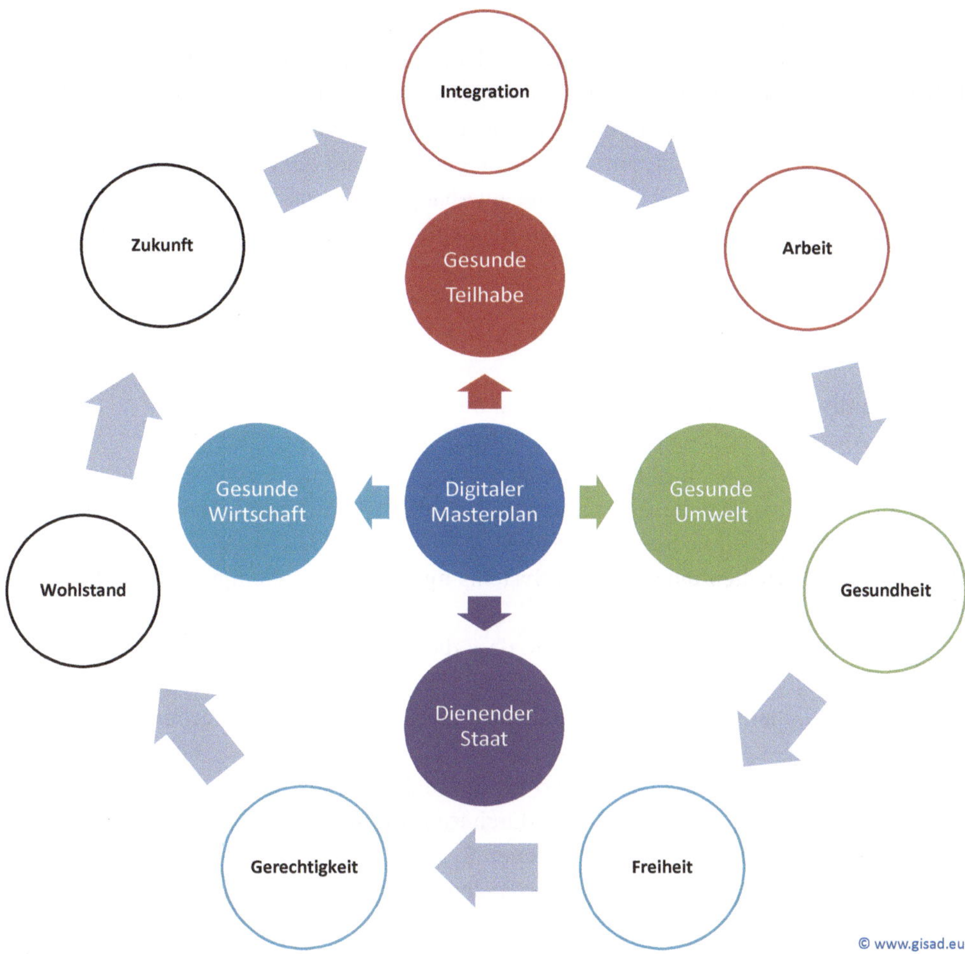

Abb. 3.1 Digitales Konzept mit Verfassungsrang

kann gelingen, in dem man ein für alle Bereiche des digitalen Lebens besseres Konzept für die Bürger anbietet, ohne sie zu diesem Konzept zwingen zu müssen.

3.1 Persönliches digitales System

Im Bauplan (2) habe ich mich intensiv den Vorteilen eines persönlichen Digitalen Systems (PDS) gewidmet und hierzu bereits mehrere Patente angemeldet. 2014 dachte ich daran, der Zielgruppe, die ein sicheres Internet haben möchte, ein solches anzubieten. Entsprechend waren die Ideen auf sicherheitsbewusste Anwender und nicht auf den Massenmarkt ausgelegt.

So hatte ich zum Beispiel geplant, nur das verwendete Funkmodul über einen von mehreren USB-Steckern anzustecken (3). Dieses hätte womöglich noch einen höheren Sicherheitsstandard als die aktuelle Idee, wäre jedoch nicht problemlos zu den meisten am Markt verfügbaren Systemen kompatibel und so nicht als Standard durchsetzbar.

Inzwischen bin ich von diesem Konzept abgerückt, weil ich zur Überzeugung gelangt bin, dass WAN-Anonymität[1] im Internet überhaupt nur noch hergestellt werden kann, wenn alle Bürger in einer gemeinsamen Standardumgebung sich grundsätzlich anonym verhalten.

Die Anforderungen an die Qualität eines PDS, mit der Möglichkeit, hierüber fast alle digitalen Transaktionen abzuwickeln, sind sehr hoch:

- Standardisierung eines noch nicht standardisierten Bereichs.
- Hohe Ansprüche an Datensicherheit, Vertraulichkeit und Verfügbarkeit.
- Im Einzelfall und nach richterlicher Verfügung Aufhebung der Anonymität und hohe Verfügbarkeit von für die Beweissicherung und Strafverfolgung relevanten Daten.
- Akzeptanz durch einfachste Bedienung.
- Anonymes Verhalten innerhalb des Systems muss für alle Beteiligten verbindlich vorgegeben sein.
- Die Technik muss so beschaffen sein, dass die Aufhebung der Anonymität durch den Nutzer weitgehend ausgeschlossen ist.
- Fehlendes Sicherheitsempfinden von Nutzern muss durch sichere Technik kompensiert werden.
- Anonymität und Datensicherheit darf keinen Mehraufwand für den Nutzer erfordern.
- Das neu einzuführende System muss durch Reduzierung bisheriger Arbeitsschritte nutzerfreundlicher sein, als alle vorhandenen Systeme.
- Nahtlose Integration in die meisten vorhandenen Software- und Hardwarekomponenten.

„Wer weiterhin mit seinem Namen öffentlich sein will, kann das im weiter bestehenden Internet tun. Bestimmte Prozesse, wie zum Beispiel das autonome Fahren in Innenstädten, dürfen jedoch nur durch ein für alle hieran Beteiligten verbindliches] WAN anonymes [System realisiert werden, um den Datensupergau zu verhindern. Gegebenenfalls sind hierfür auch noch rechtliche Anpassungen notwendig." (4)

Die erfindungsgemäße Aufgabe besteht darin, einen Standard zu entwickeln, womit jeder Nutzer alle Prozesse wie Bezahlen, Bestellen, Kommunizieren WAN-anonym durchführen kann. Zusätzlich werden in der Cloud Daten durch ein symmetrisches Krypto-System geschützt.

Blockchain-Technolgien, insbesondere Cred Sticks für Bitcoin nutzen schon Verfahren der Dezentralisierung und Anonymisierung. Der große Nachteil dieser Verfahren ist, dass bei Verlust des Sticks auch das gesamte digitale Geld verloren ist. Erfindungsgemäß lassen sich

---

[1] die Fachleute sprechen von Pseudonymität, wenn eine Verbindung mit personenbezogenen Daten an einem zweiten Speicherort hergestellt werden kann. Die Pseudonymisierung der Daten reicht jedoch für Trusted WEB 4.0 nicht aus.

über Trustserver und Backupspeicher jederzeit die gespeicherten Verknüpfungen und verwendeten Schlüssel wieder herstellen.

Grundsätzlich unterscheidet sich das Konzept von anderen Konzepten dadurch, dass es nicht die Technik, sondern den Menschen in den Mittelpunkt stellt. Es geht davon aus, dass jeder Mensch in verschiedenen Rollen, auf der Arbeit, im Privatleben, als Autofahrer oder Patient an der digitalen Gesellschaft möglichst mit dem gleichen Device teilnimmt. Den Menschen umgeben dabei Objekte. Diese Objekte können Dokumente oder auch Maschinen sein.

Zusätzlich besteht auch die Möglichkeit, dezentrale autonome Systeme mit einem PDS zu versehen und ihnen Objekte zuzuordnen.

Nach dem heutigen Stand der Technik besteht die Tendenz, über IPV6 alle Geräte miteinander zu verbinden und permanent bidirektional auf diese Geräte zugreifen zu können. Es hat sich gezeigt, dass alles, was mit dem Internet verbunden ist, auch über das Internet kompromittiert werden kann.

Ein Trustserver, der die personenbezogenen Daten enthält, ist dezentral aufgestellt und generiert unabhängig von dem Internet Nummern und Schlüssel, welche nur von diesem Trustserver Personen zugeordnet werden können. Gedacht ist daran, zur Verschwiegenheit verpflichtete Berufsgruppen, wie Anwälte und Steuerberater mit der Ausgabe von PDS-Prozessoren zu betrauen. Erfindungsgemäß kann eine Überprüfung, ob eine bestimmte Nummer von einem Trustserver vergeben wurde, automatisch aus dem Internet erfolgen, da über eine unidirektionale Schnittstelle ein Internetserver die Nummern ohne Personenbezug vom Trustserver aus dem Intranet erhält. Die Personenbezogenen Daten können nur im Einzelfall einer IP-Adresse zugeordnet werden. Jede einzelne Kennnummer muss über eine richterliche Verfügung beantragt und vom Trustcenter über eine verschlüsselte Verbindung oder auf dem Postweg mitgeteilt werden. Die Exekutive kann so lückenlos alle mit der relevanten Kategorie verbundenen Objekte zurückverfolgen. Die Informationen zu den anderen ca. 999 Kategorien sind nicht zur Überprüfung freigegeben. Für einen Überprüften entsteht damit der erhebliche Vorteil, dass bei einem Verkehrsdelikt nur auf den Straßenverkehr bezogene Daten, diese aber lückenloser als bisher, und nicht, wie bei einer Hausdurchsuchung, alle Unterlagen durchsucht werden. Für die Kategorien wird das Europapatent des Erfinders PCT/EP00/05225 zugrunde gelegt.

Grundsätzlich wird IPV6 für die erfindungsgemäße Nummernvergabe verwendet. Das komplette System wird zum großen Internetprovider. Über die ersten Zahlen ist weltweit eindeutig das Trustcenter zu finden, über je ca. 1000 dahinterstehende Nummern die dem jeweiligen Benutzer zugeordneten Kategorien. Zusammen ergibt sich eine IP-Adresse. Dahinter kommen die Objekt-IDs. Diese werden als ID hinter der jeweiligen IP-Adresse als Metainformation eingetragen. Bisher wird eine Objekt ID im Wesentlichen dazu genutzt, direkt einzelne Objekte anzusteuern. Erfindungsgemäß kann eine Objekt ID erst aufgerufen werden, wenn eine Berechtigung besteht, Informationen hinter der dazugehörigen IP-Adresse aufzurufen. Diese Berechtigung kann zum Beispiel darin bestehen, dass der Anfragende gemäß Patentanmeldung 10 2014 010 757.0 des Erfinders, sich im gleichen Kategorienserver befindet, wie ein öffentlich freigegebenes Objekt. Ergänzend zur Patentanmeldung vom 23.7.2014 vergibt der Kategorienserver dann nicht selbst eine IP-Adresse, wenn er die Kennung eines Trustcenters identifiziert.

Die Zuordnung von IP-Adressen zu Kategorien und die Vergabe von Objekt-IDs erfolgt in einem kleinen PDS-Prozessor. Dieser ist zum Beispiel an die Smartphone-Mikro-USB Buchse angeschlossen. Heutige Prozessoren sind bereits so klein und dünn, dass sie problemlos in einer Schutzhülle für Smartphones verbaut werden können. Erfindungsgemäß wird eine weitere Mikro-USB Buchse herausgeführt, so dass an das Smartphone wie bisher Erweiterungen oder ein Netzteil angeschlossen werden können.

Der PDS-Prozessor enthält einen eigenen Browser, der wesentliche Funktionen zu anonymen Servern im Internet bereithält. Hierfür erfolgt eine gesonderte Patentanmeldung des Erfinders.

Erfindungsgemäß enthält der PDS-Prozessor weder personenbezogene, noch sonstige persönliche Daten. Er stellt nur die Verknüpfung zu den Daten her und stellt unterschiedliche selbst generierte Schlüssel zur Verschlüsselung zur Verfügung.

Auch das anonyme Surfen in Festnetzen und Funknetzen ist erfindungsgemäß gelöst. So können aus den je Anwender zur Verfügung stehenden 1000 IP Nummern per Zufallsgenerator Adressen zur Verfügung gestellt werden, die eine original Geräteidentitätsnummer wie MAC-Adresse, IMEI oder IMSI ersetzen. Im Einzelfall kann im Trustserver durch die bekannte Nummer eine Personenzuordnung erfolgen.

Eine weitere erfindungsgemäße Herausforderung besteht darin, dass Daten nicht verloren gehen sollen. Oft werden Smartphones durch neue ersetzt. Viele Daten werden vergessen oder auch mit alten Smartphones weggeworfen. Ohne eine dezentrale Verschlüsselung besteht andererseits die Gefahr, dass in der Cloud befindliche Daten gehackt und massenweise veröffentlicht werden oder ihre Besitzer zum Beispiel durch Ransomware erpresst werden. Erfindungsgemäß können Smartphones beliebig getauscht werden. Das neue Smartphone wird über die Standard-Micro-USB-Schnittstelle angeschlossen und ein PDS-Browser aufgerufen.

Der Verlust des Smartphones zusammen mit einem PDS-Prozessor ist ebenfalls gelöst.

Ein Ladegerät mit einem Backupspeicher sollte sich an einem festen Standort befinden. Bei Firmenmitarbeitern sollte sich ein Backupspeicher am Firmenarbeitsplatz befinden, der nur die IP-Adressen und verbundene Objekt-IDs zu den firmenrelevanten Bereichen enthält. Weil erfindungsgemäß hierdurch nicht nur gestohlene, sondern auch nicht zurück

gebrachte PDS-Prozessoren wirkungslos gemacht werden können.

Nur der Besitzer des PDS-Prozessors kann bei seiner Truststelle einen PDS-Prozessor beantragen. Alternativ kann auch ein zweiter PDS-Prozessor mit anderen IP-Adressen und einem anderen Backupschlüssel sowie dem Backupschlüssel des Alt-PDS-Prozessors in Reserve gehalten werden.

Ist ein Alt-PDS-Prozessor verloren, muss der Ersatz-PDS-Prozessor nur an den noch vorhandenen Backupspeicher angeschlossen werden. Sofort werden an den bekannten Speicherorten alle angeschlossenen Objekte entschlüsselt aufgerufen und mit neuen ID-Nummern versehen. Auch alle Dateien werden entschlüsselt und mit neuen Schlüsseln gespeichert. Die Metainformationen der alten ID-Nummern werden durch die neuen ID-Nummern, bestehend aus neuer IP-Adresse und Objekt-ID ausgetauscht."

Nach meiner Idee gemäß Abb. 3.2 erhält jeder Deutsche vom Kleinkind bis zum Senior von einem Konsortium, bestehend aus dem Staat und den regionalen Leistungsträgern ein PDS [2][2] geschenkt. Die Kosten belaufen sich je Bürger auf einmalig zwischen zehn und dreißig Euro. Die Refinanzierungsmöglichkeit habe ich der Bundesregierung in einem vertraulichen Business Draft dargestellt.

Als Ausgabestelle und Truststelle können sich Anwälte qualifizieren.

Der Anwalt muss seinen Sitz im Erstwohnsitz (Stadtkreis oder Landkreis) des anmeldenden Bürgers haben.

---

[2] Die Nummern in Klammer beziehen sich auf die Patentanmeldungsskizze.

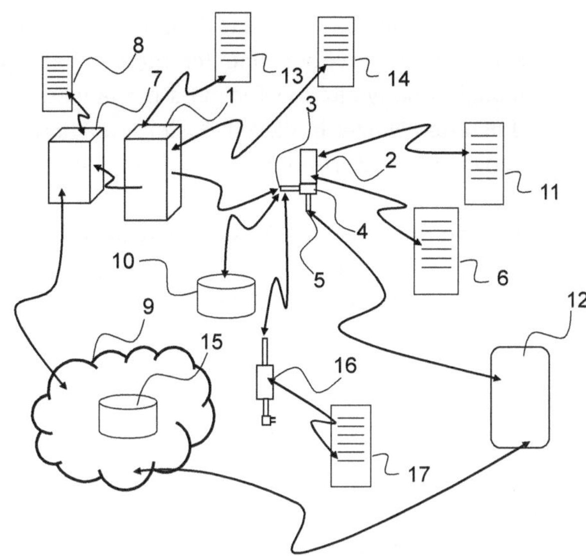

Abb. 3.2 Persönliches Digitales System

Diese erhalten eine Erstanmeldegebühr von der regionalen Betreibergesellschaft. Genaueres ist unter Abschn. 4.11 „Die Produkte im Trusted WEB 4.0" geregelt. Den Verlust seines PDS zahlt der Bürger.

Der Bürger muss einmal zu seinem Rechtsanwalt fahren, um das PDS in Empfang zu nehmen. Nur so ist gewährleistet, dass die auf das PDS gespielten Nummern nicht über das öffentliche Netz einem Angriff ausgesetzt werden können.

Beim Anwalt stehen zwei Rechner. Der Intranetserver [1] ist über eine unidirektionale Datenverbindung mit dem Internetserver [7] verbunden.

Unidirektional bedeutet, es können nur bestimmte Daten vom Intranetserver und nur in die Richtung des Internetservers geschickt werden. Aus dem Internet können keine Daten empfangen werden.

Der Intranetserver überprüft zudem permanent das gesamte Intranet, ob irgendwo anders, zum Beispiel durch eine falsche Verkabelung, doch eine Internetverbindung aufgebaut wird und schlägt sofort Alarm, sobald das passiert. Das bedeutet allerdings für den Anwalt, dass er für die PDS-Verwaltung ein eigenes Intranet aufbaut und auch nur hier in eine Liste [4] die personenbezogenen Daten wie Adresse und Telefonnummer einträgt. Selbst wenn die normalen Rechner des Anwalts kompromittiert werden, können so keine personenbezogenen Daten abfließen.

Noch einmal zum Vergleich: Bisher werden personenbezogene Daten bei jedem Lieferanten gespeichert. Jeder Provider hat sie. Jeder Webseitenbesuch wird im Hintergrund mit großem Aufwand so verarbeitet, dass eine Personalisierung herstellbar ist. Zwar sendet der Entwurf für die neue Datenschutzrichtlinie der EU (5) positive Signale zum politischen Willen für den Datenschutz aus. In der Praxis ist aber jede Vorschrift irrelevant, die durch die Unterschrift des Bürgers wieder aufgehoben werden. So lässt sich ein System nicht herstellen, in dem alle anonym bleiben sollen.

▶ Nur ein System, in dem es technisch nicht vorgesehen ist, die Verbindung zur
  Personalisierung über eine Internetverbindung herzustellen, gewährleistet
  digitale Anonymität. Dafür muss die fahrlässige Aufhebung der Anonymität
  durch den Nutzer in diesem System sanktioniert werden und einen höheren
  Bedienaufwand erfordern, als die Beibehaltung der Anonymität.

Für den Rechtsanwalt ist der Arbeitsaufwand gering. Hat er die personenbezogenen Daten in der Liste [14] eingetragen, steckt er das unbeschriebene PDS in die USB-Buchse des Rechners. Ein Backupschlüssel wird automatisch durch Zufallsgenerator generiert.

Dem Rechtsanwalt wurde für sein Trustcenter ein IPV6-Nummernkreis zugewiesen. Über den vorderen Teil einer IP Adresse ist immer der Provider definiert, den mittleren Teil erhält der Kunde des Providers und den hinteren Teil der IP-Adresse kann der Kunde für eigene Zwecke verwenden.

Soweit wird auf das weltweit bestehende Internetkonzept aufgesetzt. Dieses muss hierfür nicht angepasst werden. Der Rechtsanwalt ist hier der Internetprovider, der Bürger der Kunde. Ist ein Rechtsanwalt zum Beispiel für 100 Bürger zuständig, so werden insgesamt 100.000 IP-Adressen generiert, die alle im vorderen Bereich die gleiche Nummer des Rechtsanwalts enthalten, über welche der Rechtsanwalt weltweit eindeutig über die bestehenden Providersuchfunktionen gefunden werden kann. Jeder Bürger erhält also 1000 IP-Adressen. Diese Adressen werden vom Intranetserver in dem Moment, wo das PDS eingesteckt ist, bei Ausschluss der bereits in Liste [13] eingetragenen Nummern generiert und in dieser Liste gespeichert. Die Daten aus Liste [13] sind den personenbezogenen Daten aus Liste [14] zuordenbar.

Es wird weiterhin ein Backupschlüssel erzeugt, auf den ich später noch eingehen werde. Automatisch werden die 1000 IP-Adressen und der zugehörige Backupschlüssel aber ohne die Angaben zur Person auf das PDS in Liste [6] kopiert. Wie bei fast allen meinen Patentanmeldungen verwende ich auch hier meine Idee der Aufteilung in tausend Kategorien. Diese Standardkategorien sind auf dem Intranetserver ebenfalls hinterlegt und werden auf das neue PDS mitübertragen.

Das Ganze erfolgt automatisch in wenigen Sekunden, ohne dass der Anwalt mehr tun muss, als ein unbenutztes PDS in den Rechner einzustecken und die Adressdaten in Liste [14] einzutragen.

Der Internetserver ist nur dafür nötig, damit jeder über Aufruf der Liste [8] über die Webseite des Internetservers anfragen kann, ob eine im Internet verwendete Adresse auch vom Intranetrechner des Rechtsanwalts vergeben wurde. Später werden wir sehen, dass die Internetadressen in allen Transaktionsprozessen eine Rolle spielen. Auch wenn der Bürger sich also anonym durch das Internet bewegt, ist immer sogar wesentlich eindeutiger als heute nachweisbar, unter welcher IP-Adresse welche Handlung durchgeführt wurde. Auch Behörden anderer Länder, die das System selbst nicht einsetzen, sind so in der Lage, ohne weitere technische Vorkehrungen ein Rechtshilfeersuchen an deutsche Behörden zu stellen, um im Einzelfall nach richterlicher Anordnung die Adresse des Verursachers einer digitalen Transaktion ermitteln zu können.

Über die IP-Adresse kann auch der Sitz des Rechtsanwalts und hierüber das zuständige Gericht direkt ermittelt werden. Der Richter wendet sich an den Anwalt. Wichtig ist, dass der Anwalt im Intranet die Adresse abfragt und dann ohne WAN Verbindung entweder auf ein zweites System überträgt oder einfach auf einem nur an das Intranet der Truststelle angeschossenen Drucker ausdruckt und über die Post versendet.

Dieses Verfahren ist etwas umständlich. In der Praxis läuft es darauf hinaus, dass die Intranets der Gerichte und Rechtsanwälte über ein eigenes Netzwerk miteinander verbunden sind. Für mich ist grundsätzlich jede digitale Verbindung nach außen eine Gefahrenstelle. Meine Aufgabe ist jedoch erfüllt, wenn ich idealtypisch ein sicheres System konzipiere. In wie weit die Sicherheit wieder aufgeweicht wird, werden die für die Umsetzung Verantwortlichen entscheiden und verantworten müssen. Nicht für verhandelbar, weil hierin der Grundgedanke des Konzepts nicht mehr erkennbar wäre, halte ich allerdings die grundsätzlich möglichst dezentrale und von digitalen Netzwerken getrennte Speicherung von personenbezogenen Daten.

Auch auf dem PDS werden bei der Installation automatische Prozesse gestartet. Der vom Rechtsanwaltsrechner übergebene Backupschlüssel und die tausend Standardkategorien werden in eine Liste [6] eingetragen. Gleichzeitig werden die 1000 vom Rechtsanwaltsrechner übergebenen Kategorien vom PDS per Zufallsgenerator zugeordnet.

Durch die tausend IP-Adressen erhalte ich einen hohen Grad an Anonymität. Es gibt zwei unterschiedliche Verwendungsmöglichkeiten dieser IP-Adressen.

Zur Vermeidung von der Profilerstellung verwendet das PDS zufällig wechselnde Nummern aus dem Bürger-IP-Nummernkreis, um wechselnde Funkkennungen zu senden. Gibt es etwa ein Rechtshilfeersuchen für eine Verfolgungsjagd, so ist es legitim, wenn der Rechtsanwalt den gesamten Nummernkreis des Betroffenen herausgibt. Allerdings wird dieser Fall immer die Ausnahme bilden. Hierauf müsste die Rechtsprechung angepasst werden.

Grundsätzlich mache ich zur Bedingung, dass der Betroffene nach einer abgeschlossenen Untersuchung über die Überwachung informiert wird. So hat er die Möglichkeit, durch Ändern des Nummernkreises in Verbindung mit seinem PDS-Browser die Anonymität wieder herzustellen.

Für die Speicherung von Daten gibt es viele Gründe, die dafür sprechen, die Daten nach Kategorien sortiert abzuspeichern.

Die im PDS fest generierte Zuordnung von IP-Adressen zu Kategorien ist dem Anwalt nicht bekannt. Das ist auch nicht nötig.

Einer von vielen auch schon in meinem Bauplan (2) erläuterten Vorteilen der Kategorienzuordnung ist, dass eine bei einem Rechtsdelikt angeordnete Durchsuchung nur den tatsächlich betroffenen Bereich betrifft. Wer also ein Straßenverkehrsvergehen begangen hat, ist eindeutig über die im PDS zum Straßenverkehr zugehörige IP-Adresse als Verkehrsteilnehmer identifiziert worden. Der Richter teilt dem Rechtsanwalt die betreffende IP-Adresse mit und der Anwalt ordnet diese der Person zu. Alle Daten, die mit der Kategorie Straßenverkehr verbunden sind, werden durchsucht, die anderen jedoch nicht.

Im nächsten Kapitel zum PDS-Browser werde ich zeigen, dass für den Bürger keinerlei Mehraufwand entsteht. Es muss nur das PDS in Form eines kleinen USB Steckers an sein Smartphone [12] angeschlossen sein.

Das PDS sollte zu den gängigen Betriebssystemen kompatibel sein.

In späteren Smartphones kann das PDS auch direkt verbaut werden.

Ein weiteres Sicherheitsfeature habe ich durch einen Switch [4] vorgesehen, der als kleines Bauteil nur die Daten über einen USB-Eingang [3] an das PDS durchlässt, die dafür vorgesehen sind. Alle anderen Daten werden an dem PDS vorbei direkt zum USB-Ausgang [5] geleitet. An den USB-Ausgang wird das Smartphone angeschlossen.

Grundsätzlich werden auf dem PDS nur Metainformationen gespeichert und verarbeitet, wie IP-Adressen, Kategorien, Speicherort, Schlüssel.

Auch der Browser soll so gestaltet werden, dass er nur in andere Applikationen da eingreift, wo für Transaktionsprozesse erforderlich.

Lange Zeit hatte ich Bedenken gegen die Cloud. Diese rühren aber weitgehend daher, da in der Cloud zentrale Zugangsportale angesiedelt werden, in denen vereinfacht gesagt, der Generalschlüssel im Internet liegt. Außerdem sind hier natürlich jede Menge personenbezogene Daten gespeichert, welche abfließen können. Die Datendienstleiter haften meistens auch nur sehr beschränkt für den Datenabfluss. Nicht immer ist zudem sichergestellt, dass die Daten im deutschen Rechtsraum gespeichert werden.

Für die Verfügbarkeit und Integrität der Daten begrüße ich inzwischen die im Internet [9] befindliche Cloud [15], wenn die Vertraulichkeit durch dezentrale Schlüsselvergabe und dezentrale Speicherung personenbezogener Daten gewährleistet wird. Personenbezogene Daten werden nur beim Rechtsanwalt gespeichert. Wie ich im folgenden Kapitel beim PDS-Browser zeigen werde, kommt das Verfahren bei allen Transaktionsprozessen, selbst beim Bestellen und Liefern von Produkten ohne personenbezogene Daten aus.

Dezentrale Speicherung in der Cloud funktioniert, in dem zum Beispiel per Zufallsgenerator ein regionaler Cloud-Speicherdienst gewählt wird. Hier macht das Verfahren keine Vorgaben. Alternativ kann die Speicherung auf, an einem externen an den USB-Eingang des PDS angeschlossenen Speicher [10], erfolgen.

Ich persönlich halte nichts davon, in diesem System die Daten direkt auf dem Smartphone zu speichern. Zu viele Applikationen versuchen hier, eine Personalisierung wieder herzustellen.

Jeder Bürger kann so weiterhin wie bisher alle Portale und Applikationen nutzen und getrackt werden, wenn er das will. Gleichzeitig hat er die Möglichkeit, anonym zu telefonieren, Nachrichten auszutauschen und alles zu machen, was digital möglich und anonym sinnvoll ist.

Aber ist das alles nicht doch ziemlich kompliziert?

Nein. Sehen wir uns ein Beispiel an: Ein Bürger möchte eine vertrauliche Datei mit seiner Vermögensaufstellung abspeichern. Er versieht die Seite mit der Überschrift „Vermögensaufstellung Mustermann 2017".

Er geht in seiner Standardapplikation auf den Button „Speichern". Im Hintergrund startet das PDS ein keines Zusatzprogramm, welches mit der Finder-Technologie (6) die

Überschrift semantisch analysiert und der Kategorie „Finanzverwaltung/-dienstleistungen" zuordnet. Auf Grund dieser Zuordnung erfolgt automatisch die Wahl des zugeordneten Speicherorts und der entsprechenden IP-Adresse.

Eine Ordnungseinheit wurde noch nicht besprochen. Es ist die Objekt-ID. Für jedes neue Objekt wird im PDS in Liste [11] durch Zufallsgenerator bei Ausschluss der bereits eingetragenen Objekt-IDs eine neue Objekt-ID erstellt.

Ich habe hierdurch das Internet neu strukturiert. Während IPV6 von den Initiatoren dafür gedacht war, jedem Device und Sensor eine eigene IP-Adresse zu geben, gebe ich lieber tausend IP-Adressen an jeden Bürger und vergebe für alle dem Bürger zuzuordnenden Objekte Objekt-IDs. Ein Objekt ist dabei von mir sehr weit gefasst. Ein Objekt kann ein Text, ein Video, eine Tonaufnahme, aber auch eine zugeordnete Maschine, ein Device, ein Sensor, ein Verkehrsmittel und vieles mehr sein. Hiermit entspreche ich dem in Abschn. 2.5 „Der Einfluss von Zertifizierungen" vorgestellten Vorgehen, immer eine dezentrale Steuereinheit zwischen mit dem Internet verbundene Konzepte zu setzen. Der Mensch muss immer im Mittelpunkt der ihn umgebenden Technik stehen, um nicht von ihr beherrscht zu werden.

Der Anwender muss jetzt nur noch einstellen, ob die Datei öffentlich oder privat sein soll.

Bei „öffentlich" wird die Datei hinter die zugehörige IP-Adresse ins Internet gelegt, wohlgemerkt öffentlich, aber anonym. In Abschn. 3.4 „Dezentrales anonymisiertes Kommunikationsnetzwerk" werde ich beschreiben, wie Gleichgesinnte einer Kategorie anonym weltweit zueinander finden.

Wer sich jetzt das Produkt vorstellen kann, dem sollte klar sein, dass Internetportale erst einmal nicht mehr nötig sind, damit Gleichgesinnte zueinander finden. Vielmehr sollte es in Zukunft Kategorie spezifische Zusatzangebote und Applikationen geben.

Eine private Datei kann hinter der gleichen Kategorien-IP-Adresse in der Cloud abgespeichert werden wie eine öffentliche. Der Unterschied besteht darin, dass mit einem, auf dem PDS-Generator erzeugten einmaligen Schlüssel die Datei verschlüsselt wurde und hierüber auch wieder entschlüsselt werden kann. Sicher kann ein Quantencomputer jeden Schlüssel knacken, damit ist jedoch ein zentraler Schlüssel gemeint. Es wird noch viele Jahre dauern, bis sich der Aufwand rechnet, jedes symmetrisch verschlüsselte Objekt einer einzelnen Person zu entschlüsseln.

Wer mitgedacht hat, wird sich fragen, und was, wenn der Schlüssel weg ist? Tatsächlich war es eine Herausforderung, für ein Backup für alle Beteiligten eine praktikable Lösung zu finden.

Regelmäßige Sicherheitskopien erfordern Disziplin. Darauf kann man sich nicht bei allen Bürgern verlassen. Allerdings jeder Smartphone-Besitzer ist es gewöhnt, sein Smartphone aufladen zu müssen. Hier erweist sich die vorhandene Standardisierung der USB-Netzteile als Vorteil. Bei jedem PDS ist ein spezielles Ladekabel dabei, in welches ein Backupprozessor [16] eingebaut ist, der in einer Liste [17] mit dem Backupschlüssel eine Kopie der im PDS gespeicherten Metadaten erstellt. Der Backupschlüssel wurde vom Anwaltsrechner zur Verfügung gestellt werden. Dieses Netzteil sollte allerdings möglichst in der Firma oder zuhause bleiben. Alternativ können hierfür natürlich auch weitere

Backupverfahren kombiniert werden. So ist zum Beispiel denkbar, dass bestimmte Kategorien immer auf dem Backupprozessor des Ladegeräts in der Firma und andere auf dem Backupprozessor des privaten Ladegeräts gespeichert werden.

Bei jedem Aufladen des Smartphones wird automatisch ein Backup erstellt. Ein Benutzereingriff ist hierfür nicht nötig.

Es gibt ein Eskalationsverfahren für den Anwalt, welche Daten er herausgibt. Gehen wir weiter von einem Straßenverkehrsverstoß aus, dann haben wir folgende Eskalationsstufen:

1. Eine IP-Adresse wurde direkt einem Delikt zugeordnet. So kann zum Beispiel eine Verkehrskontrolle funktionieren. Fährt jemand in einer Einbahnstraße in die falsche Richtung, wird seine IP-Adresse erfasst. Der Anwalt muss nur die Personendaten zur IP-Adresse herausgeben. Auch bei einem Fahrerflucht Delikt, reicht im Zweifel eine lokal alternativ zu einer IMEI angezeigte IP-Adresse aus.

2. Ein Beklagter widerspricht der Beschuldigung. Es wären auch andere zur Tatzeit vor Ort gewesen. Er hat während der Fahrt wechselnde IP-Adressen aus seinem IP-Nummernkreis benutzt, um sich vor der Profilerstellung zu schützen. Dann gibt der Anwalt alle der Person zugehörigen IP-Adressen heraus.

3. Es handelt sich um einen komplexeren Fall, in dem die Tatumstände aus vergangenen Handlungen im Verkehr abgeleitet werden müssen. Unabhängig davon, wie viele IP-Adressen der Beschuldigte für die Verschleierung seines Profils benutzt hat, sind alle verkehrsrelevante Daten in einer auf dem PDS verschlüsselten Datei mit der der Kategorie zugeordneten IP-Adresse gespeichert worden. Jedem Fahrzeug wie Fahrrad, Auto, öffentlicher Verkehr und Car-Sharing wird hinter der IP eine Objekt-ID zugeordnet. Solche Protokolldateien können zum Beispiel über Blockchain fälschungssicher gestaltet werden. Hierfür wurde von mir zusätzlich eine fälschungssichere ID, wie unter Einnahmen- und Ausgaben Abrechnungssystem mit WAN Anonymität erläutert, eingeführt. Durch Blockchain kann dann verhindert werden, dass Einträge nachträglich manipuliert werden. Wenn die personalisierbaren Einträge wie der Standort zu einer bestimmten Uhrzeit vom PDS verschlüsselt sind und nur die Veränderung der Datei über Blockchain dokumentiert ist, wird WAN Anonymität aufrechterhalten. Diese weitgehend IT-forensisch eindeutige Datei wird vom Beschuldigten selbst zur Verfügung gestellt.

4. Der Beschuldigte weigert sich, trotz richterlicher Einzelfallentscheidung den entsprechenden Datensatz herauszugeben. Es kommt zu Hausdurchsuchung. Die Polizei erhält vom Rechtsanwalt einen Kategorienbackupschlüssel. Der Beschuldigte wird sich in der Regel genau überlegen, ob er die entsprechende Datei nicht freiwillig herausgibt. Je nach Ausgestaltung kann es sich auch nur um die Protokolldatei eines einzelnen Tages handeln. Bei einer Hausdurchsuchung werden alle Dateien, welche in der Kategorie „Verkehr/Mobilität" gespeichert sind, herausgegeben. Durch den Kategorienbackupschlüssel hat die Polizei die Möglichkeit, aus dem im Ladegerät integrierten Backupprozessor die relevanten Daten zu entschlüsseln.

5. Nur in absoluten Ausnahmefällen und bei erheblichen Straftaten gibt der Anwalt den dem Beschuldigten hinterlegten Backupschlüssel heraus. Hiermit sind dann alle Daten des Beschuldigten durchsuchbar.

Zuerst hatte ich auch das kommunale Bürgerbüro zur Herausgabe eines PDS berechtigt gesehen. Es zeigt sich jedoch an den oben genannten Beispielen, dass nur ein Rechtsanwalt mit einem Richter aushandeln kann, welche Freigabe von Daten berechtigt ist.

Der Rechtsanwalt erhält von seinem Mandanten eine Vertretungsvollmacht, wie sie auch heute schon üblich ist, die auch zukünftige Ereignisse umfasst. Wichtig ist, dass der Rechtsanwalt verpflichtet ist, spätestens nach Abschluss einer Untersuchung über die Überwachungsmaßnahme den Betroffenen zu informieren.

Beschäftigen wir uns auch beim PDS mit dem Überschreiten der Totalitarismusschwelle. Eine gleiche Zugangsoberfläche für alle ist genau wie ein Staat ohne Verfassung erst einmal totalitär. Würde man jetzt mit den hier genannten Ideen eine Firma gründen und diese exklusiv vermarkten, wäre eine totalitäre Diktatur als Ergebnis wahrscheinlich. Mir ist die Gefahr bewusst, dass ich die falschen Leute mit diesem Buch auf die richtigen Ideen bringe. Ich bin jedoch optimistisch, dass jetzt die Politik reif genug ist, nicht nur mein Buch zu verstehen, sondern auch die entsprechenden Konzepte umzusetzen.

So, wie ich es anlege, standardisiere ich nur Verfahren, ähnlich wie ja auch die Adressvergabe im Internet nur ein Verfahren ist. Ich lasse jedoch viele Spielräume für die unterschiedliche Ausgestaltung von digitalen Angeboten, Applikationen und Hardwareentwicklungen.

Ich habe mir die sicherlich nicht einfache Aufgabe gestellt, ähnlich einer Verfassung ein digitales technisches Rahmenwerk zu erstellen, in dem die dieses umsetzende digitale Wirtschaft einen signifikanten Vorteil gegenüber anderen Ländern erhalten wird. Die Abhängig von dieser Infrastruktur wird bei hundert Punkten liegen. Solange aber die Ersatzbeschaffung innerhalb der Struktur möglich ist und somit auch die Rückabwicklung der Zusammenarbeit mit einem Anbieter, wird es auch genügend Motivation geben, Technikersatz durch unterschiedliche Umsetzung des Verfahrens sicher zu stellen. Allerdings erfolgt diese Aussage unter dem Vorbehalt, dass auch für die Wertschöpfung ein Rahmenwerk erstellt wird, welches die regional Beteiligten leistungsgerecht einbindet. Ein solches System stelle ich unter Kap. 4 „Dezentrales Wertschöpfungskonzept" vor.

3.2 PDS-Browser

Das PDS ist bereits in der Lage, Anonymität beim Speichern von Daten sicherzustellen. Eine der größten Herausforderungen für eine Oberfläche für alle ist es, digitale Transaktionen für den Nutzer zu vereinfachen.

Jeder ist in der vordigitalen Welt gewöhnt, einfach einen Geldschein gegen ein Brot einzutauschen. Er muss dafür weder seinen Namen nennen, noch sich einer Bonitätsprüfung zu unterwerfen oder im Tausch umfangreiche Daten über sein Verhalten preisgeben.

Der große Erfolg von Unternehmen wie Amazon lässt innerhalb von kürzester Zeit als nächsten Schritt eine komplette Zugangsoberfläche für alle erwarten. Hier hat man den Bestell- und Lieferprozess perfektioniert. Über den Sprachassistenten Alexa werden Vorgänge weiter vereinfacht. Die dahinter generierte Wertschöpfung kann so gesteuert werden. Wer einmal im Browser einen Cookie hinterlegt hat, kann bequem auf einen Klick bestellen. Auch ich tue das, weil das so einfach ist.

Google ist schneller zu erreichen, als ein Telefonbuch. Wenn man etwas Besseres schaffen will, dann muss man beim Nutzer vor den Portalen ansetzen. Man muss vergleichbar einer digitalen Verfassung eine Infrastruktur schaffen, die alle digitalen Angebote und den gesamten Content unter eine Klammer zusammenfasst. Auch Telefonieren, oder eine Maschine steuern, muss hierüber möglich sein.

Man muss also vom Ansatz her umfassender denken, als die heutigen Wertschöpfungsgrößen es umgesetzt haben.

Dabei muss der Zugang zu jedem Angebot mindestens so einfach sein, wie das heutige Bestellen bei Amazon.

Ein technischer Wandel über Nacht ist ebenfalls nicht möglich. Deshalb müssen alle vorhandenen Angebote ohne besonderen technischen Aufwand weiterhin erreichbar sein, aber eben viel einfacher.

„Die erfindungsgemäße Aufgabe besteht darin, einen Browser zu entwickeln, womit jeder Nutzer alle Prozesse wie Bezahlen, Bestellen, Kommunizieren anonym durchführen kann und nicht von einigen wenigen Portalen abhängig gemacht wird (7).

Grundsätzlich unterscheidet sich das Konzept von anderen Konzepten dadurch, dass erfindungsgemäß im Browser ein Mensch-Digital-Interface eingebaut ist, welches mit einem Filtersystem die Weiterleitung zu dahinterliegenden Suchmaschinen und Portalsuchen übernimmt. Erfindungsgemäß wird ein Filterverfahren vorgestellt, welches bei einer Eingabe wie zum Beispiel „Restaurants in München", „Restaurants" in ein Suchfeld und „München" in ein Filterfeld mit Hilfe des Filtermarkers „in" einträgt. Hierbei baut der Erfinder auf sein Europapatent PCT/EP00/05225 auf. Als Resultat werden in einer Regionalsuchmaschine für München alle Ergebnisse für Restaurants angezeigt. Hieraus lassen sich Geschäftskonzepte entwickeln, welche die Wertschöpfung an den letzten digitalen Zentimetern zum Kunden gerecht auf viele angeschlossene Leistungsträger verteilen. Damit soll dem derzeitigen Trend entgegengewirkt werden, dass einzelne Suchmaschinen oder Social Media Portale die Kontrolle des Kundenzugangs dazu benutzen, um hierfür ohne adäquate Leistung Zugangszölle zu erheben.

Obwohl nach dem heutigen Stand der Technik Internetbrowser verschiedene Maßnahmen ergreifen, um die Anonymität der Nutzer durch VPN-Verbindungen, Sperren von Cookies, Sperren von Tracking und ähnliches zu erreichen, so lässt sich hierdurch de facto keine Anonymität herstellen. Vielmehr ist der Nutzer mit den vielen Erstellmöglichkeiten überfordert. Das Sperren von Cookies verhindert, dass Seiten dargestellt werden können, sodass durch Nutzereinstellung den Cookies wieder eine Erlaubnis gewährt wird. Auch senden die Browser einen Browser-Fingerprint, durch welchen allein schon Nutzer sehr genau identifiziert werden können.

Die Aufgabe wird dadurch gelöst, dass der PDS-Browser möglichst nicht vom Device selbst, sondern von einer externen Quelle, hier PDS-Prozessor genannt, geladen wird. Im Idealfall werden überhaupt keine personenbezogenen Daten auf dem Device gespeichert.

Selbst einem auf dem Device gespeicherten Staatstrojaner wird es schwer fallen, innerhalb des Trusted WEB Systems brauchbare Daten abzugreifen. Zu einem Trusted WEB System gehört optimalerweise auch das Verfahren für ein PDS, vom Erfinder angemeldet am 12.06.2017. In dieser Patentanmeldung ist geregelt, wie im Einzelfall und nach richterlicher Verfügung eine lückenlose Überwachung möglich ist.

Alle, auch die auf lokalen Speichern oder in der Cloud gespeicherten eigenen Daten, werden über den Browser verwaltet und gefunden. Diese Daten können einzeln verschlüsselt werden. Personenbezogene Daten werden in dem Konzept weder auf dem Device, noch in einem zugeordneten PDS-Prozessor gespeichert.

Abhängig von der Eingabe in ein Suchfeld und ein Filterfeld kann genau bestimmt werden, welche Suchbegriffe in welche Suchmaschinen übergeben werden sollen. Gemäß Europapatent PCT/EP00/05225 des Erfinders, wird hierbei ein Thesaurus berücksichtigt, welcher auf Basis kleinster sinntragender Einheiten entsprechende Kategorien findet. Im Europapatent wurde jedoch noch von einem Suchfeld ausgegangen. Erfindungsgemäß kann die Sucheingabe auch weiterhin in einem Suchfeld erfolgen, wie es für die Kombination mit einer Spracherkennung sehr wichtig ist. Intern wird aber durch die erfindungsgemäßen Filtermarker ein Eingabefeld in zwei Felder aufgeteilt. Hierdurch wird gewährleistet, dass direkt die richtige Spezialsuchmaschine gefunden werden kann.

Allen Objekten wird eine ID-Nummer vergeben, welche als Nutzername in die Registrierung einer Objektseite eingegeben und mit zugeordneten automatisch generierten Passwörtern ergänzt werden kann.

Nach dem Stand der Technik ist es äußerst aufwendig, sich für alle Portale die unterschiedlichen Passwörter zu merken. Im Übrigen ist es schwierig, nach einiger Zeit den Lieferanten für ein gekauftes Produkt wiederzufinden. Erfindungsgemäß kann man beim Einkauf den Produkten Namen zuordnen. Will man bei dem gleichen Lieferanten noch einmal etwas kaufen, hat man nach dem Stand der Technik ein Problem, über einen Favoriten oder eine alte Rechnung den Lieferanten wieder zu finden.

Erfindungsgemäß wird für jeden Kauf eine Ereignisnummer generiert. Diese ist mit der ID-Nummer verknüpft. So kann man sich bei Eingabe der Ereignisnummer in das Filterfeld und Eingabe der Raute in das Suchfeld alle Produkte anzeigen lassen, die man in einem Shop gekauft hat, findet die Internetseite wieder und hat gleichzeitig alle Rechnungen und den sonstigen Schriftverkehr auf seinem eigenen Speicher im Blick, welche jemals zu der ID-Nummer angelegt wurden.

Ein solches erfindungsgemäßes System erleichtert erheblich den Arbeitsalltag, wird jedoch nur akzeptiert, wenn die Verweise, wie hier gezeigt, ohne personenbezogene Daten verwaltet werden und nur derjenige, der über den dezentral gespeicherten Browser auf einem eigenen PDS-Prozessor verfügt, auf die Verweise – so sie nicht öffentlich sein sollen – Zugriff hat oder den Zugriff einer bestimmten Gruppe (zum Beispiel Freunden) erlaubt.

Eine Gruppe von ID-Nummern kann man seinem Freundeskreis zur Verfügung stellen und freigeben. Diese können Nummern mit eigenen Namen versehen. Durch Eingabe von „Otto" im Filterfeld und „Musik" in der Suche oder „Musik von Otto" in der Spracherkennung bekommt man dann je nach Einstellung Zugang zu der Playlist oder auch zu dem Einkaufslink, wo Otto regional seine Gitarre gekauft hat. Der regionale Handel wird somit dem Onlineshop gleichgestellt.

Der PDS-Browser kann durch beliebige Applikationen, wie auf Smartphones üblich, erweitert werden. Allerdings es werden nicht nur keine personenbezogenen Daten verwendet, es wird zudem sichergestellt, dass die Applikationen keine unnötigen Berechtigungen des Datenzugriffs auf das Device besitzen.

> Über den zeitlich und auf eine Einzelaktion begrenzten Zugriff auf Schlüssel wird zudem erfindungsgemäß sichergestellt, dass zum Beispiel ein in einem fremden Kofferraum deponiertes Päckchen, wie nach dem Stand der Technik bereits angedacht, abgeholt oder für einen Produktionszeitraum einem Nutzer der Zugriff auf eine Maschine gewährt werden kann.
>
> Somit wird erfindungsgemäß zusammenfassend sichergestellt, dass Datenschutz und Datensicherheit in Zukunft kein Kostentreiber, sondern unbedingte Voraussetzung für nachhaltig erfolgreiche Geschäftsmodelle bei gleichzeitigem Schutz der Freiheitsrechte der Nutzer sind."

An dieser Stelle sollte ich noch einmal auf den Sinn und Unsinn von Updates eingehen. Ich arbeite in meinem Office mit mehreren Rechnern unter anderem einem alten XP Rechner aus den Neuzehnhundertneunzigern, der nicht mit dem Internet verbunden ist und einem relativ neuen Windows 7 Laptop mit acht Threads.

Sowohl in der Ladezeit, als auch in der Zuverlässigkeit schlägt der alte XP Rechner den neuen Rechner um Längen, obwohl auf dem Laptop auch nur wenige Standardapplikationen laufen.

Man sagt, Besuch, der länger als drei Tage bleibt, wird lästig. So geht es mir mit angeblichen Hilfsmitteln wie Optimierungstools und Virenscannern, die permanent mein ganzes System durchforsten. Das ist mir nicht nur grundsätzlich suspekt, sondern darüber hinaus auch sehr prozessorintensiv. Hätte die Softwareindustrie nicht permanent neue Systeme auf den Markt geworfen, hätten wir heute nicht so viele offene Türen. Im Prinzip möchte jeder Anbieter ein bisschen mehr Informationen als die anderen über die Bürger sammeln und so seine Macht weiter ausbauen.

Es wird sicher eine Herausforderung sein, möglichst keine Updates für den Browser anbieten zu müssen. Allerdings, wenn man in das Konzept eine Betreibergesellschaft, wie in Trusted WEB Global und Trusted WEB Regional vorgestellt, einbaut, kann man ein Anreizsystem so gestalten, dass Updates als Kostenverursacher unattraktiv sind. Sie sind mit Rückrufaktionen verbunden oder mit dem Besuch des Nutzers an einem vor dem Rechtsanwaltsbüro befindlichen Installationsautomaten. Das Senden von Updates der PDS-Software über das Internet möchte in genauso ausschließen, wie das Senden von Schlüsseln.

Als Lösung dieser Herausforderung biete ich mit dem Verfahren für einen PDS-Browser gemäß Abb. 3.3 möglichst große Technikparsamkeit an. Der PDS-Browser konzentriert sich darauf, die Verschlüsselung und Authentifizierung, sowie die Metadatenverwaltung zu übernehmen.

Das PDS [1] habe ich im letzten Kapitel vorgestellt. Der PDS-Browser ist kompromittierungssicher auf dem PDS gespeichert. Weiterer Bestandteil ist ein Mensch-Digital-Interface [3], vergleichbar einer Suchmaske in einer Suchmaschine.

Diese Teile sind zeitlos konstruiert und sollten weitgehend ohne Updates auskommen. Um den Einfallsreichtum für neue Smartphone- Anwendungen nicht zu bremsen, können beliebige Erweiterungsfunktionen über ein Application-Interface (API) [12] des PDS-Browsers als externe Apps integriert werden.

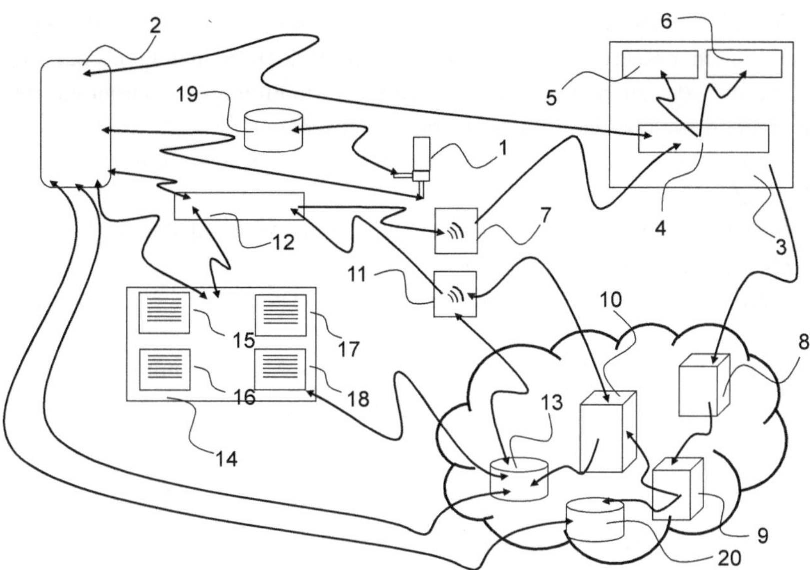

Abb. 3.3 PDS-Browser

Auch beim PDS-Browser wurde nur ein allgemeines Verfahren zum Patent angemeldet, welches unterschiedliche Anbieter ausgestalten können. Optimaler Weise wird die grafische Darstellung nicht über den PDS-Browser angeboten, sondern kann die Darstellung des Objekts [14] über die grafische Oberfläche des vorhandenen Browsers erfolgen. Der Nutzer sollte den Unterschied möglichst nur durch die Vereinfachung der Transaktionsprozesse, nicht aber durch eine neue grafische Oberfläche merken.

Im Unterschied zu einem Suchfeld bietet das Mensch-Digital-Interface aufbauend auf meinem finder-Technologie-Europapatent aus 1999 (6), ein Suchfeld [5] und ein Filterfeld [6] an. Mit dem Filterfeld wird der Suchbereich eingeschränkt. Das Suchergebnis für „Lindner" würde neben der Kategorie „Politik" auch die Kategorie „Eigennamen" anbieten.

Das Verfahren wurde in verschiedenen Applikationen umgesetzt. Die Anwendung kann man sich in einem Youtube Video ansehen (8).

Im Hintergrund laufen komplexe Regeln ab.

- Man kann nur in das Suchfeld, wie in eine normale Suchmaschine etwas eingeben und bekommt zum Beispiel bei Eingabe von „Lindner" die Kategorien „Politik" und „Eigennamen" angezeigt. Ein Klick auf die entsprechende Kategorie führt zu den eingeschränkten Suchergebnissen der angeklickten Kategorie.
- Man kann in das Filterfeld „Politik" und in das Suchfeld „Lindner" eingeben und spart sich den Zwischenschritt. Man sieht also nur die politischen Ergebnisse zu „Lindner".

- Man kann aber auch im Filterfeld „Heizung" und im Suchfeld „warm" eingeben und dadurch die einer Kategorie Heizungstechnik hinterlegte Schalteigenschaft aktivieren. Über „warm" oder auch „wärmer" wird eine Information an die autonome Regeltechnik übergeben, welche daraufhin die Heizung anschaltet.
- Ist das Filterfeld leer, so werden Kategorien in einem Kategorienserver [9] auf Basis des Suchfelds gefunden.
- Nur Filterfeld nicht leer, führt zu einer genaueren Auswahl der Suchmaschine und Übergabe des Filterworts als Suchwort.
- Nur Suchfeld nicht leer, führt zu Suchergebnissen in allen Kategorienservern.

Alternativ kann eine am Markt bereits verfügbare Spracherkennung [7] über die API in den PDS-Browser integriert werden. Spracherkennung wandelt in Text, der dann im Prozess eine Texteingabe ersetzt.

Wichtig ist, dass nicht wie bisher, alle Sätze in einer zentralen Datenbank gespeichert werden, um dem Maschinenlernen Input zu besseren Treffern zu geben. Hierdurch wird automatisch die Überwachung mit Sprachassistenten wie Alexa und Siri extrem zunehmen und KI erhalten mehr Input, als für die Menschen gut ist.

Alternativ werden nur die für die Kategorienfindung notwendigen kleinsten semantischen Einheiten mit einem Thesaurus mit der Finder-Verarbeitung [4] abgeglichen. Die Suchtexte selbst werden nicht gespeichert. Suchanfragen werden zu hinter der jeweiligen Kategorie liegenden Suchmaschinen [10] durchgeschleift. Zusätzlich werden mit den einzelnen Kategorien fest verbundenen Eigenschaften übergeben. So kann man zum Beispiel „Politik" nicht essen, aber Bücher über Politik kaufen. Diese Eigenschaften sind für den Menschen selbstverständlich, für den Computer jedoch nicht. Informationen werden auf die tausend Kategorien dezentralisiert. Eine kategorienübergreifende Profilbildung ist ausgeschlossen.

Selbst, wenn die Filterinformation, wie bei einem gesprochenen Satz, Teil nur eines Eingabefeldes ist, kann der Text mit Hilfe von

Filtermarker in [4] des finder-Servers [8] so aufgeteilt werden, als wäre er direkt, aufgeteilt in das Suchfeld und das Filterfeld, eingetragen worden.

Entweder wird über einen Webserver [13] ein Objekt grafisch angezeigt, oder über Sprachausgabe [11] über die API auf dem Smartphone wiedergegeben.

> ▶	Wenn private Daten verschlüsselt sind und hinter entsprechenden IP-Adressen liegen, gibt es keinen Grund, warum nicht alle Daten, die Daten in der Cloud genauso, wie die Daten auf dem lokalen Speicher, über die gleiche Suchmaske gefunden werden können. Es können also alle Telefonnotizen, Chats, E-Mails, Videos, Textdokumente wie Rechnungen, Bestellungen und so weiter, bei einer Suche, ohne ein spezielles Portal zu benötigen, mit durchsucht werden.

Man muss nicht mehr zum Beispiel auf Facebook veröffentlichen, sondern kann einfach Daten, die man veröffentlichen will, unter einer öffentlichen IP-Adresse abspeichern.

Über die IP-Adresse des jeweiligen Datensatzes ist es einfach möglich, alle zu einer Kategorie öffentlich gehörenden Beiträge eines anonymen Autors zu finden. In einem zweiten Schritt kann bestimmen Gruppen für in einer Kategorie veröffentlichten Beiträge sogar einem einzelnen Beitrag die Erlaubnis erteilt werden. Erfindungsgemäß geht das, indem die Datei verschlüsselt ist und der Schlüssel ohne Nutzung des WAN an die berechtigten Personen weiter gegeben wird. Dieses Sicherheitslevel ist jedoch für halböffentliche Daten zu hoch und aufwendig. Beide Kommunikationspartner sind digital anonym. Das schließt nicht aus, dass sie sich persönlich, also nicht digital, kennen. Sollte einer den anderen betrügen, könnte der Betrüger eindeutig über die IP-Adresse ermittelt werden.

Im letzten Kapitel bin ich darauf eingegangen, dass man durch einen Wechsel seiner IP-Adressen die Profilierung verhindern kann.

Konsequente Anonymisierung von Daten ist nur dann möglich, wenn selbst ein Kunde, der nur bei einem Lieferanten einkauft, für diesen nicht gläsern wird.

So bietet Amazon für die Kunden viele Vorteile durch ein umfängliches Logistikkonzept und einfache Bestellabläufe. Amazon wird sich alleine durch die starke Logistik selbst als Anbieter im Trusted WEB 4.0 behaupten können. Das ist auch gewollt. Wer eine gute Leistung bringt, soll sich in diesem Konzept gut positionieren, unabhängig davon, ob er globaler Player ist oder nicht. Aber er soll wie alle anderen leistungsgerecht bezahlt werden und nicht durch die Beherrschung der Tür zu Wertschöpfung die Wertschöpfungsverteilung an die dahinter liegenden Leistungsträger bestimmen können. Auch macht es für die Demokratie keinen Sinn, wenn die Totalitarismusschwelle alleine dadurch überschritten wird, dass Amazon in allen Bereichen die meisten Daten über alle sammelt.

Wenig zielführend ist das Ganze hin und her über die deutsche Datenschutzverordnung. Hier wird letztendlich nur um Nuancen gestritten. Ist die Totalitarismusschwelle überschritten, dann ist es völlig belanglos, wie oft jemand auf den Ja-ich-will-Button drücken muss, bis dem Recht genüge getan ist.

Wenn man also Amazon und anderen Mischwarenanbietern erlauben will, auch an diesem Trusted WEB 4.0 Konzept teilzunehmen, dann geht das nur, in dem verhindert wird, dass sie wie bisher Informationen über eine Person aus verschiedenen Bereichen miteinander verknüpfen können. Das solche Player vermehrt KI einsetzen und ihre Omnipotenz Ziele genau den Zielen entsprechen, welche ich in Abschn. 2.7 „Der Einfluss von künstlicher Intelligenz" einer generellen KI unterstellt habe, muss auch hier gelten, dass alle Daten, also auch die Nutzerprofile, in einzelne Kategorien aufgeteilt werden müssen.

Technisch ist das mit der Finder-Technologie einfach darzustellen. Je nachdem, welches Produkt gemäß Abb. 3.4 im anonymen Warenkorb liegt, wird über den Finder-Server die passende Kategorie ermittelt und die vom PDS zugeordnete IP-Nummer als Adresse verwendet.

Allerdings funktioniert das nur solange, wie keine Postadresse eingetragen werden muss. Denn die Postadresse ist ein eindeutiges Merkmal, über welches der Portalbetreiber die Personalisierung herbeiführen könnte. Die technische Realisation dieses Verfahrens wird je nach Anbieter sehr unterschiedlich ausfallen.

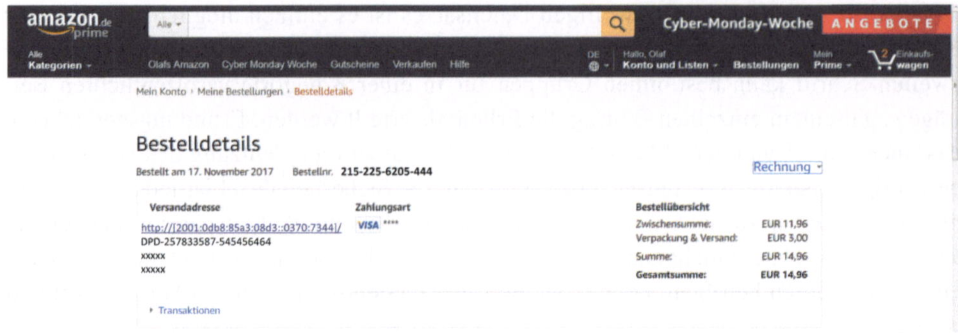

Abb. 3.4 Amazon Bestelldetails

Allgemein gehalten werden die IDs vom PDS in die Darstellung des Objekts zum anonymisierten Authentifizierung [15], Bestellen [16], Browsen [17] und Liefern [18] zusammen mit Blindtext in die entsprechenden Datenfelder eingetragen und/oder dem API zur Identifizierung zur Verfügung gestellt.

Eine besondere Herausforderung wird die Umsetzung im Zusammenspiel mit Amazon darstellen.

Bestellt wurde in diesem Beispiel ein Buch. Die Kategorie „Bücher/Druckerzeugnisse" wurde durch die Analyse der Produktbeschreibung mittels Finder-Technologie automatisch gefunden. Die zugehörige IP-V6 Adresse (10) wurde als Namensersatz eingetragen. In die Adresszeile wurde eine Objekt-ID eingetragen, die sich aus dem Lieferanten „DPD", aus einer Ereignis-ID des Belieferten und einer Trackingnummer für die Zustellung zusammensetzt. Nicht verwendete Felder werden mit Blindtext ausgefüllt.

Was wie eine einzige Bestellseite wirkt, ist schon heute ein Zusammenspiel von verschiedenen Anbietern und Datenbanken, welche während dem Bestellprozess Informationen wie die Gültigkeit einer Kreditkarte oder die Plausibilität einer Adresseingabe überprüfen.

Amazon bildet deshalb eine besondere Herausforderung in der Umsetzung, weil Amazon in verschiedensten Kategorien Waren anbietet. Außerdem ist Amazon nicht nur Händler, sondern auch Logistiker und mit Amazon Pay auch Zahlungsanbieter.

Alles aus einer Hand entspricht nicht einem Trusted WEB 4.0. Da hilft es auch nicht, wenn Amazon einen Betrugs- und Zahlungsschutz übernimmt. Damit wird zwar die direkte Transaktion abgesichert, aber nicht die Schäden, welche indirekt entstehen, wenn Informationen über Käuferverhalten von Dritten missbraucht werden.

Über das in Abschn. 3.6 „Einnahmen- und Ausgaben Abrechnungssystem mit WAN Anonymität" vorgestellte Ereignis-ID Verfahren wird die Prozesssicherheit und Anonymität insbesondere im Bezahlprozess weiter erhöht.

Sollte das PDS in Deutschland verbindlich eingeführt werden, bin ich sicher, dass Amazon einer der ersten wäre, der sich hierauf einstellen würde. Schließlich ist eine konsequent anonyme Auslieferung nur möglich, wenn auch die Auslieferung anonym erfolgt. Neben Packstationen bietet sich die Auslieferung im Kofferraum an, welche ja von Amazon sogar gepusht wird (11).

Während ich die Übergabe eines Haustürschlüssels an Amazon strikt ablehne, ist gegen den Kofferraum nichts einzuwenden. Dies gilt dann, wenn Autobesitzer gegen ein kleines Entgelt den Kofferraum auch für Sendungen von Dritten anbieten. Hierfür müssten sie jedoch auf einen Teil des Kofferraums verzichten, der über einen gesonderten elektronischen Schlüssel zu öffnen wäre. Auch müssten sie verlässliche Zeiten mitteilen, wann das Auto wo abgestellt wäre. Die Zuordnung des Lieferorts zur Adresse des Belieferten wäre so jedenfalls erheblich erschwert. Ein Beispiel hierzu ausgeführt habe ich unter Teilnahmegebühren .

Wenn man die Integration von Amazon in ein WAN anonymes System lösen kann, dann sollte die Zusammenarbeit auch mit jedem anderen Anbieter möglich sein. Amazon könnte uneingeschränkt weiterhin als ein Unternehmen in allen Bereichen agieren. Die bei zunehmender Marktdurchdringung sich derzeit festigenden Probleme mit den Kartellämtern (12) ließen sich so ebenfalls lösen. Amazon müsste nur sicherstellen, dass es zwischen den einzelnen Unternehmensdatenbanken keinen personalisierbaren Abgleich gibt.

Es sind zahlreiche Zwischenschritte notwendig, bis WAN Anonymität vollständig hergestellt ist. Bis dahin wird es für die Benutzer wahrscheinlich nötig sein, mehrmals die kompletten IP-Adressen zur erneuten Herstellung der Anonymität auszuwechseln.

Schauen wir uns die Herausforderung noch einmal im Einzelnen an.

Beschrieben wird hier ein System im optimalen Integrationszustand. Die Lieferadresse sieht etwas gewöhnungsbedürftig aus. Man könnte sich jetzt darüber unterhalten, ob man an Stelle der IP-Adresse Aliasnamen anzeigt. Ich halte das allerdings nicht für sinnvoll. Die Adresse auf dem Paket dient ja heute auch dazu, dass der Paketbote bei Abwesenheit des Empfängers das Paket beim Nachbarn abgeben kann.

Wenn aus unterschiedlichen Kategorien eingekauft wird, wird je Kategorie eine eigene Lieferung mit anderer IP-Adresse angestoßen. Das sollte für Amazon kein Problem sein, schließlich werden jetzt schon unterschiedliche Waren von verschiedenen Händlern verwaltet.

Erst beim Logistiker in einer getrennten Datenbank erfolgt die Zuordnung der Tracking-ID zum Lieferort. Im Detail werden weitere Überlegungen notwendig sein, um auch in der Logistik WAN Anonymität zu gewährleisten.

Auch der Bezahlprozess wird im Hintergrund mit dem Kreditkartenanbieter über eine sogenannte Payment-Wallet abgewickelt. Als wesentlicher Identifier gelten hier die Kreditkartennummer und die Prüfnummer.

Die Einführung des PDS mit der im Abschn. 3.6 „Einnahmen- und Ausgaben Abrechnungssystem mit WAN Anonymität" vorgestellten Ereignis-ID, wird neue Zahlungsmethoden, wie solche, basierend auf der Blockchain-Technologie, pushen. Allerdings sind solche Technologien geeignet, um sicher und überprüfbar Transaktionen durchzuführen. Da, wo personenbezogene Daten ins Spiel kommen, und das ist beim digitalen Zahlen immer der Fall, muss Blockchain mit dem PDS zusammenarbeiten. Die Anonymität des vordigitalen Bezahlens wird so in die Digitalisierung übernommen, allerdings mit der Einschränkung, dass im Rechtsverletzungsfall eine Personenzuordnung jederzeit möglich ist.

Da sowohl der Logistiker, die Gewährleistung haben möchte, dass seine Produkte ankommen, als auch der Zahlungsdienst die Bonität überprüfen will, werden je IP-Adresse Score Werte entstehen. Bereits heute wird ja schon weitgehend lückenlos das Zahlungsverhalten elektronisch erfasst. Score Werte sind solange in Ordnung, wie hier nicht Daten des persönlichen Lebens, wie die Qualität der Wohngebiets oder der Arbeitgeber mit einfließen. Genau das passiert jedoch heute schon.

Wird von einem Bürger die IP-Adresse gewechselt, so sollten Anwälte die Möglichkeit haben, in die Score Werte der Transaktionsanbieter zur alten IP-Adresse Einblick zu nehmen. So könnte ein Anwalt versichern, dass eine neu vergebene IP-Adresse dem Score Wert der nicht personalisiert bekannt gegebenen vorherigen IP-Adresse entspricht, damit nicht ein einmal erworbener guter Score Wert durch den Wechsel verfällt.

Das Kategoriensystem bietet den Vorteil, dass man sich über den PDS Browser bei Auswahl der Kategorie „Bücher/Druckerzeugnisse", ohne auf eine fremde Suchmaschine zugreifen zu müssen, alle eigenen Einkäufe in allen Shops zu dieser Kategorie anzeigen lassen kann.

Für diejenigen, die sich in bestimmten Umgebungen, wie zum Beispiel den Geschäftskontaktportalen XING oder LinkedIn bewegen wollen, ist ein Gateway zu schaffen, über welches sie sich zum Beispiel mittels eines eindeutig hinterlegten Schlüssels automatisch identifizieren können. Innerhalb dem Portal ist dann ihre Anonymität aufgehoben und sie können sich darin bewegen wie bisher. Sie müssen sich aber kein Passwort merken.

3.3   Datenschutzkonforme Verwendung von Big Data

Mit dem PDS habe ich die Herausforderung gelöst, wie der Bürger sich anonym in der digitalen Gesellschaft bewegt. Tatsächlich ist die Vernetzung komplizierter. Das Grundsystem wird über Rechtsanwälte verwaltet. Zusätzlich gibt es jedoch weitere zur Vertraulichkeit verpflichtete Berufsgruppen, die für den Bürger Dienstleistungen übernehmen, sei es ein Arzt oder auch ein Steuerberater.

Auch Drittorganisationen müssen hier eingebunden werden können.

„Die erfindungsgemäße Aufgabe besteht darin, einen Standard zu entwickeln, womit die in einem Bereich über eine organisatorische Einheit hinweg verwendeten fachspezifischen Dateninhalten getrennt von persönlichen Daten verwaltet, analysiert und an eine berechtigte Gruppe distribuiert werden können.

Im PDS-System 10 2017 005 550.5 hat der Erfinder geregelt, wie eine Gruppe von Nummern und Schlüssel über einen PDS-Prozessor vom Besitzer an einen Transaktionsanbieter direkt übergeben werden können, um mit diesem kommunizieren und transagieren zu können. Ebenfalls ist hier geregelt, wie einem Transaktionsanbieter der Zugriff wieder entzogen werden kann (13).

Erfindungsgemäß wird nun geregelt, wie eine Organisation datenschutzkonform ihre selbstständigen Organisationseinheiten einbinden, für die Organisation wichtige Daten bündeln und im Rahmen von Big Data analysieren kann. Hierfür ist erfindungsgemäß auch ein Verfahren zwischen den Organisationseinheiten und ihren Mitgliedern beschrieben, um personenbezogene Daten von den von der Organisation zu verwertenden Daten zu trennen und Notfallmeldungen der Mitglieder zu organisieren.

Als Beispiel sei das Gesundheitssystem genannt. Rechtlich und gesellschaftlich sind die Erwartungen an den Schutz personenbezogener Daten in diesem Bereich besonders hoch. Nach dem Stand der Technik bietet man ein zentrales Portal an, auf dem Daten verschlüsselt abgelegt werden. Auf diese Daten wird nach einem durch Patienten definiertes Regelwerk der Zugriff auf einzelnen Daten gewährt.

Nach dem heutigen Stand der Technik besteht das Problem, dass ein einziger gezielter Angriff auf den zentralen Datenspeicher reicht, um die Daten vieler abzugreifen. Zudem ist der Patient derzeit nicht tatsächlicher Besitzer seines Schlüssels, sondern muss sich auf die fachgerechte Verschlüsselung durch den Portalbetreiber verlassen. Ein weiterer Nachteil besteht darin, dass Daten personenbezogen oder pseudonymisiert gelagert werden, sich also jederzeit eine Rekonstruktion der Personenzuordnung allein über die auf einem zentralen Portal gelagerten Daten herstellen lässt.

Insofern wird die Aufgabe mit den Merkmalen des Anspruch 1 dadurch gelöst, dass ein dezentral aufgestellter Organisationseinheitsserver aus einem Intranetserver und einem Internetserver besteht, welche mit zwei unidirektionalen Datenverbindungen miteinander so verbunden sind, dass eine Manipulation von außen weitgehend ausgeschlossen ist.

Im Beispiel Gesundheitssystem ist die Organisationseinheit ein Arzt, der im Intranet die personenbezogenen Daten verwaltet. Jedes Quartal werden die personenbezogenen Daten sowieso durch die Chipkarte bereits heute abgeglichen.

Gemäß den Merkmalen des Anspruchs 1 und 2 wird zusätzlich über USB-Kabel kurz der PDS-Prozessor als in der Smartphonehülle eingearbeitete Smartphoneerweiterung, wie in 10 2017 005 550.5 ausgeführt, an den Intranetserver des Arztes angesteckt und erhält bei Bedarf neue IP-Nummern und Schlüssel für Datensätze. Der Patient und der Arzt können anschließend auf die gleichen Daten zugreifen. In der Cloud oder über einen Provider zur Verfügung gestellten Server sind die Daten symmetrisch verschlüsselt gespeichert. Der Provider stellt nur die Integrität und Verfügbarkeit der Daten sicher. Die Vertraulichkeit liegt in dem Händen des Arztes und des Patienten.

Dafür ist keinerlei Passworteingabe notwendig. Der Patient kann seine Dateien ohne jegliches Passwort einfach mit anderen Dateien über einen PDS-Browser gemäß 10 2017 005 806.7 suchen. Das Entschlüsseln erfolgt im Hintergrund, ohne dass die entschlüsselten Daten auf dem Smartphone selbst gespeichert werden.

Will der Patient den Arzt wechseln, so hat er gemäß 10 2017 005 550.5 und 10 2017 005 806.7 bereits die Möglichkeit, die IP-Adresse des alten Arztes, den Schlüssel und den Speicherort der ganzen Gruppe sehr einfach durch die IP-Adressen und Schlüssel des neuen Arztes auszuwechseln. Dabei werden die Daten automatisch an den neuen Speicherort verschoben. So behält der Patient die Datenhoheit über seine Daten. Die Daten selbst kann er jedoch nicht verändern.

Bestimmte IP-Adressen erhalten, vom Arzt oder automatisch, Freigaben. Diese kann der Patient mit Schlüssel an einen Dienstleister anonym weitergeben. Auf dem Speicherort des Arztes können hier zum Beispiel Protokolle von E-Health Anbietern abgelegt werden.

Im Notfall kann jeder PDS-Prozessor eine Notfalldatei senden, in welche der Patient und der Arzt relevante Daten eingetragen haben. Hierfür besitzt der Arzt einen Schlüssel. Bei Abwesenheit des Arztes oder nicht Erreichbarkeit des Organisationseinheitsservers wird automatisch der Notruf zu einem Vertretungsserver eines Vertretungsarztes umgeleitet. So kann ein Patient auch erst einmal anonym ins Krankenhaus eingeliefert werden. Zusätzlich können beliebige Smartphoneapplikationen oder Devices einen Notfall automatisch auslösen.

Gemäß den Merkmalen des Anspruchs 1 und 3 werden die Daten gleichzeitig auf einem Gruppenserver gespeichert. Im Beispiel des Gesundheitssystems kann dies der Server der Krankenkasse sein. Ein Gruppenserver vergibt jedem Arzt einen G-Einheit-Schlüssel und eine G-Einheit-Identitätsnummer, vergleichbar mit der Krankenkassenanerkennung.

Wird ein Notruf angenommen, hat der Helfer im Krankenwagen auch die Gewissheit, dass der Patient bei einer Krankenkasse versichert ist.

Auch wenn der Patient gewechselt hat, kann der Arzt noch auf eine anonyme Kopie seiner Patientendaten auf dem Gruppenserver zugreifen. Wichtig ist hierfür, dass die Datensätze so standardisiert werden, dass hier keine Kommentare wie „Wohnt bei mir um die Ecke" abgelegt werden, wodurch die Anonymität aufgehoben werden kann, wenn auch noch Geschlecht, Alter und Körperumfang in der gleichen Datei gespeichert sind.

Gemäß den Merkmalen des Anspruchs 3 können umfangreiche Datenanalysen über die anonymen Daten des Gruppenservers gefahren werden. Will man jeden Personenbezug ausschließen, so sollten nur die aus den Analysen erzeugten Metadaten, wie die Häufigkeit von Krankheitsbildern bei bestimmten Blutwerten, an Dritte für die freie Forschung weitergegeben werden."

Das hier vorgestellte Beispiel des Gesundheitssystems ist nur eines von vielen. Grundsätzlich kann das erfindungsgemäße System auf viele Arten von Verbänden, Mitgliedsorganisationen und Ähnlichem angewendet werden. Es ist von einem erheblichen Wirtschaftsschub auszugehen, wenn durch die Erfindung die derzeitigen Datenschutzrechtlichen Hemmnisse ausgeräumt werden."

Gemäß Abb. 3.5 sind mit Internetserver [3] über zwei unidirektionale Verbindungen Intranetserver [1] verbunden. Auf Intranetserver [1] werden personenbezogene Daten in Liste [14] je PDS [2] eingetragen.

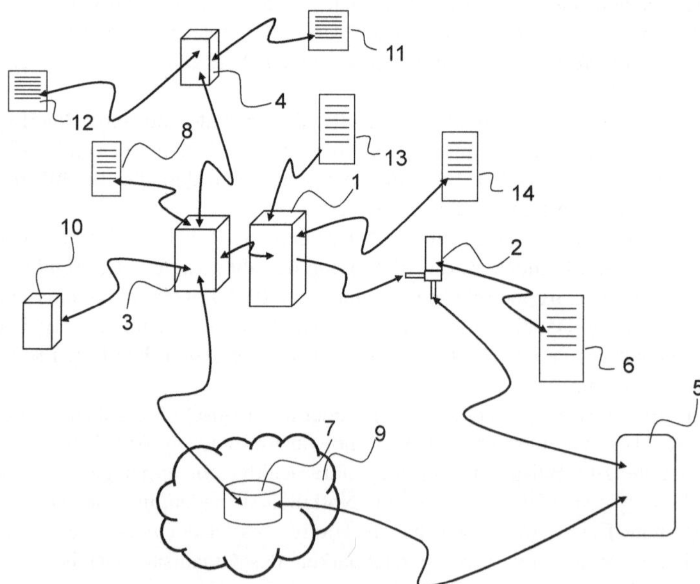

Abb. 3.5 Datenschutzkonforme Verwendung von Big Data

Soweit funktioniert beim Arzt das System genauso wie beim Rechtsanwalt. Auch beim Arzt sind die personenbezogenen Daten nur auf einem nicht mit dem Internet verbundenen Rechner gespeichert.

Bei Einstecken des USB-Kabels des PDS-Prozessors eines Patienten in den Arzt-Intranetserver werden über die nur in eine Richtung funktionierende Datenleitung über den Internetserver von einem Gruppenserver [4] bei Ausschluss der in Liste [11] eingetragenen Nummern, 100 neue Nummern durch Zufallsgenerator generiert, über eine weitere unidirektionale Leitung, diesmal in die andere Richtung zum Intranetserver übertragen und die weltweit eindeutige Adresse des Internetservers des Arztes für die fertige IP-Adresse davor gestellt, in Liste [13] gespeichert. Im Intranetserver ist eine Kategorie fest hinterlegt. Beim Arzt wäre das der Gesundheitsbereich. Ist ein Dienstleister in mehreren Kategorien tätig, so benötigt er für jede Kategorie eine eigene Infrastruktur. Zwischen den verschiedenen Intranet-Infrastrukturen darf keine Verbindung bestehen.

Ich denke, man kann den Rationalisierungseffekt, die Adresse nur einmal eintragen zu müssen, vernachlässigen. Durch diesen Aufwand wird zudem sichergestellt, dass nicht zu viele Berufsgruppen ein eigenes Trustcenter eröffnen. Grundsätzlich kann zwischen Berufsgeheimnisträgern und Amtsträgern unterscheiden werden. Grundsätzlich sollten die bestehenden rechtlichen Regelungen zum Beispiel der Dienstverschwiegenheit aufgrund von § 67 Bundesbeamtengesetz (BBG) und die Definition des schweigepflichtigen Personenkreises des § 203 StGB ausreichen, um die Befugten für die Einrichtung eines Trustcenters einzuschränken.

Im Intranetserver des Trustcenters werden 100 durch Zufallsgenerator erzeugte Schlüssel je Eintrag in Liste [13] zugeordnet, mit der Kategorie auf Liste [6] in das PDS des Klienten übertragen.

Es geht darum, dass zum Beispiel ein Patient einen Arzt wechseln kann. Er nimmt seine kompletten Daten zum neuen Arzt mit. Der vorherige Arzt behält eine WAN anonymisierte Kopie der Daten für sich und die Weitergabe an Dritte zur wissenschaftlichen Verwendung.

Lange war ich skeptisch bezüglich der Speicherung in der Cloud. Durch die dezentrale Verschlüsselung jeder einzelnen Datei gehe ich jedoch von einem hohen Sicherheitsstandard aus.

▶ Der große Vorteil der Speicherung in der Cloud bei dezentraler Verschlüsselung besteht darin, dass Urheber oder Betroffene von Daten selbst darüber entscheiden können, wer diese Daten erhält. Cloud-Provider sind dabei reine Serviceanbieter und dürfen nicht durch Geschäftsbedingungen Urheberrechte oder die Verfügungsgewalt einschränken.

Das entlastet die zur Verschwiegenheit verpflichteten Personen erheblich. So ist es Alltag, dass ein Arzt ein Gutachten schreiben soll, ohne die Unterlagen der Klinik, welche die Behandlung durchgeführt hat, zu kennen. Was bleibt, ist der gegen Datenschutzrecht verstoßende Anruf bei der Klinik und Austausch von Informationen. Dadurch steht ein Arzt permanent mit einem Fuß im Gefängnis.

Direkt beim Anlegen oder Verändern eines Datensatzes für den Klienten wird erfindungsgemäß eine Kopie mit einem Gruppen-Einheit-Schlüssel (G-Einheit-Schlüssel) verschlüsselt und dann ohne IP-Zuordnung über den Internetserver an den Gruppenserver übergeben und in Liste [12] eingetragen.

Der Gruppenserver könnte der Server einer Gruppe von Fachärzten sein oder auch ein Forschungsinstitut.

Gleichzeitig wird über den Internetserver in den Cloud Speicher der Datensatz mit Schlüssel aus dem Intranetserver und mit IP-Zuordnung gespeichert. Auf einem Smartphone [5] kann der Nutzer über sein PDS durch Zugriff auf die Liste, die Gruppendokumente aus der Cloud entschlüsselt anzeigen.

Ab 2018 wird europaweit in allen Autos das eCall System eingebaut.

„Automatisch werden die exakten Standortdaten, der Unfallzeitpunkt und auch die Fahrtrichtung übermittelt (14)."

Es fällt auf, dass die Übermittlung von personenbezogenen Daten für einen Unfall überhaupt nicht nötig ist. Tatsächlich wird das Auto jedoch ohne Trusted WEB 4.0 zum Totalüberwachungssystem (15).

Optimaler Weise kann der nächst gelegene Arzt oder das Krankenhaus auf alle medizinischen Daten des Unfallopfers zugreifen. Ein solches System ist heute auf Grund von Datenschutzbedenken nicht vorstellbar, mit Trusted WEB 4.0 aber erstmalig möglich.

Über ein Smartphone oder einen mit einem verbundenen Auto aktivierten Notruf wird auf dem PDS des Verletzten die hierfür reservierte IP-Adresse an seinen Arzt oder seine Klinik gesendet. Der Hausarzt ist so über den Unfall informiert. Das kann man dann kombinieren mit einer späteren Übermittlung der Telefonnummer des Krankenwagens.

Ist der Hausarzt nicht anwesend, hinterlegt er einen Abwesenheitsstatus auf seinem Internetserver. In diesem Fall erhält bei einem Notruf automatisch der mit seiner IP-Adresse eingetragene Vertretungsarzt vom Internetserver des Arztes den passenden Schlüssel und den Speicherort, um relevante Notfalldaten öffnen zu können.

3.4   Dezentrales anonymisiertes Kommunikationsnetzwerk

Bereits 2014 habe ich mich damit beschäftigt, ein dezentrales anonymisiertes Kommunikationsnetz aufzubauen. Optimaler Weise sind nicht nur die Daten nach Kategorien aufgeteilt, sondern Gleichgesinnte bewegen sich auch in getrennten regionalen Netzwerken.

Grundsätzlich trenne ich nicht mehr zwischen verschiedenen Kommunikationsarten. So wurde schon im Social Media Projekt getmysense (16) berücksichtigt, dass man, wenn der Autor das wünscht, diesen direkt über einen Link auf dem Artikel anrufen kann, für beide Kommunikationspartner anonym, versteht sich.

„Die erfindungsgemäße Aufgabe besteht darin, ein abhörsicheres und manipulationssicheres Kommunikationsnetz zu entwickeln, welches trotzdem für die Strafverfolgung im Einzelfall genutzt werden kann. Auch soll eine optimale Lastverteilung des Datenverkehrs gewährleistet sein.

Es ist bekannt, dass heute IP-Telefone weltweit über das Internet miteinander kommunizieren können. Ebenfalls ist bekannt, dass über den neuer IPV6 Adressraum genügend Adressen zur Verfügung stehen, um jedem Device sogar mehrere feste IP-Adressen zu vergeben. Auch gibt es die Einteilung aller Bereiche des Lebens in Kategorien, die über eine Suche verbunden werden können (siehe Europapatent des Autors EP 1 389 317 B1). Prinzipiell gibt es keinen Grund, Telefonie und Daten weiter zu trennen, da beide über das TCP-IP Protokoll kommunizieren und bereits heute über Smartphones zusammen genutzt werden können. Es gibt inzwischen Social Media Booster wie zum Beispiel das vom Erfinder entwickelte getmysense, welche ermöglichen, im Internet gefunden zu werden, ohne personenbezogene Daten von sich Preis zu geben. Nach dem Stand der Technik können über GPS und zukünftig Galileo Satelliten Positionsdaten ermittelt werden, ohne dass die Position des abfragenden Devices bekannt gemacht werden muss.

Abhören ist deshalb möglich, weil derzeit Kommunikationsnetze von jeweils wenigen Providern mit wenigen Routern/Servern betrieben werden, die alle Verbindungsdaten auf diesen Servern speichern.

Es ist ein System zu schaffen, bei dem der Aufwand des Abhörens extrem erhöht wird, weil nicht ein, sondern mehrere dezentrale Ziele kompromittiert werden müssen. Die Nutzer sollen erreichbar sein, sie sollen jedoch möglichst genau steuern können, wer sie erreichen kann.

Die Aufgabe wird durch das Verfahren mit den Merkmalen des Anspruchs 1 gelöst.

Je Kategorie wird ein Server aufgesetzt. Idealerweise sind diese Server schwer angreifbar auf der ganzen Welt verteilt. Ein Anwender ist nicht über seinen Namen, sondern zum Beispiel über ein Profil seiner bewerteten Linksammlungen (getmysense) mit einer Kategorie verbunden. Er kann optional eine Profilnummer öffentlich bekannt geben, welche ähnlich zu einer Telefonnummer genutzt werden kann. Möchte jemand mit dem Verfasser oder Bewerter eines bestimmten Beitrags Kontakt aufnehmen, so ist ihm die Kategorie und die Sprache des Verfassers bekannt. Über den passenden Kategorienserver und den passenden Sprachserver findet das System heraus, auf welchem Regionalserver der Nutzer eingewählt ist. Der Regionalserver übernimmt den Verbindungsaufbau zwischen den Kommunikationspartnern und vergibt die IP-Adressen für den weiteren Kommunikationsprozess.

Da je Kategorie auf dem Device (Smartphone) eine andere IP-Adresse verwendet wird, kann ein Nutzer entscheiden, zu der einen Kategorie Anrufe anzunehmen und zu einer anderen aber nicht.

Bei tausend Kategorien und 2500 Sprachen kann das System auf mehrere Millionen Server dezentralisiert werden. Der Aufwand eines Angriffs rechnet sich nicht mehr. Nur auf den Regionalservern, die sich im Zugriff der regionalen Justiz befinden, sind personenbezogene Daten in Form einer IP-Adresse gespeichert. Ansonsten ist es dem Anwender freigestellt, welche personenbezogenen Daten er in seinen Einträgen veröffentlichen will.

Der Verbindungsaufbau und die Lastverteilung gestalten sich optimal, da in einem Subnetz nur die Partner mit gleichen Interessen aus der gleichen Sprache in der gleichen Region miteinander kommunizieren. Das Gesamtnetz wird hierdurch erheblich entlastet, da nicht wie heute große Datenmengen über große Umwege geschickt werden.

Auch bleibt ein Subnetz erhalten, wenn wesentliche Teile des Gesamtnetzwerks ausfallen. So können sich zum Beispiel noch alle Ärzte in einer Sprache und einer Region unterhalten, auch wenn der Rest des Netzwerks ausgefallen ist (17)."

Mit dem PDS habe ich das Konzept dieser Patentanmeldung weiterentwickelt und grundsätzlich den Speicherort von Daten offen gelassen. Jedoch gibt es weiterhin viele gute Argumente, mit dem Verfahren dieser Patentanmeldung robuste regionale Netzwerke auszubauen.

Um mit möglichst geringen Kosten zwischen den Internetserviceprovidern (ISP) Daten tauschen zu können, haben sich die meisten in wenigen großen Rechenzentren in sogenannten kommerziellen Internet-Knoten, international als Commercial Internet eXchange (CIX) zusammengeschlossen. Der weltweit größte Knoten ist der DE-CIX in Frankfurt am Main (18). Insbesondere bei für alle gleichen Inhalten macht das Sinn. Will ein Kabelanbieter Fernsehinhalte von Netflix, Amazon Prime oder Maxdome anbieten, so ist es von Vorteil, alle Inhalte von allen Anbietern zentral in einem Rechenzentrum über schnelle Glasfaserleitungen untereinander und mit dem Kabel zu verbinden. Der Rechner des Kabelanbieters erhält die Inhalte in Echtzeit. Die Distribution der Inhalte zu seinem Kunden kann der Kabelanbieter selbst durch das Zwischenspeichern auf Proxy-Servern optimieren.

Wenn wir allerdings nicht nur Smartphones, sondern auch jeden Sensor vernetzen wollen, kommt es auf sehr geringe Latenzzeiten an. Mit Latenzzeiten bezeichnet man die Verzögerungszeit, bis die Reaktion eines Empfängers den Sender erreicht hat. Das Telefonieren über das Internet, auch als Voice over IP (VoIP) bezeichnet, hat schon sehr kritische Anforderungen an die Latenzzeit (19). Kleiner fünfzig Millisekunden sind anzustreben. Der Vorteil der Aufteilung in Kategorien liegt auf der Hand. Will man, wie von mir in einem Politprojekt angedacht, dezentrale Energieoptimierungsregeleinheiten miteinander kombinieren und damit die Spitzenlast des Stromnetzes reduzieren, ist es naheliegend, regional über ein getrenntes Netz zu vernetzen, also alle Kommunikationspartner unter der Kategorie Energie zusammenzufassen. Im Straßenverkehr sind die Anforderungen noch extremer. Hier gehen Experten davon aus, dass eine Geschwindigkeit von 1,2 Gigabit je Sekunde nicht ausreichen wird, um den hohen Anforderungen der Mobilität 4.0 gerecht zu werden (20). Hierbei sollte jedoch beachtet werden, dass man nach heutiger Strategie den gesamten Straßenverkehr zentral steuern will. Zu wenig untersucht wurde bisher, mit Mesh-Netzwerken (21) und autonomen dezentralen Konzepten die Verkehrskommunikation dezentral und nicht zentral zu lösen. Hierdurch würden die Latenzprobleme weitgehend wegfallen. Trusted WEB 4.0 bietet mit der Patentanmeldung gemäß Abb. 3.6 die Möglichkeit, die zukünftige Funkvernetzung komplett zu durchdenken. Im Sinne von Techniksparsamkeit sollten alle vorhandenen Funkmöglichkeiten wie auch W-LAN optimal genutzt werden und im Smartphone immer nur zu einer Funkfrequenz eine Verbindung bestehen. In diesem Zusammenhang sind auch Freifunk-Initiativen (22) zu unterstützen. Ich werde im Abschn. 4.11 „Die Produkte im Trusted WEB 4.0" erläuterten Wertschöpfungsmodell in jeder Kategorie die Möglichkeit einräumen, bedarfsgerecht Geld für den Infrastrukturausbau bereitzustellen.

Zurück zur Patentanmeldung. Auf einer Liste [1] sind in je Kategorie einem regional zuständigen Kategorien-Server [8] alle der Kategorie zugehörigen Einträge mit Sprache und Benutzernummer des Benutzers eines anzuwählenden Smartphones [3] gespeichert.

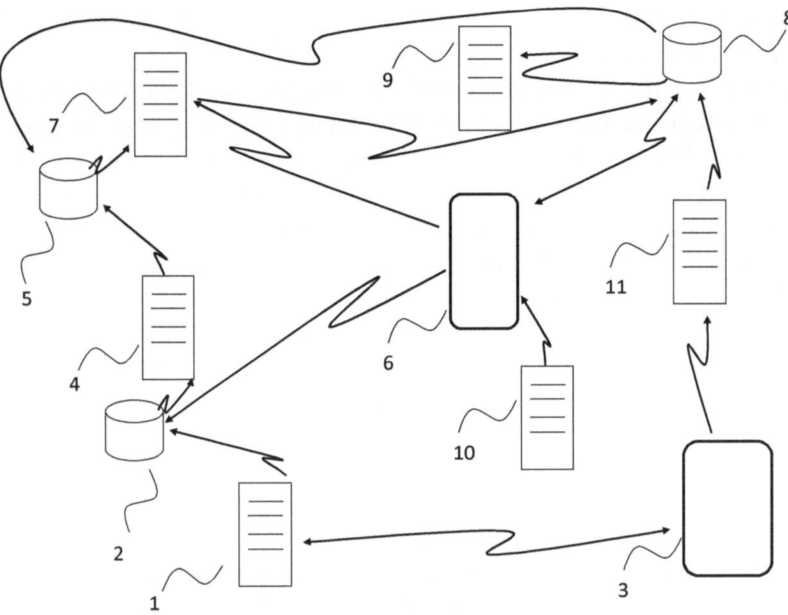

Abb. 3.6 Dezentrales anonymisiertes Kommunikationsnetz

In der Patentanmeldung habe ich nicht näher definiert, ob der Eintrag der gesamte Text oder nur ein Link zum Objekt ist. Dies gibt die Freiheit, den Text selbst weiterhin irgendwo in der Cloud zu speichern und nur den Link im Kategorienserver zu hinterlegen. Auch hier habe ich nur ein allgemeines Verfahren angemeldet. Die Umsetzung bleibt den für die jeweilige Kategorie unterschiedlichen Softwareentwicklern überlassen. Aus Latenzgründen und um die Netze möglichst effektiv zu benutzen, werden sich aber wohl in Latenz kritischen Kategorien dezentrale Cloud Speicher durchsetzen.

Der Benutzer eines anwählenden Smartphone [6] findet im Internet den Eintrag des Benutzers desjenigen anzuwählenden Smartphones, zu dem er Kontakt aufnehmen möchte. Zu dem Eintrag wird die passende Kategorie angezeigt.

Um die optimale Anonymität aufrecht zu halten, füge ich in Verbindung mit dem PDS noch ein kleines Handshake ein. Das PDS meldet sich am regionalen Kategorienserver mit der für die Kategorie im PDS hinterlegten IP-Adresse an. Der Kategorienserver hinterlegt dann bei Ausschluss bereits vergebener Kennnummern der IP-Adresse die für die Clients des Kategorienservers sichtbare Kennnummer.

Bereits dieser Teil der Anmeldung würde ausreichen, dass sich alle Ärzte in München untereinander unterhalten könnten, selbst wenn das gesamte restliche Internet zusammengebrochen ist. Man könnte eine weitere Sicherheit einbauen, in der überprüft wird, ob die Haupt-IP-Adresse richtig ist. Diese wird dem Provider vergeben, der weltweit die IP-Adressen an die Trustcenter vergibt. So können sich keine Nutzer außerhalb des Trusted WEB 4.0 Netzes anmelden.

Es geht aber nicht darum, kleine Netzinsellösungen zu bauen. Sondern das Konzept muss weltweit funktionieren.

Über eine Liste [10] auf dem anwählenden Smartphone wird die Adresse des zugehörigen globalen Kategorienservers [2] gefunden. Diese Liste kann man auf jedem Smartphone speichern. Hier ist für jede der tausend Kategorien ein globaler Kategorienserver aufgeführt. Zum Beispiel ist ein Nutzer in München und möchte wissen, was man in Krefeld im Bereich Gastronomie empfiehlt. Er gibt im PDS-Browser „Gastronomie" in das Suchfeld und „Krefeld" in das Filterfeld ein.

Dahinter kann er zum Beispiel zwischen einer generellen Suchmaschine für Krefeld wählen, welche Ergebnisse zu Gastronomie anzeigt oder er springt direkt in den regionalen Kategorienserver für Gastronomie und bewegt sich in den Einträgen.

Meine Intention bei den angemeldeten Verfahren ist es, den Entwicklern möglichst viele Möglichkeiten offen zu lassen. Aber es sollte deutlich werden, wie komplex die Anwendungen im Hintergrund werden können, ohne dass jedoch der Nutzer etwas davon merkt.

Der globale Kategorienserver routet mit dem Eintrag aus Liste [4] zu der Adresse des zur Sprache des Eintrags aus Liste [1] passenden globalen Muttersprachservers [5].

Nun gibt es eine zusätzliche Herausforderung, wenn ich eine englischsprachige Seite aufrufen möchte. Deshalb ist hinter dem globalen Kategorienserver ein Muttersprachserver als Zwischenebene eingebaut. Der Muttersprachserver fragt die auf der Welt verteilten in Liste [7] eingetragenen regionalen Kategorien-Server für diese Kategorie und Sprache ab, ob in einer Liste [9] ein Benutzer passend zur Benutzernummer aus Liste [1] vorhanden ist.

Diese Benutzernummer ist vorhanden, wenn sich das anzuwählende Smartphones mit seiner Benutzernummer auf dem regionalen Kategorienserver [8] angemeldet und somit die Kommunikation in dieser Kategorie freigeschaltet hat.

Wer über Mobilfunk im Ausland telefoniert, wird über Roaming an einen anderen Anbieter weitergeleitet. Die Provider machen bei dem inzwischen in Europa kostenlosen Roaming dann die Abrechnung unter sich aus. Wer mit VoIP über das Internet telefoniert, kann das im Rahmen seiner Datenflatrate heute schon kostenlos weltweit, solange der Gesprächspartner ebenfalls über VoIP verfügt. Derzeit ist die Datengeschwindigkeit im Mobilfunk oft noch nicht ausreichend für VOIP.

Aber das wird sich bei schnelleren Netzen bald ändern.

Bei der derzeitigen Mobilfunkvermittlung wird permanent über die Funkzellen der Standort eines Teilnehmers ermittelt. Bei jedem Telefonat wird diese Information mit übertragen. Wenn man sich zwischen zwei Funkmasten bewegt, kann sogar an der Stärkemessung ziemlich genau die Position ermittelt werden. So ist 2017 bekannt geworden, dass Google alle Standortdaten der Android-Handys auswertet (23). Diese Entwicklung habe ich 2014 vorhergesehen. Über den PDS-Browser gibt es die Möglichkeit, durch permanenten Wechsel der Kennung die Zuordnung zu einem Gerät zu verschleiern. Allerdings hat Google Android entwickelt und möglicherweise eine eindeutige Seriennummer in die Kernsoftware integriert. Absolute Sicherheit erhält man nur, wenn dem Smartphone sein Standort erst gar nicht mitgeteilt wird. Fraglich ist, ob es möglich ist, die Smartphones von der Permanentverbindung mit den Herstellern zu trennen. Erfindungsgemäß ist mit je Kategorie einer eigenen IP-Nummer gelöst, dass keine bereichsübergreifende Profilierung erfolgen kann. Dazu darf es natürlich keine dem Gerät eindeutig zuzuordnende Nummer geben.

Die Positionen der Regionalserver sind in Liste [11] auf dem jeweiligen Smartphone gespeichert. Durch Abgleich mit der Satellitenposition des jeweiligen Smartphones hat dieses sich bei dem der Region zugehörigen regionalen Kategorienserver [8] angemeldet.

Hier ist beschrieben, wie ein Smartphone seinen regionalen Kategorienserver zur Einwahl findet. Die Idee dahinter ist, dass man sich überall auf der Welt in die regionalen Kategorienserver einwählen kann. Das hört sich kompliziert an, funktioniert aber wieder für den Nutzer unbemerkt im Hintergrund. Zum Beispiel kann man Arzt suchen.

Automatisch wird mit der zur Kategorie zugehörigen IP-Adresse im passenden regionalen Kategorienserver angemeldet.

Was mir in meiner alten Patentanmeldung nicht gefällt, ist hierfür GPS zu verwenden. Auch wenn dieses nur kurz verwendet wird, reicht es aus, um den aktuellen Standort zu melden. Es müssen noch bessere Alternativen zur Wahl des richtigen Regionalservers entwickelt werden.

Der Kategorienserver stellt die Kommunikation zwischen anwählendem Smartphone und anzuwählendem Smartphone her, ohne die Adresse des jeweils anderen dem Sender und Empfänger dabei mitteilen zu müssen.

Ist bei Netzausfall das anwählende Smartphone in der gleichen Kategorie und Sprache wie das anzuwählende Smartphone auf einem Kategorienserver angemeldet, so besteht alternativ und ausnahmsweise die Möglichkeit, direkt beim Kategorienserver eine Anfrage zu stellen, ob der Kommunikationspartner hier vorhanden ist. Hierzu muss die Benutzernummer vom anzuwählenden Smartphone eingetragen sein. Ist die Benutzernummer nicht eingetragen, so stellt der Kategorienserver in diesem Fall die Anfrage an den Sprachserver und umgeht so einen ausgefallenen Kategorienserver.

3.5 Mensch-Maschine-Interaktion in Bewertungssystemen

In Abschn. 3.1 bis 3.2 habe ich Lösungen vorgestellt, wie man sich WAN anonym im Internet bewegt und seine Daten verwaltet. In Abschn. 3.3 „Datenschutzkonforme Verwendung von Big Data" habe ich gezeigt, wie man Daten als Währung der Zukunft von personalisierten Daten getrennt verarbeitet. In Abschn. 2.7 „Der Einfluss von künstlicher Intelligenz" habe ich mich damit beschäftigt, wie man eine KI einsetzt, ohne dass sie den Menschen in absehbarer Zeit beherrschen kann. Nun geht es darum, wie man eine möglichst hohe Qualität der Daten und insbesondere die hierüber für Analysen zu erstellenden Metadaten erreichen kann. Die Automatisierungseffekte der KI sollen so mit dem Menschen kombiniert werden, damit beide Seiten leistungsgerecht in die Erstellung menschengerechter Metadaten eingebunden sind.

Unter menschengerechten Metadaten verstehe ich strukturierte und unstrukturierte Daten, die von Menschen überprüfte Informationen über Merkmale der zugrundeliegenden Daten enthalten. Strukturierte Metadaten sind zum Beispiel die Kategorien, welche einer Datei zugeordnet werden. Unstrukturierte Metadaten sind beispielsweise Kommentare eines Bewerters über einen Text.

In Abschn. 3.4 „Dezentrales anonymisiertes Kommunikationsnetzwerk" habe ich ein Netzwerk, bestehend aus Kategorienservern, eingeführt.

Auch in dieser Patentanmeldung wird nur ein generelles Verfahren vorgegeben, das für die technische Ausarbeitung durch verschiedene Anbieter viele Spielräume lässt.

„Mit Priorität vom 9.6.1999 hat der Erfinder das Europapatent PCT/EP00/05225 für eine Suchmaschine angemeldet. Es ging damals darum, durch Aufnahme kleinster sinntragender Einheiten in einen Thesaurus mittels der sogenannten Finder-Technologie Sucheingaben standardisierten Kategorien zuzuordnen. Es war nach dem damaligen Stand der Technik ein erheblicher Fortschritt, da bei Yahoo manuell Kategorien zugeordnet wurden.

Die Finder-Technologie hat sich damals wegen den aus heutiger Sicht nicht erfüllten hohen Erwartungen an das Semantic Web nicht durchgesetzt. Tatsächlich gelang es dem Semantic Web nicht, dem Computer das Weltbild der Menschen näher zu bringen. Genau das geschieht, wenn hinter standardisierte Kategorien für den Computer Eigenschaften gelegt werden und alles Wissen diesen standardisierten Kategorien zugeordnet wird.

Tatsächlich greift der heutige Stand der Technik im Wesentlichen auf alte Konzepte des Maschinenlernens zurück. Die sich nun abzeichnenden Erfolge des auch als Deep Learning oder künstliche Intelligenz bezeichneten Maschinenlernens sind nicht einer technischen Neuentwicklung, sondern lediglich der ständig wachsenden Vergleichsmenge an Daten, auch Big Data genannt, geschuldet, in der eine Mustererkennung meist erfolgreiche Vergleichsmengen findet. Es ist nicht auszuschließen, dass alleine durch die Menge der zur Verfügung stehenden Daten durch Maschinenlernen in Zukunft eine technische Singularität entstehen wird. Diese Entwicklung entzieht sich dann weitgehend der Einflussnahme der Menschen. Erste Auswüchse einer solchen Fehlentwicklung sind heute schon durch Massenmanipulation von Menschen mit vollautomatisch gerankte Daten und Fake News feststellbar (24).

Die erfindungsgemäße Anmeldung baut auf das Europapatent PCT/EP00/05225 des Erfinders mit der Zielsetzung auf, Technik auch zukünftig menschlichem Handeln und gesellschaftlichen Errungenschaften zu unterwerfen.

Die erfindungsgemäße Aufgabe besteht darin, möglichst alle Daten durch eine Kombination aus menschlicher und maschineller Bewertung erheblich aufzuwerten.

Außerdem soll durch die Aufteilung aller Daten in Kategorien verhindert werden, dass eine, wie bei einer Singularität befürchtete omnipotente künstliche Intelligenz entsteht, die mit dem Menschen um die Vormachtstellung konkurriert. Solange es auf den Daten einzelner Kategorien, wie zum Beispiel die Medizin, beschränktes Maschinenlernen gibt, arbeitet eine KI den Menschen zu und kann sie nicht beherrschen.

Vertrauen ist die Voraussetzung für die Akzeptanz von Technik durch Menschen. Erfindungsgemäß sollen derzeitige Hindernisse in der Interaktion zwischen Menschen und Technik ausgeräumt werden, welche zu Misstrauen führen und so die technologische Entwicklung bremsen.

Die Entscheidungsprozesse müssen für die menschlichen Bewerter verständlich sein. Sie müssen in kleine Schritte zerlegt werden, damit insbesondere auch Bewerter mit niedriger Qualifikation in den Bewertungsprozess eingebunden werden können.

Die Erfindung betrifft eine Vorrichtung entsprechend dem Oberbegriff der Ansprüche 1 bis 4.

Über ein Device, wie zum Beispiel ein Smartphone, möchte ein Urheber seinen Beitrag veröffentlichen. Hierfür nimmt er über das Internet mit einem Bewertungsserver Kontakt auf. Er kann dabei anonym bleiben und teilt dem Bewertungserver lediglich den Speicherort der Datei im Internet und den Dateinamen mit. Die Bewertung kann auch durch einen Dritten erfolgen. Allerdings muss ein Bewerter bereits mit seiner Internet-Adresse in einem Kategorienserver der zu bewertenden Kategorie registriert sein. Er muss also zumindest durch einen eigenen Beitrag in der jeweiligen Kategorie eingetragen worden sein. Dieser Beitrag wird genauso wie alle anderen Beiträge von mindestens einem weiteren Bewerter überprüft und der Beitrag erhält durch Abgleich mit Maschinenlernen, der Finder-Technologie und hinter je Kategorie unterschiedlichen Bewertungskriterien einen Rank. Der Rank wird aus Einzelranks zur Qualität- und Quantitätskriterien gebildet. Dieser entscheidet auch über den Anzeigeplatz in dem Kategorienverzeichnis des betreffenden Kategorienservers. Der Urheber eines Beitrags, der zu einem Finder je Kategorie den besten Rank hat, wird zusätzlich als Trendsetter im Kategorienverzeichnis angezeigt.

Im Hintergrund übernimmt der Bewertungsserver die Kommunikation mit dem Finder-Server und dem Kategorienserver.

Aufgrund des veränderten Stands der Technik bei der Qualität von Maschinenlernergebnissen konnte das manuelle Verfahren zur Finder-Erstellung gemäß PCT/EP00/05225 nun erfindungsgemäß so weiterentwickelt werden, dass kleinste sinntragende Einheiten als Finder im Wesentlichen automatisch generiert werden können. In der Regel reicht der zu bewertende Dateiname eines Beitrages für die Zuordnung zur richtigen Kategorie aus. Dabei sollte der Dateiname, wie in vielen Applikationen automatisch vorgeschlagen, der Überschrift des entsprechenden Beitrags entsprechen oder eine Auflistung der relevanten Keywords enthalten.

Die Kategorien mit den zugehörigen Findern standardisieren ein für Computer und Menschen gleichermaßen verständliches Weltbild. Als Objektadressat ist der Kommunikationspartner bezeichnet, der über die jeweilige Datei zu einer Transaktion auffordert. Auch ein Computer kann auf eine solche Datei zugreifen und entsprechend unterschiedlich agieren, wenn es sich um eine Maschine, Person oder Einrichtung handelt, die hierüber erreicht werden kann. Eine Einrichtung könnte zum Beispiel ein Onlineshop sein.

Das Maschinenlernen berücksichtigt sich verändernde Ranks und Tendenzen in Big Data. Der Mensch überprüft die Ergebnisse auf Plausibilität und kann in jeden einzelnen Prozess eingreifen und die Ergebnisse verändern. Um die subjektive Sicht auf die Dinge einzelner Bewerter zu relativieren, werden solange weitere Bewerter eingebunden, bis der je Kategorie festgelegte Prozentsatz gleicher Bewertungen erreicht ist. Aus der Anzahl der vom endgültigen Ergebnis abweichenden und übereinstimmenden Bewertungen wird ein Bewerterrank gebildet. Der Bewerterrank regelt, in welcher Reihenfolge Bewerter in die Bewertung eingebunden werden. Bewerter mit einer geringeren Fehlerquote sind seltener und wertvoller als andere. Deshalb werden sie zu einer späteren Zeit eingebunden, wenn es unterschiedliche Bewertungsergebnisse gibt und entsprechend schwierigere Entscheidungen erwartet werden.

Auch das Identifizieren auf rechtlicher Grundlage zu löschender Beiträge ist geregelt. So wird wieder im Abgleich zwischen Maschinenlernen, Finder-Technologie und menschlicher Kontrolle ein Lösch-Rank erstellt und gegebenenfalls ein Eintrag im Kategorienverzeichnis nicht mehr angezeigt."

Das Gesamtkonzept ist sehr komplex. Die Patentansprüche Abb. 3.7 gemäß umfassen zehn Seiten. Im Folgenden wird das System nicht ins letzte Detail erklärt, sondern ich bemühe mich, nur soweit in die Tiefe zu gehen, wie ich allgemeinverständlich bleiben kann.

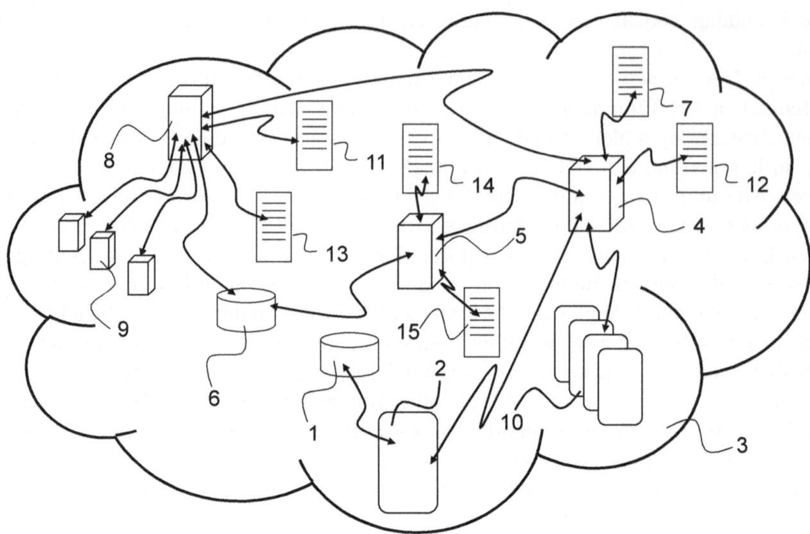

Abb. 3.7 Mensch-Maschine-Interaktion in Bewertungssystemen

Das Verfahren bezieht sich nur auf beim Speichern über das PDS als öffentlich definierte Daten oder im klassischen offenen Internet verfügbare Daten. Es ist unerheblich, ob die Daten über einen eigenen Server oder in der Cloud abgespeichert werden. Beides wird als Speicher [1] im Internet [3] bezeichnet. Wenn in einem PDS bereits eine Kategorie zugeordnet wurde, kann sie mit dem Dateinamen über ein Device [2] – in der Regel ein Smartphone – an einen Bewertungsserver [4] in Liste [7] zwischengespeichert werden. Grundsätzlich soll das Verfahren aber alle neuen Daten erfassen. Eingebunden werden können alle Speicher, die das Speichern von neuen Daten einem Bewertungsserver mitteilen. Damit das nur zur Veröffentlichung gedachte Daten sind, sollten private Daten an anderer Stelle als zur Veröffentlichung gedachte Daten gespeichert sein.

Geht man von der Einführung des Digital-Bürgergelds aus, wie in Abschn. 4.11 „Die Produkte im Trusted WEB 4.0" näher ausgeführt, so kann ein Vergabesystem vorgeschaltet werden, welches grundsätzlich den Grundeinkommensempfängern eine bestimmte tägliche Mindestanzahl von zu bewertenden Dateien vorlegt. Hierzu habe ich Näheres im Leistungssystem unter Abschn. 3.6 „Einnahmen- und Ausgaben Abrechnungssystem mit WAN Anonymität" definiert. Die Devices der Bewerter [10] können auch Smartphones sein. Grundsätzlich lässt das Verfahren offen, ob eine Erstbewertung über das Device des Erstellers [2] oder das eines dritten Bewerters [10] gemacht wird.

Erst geht es darum, jedem erstellten Text die richtige Kategorie zuzuordnen und darüber den passenden Kategorienserver [8] zu finden.

Die gesamte Bewertungskommunikation findet über den Bewertungsserver statt.

Entweder werden nach dem bereits patentierten Finder-Technologie- Verfahren in Liste [14] auf einem Finder-Server [5] Kategorien zugeordnete Finder gefunden. Dann werden die passenden Kategorien zur weiteren Einschränkung in einem Device angezeigt. Hier wird vom Anwender die passende Kategorienauswahl getroffen. Diese wird in Liste [7] auf dem Bewertungsserver eingetragen.

Was hier in einem Satz zusammengefasst ist, hat in der Entwicklung mehrerer Projekte zirka sechzigtausend Mannstunden gekostet, wie in der GISAD Projektliste (25) dokumentiert ist.

Um die Kategorien zu definieren, wurden Bibliothekssystematiken analysiert und die Haupteinkaufsstraßen der sechzig größten deutschen Städte komplett mit Dienstleistungen und Handelsbereichen erfasst. Hieraus wurden die Kategorien gebildet. Um die kleinsten sinntragenden Finder zu erstellen, wurde der erste Thesaurus komplett manuell erstellt. Dann wurden über eine Million Sucheingaben halbautomatisch auf richtige Zuordnung überprüft, natürlich ohne personenbezogenen Daten zu speichern.

Schließlich war der Thesaurus für die deutsche und große Teile der englischen Sprache fertiggestellt. In dem meisten Fällen erfolgte bei Suchanfragen bereits automatisch die richtige Kategorienzuordnung. Dann entstand die Idee, nicht wie bei Google, in zirka hundertsiebzig Sprachen präsent zu sein, sondern durch Einbindung der Nutzer alle zirka zweitausendfünfhundert geschriebenen Sprachen zu erschießen. Das Projekt getmysense (16) wurde als Pilot auch fertiggestellt, allerdings waren die Aufwände, es gegen die permanenten gezielten Angriffe aus dem Internet Online zu halten, zu groß. Deshalb musste das Projekt aufgegeben werden. Will man ein solches Bewertungsportal aufsetzen, so muss es von Anfang an mit einem vergleichbaren Aufwand geschützt werden, wie heutige höchst sichere Bereiche des Staates.

Inzwischen ist die Entwicklung von künstlichen Intelligenzen so weit fortgeschritten, dass die für den Anwender mit einem Lernaufwand verbundene, in getmysense vorgesehene Finder-Erstellung nicht mehr nötig ist.

Ist im Thesaurus ein Finder noch nicht eingetragen, so kann ein Maschinenlernprogramm entwickelt werden, welches mit hoher Wahrscheinlichkeit neue Finder über den in Liste [15] eingetragenen Suchtext in Abgleich mit Big Data [6] identifiziert. Auch hier ist eine manuelle Kontrolle der im Device angezeigten Kategorienvorschlagsliste vorgesehen. Gemäß dem im Thesaurus vorhandenen Finder wird nach Auswahl der Kategorie diese im Bewertungsserver eingetragen und so der passende Kategorienserver gefunden.

Auf jedem Kategorienserver sind Kategorie spezifische Metadaten abgelegt:

- Je Kategorie ist ein Objektadressat definiert (Maschine, Person oder Einrichtung).
- Je Kategorie ist ein Objektcharakter mit mindestens einer eindeutige Eigenschaften (z. B. Energieverbraucher, essbar) definiert.
- Je Kategorie ist ein Objektcharakter mit eindeutigen Qualitätskriterien definiert (z. B. Anzahl positiv bewerteter Einträge in der jeweiligen Kategorie, von mit hoher Qualität bewerteten Bewertern).
- Je Kategorie ist ein Objektadressat mit eindeutigen Quantitätskriterien definiert.
- Je Kategorie ist hinterlegt, wie viele Bewertungsdurchgänge erfolgen müssen, bis eine Bewertung eingetragen wird.

Über diese in Liste [13] auf dem Kategorienserver abgelegten Metadaten werden Vorschläge zum Objektadressat in einem Device angezeigt, manuell bestätigt und dann in der Liste auf dem Bewertungsserver eingetragen.

Ist eine Bewertung fertiggestellt, werden diese Informationen vom Bewertungsserver an den jeweiligen Kategorienserver übergeben und hier in eine Verzeichnisliste [11] mit der Angabe des Speicherorts eingetragen.

Alle Metadaten einer Kategorie finden mit Qualitäts- und Quantitätskriterien und den hinter der Verzeichnisliste verlinkten Informationen, unter Einbeziehung anderer Kategorienserver der gleichen Kategorie [9], Berücksichtigung bei dem automatischen Vorschlag für einen Qualitätsrank und Quantitätsrank.

Daraus wird zusätzlich ein Gesamtrank im Bewertungsserver eingetragen.

Ähnlich wird auch ein Löschrank für strafbare Inhalte erstellt. In Abgleich mit als kritisch markierten Findern und mit Maschinenlernen von Big Data Quellen wird ein Löschrank zugeordnet oder direkt ein Datensatz zum Löschen markiert.

In diesem Verfahren gibt es einen grundsätzlichen Unterschied zu den automatischen Verfahren von Suchmaschinen. In dem halbmanuellen Verfahren werden Finder definiert und Metadaten erstellt, die zur Einschränkung und erheblichen Minimierung von Fehlern für die automatische, auch durch eine KI durchführbare Analyse dienen.

In einem dritten Schritt werden die nun automatisch verarbeiteten Daten noch einmal manuell kontrolliert. Manipulationen von Suchergebnissen, wie sie zum Beispiel durch Google-Bombe oder auch Suchmaschinen-Spamming möglich sind, werden weitgehend ausgeschlossen.

Abhängig von der vom jeweiligen Kategorienserver übergebenen Anzahl von Bewertungsschritten werden die Einträge solange von in Liste [13] eines passenden Kategorienservers eingetragenen Bewertern, mit steigendem Bewertungsrank, aktualisiert in Liste [12] des Bewertungsservers gespeichert und über ein weiteres Bewerterdevice geprüft, bis die erwartete prozentuelle Übereinstimmung erreicht wurde.

Jeder Bewerter muss sich in der von ihm bewerteten Kategorie durch einen eigenen erstellten Beitrag bewährt haben. Eine unterschiedliche Anzahl von Durchläufen je Kategorie ist wichtig. So würden vielleicht in einer Kategorie Lifestyle drei Durchläufe reichen, während es in einer juristischen oder medizinischen Kategorie zehn Durchläufe sein sollten.

Es kann auch bei diesem Verfahren keine Garantie für eine richtige Bewertung gegeben werden. Aber auf jeden Fall ist die Qualität der erzeugten Metadaten wesentlich höher, als es die willkürlich von Seitenbetreibern vorgegebenen und nicht überprüften Metadaten für Web Crawler von Suchmaschinen jemals leisten könnten.

Erst wenn der Bewertungsprozess abgeschlossen ist, wird der Beitrag mit Metadaten in die Verzeichnisliste des Kategorienservers eingetragen. Die nicht mehr benötigten Daten werden dann aus dem Bewertungsserver gelöscht.

Daten und Metadaten könnten öffentlich ins Internet gestellt werden. Eine automatisierte Übergabe der Trusted WEB 4.0 Metadaten in die Head Information einer HTML-Seite ist möglich. Die Frage ist, ob dies marktpolitisch gewollt ist, da hierdurch auch die

Qualität des normalen Internets aufgewertet würde. So würden auch Web Crawler wie bisher diese hochwertigen Metadaten durchsuchen können.

Der Nutzer hat insbesondere in der Anfangszeit keinen Nachteil durch Trusted WEB 4.0. Gegebenenfalls kann Trusted WEB 4.0 auch selbst Web Crawler einsetzen, die lediglich die Funktion haben, im normalen Internet festzustellen, dass eine neue Datei erstellt wurde. Diese könnte dann automatisch an die Bewerter-Pipeline übergeben werden. Alternativ könnten die hochwertigen Metadaten auch über Dateien des normalen Internets nur innerhalb des Trusted WEB 4.0 zur Verfügung stehen und Links zu den verknüpften Dateien im normalen Internet nur mittels PDS erreichbar sein. Nach und nach werden die Nutzer sich nur noch im Trusted WEB 4.0 bewegen, weil sie sich hier auf die Daten verlassen und anonym bleiben können.

Um das komplexe System zu verstehen, ist es sinnvoll das Bewertungssystem einmal in seine Prozesse zu zerlegen:

- Zuordnung zu einer Kategorie
- Automatischer Vorschlag mittels finder-Technologie und Abgleich von Clustern in Big Data.
- Manuelle Auswahl aus einer Vorschlagsliste oder keine passenden Ergebnisse.
- Manuelle Eingabe von Keywords für einen neuen automatischen Vorschlag mittels Finder-Technologie und automatischer Abgleich von Clustern in Big Data.
- Und/oder Wörter ohne Finder.
- Halbautomatischer Eintrag in der finder-Liste durch die Suche nach der kleinsten sinntragenden Einheit durch Abgleich mit Big Data.
- Zuordnung zu einem Objektadressat
- Automatische Vorschlagsreihenfolge gemäß Häufigkeit des Objektadressat in der jeweiligen Kategorie.
- Manuelle Auswahl aus der Vorschlagsliste.
- Zuordnung einer Objekteigenschaft
- Automatische Zuordnung einer Grundeigenschaft, zum Beispiel bei Information der Grundeigenschaft „lesbar".
- Zuordnung einer Qualitätseigenschaft
- Automatischer Vergleich des Inhalts über KI mit anderen vergleichbaren Inhalten innerhalb der Kategorie und Wertung nach Höhe der Abweichung nach unten oder nach oben.
- Automatische Messung von erfolgreichen Transaktionen mit vergleichbaren Inhalten.
- Automatische Erstellung eines Qualitätsranks.
- Zuordnung einer Quantitätseigenschaft
- Automatische Messung der Länge von Beiträgen mit vergleichbaren Inhalten innerhalb der Kategorie.
- Automatische Messung der Anzahl der positiven Kommentare mit vergleichbaren Inhalten innerhalb der Kategorie.
- Automatische Erstellung des Quantitätsranks mit Abschlag an die Anforderung an positive Kommentare bei längeren Beiträgen innerhalb der Kategorie.

- Definition zu löschender Inhalte
- Automatischer Vergleich von Beiträgen mit vergleichbaren Inhalten in als zu löschen identifizierten Beiträgen in allen Kategorien.
- Automatische Addition der identifizierten Beiträge mit Löschantrag.
- Messung des Finder-Ranks
- Automatische Messung der Häufigkeit für jeden im Text verwendeten Finder in Beiträgen mit vergleichbaren Inhalten innerhalb der Kategorie.
- Gesamtauswertung
- Automatische Anzeige der Kategorie und des Inhalts, mit Markierung der Wörter, die mit Findern hinterlegt sind und Link auf die anderen in der Kategorie mit den Findern verknüpften Beiträge.
- Automatische Anzeige des gewählten Objektadressat mit Möglichkeit, den Objektadressat manuell zu ändern.
- Automatische Anzeige der gewählten Objekteigenschaft mit Möglichkeit, die Objekteigenschaft manuell zu ändern.
- Automatische Anzeige des gewählten Qualitätsranks mit Möglichkeit, den Qualitätsranks manuell zu ändern und zu kommentieren.
- Automatische Anzeige des gewählten Quantitätranks mit Möglichkeit, den Quantitätrank manuell zu ändern und zu kommentieren.
- Automatische Anzeige Addition ähnlicher Beiträge mit Löschantrag, mit der manuellen Möglichkeit, ähnliche Beiträge und die Löschkommentare zu sehen.
- Manuelle Möglichkeit, den Beitrag zum Löschen zu markieren und zu kommentieren.
- Automatische Anzeige des FinderRanks und manuelle Möglichkeit, diesen zu ändern und kommentieren.
- Überprüfung
- Automatische erneute Anzeige, optimal bei einem anderen Bearbeiter, wenn eine Vorgabe verändert wurde.
- Automatische erneute Anzeige bei mehreren Bearbeitern, wenn ein Beitrag zum Löschen kommentiert wurde.
- Endkontrolle
- Automatische erneute Rückgabe an einen anderen Bearbeiter solange, bis der für die Kategorie hinterlegte Prozentsatz an gleichen Bewertungen erreicht wurde.
- Für die zu löschenden Inhalte ist ein weiterer Prozentsatz mit höherer Erwartung an Übereinstimmung festgelegt.

3.6　Einnahmen- und Ausgaben Abrechnungssystem mit WAN Anonymität

In den in Abschn. 3.1 bis Abschn. 3.4 „genannten Patentanmeldungen hat der Erfinder Verfahren zur WAN Anonymität entwickelt. Das bedeutet, dass über das Wide Area Network die personenbezogenen Daten nicht zur Verfügung gestellt werden. Trotzdem kann im Einzelfall nach richterlicher Verfügung die Anonymität aufgehoben werden.

Durch den nunmehr zu erwartenden verbreiteten Einsatz der Blockchain Technologie werden umfangreiche einer Person zuzuordnende Transaktionen öffentlich einsehbar und langfristig gespeichert. Der Erfinder befürchtet, dass hierdurch über Jahre eine so intensive Profilbildung erfolgt, dass WAN anonyme Speicherung von Personendaten alleine nicht reicht, um Anonymität im Internet aufrechtzuerhalten. Immer neue Verfahren werden zur Pseudonymisierung in Blockhain eingesetzt. Sollte es technisch gelingen, in Konzepten wie Blockchain eine echte Anonymität herzustellen, bleibt das Problem bestehen, dass sich völlig anonyme Systeme dem Zugriff des Staates entziehen und somit der Gefahr unterliegen, verboten zu werden (27).

„Die Erfindung betrifft eine Vorrichtung entsprechend dem Oberbegriff der Ansprüche 1 bis 5.

Die erfindungsgemäße Aufgabe besteht darin, ein System zu entwickeln, in welchem der gesamte Transaktionsdurchlauf über mehrere Prozesse hinweg durch eine ID begleitet wird, die im Einzelfall und nach richterlicher Verfügung einem vom WAN getrennten Personendatensatz zugeordnet werden kann. Gleichzeitig wird ein digitales Buchhaltungssystem eingeführt, welches das automatische Abführen von pauschalen Sozialabgaben und Steuern ermöglicht und das Kontieren für den privaten und Unternehmensbereich teilautomatisiert.

Im PDS-System 10 2017 005 550.5 hat der Erfinder geregelt, wie IP-Adressen und Kategorien von einem Trustserver auf einen PDS-Prozessor übergeben werden und auf dem PDS-Prozessor einander zugeordnet werden.

Nach dem Stand der Technik besteht zumindest in Europa eine hohe Standardisierung von Kontenrahmen für die Buchführung. Je Wirtschaftszweig gibt es unterschiedliche Kontenrahmen. Auch, wenn Kontenrahmen an die Erfordernisse eines Unternehmens individuell angepasst werden können, werden in der Regel standardisierte Kontenrahmen mit einer standardisierten Standardkontorahmenbezeichnungen verwendet und nur auf der Ebene der Kontenart verändert. Erfindungsgemäß sind auf einem Trustserver je Kategorien die zugehörige Standardkontorahmenbezeichnung, Kontenklasse, Kontengruppe und Kontenart, sowie ein je Trustcenter allgemeingültiger öffentlicher asymmetrischer Schlüssel hinterlegt und werden, wie in 10 2017 005 550.5 erläutert, auf den PDS-Prozessor übergeben.

Erfindungsgemäß wird auf dem PDS-Prozessor jeder Transaktion eine Konteninformation zugewiesen. Wird über den PDS-Prozessor zum Beispiel etwas auf einem Portal bestellt, so ist dies möglicherweise ein steuerlicher Aufwand, der als Kosten abgesetzt werden soll. Portale, die an diesem System teilnehmen wollen, werden erfindungsgemäß verpflichtet, nicht nur jedem Produkt eine eigene Kostenart zuzuordnen, sondern darüber hinaus auch alle anderen Standardkontorahmen, die im Liefergebiet eines Portals in der jeweiligen Kategorie verwendet werden, vorzuhalten. Zusätzlich sind alle passenden Kontenarten der verschiedenen Standardkontenrahmen, mit ihren Kompatibilitätsbeziehungen zueinander, verknüpft hinterlegt. Erfindungsgemäß wird durch ein Handshake mit dem Portal die Übereinstimmung mit Standardkontorahmen des PDS-Prozessors überprüft. Gegebenenfalls kann der Anwender manuell eingreifen und eine eigene Kontenart mitteilen.

Ist die Kontenvoraussetzung für eine Transaktion ausgehandelt, wird in der entsprechenden Kontenart eine fortlaufende Ereignisnummer im PDS-Prozessor eingetragen. Das entspricht den Buchführungsvorschriften, zum Beispiel Rechnungen fortlaufend zu nummerieren. Für eine in der Transaktion erfindungsgemäß verwendete ID wird als Head-Information die Länge der Ereignis-ID, die Länge der IP-Adresse, eine die private Kontenklasse, Kontengruppe und Kontenart definierende Zahl und eine zufallsgenerierte Versatznummer hintereinander gestellt. Hat eine Versatznummer zum Beispiel den Wert 0, werden erfindungsgemäß in eine Bodyinformation zuerst die Ereignis-ID und dann die einer Kategorie zugehörige IP-Adresse hintereinandergestellt. Hat eine Versatznummer zum Beispiel den Wert 5, werden erst 5 Stellen der IP-Adresse, dann die Ereignis-ID und dann die restlichen Stellen der IP-Adresse hintereinandergestellt. Head- und Body-Information werden anschließend mit dem öffentlichen Schlüssel des Trustservers verschlüsselt. Diese verschlüsselte Information kann bei rechtlichem Bedarf, wie in 10 2017 005 550.5 beschrieben, an den Intranetserver des Trustcenters übergeben werden und hier mit dem nur hier vorliegenden privaten Schlüssel erfindungsgemäß entschlüsselt werden. Diese verschlüsselte Information wird also zum Beispiel in einer Blockchain-Datei öffentlich gespeichert für eine Zahlung verwendet. Wenn im PDS-Prozessor eine von einem Standardrahmen abweichende Kontoklasse verwendet wird, so wird diese nur im verschlüsselten Teil verwendet. Weitere Informationen, die nicht zur Identifizierung führen können, werden in einem nicht verschlüsselten Teil der ID abgelegt. Sinnvoll ist hier ein Zeitstempel, möglicherweise auch die Kontenklasse, wenn öffentlich sichtbar sein soll, dass es sich um eine Ertrags- oder eine Erlöskontentransaktion handelt. Für die Funktion des erfindungsgemäßen Verfahrens ist im nicht verschlüsselten Teil die IP-Adresse des Trustservers(Trust-IP) erforderlich. Neben der Entschlüsselung des verschlüsselten Teils der ID hat das Trustcenter erfindungsgemäß auch die Aufgabe, die Kommunikation mit einem Portal zu verschleiern, wie das nach dem Stand der Technik zum Beispiel im Tor-Netzwerk möglich ist. Das Portal erhält also nur die Trust-IP des Trustservers, nicht aber die IP-Adresse, unter der sich das Device verbindet, welches über den PDS-Prozessor angesteuert wird. Wenn man, wie bisher mit Kreditkarte bezahlen will, sind zusätzlich zu der ID noch die IBAN zur Identifizierung der Bank oder die Kreditkartennummer nötig. Der Payment-Wallet-Anbieter muss also die ID als Ersatz für den Namen akzeptieren. Bank-Informationen sind nicht Bestandteil der ID, sondern werden gesondert vom PDS-Prozessor übergeben. Die Bank muss die ID als Ersatz für den Namen akzeptieren. In dem Zuge, in dem anonyme Kryptowährungen weiter zunehmen, werden Banken hierzu bereit sein.

Wenn die Kontenart zwischen Anbieter auf einem Portal und Kunde mit dem PDS-Prozessor abgeglichen wird, ist es sinnvoll, auch gleich die Kontierung zu automatisiert. Die Kontierung auf dem Portal ist Stand der Technik und bereits mit verschiedenen Softwareprodukten mit Schnittstellen zu Buchhaltungsprogrammen umsetzbar. Nicht geregelt ist derzeit hingegen die automatische Kontierung im Privatbereich und bei vielen Freiberuflern. Erfindungsgemäß wird automatisch je neuer Kontoart vom PDS-Generator ein Konto in einer Kontobuchdatei angelegt. In 10 2017 005 550.5 wurde bereits geregelt, wie eine Datei mit einem symmetrischen Schlüssel vom PDS-Generator verschlüsselt wird und dass der Schlüssel ohne WAN Verbindung an einen oder weitere Personen übergeben werden kann. Erfindungsgemäß unterscheidet sich eine Kontobuchdatei von einer normalen Datei dadurch, dass es sich um eine Datenbank handelt, in der neue Einträge fortlaufend mit der Ereignis-ID nummeriert werden. Da ein Konteneintrag erfindungsgemäß automatisch nach einer abgeschlossenen Transaktion erfolgt, gibt es keinen Anlass, einen einmal erstellten Eintrag abzuändern. Es wird eine technische Vorkehrung getroffen, dass vorhandene Einträge weder überschrieben, noch gelöscht werden können. Der Inhaber des PDS-Prozessors kann den Schlüssel wahlweise an einen Steuerberater, einen Buchhaltungsdienstleister oder das Finanzamt weitergeben. Da hier auch alle privaten digitalen Transaktionen aufgenommen werden, ist der Steuerberater in der Regel derjenige, der einen Schlüssel erhält und die endgültige Kontierung übernimmt. Der erfindungsgemäße Vorteil liegt darin, dass keine Kosten vergessen werden, die steuerlich geltend gemacht werden können. Wichtiger wird das Kontobuch im privaten Bereich, wenn es um steuerliche Einnahmen geht. Pauschale Abgabemodelle für Sozialversicherungen und Steuern werden sich bei zunehmender Digitalisierung durchsetzen. Auch hier ist es sinnvoll, wenn die Abgaben nicht vom Steuerpflichtigen, sondern vom Arbeitgeber direkt abgeführt werden. Das erfindungsgemäße Verfahren berücksichtigt ein Leistungssystem, welches die Leistungen erfasst. Unabhängig, ob der Leistungserbringer selbstständig oder angestellt tätig ist, ist es sinnvoll und erfindungsgemäß geregelt, wenn das Leistungssystem eine Kontenart vorgibt, die wiederum mit dem PDS-Prozessor abgeglichen wird und als Bestätigung eine automatisch ausgestellte Rechnung vom PDS-Prozessor an das Leistungssystem gesendet wird. Bei entsprechender Standardisierung der Kontenrahmen ist die komplette vertragliche Abwicklung automatisierbar. Erfindungsgemäß ist es möglich, anonym Leistungen zu erbringen und abzurechnen und trotzdem bei Verdacht der Steuerhinterziehung die Anonymität über den Trustserver aufzuheben. Insofern ist das erfindungsgemäße Verfahren eine ideale Erweiterung von 10 2017 007 331.7, einem Leistungssystem, in dem Kleinstbeträge vergütet werden sollen, was so mit dem Stand der Technik nicht möglich ist. Auch Leistungsereignisse werden wiederum in ein entsprechendes Konto mittels des PDS-Prozessors eingetragen."

Abb. 3.8 zeigt ein Ausführungsbeispiel der Erfindung.

Von Intranetservers [1] wird an PDS [2] ein öffentlicher asymmetrischer Schlüssel,1000 Kategorien mit Kontoklasse, Kontengruppen, Kontenart und 1000 IP-Adressen in Liste [10] eingetragen. In [2] werden IP-Adressen zufällig den Kategorien zugeordnet. Zusätzlich werden nun weitere Informationen bei der Erstinstallation aufgenommen. Es entsteht also keinerlei Mehraufwand für den Nutzer.

Je Kontenart, Kategorie und Ereignis wird fortlaufend nummeriert, in [2] eine Ereignis-ID in Liste [11] mit zufallsgenerierter Versatznummer eingetragen. Da alle Informationen von Nutzern eines Trustcenters mit dem gleichen Schlüssel verschlüsselt werden, wird die Versatznummer als zusätzliches Merkmal eingeführt, damit nicht durch die Vielzahl des verschlüsselten Materials doch Kriterien entstehen, über welche sich der öffentliche Schlüssel entschlüsseln lässt. Die Konteninformationen mit passender IP-Adresse aus [10] werden mit Ereignis-ID, Ereignis-ID-Länge und Versatznummer aus [11], entsprechend der Versatznummer versetzt mit dem Schlüssel verschlüsselt, in [2] zur ID generiert. Ein

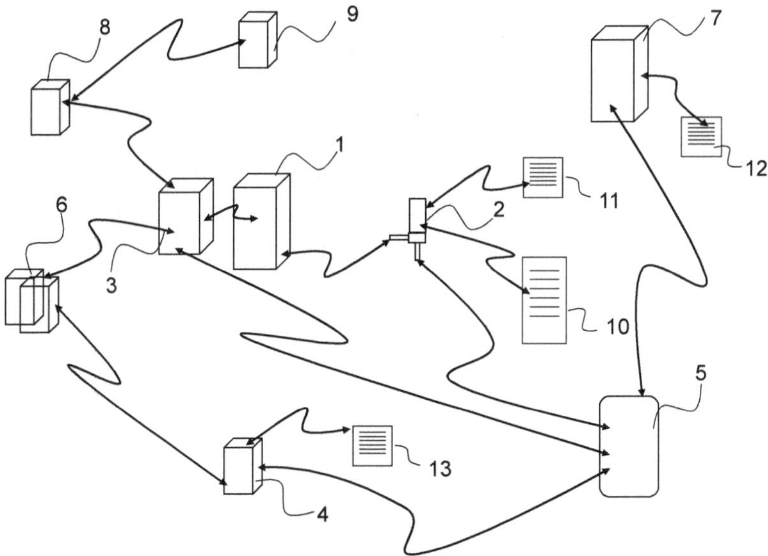

Abb. 3.8 Einnahmen- und Ausgaben Abrechnungssystem

Ereignis wird von Leistungssystem [4] über [5] mit Kontenart mitgeteilt und von [2] eine Rechnung mit ID, Trust-ID, Kategorie und Kontenart quittiert. [4] führt gemäß in Liste [13] zur Kontenart hinterlegten Abgaben über die TUST-IP zu den zu [3] regional passenden Empfängern [6] ab, die über Internetserver [3], mit privatem Schlüssel in [1] entschlüsselt, persönliche Daten manuell erhalten können. Das Bürgerbeteiligungsportal ist ein solches Leistungssystem. Die verschiedenen unter Abschn. 4.11 „Die Produkte im Trusted WEB 4.0" vorgestellten Grundeinkommensarten können hierüber abgerechnet werden. Auch hier gilt wieder, nur nach Prüfung durch den eigenen Rechtsanwalt werden personenbezogene Dateien preisgegeben.

Auf Kontenbuch [7] wird von [2] je Ereignis in passendes Konto [12] eingetragen. Es ist sinnvoll, immer gleichzeitig eines oder mehrere Kontobücher zu führen. Über das Standardverfahren des PDS gemäß Abschn. 3.1 „Persönliches digitales System" kann eine solche Datei mit einem eigenen Schlüssel versehen werden. So ist sichergestellt, dass man private Ausgaben in ein Kontobuch eintragen lässt, welches nur im privaten Zugriff ist und ein zweites, welches in einem gemeinsamen Zugriff mit einem Steuerberater ist.

Das Kontenbuch kann auch als Suchkriterium genutzt werden. Möchte man erneut Verbrauchsmaterial bestellen, so kann man die Altbestellung im Kontobuch nachsehen und über einen Link zur Neubestellung kommen. Da der Eintrag ins Kontenbuch auch automatisch erfolgt, ist kein weiterer Aufwand nötig. Jedoch fällt erfindungsgemäß das Zettelsammeln für den Steuerberater weg.

Mit ID aus [2] über [5] mit IP-Adresse in [3] geprüft, zugelassen und verschleiert mit Trust-IP, wird auf Portal [8] bestellt. Wie unter PDS-Browser angemeldet, wird je Produktbereich in einem Portal eine andere IP-Adresse verwendet. Die zum Produkt hinterlegte Kontenart wird von [8] an [2] über [3] und [5] übermittelt und in [7] mit Produktinformation eingetragen. Der ID wird mit Bankdaten und Trust-IP von [2] über [5] und [3] an Payment-Wallet [9] hinter [8] übergeben. Da die IP-Adresse ähnlich wie im TOR-Netzwerk verschleiert wird, ist ein weiteres Merkmal zur Aufrechterhaltung der WAN Anonymität eingeführt. Es werden nicht nur 1000 IP-Adressen benutzt, sondern das Portal sieht nur die Adresse des durchleitenden Trustservers. Dieser leitet nur IP-Adressen durch, die von ihm vergeben wurden. Wenn dann an eine Bank, hier als Payment-Wallet bezeichnet, zusätzlich die Bankdaten weitergeleitet werden, bleibt der Nutzer auch bei der Bezahlung anonym. Natürlich darf er dafür die gleiche Kontonummer nicht im normalen Internet zusammen mit seinem Namen verwenden. Als zusätzlichen Schutz müssen die Portale im Trusted WEB 4.0 teilnehmenden Portale verpflichtet werden, selbst keine Bankdaten zu speichern, sondern nur an die Payment-Wallet durchzuleiten.

Literatur

1. Charta der Grundrechte der Europäischen Union. [Online] 2016. [Zitat vom: 4. 5 2017.] https:// digitalcharta.eu.
2. **Berberich, Olaf.** *Trusted WEB 4.0 - Bauplan für die digitale Gesellschaft.* Heidelberg : Springer Viieweg, 2016.

3. **Berberich, Olaf.** *Verfahren für ein abhörsicheres Smartphone. 102014001762.1* Deutschland, 10. 2 2014. Anwendung.

4. **Berberich, Olaf.** *Verfahren für ein persönliches digitales System. DE 102017005550.5* Deutschland, 13. 6 2017. Anmeldung.

5. **COMMISION, EUROPEAN.** *REGULATION OF THE EUROPEAN PARLIAMENT AND OF THE COUNCIL concerning the respect for private life and the protection of personal data in electronic.* COM(2017) 10 final, Brüssels : s.n., 2017.

6. **Berberich, Olaf.** *search machine. PCT/EP 1 389 317* Europa, 1999.

7. **Berberich, Olaf.** *Verfahren für einen PDS-Browser. DE102017005806.7* Deutschland, 20. 6 2017. Anmeldung.

8. **Berberich, Olaf.** Smart Home: get-Primus Tool. [Online] 24. 11 2010. https://www.youtube.com/watch?v=aFWwFM0jcJw.

9. **Berberich, Olaf.** GISAD. *Stellungnahme zu: Industriepolitische Leitlinien NRW (Deutschland).* [Online] 12 2016. http://dl.gisad.eu/il.pdf.

10. **Wikipedia.** IPv6. [Online] 2017. https://de.wikipedia.org/wiki/IPv6.

11. **Brien, Jörn.** So will Amazon Pakete in dein Haus und dein Auto liefern. [Online] 12. 10 2017. https://t3n.de/news/amazon-pakete-haus-auto-liefern-866057/.

12. **Hunter, John Stanley.** Der Bundeskartellamt-Chef erklärt, wie er sich gegen Amazon, Facebook & Co. durchsetzen will. *Business Insider.* [Online] 11. 10 2017. http://www.businessinsider.de/andreas-mundt-so-wehrt-sich-das-kartellamt-gegen-amazon-und-facebook-2017-10?IR=T.

13. **Berberich, Olaf.** *Verfahren für die datenschutzkonforme Verwendung von Big Data. DE102017006762.7* Deutschland, 18. 7 2017. Anmeldung.

14. **RP Online.** Automatisches Notrufsystem: Ab 2018 müssen alle Neuwagen einen eCall haben. [Online] 15. 3 2016. http://www.rp-online.de/leben/auto/news/ab-2018-muessen-alle-neuwagen-einen-ecall-haben-aid-1.5837110.

15. **Beuth, Patrick.** Überwachung: Nach dem Cryptophone kommt das Cryptocar. [Online] 17. 1 2017. http://www.zeit.de/digital/datenschutz/2017-01/ueberwachung-auto-telemetrie-ecall-gps-internet-cryptocar.

16. **getTIME.net GmbH.** Social Media Booster, zur anonymisierten Distribution von Inhalten zu den üblichen Social Media Plattformen. [Online] 2011-2013. http://www.getmysense.com.

17. **Berberich, Olaf.** *Verfahren für ein dezentrales anonymisiertes Kommunikationsnetz. DE 102014010757 A1* Deutschland, 23. 7 2014. Anmeldung.

18. **Wikipedia.** Internet-Knoten. [Online] 2017. https://de.wikipedia.org/wiki/Internet-Knoten.

19. **msxfaq.de.** Latenzzeiten und 200ms. [Online] https://www.msxfaq.de/skype_for_business/technik/latenz.htm.

20. **Vieweg, Christof.** Autonomes Fahren: Ohne Echtzeitdaten geht es nicht. [Online] 3. 5 2016. http://www.zeit.de/mobilitaet/2016-04/autonomes-fahren-mobilfunk-5g-echtzeitdaten.

21. **Wikipedia.** Vermaschtes Netz. [Online] 2017. https://en.wikipedia.org/wiki/Vermaschtes_Netz.

22. **Freifunk.net.** https://freifunk.net/worum-geht-es/. [Online] 2017. https://freifunk.net/worum-geht-es/.

23. **Kühl, Eike.** Google: Android sammelt Standortdaten auch ohne GPS. *Zeit Online.* [Online] 22. 11 2017. http://www.zeit.de/digital/datenschutz/2017-11/android-google-funkzellen-weitergabe.

24. **Berberich, Olaf.** *Verfahren zur Mensch-Maschine-Interaktion in Bewertungssystemen. DE 102017007331.7* Deutschland, 4. 8 2017. Anmeldung.

25. **Berberich, Olaf.** Projektliste zum Trusted WEB 4.0. [Online] April 2017. http://dl.gisad.eu/pl.pdf.

26. **Berberich, Olaf.** *Verfahren zur Einnahmen- und Ausgabenabrechnung mit WAN Anonymität. DE 102018000235.8* Deutschland, 15. 1 2018. Anmeldung.

Dezentrales Wertschöpfungskonzept in globalen Strukturen

4

Zusammenfassung

Wenn man es schafft, einen WAN anonymen digitalen Zugang für alle anzubieten, wird eine weitere Herausforderung mit Verfassungsrang darin bestehen, die Wertschöpfung leistungsgerecht zwischen den Leistungsträgern aufzuteilen. Wie erreicht man, dass die Wertschöpfungsverteilung nicht einmal statisch, sondern permanent dynamisch und demokratisch kontrolliert erfolgt? Wie bindet man einzelne Regionen in die Steuerung der Wertschöpfungsgenerierung und Wertschöpfungsverteilung ein? Wie erzeugt man gleichzeitig einen gesunden Wettbewerb zwischen den Regionen und motiviert zu kreativen neuen Projekten?

> Wer die letzten digitalen Zentimeter zum Kunden beherrscht, bestimmt die gesamte dahinterliegende Wertschöpfung. Insofern ist es unbedingt erforderlich, die Mensch-Digitalschnittstelle demokratisch zu überwachen, mit dem Ziel, leistungsgerecht die Wertschöpfung auf die dahinterliegenden Leistungsträger zu verteilen.

Auch muss genug Geld für eine Infrastruktur für die Digitalverfassung zu Verfügung stehen, um eine hohe Bereitstellungs- und Servicequalität zu gewährleisten. Was theoretisch einfach klingt, muss in der Vorbereitung gut geplant werden. Bevor ich mich dem eigentlichen Wertschöpfungskonzept nähere, beschäftige ich mich erst einmal mit den konkreten Voraussetzungen, die erfüllt werden müssen, um in einer Situation, in der das Gesamtsystem Internet ganz kurz davor steht, die Totalitarismusschwelle zu überschreiten, noch den Wandel zu einer digitalen demokratischen Gesellschaft zu gewährleisten.

© Springer Fachmedien Wiesbaden GmbH, ein Teil von Springer Nature 2018

O. Berberich, *Trusted WEB 4.0 – Infrastruktur für eine Digitalverfassung*, Xpert.press, https://doi.org/10.1007/978-3-658-22816-3_4

4.1   Parteipolitische Dimension des Trusted WEB 4.0

Als einer von ganz Wenigen beschäftige ich mich mit allen Seiten der digitalen Gesellschaft. Als Unternehmer habe ich die Wirtschaft im Blick, als Bürger die Freiheitsrechte und als Visionär eine Zukunft, in der es allen besser geht.

Sieht man sich die Parteien im Bundestagswahlkampf 2017 an, so will die CDU, dass alles beim Alten bleibt, die SPD und die Linke, mehr Gerechtigkeit und Chancengleichheit, dargestellt durch mehr staatliche Fürsorge, die Grünen eine bessere Umwelt und die FDP Freiheit und „Anders denken“.

Die CDU steht für ein „Weiter so“ und mag damit der Mehrheit der Wähler entsprechen, ist aber bei den auf uns zukommenden Veränderungen im Rahmen der Digitalisierung völlig weltfremd und hat so auch in der Vergangenheit gehandelt. Bleibt sie weiter bestimmend an der Regierung, ohne sich für die zügige Umsetzung eines wie von mir vorgestellten Konzeptes zu entscheiden, werden wir unweigerlich in einer totalitären digitalen Gesellschaft enden (1).

Die SPD und die Linke wollen mehr Gerechtigkeit für die Schwachen der Gesellschaft. Sie setzen auf einen behütenden starken Staat. Sie nehmen nicht wahr, dass Staaten heute im Wettbewerb um zunehmend international aufgestellte Unternehmen stehen und mit ihren Wohlfahrtskonzepten in einer Zukunft, in der sich die Arbeitswelt ständig verändert und flexibilisiert, Menschen zu abhängigen, überwachten Almosenempfängern machen, anstatt sie auf eine selbstbestimmte Zukunft vorzubereiten.

Die Grünen werben weiter mit ihrem Kernthema Umwelt. Auch, wenn wir alle nur in einer lebenswürdigen Umwelt eine Zukunft haben, so wird sich eine gesunde Umwelt nur dann entwickeln, wenn man alle Bürger in die gesellschaftliche Verantwortung nimmt. So, wie bei vielen komplexen Themen, hat sich gezeigt, dass man das Umweltthema nicht nur mit zentralistischen Steuermechanismen lösen kann, sondern es Anreize zur Eigenverantwortung bedarf. Es muss erst einmal eine ganzheitliche gesellschaftliche Vision für ein digitales Deutschland geschaffen werden, der sich einzelne Themenstellungen wie die Umweltpolitik unterordnen.

Einzig die FDP berücksichtigt in ihrem Wahlprogramm, dass sich das Rahmenwerk für unsere Gesellschaft in Zukunft extrem verändern muss. Benötigt wird eine Vision, welche den Menschen die Angst vor der Zukunft nimmt und in heutigen Konzepten bestehende Gegensätze aufhebt. Die FDP ist eine alte Partei. Von einer Bürgerrechtsbewegung hat sie sich zur Partei des Mittelstands verändert.

Sie muss den Spagat leisten, mittelständigen Unternehmen eine Perspektive zu bieten und gleichzeitig allen Bürgern ihre Freiheitsrechte zu erhalten.

Die FDP hat jetzt die einmalige Chance, zur Volkspartei zu werden, wenn sie mit der Vision des „Anders Denkens“ ein konkretes Konzept für eine demokratische Digitalisierung in die Diskussion einer breiten Öffentlichkeit bringt. Damit bedient sie die Wunschvorstellung vieler Neumitglieder/Neuwähler. Aus einem starken Staat muss gemäß Abb. 4.1 eine starke, von den Meisten getragene Vision werden, wie man Interessen von Staat, Wirtschaft und Bürgern miteinander verbindet.

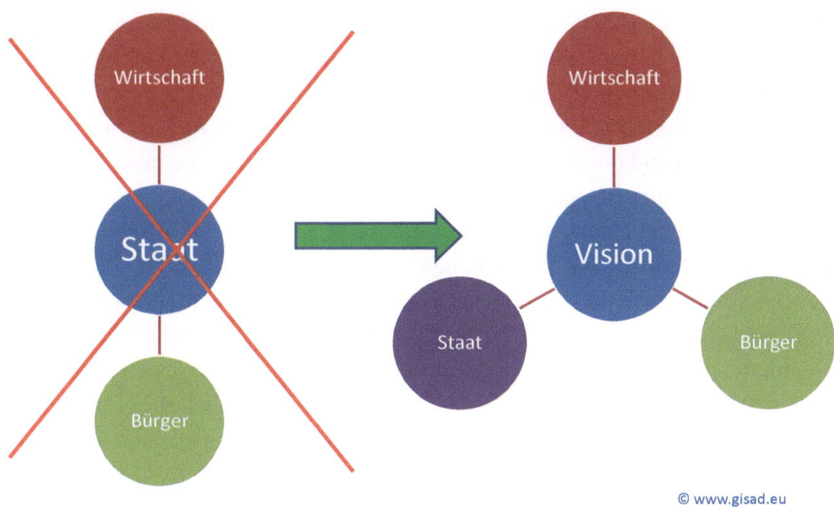

Abb. 4.1 Vom Fürsorgestaat zur ganzheitlichen Vision

Trusted WEB 4.0 kann hier zumindest als Diskussionsvorlage, wenn nicht als Lösung gelten.

▶   Trusted WEB 4.0 hebt die Widersprüche zwischen innerer Sicherheit und Freiheitsrechten in der digitalen Gesellschaft auf. Auch wird die derzeitige Wachs-
tumsbremse Datenschutz so zum Wachstumsmotor und Exportschlager für
deutsche Unternehmen.

Ich habe versucht in diesem Buch die relevanten Teile zusammenzutragen, die einen funktionierenden Masterplan umsetzbar erscheinen lassen. Dieser muss in allen Bereichen diskutiert und an die entsprechenden Anforderungen angepasst werden, um den Widerstand
der meisten Besitzstandwahrer zu brechen, bevor das Konzept umgesetzt wird.

4.2   Ganzheitliche Verantwortung

In den letzten Jahren ist unsere Welt immer komplexer geworden. Das hat zu einer zunehmenden Spezialisierung geführt. In den jeweiligen Disziplinen haben sich Kommu-
nikationsblasen und Befindlichkeiten ausgebildet. Im Ergebnis haben sich, wenn nicht
Denkverbote, so zumindest Sprachverbote ausgebildet. Universitäten sind in Fakultäten
aufgeteilt. Der Disziplin des eigenen Studiums bleibt in den meisten Fällen auch der Leh-
rende treu. Wer in diesen Strukturen zu oft über den Tellerrand blickt, gerät in Gefahr, auf
fremdem Revier ertappt und als inkompetent abgestraft zu werden. Das gilt nicht nur für
die Lehre, sondern auch für die Politik und Wirtschaft.

Politiker und Führungskräfte aus der Wirtschaft reagieren in den meisten Fällen gleich, wenn ich sie mit einer ganzheitlichen Lösung konfrontiere. Schnell wittern sie die Gefahr für die eigene liebgewonnene Position.

Um eine Diskussion über einen ganzheitlichen Masterplan für eine digitale Gesellschaft in Gang setzen zu können, ist es wichtig, die Zielgruppe zu kennen, bei welcher der Leidensdruck groß genug ist, um sich zu bewegen.

Großunternehmen scheiden in der Regel als Initiatoren aus. Die Firmenlenker denken grundsätzlich international. Einerseits haben sie internationale Shareholder, andererseits sind sie auch in internationalen Märkten tätig. Wenn sie mit einem Staat reden, dann erwarten sie Vorteile durch Subventionen. Auch ein politisch sicherer Standort ist ihnen wichtig. Tatsächlich habe ich bereits mehrfach darauf hingewiesen, dass die zentrale derzeitige IT über einen langen Zeitraum gesehen, wesentlich mehr Risiken auch für Großunternehmen als Chancen bietet. Aber dies interessiert die in Vier-Jahres-Wahlperioden denkenden Vorstände in der Regel nicht. Bei dem über eine lange Zeit sich unterschwellig entwickelnden digitalen Totalitarismus ist der Schuldige schwer auszumachen.

Der einzelne Bürger profitiert zumindest auf kurze Sicht am meisten von einem Trusted WEB 4.0 Konzept. Allerdings hat der Bürger ohne weitere Unterstützung keine ausreichende Vertretung, um ein solches Konzept durchzusetzen. Verbraucherschutzorganisationen oder auch die Rechtsprechung beschäftigen sich nie mit dem, was sein könnte, sondern nur mit dem, was ist.

Mittelständische Unternehmen sind zwar meist bodenständig, denken langfristig und sind konservativ. Jedoch sind die meisten größeren erfolgreichen deutschen Unternehmen auch hier inzwischen – oft als Hidden Champions – international aufgestellt, insofern auch internationalen Sachzwängen zum Beispiel als Zulieferer von Global Playern unterworfen. Mittelständische Unternehmen sollte man frühzeitig in den Masterplan einbinden. Wenn sie nachhaltige Vorteile sehen, werden sie auf einen anfahrenden Zug aufspringen.

▶   Die größte Hürde, um die letzten digitalen Zentimeter zum Kunden erfolgreich
    zu demokratisieren, sind die ersten Meter, welche der Trusted Web 4.0-Zug auf
    seiner Fahrt in eine digitale Zukunft zurücklegen muss.

So etwas kann nur in der Politik gelingen, die einen solchen Masterplan zu einem festen Bestandteil einer digitalen politischen Gesamtstrategie macht. Sie muss erst einmal Interessensvertretung der Bürger für eine Vision und notfalls gegen reaktionäre Kräfte im Staat sein, um im Interesse einer demokratischen digitalen Gesellschaft tätig werden zu können.

Ein eigener Weg von Deutschland in der globalen Digitalisierung wird nur ohne größere Verwerfungen gehen, wenn er möglichst gründlich und möglichst lange vorbereitet wird. Deshalb schlage ich vor, aus zwölf Disziplinen Professoren mit dem Wunsch, ganzheitlich denken zu dürfen, bei GISAD zusammenzusetzen, damit diese mit allen Leistungsträgern das von mir in diesem Buch vorgestellte Rahmenkonzept zu einem möglichst konkret umsetzbaren Plan ausarbeiten. Zwölf halte ich für die maximal sinnvolle Größe, um ein solches Konzept diskutieren zu können. Es muss mindestens bis zur Bundestagswahl 2021 ein solches Konzept mit allen Leistungsträgern ausverhandelt sein. Vier Jahre sind in der digitalen Entwicklung eine lange Zeit. Andererseits ist diese Zeitschiene für eine demokratische Willensbildung sehr ambitioniert. Es wird also schon jetzt ein Wettlauf mit der Zeit werden, wenn wir erst in einigen Jahren mit der konkreten Umsetzung des Trusted WEB 4.0 Konzepts beginnen.

In einem ersten Schritt müssen sich Politiker trauen, ganzheitlich zu denken und sich erst einmal von bisherigen Sachzwängen der Besitzstandwahrer frei machen. Leider höre ich auch bei Politikern dann, wenn es unbequem wird, den Satz: „Das ist doch ein Thema, welches die Wirtschaft lösen sollte".

▶ Politiker können, wie vieles andere in der digitalen Welt, weitgehend durch eine künstliche Intelligenz ersetzt werden, wenn es nicht mehr um den Wert der Entscheidung für den Einzelnen, sondern nur noch um eine statistisch bessere Gesellschaft für die Mehrheit geht.

Totalüberwachung reduziert Unfälle und vermeidet Kriminalität und negiert letztendlich fast alles, was den Menschen ausmacht. Die Mathematik darf genau so wenig, wie die Technik der Maßstab werden, nach welchem in Zukunft Entscheidungen gefällt werden. Denn, wenn es nur noch nach diesen Kriterien geht, arbeitet eine KI schneller, präziser und kostengünstiger als dies jeder Politiker könnte.

Langfristig wird Deutschland sich einen erheblichen Standortvorteil sichern können, wenn es alle Leistungsträger in ein solches Konzept integriert und die Partei, welche ein solches Konzept umsetzen kann, wird eine breite Akzeptanz bei ihren Wählern erhalten.

4.3 Psychologische Schwelle

Grundsätzlich sind die Deutschen so erfolgreich, weil sie oft andere in neue Märkte vorpreschen lassen, um dann mit überlegten Konzepten nachzuziehen. Allerdings gelten diese Regeln der vordigitalen Gesellschaft nur bedingt für die Digitalisierung. Durch die hohe Skalierbarkeit dematerialisierter Konzepte (2) wird die globale Umsetzungsgeschwindigkeit extrem erhöht und teilweise Marktpositionen bereits ausgebaut, bevor eine ausreichenden Reflektion für den Start als erfolgreicher und risikoreduzierter Zweiter überhaupt möglich ist. Zum Beispiel der deutsche Anlagen- und Maschinenbau zeichnet sich dadurch aus, dass er eher kein Freund von intensiver Vernetzung ist. Trotzdem wird er als Teil der Lieferkette immer mehr dazu gezwungen, Maschinen und Prozesse bidirektional zu vernetzen. Auch in ihrem Zuhause sind die Deutschen eher konservativ. So bleibt bisher der Smart Home Markt weit hinter den Erwartungen zurück, weil Bedenken bei einer zu großen Vernetzung der eigenen Wohnung bestehen. Trotzdem sollen flächendeckend intelligente Stromzähler eingeführt werden, worüber genaue Verhaltensprofile der Bewohner erstellt werden können und Sprachassistenten erobern gerade einen Massenmarkt.

Tatsächlich kann man das typisch deutsche Verhalten auf wenige Stereotypen reduzieren. „Im Gegensatz zum Vorurteil, das eine generelle Haltung ausdrückt, sind Stereotype Teil einer unbewussten und teils sogar automatischen kognitiven Zuordnung" (3).

Wenn man, wie ich, über fünfzehn Jahre versucht hat, gegen den Mainstream anzugehen, dann macht man eine erstaunliche Entdeckung. Unabhängig von der Generation und dem Jahrzehnt sind nicht nur die Reaktionen, sondern sogar die benutzte Wortwahl weitgehend identisch. Es geht grundsätzlich um Gespräche mit Führungskräften, die ich dazu bewegen möchte, durch Trusted WEB 4.0 etwas zu ändern.

Zuerst hört man mir interessiert zu. Das ist etwas Neues und vielleicht sogar interessant für die eigene Arbeit. Wenn ich dann einen näheren Bezug zur Arbeit der entsprechenden Führungskraft herstelle, kommen sozusagen die Innovationseinschläge für den Betroffenen bedrohlich nah, Besitzstände sind möglicherweise bedroht. Zuerst werde ich gefragt: „Kennen Sie XY?". Hier wird möglichst irgendeine kleine Innovation genannt, über welche die Führungskraft gerade gelesen hat. Führungskräfte werden mit Informationen überflutet und dem anderen Unkundigkeit zu unterstellen, ist gemäß Abb. 4.2 die beste Abwehrstrategie, sich nicht weiter mit einem Thema beschäftigen zu müssen. Meist kenne ich die entsprechende Internetlösung nicht. In der Vergangenheit habe ich mich oft so abspeisen lassen und anschließend die entsprechende Lösung recherchiert. Hierbei handelte es sich dann fast immer um eine kleine Nischenlösung, die mit meinem Thema nichts zu tun hatte.

Inzwischen gehe ich über solche Fragen einfach hinweg und reagiere so mit einem eigenen Stereotyp. Allerdings fühle ich mich hierzu berechtigt, weil ich in all den Jahren nie über ein vergleichbares Konzept wie das Trusted WEB 4.0 gestolpert bin. Er geht hierbei nicht um ein

bestimmtes technisches Konzept, sondern um meinen Ansatz, als Geisteswissenschaftler an technische Lösungen heranzugehen.

Bleibe ich in einem Gespräch hartnäckig, folgt das zweite Stereotyp: „Ja, Sie haben Recht. Aber StudiVZ hat sich ja auch nicht durchgesetzt." Interessanter Weise höre ich solche Kommentare über StudiVZ schon seit vielen Jahren. StudiVZ wurde also von uns

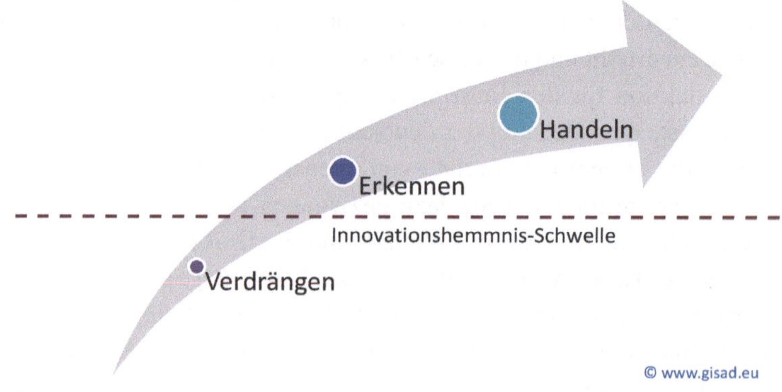

Abb. 4.2 Verdrängen bei persönlicher Betroffenheit

Deutschen regelrecht kaputt geredet. Tatsächlich hat StudiVZ erst am 7. September 2017 Insolvenz angemeldet. Als einen Grund für die Insolvenzanmeldung gab StudiVZ an: „Leider konnten sich die amerikanischen Gesellschafter noch nicht mit dem Finanzamt über die Rückzahlung einer Summe einigen, sodass daraufhin die Insolvenz angemeldet werden musste (4)."

Um nicht missverstanden zu werden, ich möchte hier nicht die Fahne für StudiVZ hochhalten. Hier wurde versucht, Facebook zu kopieren. Viele deutsche StartUps springen bis heute auf den Silicon Valley geprägten zentralisierten Internetzug auf. Bei vielen Gründern bestehen bereits im Businessplan der eingeplante Exit und die Hoffnung, von amerikanischen Investoren aufgekauft zu werden.

Ich habe mein eigenes Unternehmen getTIME.net (5) in die Liquidation gebracht, weil es inzwischen zu spät ist, über irgendwelche Einzelkonzepte nachzudenken. Amerikanische Investoren haben sich für einen Einstieg in Trusted WEB 4.0 nicht interessiert, weil ein solches Konzept sich nach erfolgreicher Markteinführung nicht einfach von einem der Silikon Valley Player integrieren ließe. Vielmehr stellt es sich, von der gesellschaftlichen Denkweise europäische Vielfalt geprägt, amerikanischem Weltpolizei-Denken entgegen. Auch greift das Kategorien-Konzept das rein Klick-Anzahl basierte Geschäftsmodell der meisten bis heute erfolgreichen Internetgeschäftsmodelle an und setzt auf Qualität statt auf Quantität.

Konsequenter Weise wurde mir 2013 ein Angebot für mein Europapatent im mittleren sechsstelligen Bereich (6) in Aussicht gestellt. Im Zuge der Vertragsverhandlungen durch einen Mittler – der Käufer hat sich nicht gezeigt – stellte sich jedoch heraus, dass es darum ging, das Patent zu verhindern und nicht zu verbreiten. Ich habe daraufhin die Vertragsverhandlungen abgebrochen.

Ich erwähne das an dieser Stelle nur, weil wir endlich aufwachen müssen. Wenn wir freie Marktwirtschaft erhalten wollen, müssen wir uns unseren Stereotypen stellen. Denn der Blick auf die amerikanische Denkweise zur Digitalisierung ist bis heute der Standard und nicht die Ausnahme in Deutschland. Er zieht sich durch das Verbandswesen genauso wie durch die Lobbyismus genötigte Politik.

Aus diesem Grund wird auch von mir die Gründung des Interessensverbands für Dezentralisierung GADT (7) vorgeschlagen.

> ▶   Es muss in Deutschland möglich werden, die Stereotype zu verlassen, dass die Standards für die Digitalisierung im Ausland gesetzt werden. Erst dann können wir überhaupt über unsere Bedürfnisse als Deutsche oder auch als Europäer nachzudenken und richtig zu handeln. Demokratie gibt es nicht mehr zum Nulltarif. Wir sind von den guten letzten Jahren verwöhnt.

Doch der Strukturwandel nimmt leider meistens den gleichen Verlauf. Bereits mehrere Male habe ich den Strukturwandel begleitet. Heute wissen die Wenigsten, dass 1988 in der Druckvorstufe die Schriftsetzer für Text und 1999 die Reprographen für Bild durch den Computer ersetzt wurden. Ich erinnere mich noch genau an die Diskussion zweier

Reprografen, als die ersten Programme zur Bearbeitung von Bildern im PC auf den Markt kamen – heute eine Selbstverständlichkeit und sogar auf dem Smartphone möglich. Die Diskutanten waren fest überzeugt, dass sich die damals aufkommenden Billig-Bildbearbeitungsprogramme nicht durchsetzen würden.

Seit 2000 dann wurden die Strukturwandelzyklen fast aller Branchen ständig kürzer. Jeder Strukturwandel läuft gleich ab:

- Erst gibt es die Euphorie und die interessierte Beschäftigung mit den Themen durch die Betroffenen.
- Dann tauchten viele Probleme auf. Alles dauerte viel länger als erwartet. Die Betroffenen fallen in stereotypes Verdrängen.
- Anschließend übernehmen Quereinsteiger aus einer unerwarteten Ecke die nun funktionierenden Konzepte und verdrängen die Betroffenen.

Auch diesmal zeigt sich der gleiche Ablauf. Allerdings betroffen ist die Demokratie und der Quereinsteiger ist der digitale Totalitarismus.

Gemäß einer von „Das Wissenschaftszentrum Berlin", Infas und „Die Zeit" in 2016 veröffentlichten Vermächtnisstudie fürchten die Menschen mehr als Krieg, kein selbstbestimmtes Leben führen zu können (8). Man könnte also meinen, breite Bevölkerungsschichten hätten die Ebene des Erkennens erreicht. Leider ist das jedoch nicht so. Viele Menschen haben richtigerweise Angst vor der sich abzeichnenden Zukunft. Wie aber bereits in Abschn. 2.3 bewiesen, sehen sie sich außerstande, sich zu wehren. Auch geht es den Meisten wirtschaftlich zu gut, um das Risiko auf sich zu nehmen, sich gegen die vermeintliche Mehrheit zu stellen.

> ▶ Die Erkenntnis als Voraussetzung für das Handeln ist erst dann gegeben, wenn die persönliche Betroffenheit größer ist, als die Angst, einen Fehler zu machen.

Wenn ich zur Beschäftigung mit meinen Konzepten aufrufe, treffe ich auf den Satz „Die Menschen sind noch nicht so weit" als weitere Stereotype. Sie waren auch nicht so weit, als Züge eingeführt wurden. Gesundheitliche Schäden wegen dem Schnellfahren wurden damals befürchtet. Anstelle aktiv die Zukunft zu gestalten, fördert heute, wer solche Sätze noch gebraucht, unmittelbar den digitalen Totalitarismus. Denn der wird ohne aktive Gegenwehr kommen, auch wenn die Menschen nicht bereit sind.

Es muss Aufgabe und Anspruch der Politik sein, die Demokratie zu schützen und den Startschuss für eine menschenwürdige digitale Gesellschaft zu geben! Politiker stehen in der Verantwortung. Die Bundeskanzlerin Merkel hat 2017 zum ersten Mal gemerkt, dass ein „Weiter so" nicht mehr zeitgemäß ist. Spätestens 2021 wird es erhebliche politische Verwerfungen geben, wenn der digitale Totalitarismus nicht verhindert wird. Doch dann ist es zu spät.

Das zeitverzögerte deutsche Vorgehen wird dann zum Vorteil, wenn wir aufhören, amerikanische Konzepte zu kopieren und unsere europäischen Talente von den USA verheizen zu lassen (9). Die USA wird sich sehr schwer tun, den Weg der zentralisierten, von den Allmachts- und Überwachungsphantasien des Patriot Act geprägten Konzeption einer digitalen Gesellschaft, zu verlassen. China kann und will es nicht. Deutschland kann erhebliches Wirtschaftswachstum als Vorreiter für Europa erzielen, wenn es die kollektive Betroffenheit des Erkennens erreicht und endlich im Sinne einer demokratischen digitalen Gesellschaft handelt.

4.4   Internetpolitische Agenda – der Teufel steckt im Detail

Um mich dem Vorwurf zu entziehen, ich sei ein Utopist, möchte ich im Folgenden konkret auf die derzeit bestehenden Forderungen an die Politik eingehen.

4.4.1   ECO Verband der Internetwirtschaft e.V.

Zuerst beschäftige ich mich mit dem ECO Verband der Internetwirtschaft e.V. Eco ist mit über 1000 Mitgliedern der größte europäische Internetverband. Seine hundertprozentige Tochter betreibt den gemessen am Datendurchsatz größten Internetknoten der Welt, DE-CIX genannt. Dieser Internetknoten und die verbundenen Rechenzentren bieten die Basis einer zentral ausgerichteten IT. Wie ich bereits ausgeführt habe, sehe ich Trusted WEB 4.0 nicht als Konkurrenz zum zentralen Internet. Eine globale Vernetzung ist nötig. Cloud Konzepte sind für die hohe Verfügbarkeit und das Streaming großer Datenmengen sinnvoll. Jedoch möchte ich sicherheitsrelevante und personalisierbare Datenbestandteile dezentralisieren. Hieran hat Eco bisher kein Interesse gezeigt. Es widerspricht auch dem Geschäftsinteresse, möglichst viele Daten über den DE-CIX zu tauschen oder zu handeln.

Eco fordert (10):

- „Die Verantwortung für netzpolitische Themen sollte in einem Ministerium gebündelt werden.
- Ein neuer Bundestagsausschuss behandelt federführend alle netzpolitischen Themen.
- Die Digitale Agenda der Bundesregierung soll für die Legislaturperiode 2017–2021 fortgeschrieben werden.“

Dem habe ich nichts zuzufügen. Die Forderungen sind aus Sicht des Trusted WEB 4.0 berechtigt.

Eco fordert:

- „Die Gigabitgesellschaft muss in Deutschland bis zum Jahr 2025 Realität werden."

Grundsätzlich ist gegen den Breitbandausbau nichts einzuwenden. Ich möchte jedoch die Forderung ergänzen:

- Im Sinne von Dezentralisierung sollten verschiedene Netzkonzepte dezentral optimiert und alle hier verfügbaren Ressourcen miteinander verbunden werden.
- Im Sinne von Techniksparsamkeit sollten nur die unbedingt zeitgleich benötigten Funksignale gesendet und empfangen werden.

Eco fordert:

- „Die vollständige Digitalisierung von Behörden und staatlichen Einrichtungen muss schnellstmöglich umgesetzt werden."

Grundsätzlich unterstützt Trusted WEB 4.0 diese Forderung, jedoch:

- Solange der Kontakt mit den Behörden über ein WAN anonymes Device möglich ist.
- Das Speichern biometrischer Daten zum Beispiel im Rahmen der eID lehnt Trusted WEB 4.0 grundsätzlich ab.

Eco fordert:

- „Im Wettbewerb auf digitalen Märkten muss für gleichwertige Verhältnisse gesorgt werden."

Grundsätzlich unterstützt Trusted WEB 4.0 diese Forderung, jedoch:

- Eine anlassbezogene Regulierung muss durch ein Wertschöpfungsregelwerk ersetzt werden, welches leistungsgerechte Rechte und Vergütungen insbesondere von regionalen und neuen Anbietern sicherstellt.

Eco fordert:

- „Die Netzneutralität muss europaweit gewährleistet sein."

Grundsätzlich unterstützt Trusted WEB 4.0 diese Forderung, jedoch:

- Dies gilt, soweit es sich um überregionale Netze handelt.

- Parallel sind regionale, nach Kategorien geordnete Netze zu schaffen, mit einer Regulierung, die innerhalb einzelner Kategorien und einzelner Regionen unterschiedliche Geschwindigkeiten zulässt.

Eco fordert:

- „Es muss ein einheitliches Regulierungsmodell für konvergente Medien geschaffen werden."

Grundsätzlich unterstützt Trusted WEB 4.0 diese Forderung, jedoch:

- Teilweise bietet Trusted WEB 4.0 Lösungen für die Konvergenz an. In unterschiedlichen Kategorien ist eine unterschiedliche Priorisierung der verschiedenen Medien möglich.

Eco fordert:

- „Das Urheberrecht muss neu gedacht und vollumfänglich reformiert werden."

Grundsätzlich unterstützt Trusted WEB 4.0 diese Forderung, jedoch:

- Probleme des Urheberrechts sind weitgehend gelöst, wenn wie im Trusted WEB 4.0 angedacht, der Urheber selbst weitgehend über seine Daten verfügen kann.
- Erhebliches Wirtschaftswachstum ist bei Lösen der vorhandenen Urheberrechtsprobleme möglich.

Eco fordert:

- „IT-Sicherheit muss als Kernkompetenz der deutschen Wirtschaft ausgewiesen und gefördert werden."

Grundsätzlich unterstützt Trusted WEB 4.0 diese Forderung, jedoch:

- Es ist nicht weiterhin das über viele Jahre wenig erfolgreiche Flickwerk zentraler IT-Sicherheit zu fördern.
- Durch die Ausgabe eines PDS an alle werden viele IT-Sicherheitsprobleme gelöst. Hierauf müssen sich die Investitionen konzentrieren.
- Die oft geäußerte Forderung nach Förderung der Anwenderkompetenz insbesondere beim Verschlüsseln ist realitätsfern. Seit vielen Jahren gibt es prinzipiell die Möglichkeit, sich sicher im Internet zu bewegen. Diese wird aber selbst von Sicherheitsspezialisten aus Bequemlichkeitsgründen nicht ausreichend genutzt.
- Nicht vorhandene Kernkompetenz in der Wirtschaft und bei Anwendern muss durch Reduzierung der „offenen Türen" und „angreifbaren Ziele" kompensiert werden.

Eco fordert:

- „Beim Datenschutz müssen ausgewogene Regelungen gefunden werden."

Grundsätzlich unterstützt Trusted WEB 4.0 diese Forderung, jedoch:

- Im „normalen Internet" schadet die restriktive Gesetzgebung nicht, solange als Alternative Trusted WEB 4.0 angeboten werden kann.
- Im Trusted WEB 4.0 ist das Problem des Datenschutzes gelöst, solange jeder sich an die WAN Anonymität hält und die automatisch verwendeten Schlüssel privater Daten grundsätzlich dezentral beim Ersteller gespeichert sind.
- Bei Verstößen gegen die Anonymität im Trusted WEB 4.0 sind angemessene Strafregelungen zu treffen.
- Erhebliches Wirtschaftswachstum ist bei dem entsprechenden Lösen der vorhandenen Datenschutzprobleme möglich.

Eco fordert:

- „Die Befugnisse der Geheimdienste müssen eingeschränkt werden."

Trusted WEB 4.0 unterstützt diese Forderung.

Eco fordert:

- „Die Neuregelung der Vorratsdatenspeicherung muss wieder abgeschafft werden."

Trusted WEB 4.0 unterstützt diese Forderung.

Eco fordert:

- „Das Prinzip „Löschen statt Sperren" ist – auf Bundes- wie auf europäischer Ebene – der politische Grundsatz beim Umgang mit illegalen Inhalten im Netz."

Trusted WEB 4.0 unterstützt diese Forderung:

- Das Verfahren für die Löschung von Daten ist im Trusted WEB 4.0 Beteiligungsportal geregelt.

Eco fordert:

- „Die Bundesregierung sollte sich dafür einsetzen, dass in der gesamten EU Beschwerdestellen für die Bekämpfung illegaler Inhalte dauerhaft finanziell gefördert werden."

Grundsätzlich unterstützt Trusted WEB 4.0 diese Forderung, jedoch:

- Die Beschwerdestelle muss die letzte Instanz bleiben. Durch das an ein Digital-Bürgergeld gekoppelte Bürgerbeteiligungsportal ist das Löschen von Inhalten im Normalfall geregelt und finanziert.
- Die Aufgabe, illegale Daten zu identifizieren sollte nicht separiert, sondern in die Veredelung WAN anonymer Daten integriert sein.

Eco fordert:

- „Das Haftungsgefüge der E-Commerce-Richtlinie darf nicht ausgehöhlt werden."

Grundsätzlich unterstützt Trusted WEB 4.0 diese Forderung, jedoch:

- Es muss ein Wertschöpfungsrahmenwerk geschaffen werden, in dem eine Art Versicherung für die Haftung gebildet wird und dadurch hoheitliche Aufgaben an die Trusted WEB 4.0 Instanz übergeben werden können.
- Es muss ein klares Sanktionskonzept bei fahrlässigen Verhalten entwickelt werden.

Eco fordert:

- „Hoheitliche Aufgaben dürfen nicht auf Provider übertragen werden, auch nicht im Fall von Hate Speech."

Trusted WEB 4.0 widerspricht dieser Forderung:

- Es ist sehr wohl in Verbindung mit dem Trusted WEB 4.0 Konzept und in Verbindung mit dem Bürgerbeteiligungsportal die Löschung von Hate Speech nicht nur bei großen Providern, sondern bei Jedermann möglich.

Eco fordert:

- „Durch Bürokratieabbau und besserem Zugang zu Kapital wird jungen Unternehmen der Einstieg in die digitale Wirtschaft ermöglicht."

Grundsätzlich unterstützt Trusted WEB 4.0 diese Forderung, jedoch:

- Darf es nicht nur darum gehen, in Ideenbörsen Gründer mit einer Exit Situation USA und China zu fördern.
- Vielmehr müssen Hilfen zu Entwicklung von Ideen mit gesellschaftlicher Strukturrelevanz für Deutschland gegeben werden. Solche Projekte müssen identifiziert und speziell gefördert werden.

Eco fordert:

- „Der Einsatz der Cloud muss zentraler Bestandteil der IT-Strategie der Regierung sein."

Grundsätzlich unterstützt Trusted WEB 4.0 diese Forderung, jedoch:

- Die Cloud ist sinnvoll für die Verfügbarkeit und Integrität der Daten, solange jeder sich an die WAN Anonymität hält und die automatisch verwendeten Schlüssel privater Daten grundsätzlich dezentral beim Ersteller gespeichert sind.
- Es sollten regionale Clouds angeboten werden.
- Es sollte in einem allgemeinverbindlichen Rechtsrahmen die Nutzung unterschiedlicher Clouds für verschiedene Daten eines Nutzers geregelt sein.
- Die Abrechnung sollte einfach, zum Beispiel transaktionsbasiert und anonym erfolgen.
- So eingesetzt, kann durch die Cloud die Abhängigkeit von großen Portalen aufgehoben werden.

Eco fordert:

- „Internet of Things: Deutschland muss auf die vernetzte Welt von morgen vorbereitet werden."

Grundsätzlich unterstützt Trusted WEB 4.0 diese Forderung, jedoch:

- Sollten nur Initiativen unterstützt werden, welche durch Vermeidung unnötiger offener Türen und bekannter Ziele die vordigitale Sicherheit erreichen.
- Sollte darauf geachtet werden, dass Vernetzungskonzepte ein partnerschaftliches Miteinander zwischen Kunden und Anbietern fördern und nicht zur hohen Abhängigkeiten des Kunden vom Anbieter führen.

Eco fordert:

- „Förderprogramme für kleinere und mittlere Unternehmen zur Digitalisierung müssen erweitert werden."

Grundsätzlich unterstützt Trusted WEB 4.0 diese Forderung, jedoch:

- Sind neue Anreizprogramme für Techniksparsamkeit und ganzheitliche Förderprogramme zum Erhalt vordigitaler gesellschaftlicher Errungenschaften zu schaffen.
- Solche Konzepte will GISAD entwickeln und fördern.

Eco fordert:

- „Informationstechnik wird an allen Schulformen länderübergreifend und für alle Altersgruppen als Pflichtfach eingeführt."

Grundsätzlich unterstützt Trusted WEB 4.0 diese Forderung, jedoch:

- Sind es gerade die jungen Menschen, welche einen über die reinen IT-Kernkompeten-
zen hinausgehenden ganzheitlichen Blick auf die Gesellschaft möglichst früh erlernen
sollten.

Eco fordert:

- „Studienfächer und Berufsausbildung müssen so konzipiert werden, dass sie den
Anforderungen des digitalisierten Arbeitsmarktes gerecht werden."

Grundsätzlich unterstützt Trusted WEB 4.0 diese Forderung, jedoch:

- GISAD schlägt hierfür neue interdisziplinäre Studienfächer vor.

Eco fordert:

- „Arbeitsrechtliche Bestimmungen müssen den sich wandelnden Anforderungen angepasst werden."

Grundsätzlich unterstützt Trusted WEB 4.0 diese Forderung, jedoch:

- Die Mitnahme aller Bürger in die digitale Gesellschaft ist nur möglich, wenn die Ver-
lierer der Digitalisierung in einem Konzept aufgefangen werden.
- Eine Reintegration von Verlierern in die digitale Gesellschaft ist nur möglich, wenn die
Eingliederung ohne Stigmatisierung erfolgen kann, also anonym möglich ist.
- Technik kann genauso dazu benutzt werden, Menschen leistungsgerecht in einen
Gesamtprozess einzubinden, wie um diese wegzurationalisieren.
- Die langfristigen Sozialkosten für Fürsorgeempfänger sind höher, als die Kosten
für ein anonymes Bürgerbeteiligungsportal im Rahmen eines bedingungsgebunde-
nen Grundeinkommen mit der Möglichkeit der Reintegration in den ersten Arbeits-
markt.

Eco fordert:

- „Das Engagement bei der internationalen Netzpolitik sollte ausgebaut werden."

Grundsätzlich unterstützt Trusted WEB 4.0 diese Forderung, jedoch:

- Dem amerikanischen Konzept der zentralisierten IT sollte da, wo sinnvoll, das Trusted
WEB 4.0 Konzept entgegen gesetzt und international verbreitet werden.

Was bei ECO fehlt, ist die gesellschaftliche Betrachtungsweise eines Trusted WEB 4.0. Es werden Forderungen für die Mitglieder gestellt, ohne jedoch die eigenen Strategien der Mitglieder offen zu legen.

Hier wird deutlich, ECO ist es gewöhnt, mit einem visionslosen Staat zu verhandeln, der dem stärksten Druck nachgibt. Dem Bürger selbst fehlt eine starke Lobby. Er lässt sich vom Totalitarismus überrumpeln oder verweigert sich einer aktiven Teilhabe an der Gesellschaft. Doch Bürger sind auch Kunden. Ohne Kunden gibt es keinen Konsum. Langfristig geht die Rechnung des ECO nicht auf. Insofern müssen die Forderungen des ECO, wie hier vorgeschlagen, um die gesellschaftlich relevanten Aspekte ergänzt werden.

Alternativ zu einem staatlichen Subventionskonzept muss ein Businessplan entstehen, in dem der Staat ähnlich einem innovativen Unternehmen, der Vision eines in der Wertschöpfung für alle Stakeholder des Staates optimalen Ergebnisses andere Prioritäten unterordnet.

4.4.2   TeleTrusT – Bundesverband der IT-Sicherheit e.V.

Deutlich wird die nach Snowden unverändert demokratiefeindliche Sichtweise beim Tele-TrusT – Bundesverband der IT-Sicherheit. Ich lasse einmal dahin gestellt, ob man sich an die vom amerikanischen Patriot Act geprägte Denkweise angepasst hat oder ob es wirtschaftliche Interessen gibt, von einem immer komplexeren und so in der Verantwortlichkeit und Ursache nicht mehr zuzuordnenden Gebilde einer zentralen IT zu profitieren.

„Die in TeleTrusT organisierte IT-Sicherheitsbranche fordert die regierungsbildenden Parteien auf, ein jährliches Budget von mindestens 1 Milliarde Euro für die Stärkung der Cybersicherheit von Behörden und der Wirtschaft in den Koalitionsvertrag aufzunehmen. Mit dem Geld sollen dringend erforderliche finanzielle und organisatorische Maßnahmen ermöglicht werden, die das Cybersicherheitsniveau in Unternehmen und Behörden deutlich erhöhen. Der Verband begründet seine Forderungen mit der zunehmenden Digitalisierung in allen Branchen und der gleichzeitig unzureichenden Ausstattung von Behörden und Wirtschaft hinsichtlich der Absicherung ihrer IT-Systeme (11).“

TeleTrusT fordert daher folgende Maßnahmen:

- Personelle Stärkung des Bundesamtes für Sicherheit in der Informationstechnik (BSI) – Zulassungs- und Zertifizierungsverfahren müssen beschleunigt werden, um so nachweislich sichere digitale Prozesse, Produkte und Lösungen schneller den Anwendern zur Verfügung stellen zu können. Auch Beratung und Unterstützung von Behörden und Wirtschaft müssen ausgebaut werden, damit diese sich im Vorfeld oder bei akuten Angriffen besser schützen können.
- Neue Anreizsysteme, mit denen Behörden und Unternehmen die vom BSI empfohlenen, dem Stand der Technik entsprechenden IT-Sicherheitsmaßnahmen aufbauen können
- Erhöhung des BSI-Budgets für die Entwicklung neuer gesamtwirtschaftlicher und staatlich erforderlicher Basis-Sicherheitsprodukte
- Etablierung breiter Programme für Wirtschaft und Behörden, um die vorhandenen Cybersicherheits-Lösungen der deutschen IT-Sicherheitswirtschaft besser bekannt zu machen.

- Investitionen in Kooperationsprogramme zwischen Anwendern und Industrie – Bei der Erarbeitung von innovativen Lösungen, Maßnahmen und Produkten rund um die Cybersicherheit sollten verstärkt Synergien zwischen Anwendern und IT-Sicherheitsindustrie genutzt werden. Usability- und Betriebsanforderungen großer IT-Architekturen müssen zudem an den Bedürfnissen des Mittelstandes ausgerichtet werden.

Hier wird eine enge Beziehung zwischen einem zumindest in der Regierung bis 2017 überwachungsfreundlichen Staat und der IT-Sicherheitsindustrie deutlich. Es geht um Behörden und Unternehmen. Der Bürger kommt nicht vor. Das bedeutet, man will jährlich eine Milliarde in zentrale Sicherheitslösungen stecken, obwohl das Sicherheitskonzept der offenen Türen Jahr für Jahr mehr Probleme bereitet. Die zu vielen offenen Türen sind auch mit mehr Geld kaum mehr zu bewachen. Der Bürger wurde als nicht mehr gegen gezielte Angriffe beschützbar wohl inzwischen aufgegeben. Dabei ist der Mensch nach wie vor die größte Schwachstelle in zunehmend komplexer werdenden Systemen.

Bürger sind nicht nur Konsumenten, sie sind in gleicher Weise Beamte oder Mitarbeiter von Unternehmen. Wer die Bürger nicht schützt, kann auch keine Unternehmen und keine Behörden schützen.

So ist es auch nicht verwunderlich, dass es bei der Gegenleistung für die Milliarde wenig konkret wird. Die Systeme sind ja so komplex, dass man sie nicht erklären kann.

Da hilft es auch nicht, mit Großbritannien zu argumentieren:

„Zum Vergleich: Großbritannien hat in seiner aktuellen nationalen Cybersicherheitsstrategie beschlossen, in den nächsten fünf Jahren rund zwei Milliarden Euro in Cybersicherheit zu investieren, bei einem Bruttoinlandsprodukt von etwa 2,2 Billionen Euro im Jahr 2016. Das deutsche Bruttoinlandsprodukt lag im gleichen Jahr bei etwa 2,94 Billionen Euro, Tendenz steigend. Die Zielsetzung der neuen Bundesregierung müsste also höher liegen, um Europa hinsichtlich Cybersicherheit wegweisend zu gestalten.“

Großbritannien hat sich vor allem in den letzten Jahren als Vorreiter für einen europäischen Überwachungsstaat hervorgetan. Man kann davon ausgehen, dass unreflektierte stärkere Förderung einer eng mit dem Staat verbundenen IT-Sicherheitsindustrie im Ergebnis sicher zu mehr Überwachung führt. Schließlich ist es ein heute verbreitetes Sicherheitskonzept, alle Datenströme zu überwachen und sei es auch mit dem Motiv, mit Virenscannern Schadstoffdateien zu finden.

Das hier vorgestellte Trusted WEB 4.0 Konzept hingegen benötigt keine jährlich steigenden Subventionen, sondern lediglich eine Anfangsfinanzierung und rechnet sich vom ersten Jahr an, wie aus Abschn. 4.11 „Die Produkte im Trusted WEB 4.0“ hervorgeht.

Ich habe beschrieben, dass aus Sicht des Überschreitens der Totalitarismusschwelle das Bereitstellen von Wasser durch einen Anbieter noch akzeptabel, weil dezentral, geregelt ist. In Stadtwerken gibt es einen in der Regel von den im Rat vertretenden Parteien besetzten Aufsichtsrat.

Auch wenn mir ein Aufsichtsrat als Instrument eines dezentralen Wertschöpfungskonzepts nicht reicht, ist dieses Konzept den nicht durchschaubaren Strukturen von Global Playern auf jeden Fall vorzuziehen.

4.4.3   Verband kommunaler Unternehmen e.V.

Deshalb möchte ich noch einen Blick auf das Thesenpapier zur Digitalpolitik des Verbands kommunaler Unternehmen e.V. (VKU) werfen.

Der VKU fordert (12):

- „Für kommunale Unternehmen stehen bei der digitalen Transformation gemeinwohlorientierte Ziele im Vordergrund, um Städte und Gemeinden lebenswerter zu machen und gleichzeitig die Wertschöpfung vor Ort zu stärken. Somit ist die Digitalisierung von Wirtschaft und Gesellschaft für sie kein Selbstzweck. Die Kommunalwirtschaft nutzt die Digitalisierung vielmehr, um die Zukunft in den Kommunen klimagerecht, energie- und ressourceneffizient und bürgernah zu gestalten. Dabei steht die Lebensqualität der Bürger im Mittelpunkt."

Das kann ich aus Trusted WEB 4.0 Sicht voll unterschreiben. Hier steht der Bürger im Mittelpunkt und schon beschäftigt man sich ganzheitlich mit der Digitalisierung. Es wird sogar von regionaler Wertschöpfung und gesellschaftlicher Verantwortung gesprochen!

Der VKU fordert:

- „Immer mehr kommunale Unternehmen engagieren sich im Glasfaserausbau – und zwar sowohl in der Stadt als auch auf dem Land. Das ist moderne Daseinsvorsorge. So ebnen kommunale Unternehmen den Weg in die Gigabit-Gesellschaft, ermöglichen Teilhabe an den Chancen der Digitalisierung und tragen insgesamt zur Wettbewerbsfähigkeit des Standortes Deutschland bei. Zudem besitzen sie das Potenzial, gemeinsam mit den Städten, Kreisen und Gemeinden neue und smarte Dienstleistungen über Plattformen anzubieten. Plattformen sind wesentlicher Treiber der Digitalisierung und erobern zunehmend die Schnittstelle zum Kunden. Die wirtschaftliche Bedeutung der Plattformökonomie wird auch für kommunale Unternehmen in Zukunft weiter zunehmen."

Gut, man hat hier auch erkannt, dass die letzten Zentimeter zum Kunden entscheidend für die Wertschöpfung sind. Den Begriff Plattformökonomie halte ich allerdings für erklärungsbedürftig. So sind die Stadtwerke inzwischen dazu übergegangen, meistens mit Tochtergesellschaften bundesweit im Wettbewerb zueinander Strom anzubieten. Hier werden globale Konzepte einfach kopiert und damit die vorne gesetzten regionalen Wertschöpfungskonzepte konterkariert. Diesen Widerspruch kann Trusted WEB 4.0 auflösen.

Der VKU fordert:

- „Ziel der neuen Bundesregierung muss eine ganzheitliche Digitalpolitik sein, die die Potenziale auf kommunaler Ebene nutzt und kommunale Unternehmen in ihrem Engagement insbesondere beim Breitbandausbau unterstützt [...]
- Digitale Transformation erfordert eine zentrale und effiziente Koordinierung"

In diesem Punkt besteht wohl bei allen an der Digitalisierung Beteiligten Einigkeit.

Der VKU fordert:

- „Leistungsfähige digitale Infrastrukturen sind nur mit Glasfaser zu erreichen […]
Dieses Ziel kann am besten im fairen Wettbewerb erreicht werden und darf keinesfalls
durch neue Monopole behindert werden."

Natürlich sieht der Verband primär seine Mitglieder durch die entstehenden und von mir
mit Überschreiten der Totalitarismusschwelle gekennzeichneten Monopole bedroht. Aus
Trusted WEB 4.0 Sicht können kommunale Betriebe wertvolle Partner für das Wertschöpfungskonzept werden, solange sie nicht selbst versuchen, wenn auch regionale, Monopole
zu bilden.

Der VKU fordert:

- „Kommunale Unternehmen brauchen Handlungsspielraum für Investitionen und Innovationen. Kommunale Unternehmen wollen die digitale Transformation aktiv gestalten und
neue Dienste anbieten und sich nicht darauf beschränken, lediglich die erforderlichen
digitalen Infrastrukturen bereitzustellen. Denn Daseinsvorsorge ist nicht statisch, sondern
muss sich an den sich wandelnden Erwartungen der Bürger orientieren. Für den VKU
steht fest: Kommunale Unternehmen müssen in nachhaltige und tragfähige Geschäfts-
felder investieren können. Nur so können sie die Aufgaben für den Aus- und Umbau der
Infrastruktur auch in Zukunft verlässlich wahrnehmen, die Chancen der Digitalisierung
nutzen und die Erwartungen der Bürger an eine moderne Daseinsvorsorge widerspiegeln.
Das Gemeindewirtschaftsrecht einiger Bundesländer muss deshalb an die digitale Welt
angepasst werden, insbesondere in Bezug auf die Energiewirtschaft, um neue Kooperationen (z. B. mit Start-ups) und neue Dienstleistungen zu ermöglichen. … "

Hiergegen ist aus Trusted WEB 4.0 Sicht nichts einzuwenden, solange es bei Kooperationen bleibt und nicht durch Tochtergesellschaften eine regionale marktbeherrschende
Stellung ausgeprägt wird.

Der VKU fordert:

- „Digitale Transformation erfordert innovationsfördernde Gesetzgebung […] Für den
VKU steht fest: Um zukunftsfähige rechtliche Rahmenbedingungen zu schaffen, bedarf
es einer umfassenden, systematischen Überprüfung des bestehenden Rechtsrahmens
auf seine „Digitalisierungstauglichkeit"."

In persönlicher Unkenntnis, durch welche besonderen rechtlichen Rahmenbedingungen
kommunale Träger eingeschränkt sind, rate ich, erst einmal mit den innovativen dezentralen Trusted WEB 4.0 Konzepten zu prüfen, ob mit geltendem Recht akzeptable Lösungen
geschaffen werden können.

Der VKU fordert:

- „Digitalisierung braucht angemessenen Datenschutz. Kommunale Unternehmen nehmen Datenschutz sehr ernst. […] Für den VKU steht fest: Das Datenschutzrecht insgesamt, insbesondere aber der Schutz personenbezogener Daten vor missbräuchlicher Verwendung und die Gewährleistung des Rechts auf informationelle Selbstbestimmung, ist die größte rechtliche Herausforderung der Digitalisierung. […]"

Trusted WEB 4.0 bildet die vordigitale Gesellschaft digital ab. Insofern gibt es auch wesentlich weniger Reibungspunkte im Datenschutz und Urheberrecht, als bei anderen Konzepten der Digitalisierung.

Der VKU fordert:

- „Digitalisierung gelingt nur mit Rechtssicherheit bei der Datennutzung […] Für den VKU steht fest: Auch in einer digitalen Welt brauchen kommunale Unternehmen und ihre Eigentümer Rechtssicherheit. […] Wenn Daten der Rohstoff der Zukunft sind, dann haben auch offene Daten einen Wert. Es kann daher nicht sein, dass kommunale Unternehmen lediglich in die Infrastruktur und Aufbereitung der Daten investieren, während Dritte das Geschäft damit machen können. Hier müssen politische Lösungen im Sinne handlungsfähiger Kommunen gefunden werden. […]"

Das im Folgenden vorgestellte Trusted WEB 4.0 Wertschöpfungskonzept berücksichtigt Urheberwerte. Damit sollten die Forderungen weitgehend erfüllt sein.

Der VKU fordert:

- „Haftungsfragen müssen geklärt werden. […] Für den VKU steht fest: Das geltende Haftungsrecht, insbesondere das Produkthaftungsrecht, muss im Hinblick auf die Haftung für Schäden durch fehlerhafte digitale Produkte und Dienstleistungen sowie die hieran beteiligten Software-Hersteller, Verwender und Nutzer sachgerecht fortgeschrieben werden."

Auch hier geht das Trusted WEB 4.0 davon aus, dass man erst einmal konzeptionelle Lösungen schaffen sollte, bevor man über rechtliche Lösungen nachdenkt. Wie bereits ausgeführt, werden zunehmend Komplexitäten von den digital Agierenden bewusst erzeugt, um sich einer Haftungszuordnung zu entziehen. Hier muss im regionalen Wertschöpfungskonzept eine leistungsrechte Anerkennung, das heißt im Umkehrschluss eine für ein Fehlverhalten gerechte Sanktion berücksichtigt werden.

Der VKU fordert:

- „Zum Arbeiten 4.0 gehört auch ein Arbeitsrecht 4.0 […] Für den VKU steht fest: Neue Geschäftsmodelle und digitale Wertschöpfungsprozesse verändern zunehmend die Rahmenbedingungen kreativen Schaffens. Deshalb muss das Arbeitsrecht auf den

Prüfstand gestellt werden, z. B. bei Fragen der Arbeitszeitgestaltung, um Arbeitnehmern und Arbeitgebern flexible Handlungsoptionen zur Gestaltung digitaler Prozesse zu ermöglichen. Weiter darf das Betriebsverfassungsrecht den wirtschaftlich sinnvollen Einsatz der Digitalisierung in der Arbeitswelt nicht behindern. Auch Fragen nach neuen Qualifizierungen, Innovationskultur, Vereinbarkeit von Familie/Pflege und Beruf müssen neu diskutiert werden."

Begrüßt wird aus Sicht eines Trusted WEB 4.0 die umfangreiche Beschäftigung mit gesellschaftlichen Fragen. Über das Bürgerbeteiligungskonzept wird ein fließender Übergang in beide Richtungen zwischen Teilhabe an der Gesellschaft und Arbeitsverhältnis realisiert. Damit ist die Grundlage für flexible digitale Arbeitsangebote geschaffen. Neue ganzheitliche Qualifizierungen und Studienfächer werden von Trusted WEB 4.0 gefordert.

Der VKU fordert:

- „Reallabore als Experimentierfelder unterstützen Innovationsfähigkeit […] Dies trägt zu einer offenen Innovationskultur bei und ermöglicht eine frühe Einbindung der Bürger."

Um möglichst viele Bürger in die kritische Auseinandersetzung mit Produkten und Dienstleistungen einzubinden, ist aus Sicht eines Trusted Web 4.0 die anonyme Teilhabe nötig. Diese ist durch das Bürgerbeteiligungsportal gelöst.

Der VKU fordert:

- „Digitalisierung geht nur mit Europa […] Für den VKU steht fest: Alle Regelungen und Lösungen müssen europäisch gedacht und die Vollendung des digitalen Binnenmarktes vorangetrieben werden. Zu unterstreichen ist dabei, dass ein moderner Ordnungsrahmen über alle Ebenen – auch und besonders der europäischen – faire Wettbewerbsbedingungen für alle Akteure der digitalen Wirtschaft sicherstellen sollte. […]"

Grundsätzlich ist aus Sicht eines Trusted WEB 4.0 hiergegen nichts zu sagen. Jedoch sollte es nicht Aufgabe kommunaler Unternehmen sind, gegeneinander auf einem europäischen Markt in Wettbewerb zu treten. Schon aus Gründen eines eindeutig regional zuzuordnenden Rechtsrahmens unterteilt Trusted WEB 4.0 in der Organisationsstruktur zwischen regionaler und globaler Leistung und Wertschöpfungsverteilung. Hier macht das Konzept nicht an den Grenzen des Europäischen Raums halt. In der Regel sind kommunale Unternehmen in die regionale Wertschöpfungsverteilung einzuordnen.

4.5   Neuordnung der regionalen und globalen Wertschöpfung

Die im letzten Kapitel geschilderten Forderungen der einzelnen Interessensvertretungen helfen weiter, um Trusted WEB 4.0 abzugrenzen und einzuordnen. Bezüglich der

Wertschöpfungsverteilung werden hier jedoch wenige bis keine Aussagen getroffen. Die Konzepte sind geprägt von der Denkweise, dass alle Interessensgruppen Forderungen an den Staat stellen und dieser dann wie ein gutes Familienoberhaupt gerecht oder wie ein schlechtes Oberhaupt an den, der am lautesten schreit, verteilen.

In der Bundesregierung bis 2017 wurde laut Schreien belohnt, denn Ruhe war die erste Pflicht in Deutschland.

Die schwierigen Verhandlungen um die neue Bildung einer Bundesregierung in 2017 zeigen jedoch, dass zumindest die Vorboten der kommenden Veränderungen bei uns angekommen sind.

Wer sich die Geschichte ansieht, des stellt fest, dass wir in den letzten Jahrhunderten sowohl die technische, als auch die wirtschaftliche Entwicklung weitgehend unter uns Europäern ausgemacht haben. Im späten 18. Jahrhundert begann die Industrialisierung.

Über einen zentralen Antrieb wurden zum Beispiel durch ein Wasserrad verschiedene Maschinen angetrieben. Später erhielten die Maschinen dann erst mit Dampf und später im Wesentlichen mit Elektrizität angetriebene Motoren. Da es schwierig und teuer war, ausreichend Wasserräder für alle Maschinen zur Verfügung zu stellen, entschied man sich alternativ für eine Antriebsachse. Man konstruierte Keilriemen und Übersetzungen, um Maschinen an verschiedenen Standorten im gleichen Gebäude antreiben zu können. Durch die allgemeine Verfügbarkeit von Elektrizität und die Kostensenkung für Elektromotoren durch Massenproduktion wurde die zentrale Kraftübertragung durch dezentrale Maschinen abgelöst.

Wenn wir uns weiterhin in einem weitgehend europäischen Kulturkreis bewegen würden, würden wir vielleicht zuerst die Verfügbarkeit von dezentralem Internet in ausreichendem Maße an jedem Ort anstreben. Darauf würden wir dann eine dezentrale IT aufsetzen und diese regionalen Systeme miteinander kommunizieren lassen. Wäre eine solche Infrastruktur frühzeitig geschaffen worden, würde wahrscheinlich niemand mehr auf die Idee kommen, sicherheitsrelevante Daten zentral zu speichern.

Jedoch, wir müssen uns bewusst machen, dass die in der IT erfolgreichen Global Player heute bereits fast acht Milliarden Menschen adressieren (13). Fast 90 Prozent aller weltweiten Suchanfragen werden von Google beantwortet (14).

Die zweiundachtzig Millionen Deutschen spielen hierbei erst einmal keine Rolle. Auch leben die meisten Menschen heute nicht in einer Demokratie. Der Demokratieindex misst in 167 Ländern die Demokratie (15). In 2016 werden nur 19 Länder als „Vollständige Demokratien" bezeichnet, gerade mal 4,5 Prozent der Weltbevölkerung! In 2014 waren es noch 24 Länder und 12,5 Prozent der Weltbevölkerung.

▶   Digitale global skalierbare Geschäftsmodelle werden für Milliarden Menschen
    konzipiert. Die wenigsten Kunden leben in einer Demokratie. Digitale Produkte
    werden heute für im Wesentlichen totalitäre Länder entwickelt und lediglich
    minimal an die demokratischen Länder angepasst.

Die Erfolgsgeschichte zentraler IT hat sich mit dem Smartphone noch einmal beschleunigt. Viele Menschen in den Entwicklungsländern sind heute erstmals über das Internet mit dem Rest der Welt verbunden und können Handel treiben.

Aber wurde und wird das alles für uns Deutsche so entwickelt, oder verlieren wir immer mehr unsere eigene Identität und werden als letzte demokratische Bastion zu Getriebenen? Ich habe in diesem Buch an vielen Stellen dargelegt, wie eine globale totalitäre Denkweise bereits heute in unser Leben und unser Handeln eingreift.

Wenn wir die Demokratie nicht zum Auslaufmodell degradieren wollen, brauchen wir schnell eine von breiten Bevölkerungsschichten getragene Vision einer demokratischen digitalen Gesellschaft.

▶ Genau wie die Industrialisierung zu einer weltweiten Verbesserung der Lebensstandards geführt hat, muss eine die demokratische digitale Gesellschaft fördernde IT zum europäischen Exportschlager werden.

Das wird insbesondere der deutschen Wirtschaft nachhaltiges Wirtschaftswachstum bescheren.

Zugegeben, die Herausforderungen in der vernetzten Welt sind komplexer, als die Dezentralisierung industrieller Kraftübertragung in einzelne Elektromaschinen.

Dezentralen Maschinen haben sich bis heute bewährt. Die Konzepte werden jetzt allerdings im Rahmen von Industrie 4.0 durch Konzepte zentraler IT-Steuerungen wieder in Frage gestellt.

Grundsätzlich sind heute in der IT die Voraussetzungen für Dezentralisierung gegeben. Die Kosten für Software und Rechen- und Speicherkapazität sind soweit gefallen, dass sie grundsätzlich bei der Überlegung, ob zentral oder dezentral, nicht mehr von entscheidender Bedeutung sind. Wenn man autonome intelligente Systeme installiert, greift auch das Argument der Personalkosten nicht. Unterschiedliche dezentrale Systeme können genauso Fehlermeldungen an eine einzige Person schicken, wie das ein zentrales Portal kann.

Im Rahmen der von allen Regierungsparteien getragenen Breitbandinitiative wird auch bei der Verfügbarkeit, ähnlich wie bei der Verfügbarkeit von Elektrizität bei Maschinen, alles für eine dezentrale IT sprechen.

Als noch Weltmarktführer im Maschinenbau hat Deutschland sowohl den Ruf, als auch die Startposition, um dieses Konzept in einem zweiten Schritt erfolgreich zu exportieren.

▶ Wer eine demokratische digitale Welt will, muss die Komplexität der Digitalisierung durch einen weltweiten Kategorienstandard und Dezentralisierung reduzieren!

Erst einmal muss die Politik sich von der Lobbyarbeit von allen Unternehmen mit dem Tunnelblick auf einen globalen Markt unabhängig machen. Damit ist auch die Automobilindustrie gemeint. Das kann die Politik nur mit Zustimmung breiter Bevölkerungsgruppen erreichen. Nicht zuletzt als Aufruf an die deutsche Bundespolitik habe ich dieses Buch geschrieben.

Es gibt schon seit langem die allgemeine Forderung nach einer Gründerkultur in Deutschland. Die Vision einer demokratischen digitalen Gesellschaft kann nicht nur einen

Abb. 4.3 Dezentrale Wertschöpfung in der Digitalisierung

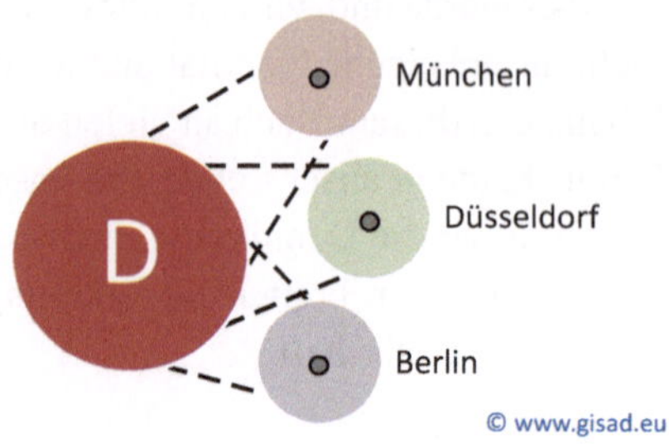

Wachstumsschub für die Wirtschaft, sondern auch einen Motivationsschub für die vielen Kreativen bieten, die Deutschland hervorbringt.

Die zweite Herausforderung ist die Komplexität der Vernetzung und wird in der Abb. 4.3 deutlich. Unzweifelhaft leben wir in einer globalen vernetzten Welt. Die Techniker aus dem achtzehnten Jahrhundert waren stolz darauf, über einen zentralen Antrieb mehrere Maschinen steuern zu können.

Um das auf die vernetzte Welt zu übertragen, müsste man die Antriebsachse in der Grafik in das D für Deutsch setzen. Alles andere würde dann im Takt des D-Hauptantriebs laufen, in der Grafik also München, Düsseldorf und Berlin.

Würde? Nein, genau das ist die Idee eines weltweiten Google, Facebook, et cetera, oder Uber, dem Vermittlungsdienst für Personenbeförderung. Uber ist dabei besonders interessant. Geht es hierbei doch im Wesentlichen um die Vermittlung regionaler, also dezentraler Fahrten. Es sind also nicht nur die Vorteile einer zentralen IT, sondern dazu kommen die Vorteile eines zentralen Marketings und dem damit verbundenen Bekanntheitsgrad und die gute Kapitalisierung aufgrund der hohen Skalierbarkeit.

In der heutigen zentralisierten Welt bedeutet das, wenn einmal global ein Platz besetzt ist, hat der zweite keine Chance. Die Vergabe dieser Plätze macht zunehmend das Silikon Valley unter sich aus.

Entsprechend einer dezentralen Vernetzung habe ich in der Grafik keine Achse in dem D, aber je eine Antriebsachse in München, Düsseldorf und Berlin gesetzt. Die Konstrukteure des achtzehnten Jahrhunderts wären wohl mit der Komplexität der Aufgabe, drei unterschiedlich schnelle Wasserräder zu synchronisieren, überfordert gewesen.

▶ Eine unterschiedliche Wirtschaftskraft, unterschiedliche Schwerpunkte und Anforderungen in den Regionen und unterschiedlicher Koordinierungsbedarf mit der Bundesebene bilden die Vielfalt in der vordigitalen demokratischen Gesellschaft ab.

Hier kommen wieder die Kategorien ins Spiel. Eine KI, die virtuell überall sein kann, würde nie verstehen, dass Menschen sich gerne treffen und gerne Gruppen von Gleichgesinnten bilden. Gerade das Silikon Valley lebt davon, dass man sich kennt und gegenseitig bereichert.

Der Mensch ist von seiner Anlage her dezentral und vielfältig. Insofern entspricht es ihm am ehesten, wenn ein digitales System dezentrale Cluster unterstützt. Die Kategorien untereinander müssen dabei nicht verbunden werden. Ein solches Antriebssystem ist so einfach, dass es im achtzehnten Jahrhundert hätte gebaut werden können. Deshalb ist es auch heute für die Bürger transparent und beeinflussbar.

Über das Finder-System sind, wie im Abschn. 3.2 beschrieben, trotzdem alle Kategorien genauso bequem wie über eine zentrale Suche zu erreichen.

Entscheidend für den demokratischen Prozess ist, die Wertschöpfung da zu gestalten, wo sie erzeugt wird und möglichst viele mit ihrer Leistung die Wertschöpfung beeinflussen können.

In der Kategorie 4 der Grafik wurde die Achse in das zentrale D gesetzt.

Auch hier werden real existierende Verhältnisse abgebildet. Versicherungen und Banken sind nun einmal überregional organisiert.

Diese Kategorie muss zentral verwaltet werden. Das bedeutet jedoch nicht, die Möglichkeit auszuschließen, Versicherungsagenturen hinter regionalen Kategorienservern zu organisieren. Es ist lediglich festgelegt, ob über die regionale Wertschöpfung dezentral oder zentral entschieden wird.

Die bestehenden Kategorien müssen daraufhin überprüft werden, ob nicht einige zu einer regionalen und globalen Kategorie gesplittet werden müssen. So wird zum Beispiel die Kategorie Automobilindustrie eine globale Kategorie sein, Straßenverkehr jedoch eine regionale.

In der Abb. 4.4 steht D allerdings nicht für Deutschland, sondern für Deutsch. Tatsächlich werden in einer globalen Welt oft Bündnisse im gleichen Sprachraum geschaffen. Ich vertrete die These, dass insbesondere durch die Medien zukünftig immer mehr auch die tatsächlichen Grenzen sich an die Sprachräume anpassen werden. Dafür muss allerdings die technische Voraussetzung geschaffen werden, das Gleichgesinnte, also der gleichen Kategorie Zugehörige, sich auch Regionen übergreifend virtuell austauschen können.

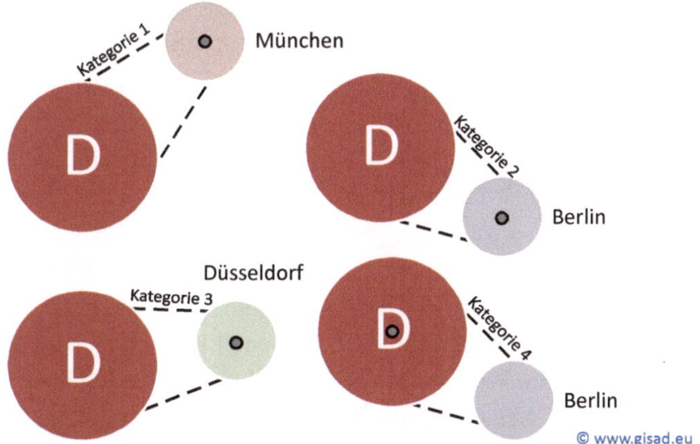

Abb. 4.4 Kategorien optimierte dezentrale Wertschöpfung

Dem wirken derzeitige globale Portale mit Geotracking entgegen. Es werden immer Produkte und Menschen aus dem getrackten Umfeld, aber nicht aus dem gleichen Kulturkreis angezeigt.

Um das Konzept nachhaltig zu gestalten, wird zwischen zirka tausend Kategorien je Sprache unterschieden. Dafür werden im Sinne von Vielfalt möglichst viele der gesprochenen zirka 7000 Sprachen (16) (ohne Dialekte) adressiert. Sprache ist Identität und Kultur. Der Mensch ist anpassungsfähig, wenn er muss. Jedoch immer sollten wir im Blick haben, dass Technik dem Menschen dienen soll und nicht der Mensch sich der Diktatur des Technischen unterwerfen muss. Selbst wenn es heute noch keine selbstständigen künstlichen Intelligenzen gibt, werden wir schon mehr durch die technische Entwicklung dominiert, als es nötig und gut ist.

Über das Kategoriensystem kann man sich wahlweise virtuell in einem gewünschten Sprachraum oder einer gewünschten Region aufhalten. In derzeitigen Geotracking-Systemen wird man bevormundet. Das System entscheidet, welche Informationen für einen gut sind. Der Nutzer findet über Google einen in Deutschland lebenden Griechen, der in Deutschland Arbeit sucht. Aber der Versuch bleibt erfolglos, von Deutschland aus einen Griechen in Griechenland zu finden, den man für eine Arbeit in Deutschland gewinnen will. Das Ergebnis ist nicht Vielfalt, sondern gerankte Massenware und Produktindoktrination.

4.6   Geschäftsrahmenmodell

In jedem Geschäftsmodell stellen sich folgende Fragen:

- Wer profitiert?
- Wie wird die Zielgruppe erreicht?
- Wer zahlt für die Dienstleistung oder das Produkt?

Wer vom Trusted WEB 4.0 profitiert, sollte in meinen Büchern ausreichend behandelt worden sein. Zuerst profitiert die demokratische Gesellschaft und bietet ein stabiles Umfeld für die Wirtschaft. Das ermöglicht der Wirtschaft, nachhaltig Geld zu verdienen. Aus einer ungezügelt zerstörerischen Transformation, wird eine von allen in die digitale Gesellschaft eingebundenen Leistungsträgern mitgetragene Vision. Die Partei, welche ein solches Konzept erfolgreich einführt, wird zur großen Volkspartei. Der Staat und die Kommunen sichern ihre langfristige Existenz in einem zunehmend globalen Standortwettbewerb.

Warum sind Google, Facebook, Amazon und einige weitere Global Player so erfolgreich? Zuerst einmal, weil sie jeder kennt und bedienen kann. Der Bürger ist in der sich immer schneller verändernden Welt reizüberflutet und überlastet. Ich habe in Beispiele für gezeigt, dass in vielen Bereichen durch die Überschreitung der subjektiven Totalitarismusschwelle sich Fatalismus breit macht.

Die Kostenloskultur verlagert viele Arbeitsschritte zum hierdurch überlasteten Bürger. Wie also erreicht man diese Zielgruppe? Man zeigt ihnen, dass eine Trusted WEB 4.0 Oberfläche einfacher zu bedienen ist, weil man nicht mehr zehn, sondern nur noch eine Oberfläche kennen muss, weil man kein Passwort mehr braucht, weil man über die gleiche Oberfläche telefonieren, chatten, Videos ansehen und so weiter kann. Weil alles, was man derzeit im Internet benutzt, weiterbestehen kann. Ich bin nicht so naiv, zu glauben, dass ein gutes Produkt reicht, damit es sich am Markt durchsetzt. Man braucht einen erheblichen Marketingetat für den Markteintritt. Wenn erst mal der Wechsel geschafft ist, kann das Marketing mit einem kleinen Budget weiterarbeiten.

Marketing kann mehr als Werbung. Es muss ein Ruck durch die Nation gehen. Ich denke an intelligentes Marketing, das überzeugt und nicht nervt. Ich denke auch an Etats für Schulen, Gründer und Universitäten, um auf Basis von Trusted WEB 4.0, Ideen zu entwickeln. Ich denke an 820 Millionen Euro innerhalb von drei Jahren. Das sind zehn Euro je Bürger. Im Geschäftsplan kann man das – so das Finanzministerium mitspielt -auf zehn Jahre abschreiben. Wir sprechen also von einem Euro je Bürger für die ersten zehn Jahre. Hiermit sollte man etwas bewegen können. Zum Vergleich: Microsoft hat 2013 1.6 Milliarden US-Dollar für die, allerdings weltweite, Einführung der Software Surface investiert. Um es noch einmal ganz deutlich zu sagen, die Demokratie hat in der digitalen Transformation noch genau einen Schuss im Rohr. Von der Konzeption bis zum Rollout dürfen nur wenige Jahre vergehen. Sonst wird sich eine die Totalitarismusschwelle überschreitende, einheitliche Oberfläche der Global Player, wie sie schon in China erprobt wird, vorher durchgesetzt haben. Der Staat wird dann nicht mehr die Kraft haben sich dagegen mit einem alternativen Konzept zu stemmen.

Die Dienstleistung oder das Produkt, über welchen wir reden, ist die Bereitstellung einer digitalen Vermittlungsschnittstelle und Überprüfung der hierüber generierten Wertschöpfung. Grundsätzlich muss die Vermittlungsschnittstelle für den Bürger kostenlos sein, sonst kann sie sich im Wettbewerb mit den angeblichen Kostenlosangeboten, die in Wirklichkeit durch den Tausch von wertvollen Profildaten bezahlt werden, nicht halten. Ich werde in den folgenden Kapiteln nur einen allgemeinen Rahmen für ein funktionierendes Geschäftsmodell vorstellen. Das endgültige Geschäftsmodell muss durch GISAD interdisziplinär erarbeitet und mit den verschiedenen Leistungsträgern ausgehandelt werden. Um aber eines direkt klar zu stellen, es geht um ein privatwirtschaftlich funktionierendes Geschäftsmodell in einer zugegebener Maßen großen Dimension. Es geht nicht darum, irgendwelche Fördertöpfe abzugreifen. Der Staat trägt nur das Ausfallrisiko mit einer Bundesbürgschaft und die Kosten für die Erstellung des endgültigen Wertschöpfungskonzepts.

Denn eines sollte klar sein, ein solches Projekt wird auf erhebliche Widerstände stoßen und es darf nicht zu einem Berliner Flughafen werden, von dem fraglich ist, ob er je fertig wird. Der schon jetzt tobende Wirtschaftskrieg wird möglicherweise erst für jeden sichtbar werden, wenn wir endlich anfangen, für ein demokratisches System zu kämpfen. Dieses Risiko wird kein Geldgeber bereit sein, einzugehen.

▶ Für das demokratische Deutschland bietet sich die letzte Möglichkeit, im Gegenzug zu einer Rechtsanpassung, moralischen Unterstützung und Bürgschaft seine Staatsform in der Digitalisierung zu erhalten.

4.7   Den ersten Platz gibt es nur einmal

Genauso erfolgreich, wie ein zentrales Marketing ein Portal macht, macht es der permanent erste Platz in einer zentralen Suchmaschine. Google argumentiert damit, dass ja jeder auf dem ersten Platz stehen kann, weil dieser je Suchergebnis unterschiedlich ausfällt. Tatsächlich finde ich mich auch bei Eingabe von „Olaf Berberich" auf dem ersten Platz, allerdings bei einem Anbieter, der an sich Monopolist ist. Ich finde mich hier auf dem ersten Platz, weil es nur einen Olaf Berberich in Deutschland gibt. Viel wichtiger ist es allerdings, wer auf dem ersten Platz gefunden wird, wenn Worte wie Versicherung, Reise oder ähnliches eingegeben werden. Hier kann Google die begrenzten ersten Plätze für viel Geld versteigern. Google weiß genau, was besonders begehrt ist und kann in diesen Bereichen eigene Geschäftsmodelle entwickeln.

Noch wichtiger wird der erste Platz bei Sprachassistenten, wie in Abschn. 2.8 „Der Einfluss von Sprachassistenten" näher erläutert.

Das Trusted WEB 4.0 Konzept geht davon aus, dass den ersten Platz je Kategorie nicht ein Anbieter, sondern ein Portal erhalten sollte. Wenn die Wertschöpfung durch Beteiligung aller Leistungsträger verhandelt wird, dann haben wir hierdurch schon einmal erreicht, dass es nicht eine Suchmaschine gibt, sondern im Idealfall tausend Suchmaschinen. Das Suchwort wird in die entsprechende Suchmaschine übergeben.

Darüber hinaus können diese Leistungsträger regional unterschiedlich sein. So können sich zum Beispiel alle Schuhgeschäfte einer Stadt zusammenschließen und im dem regionalen Kategorienportal einen gemeinsamen Shop betreiben. Hierbei wird allerdings nicht der Shop das Spannende sein, sondern die dahinter stattfindende Verknüpfung zwischen Erlebniseinkauf, Onlineinformation und Regionallogistik.

In der Abb. 4.5 zeige ich, wie so etwas in der Darstellung aussehen könnte.

Dienstleistungen und Produkte sind vielfältig. So wird sich auch die Ausgestaltung der Ergebnisanzeige einzelner Kategorien in dem in diesem Buch vorgestellten Konzept sehr unterscheiden. Für die Bequemlichkeit des Nutzers entsteht hierdurch ein erheblicher Vorteil, wenn es gelingt, die allgemeinen Bedienungselemente so zu vereinheitlichen, dass er sich auch in wechselnden Gestaltungsumgebungen zurechtfindet. Solange der Nutzer sich nicht alleine bei Amazon aufhält, ist er heute durch die wechselnden Portaloberflächen noch mehr gefordert, sich zu Recht zu finden.

Ich sehe meine Aufgabe lediglich darin, ein Rahmenkonzept zu entwickeln, welches dann je Kategorie anders gestaltet werden kann.

Wenn es erst einmal möglich ist, je Region und Kategorie unterschiedliche Angebote zu vernetzen, werden hierfür ausreichend kreative Kapazitäten freigesetzt werden. Im Rahmen der citythek (17) haben wir damals verschiedenste Variationen ausprobiert.

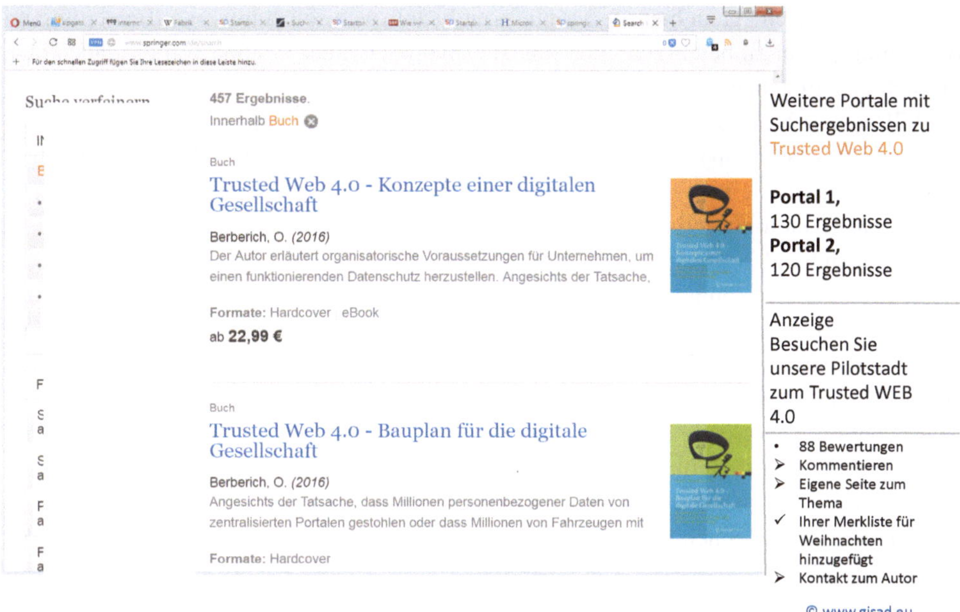

Abb. 4.5 Beispiel einer Trusted WEB 4.0 Eintragsanzeige

> Es wird völlig neue Produkte und Dienstleistungen geben, wenn durch die Freischaltung vom ersten Tag an ein bestimmter Traffic über eine Betreibergesellschaft garantiert ist.

Eine Anwendung könnte das von mir entwickelte Jung hilft Alt Konzept (18) sein, welches ich nur deshalb am Markt nicht eingeführt habe, weil ohne Trusted WEB 4.0 der Missbrauch durch unseriöse Helfer nicht hätte ausgeschlossen werden können.

Im linken großen Feld werden in der Grafik in dem für die Kategorie „Bücher" präferierten Hauptportal direkt ohne eine Zwischenliste die Ergebnisse angezeigt. Es wurde auch schon getestet, über ein Handshake vorher zu überprüfen, ob das priorisierte Portal den gewünschten Artikel überhaupt führt. Alternativ würde dann so lange in anderen Portalen gesucht, bis ein Portal mit einem Ergebnis angezeigt würde. Was im Hintergrund recht komplex sein kann, wird vom Benutzer gar nicht bemerkt. Nach einem ähnlichen Verfahren werden weitere Portale, in denen das Ergebnis gefunden wurde, in der rechten Spalte angezeigt.

Hier ist auch Platz für eine Anzeige, wobei der Anfragende entscheiden kann, ob er bei einer bestimmten Suche oder grundsätzlich in einer Kategorie Werbung angezeigt bekommen will. Auch die Ergebnisse aus dem Bewertungsportal können sehr unterschiedlich angezeigt werden. Wenn in Verbindung mit einem bedingungsgebundenen Grundeinkommen grundsätzlich alle Texte bewertet werden, können die vollständige Recherche und Bewertung als über ein Produkt im Internet zu findende Zusatzinformationen neben dem entsprechenden Produkt angezeigt werden.

„Kommentieren" kann hier die Möglichkeit bieten, sich selbst mit einer Bewertung im Bewertungsportal zu beteiligen oder zum Beispiel auch einer Gruppe von Freunden eine Empfehlung zu geben.

Will man sich umfangreich zum gleichen Thema äußern, kann man hierzu auch eine eigene Seite – bei getmysense (19) Sinnseite genannt – erstellen und für diese Seite hinterlegen, ob und wie man erreicht werden möchte, zum Beispiel nur per Kontaktformular oder auch telefonisch. Natürlich muss hierfür keine Telefonnummer oder Mailadresse preisgegeben werden.

Eine Merkliste könnte als persönlicher Agent funktionieren. Ein Kunde könnte bestimmte Produkte einem Event wie einem Geburtstag oder Weihnachten zuordnen und würde daran erinnert, etwas bestellen zu wollen. Der Merkkalender wird dabei dezentral auf dem Smartphone des Nutzers gespeichert und nicht wie bei Alexa als Teil einer zentral gespeicherten Analyse abgelegt. Gleichzeitig wird an alle in der Kategorie eingebundenen Anbieter eine Empfehlung gegeben, zu einem bestimmten Termin ein entsprechendes Produkt verfügbar zu halten. Der Kontakt zum Autor ist natürlich wieder anonym, abhängig von den vorgegebenen Präferenzen, für die Anbieter möglich.

4.8   Verhältnis vom klassischen Internet zum Trusted WEB 4.0

Nun taucht natürlich die Frage auf, wofür brauchen wir noch das normale Internet. Können wir nicht alle Prozesse im Trusted WEB 4.0 abbilden. Dazu sollten wir uns wieder die vordigitale Welt ansehen. Hier gibt es heute noch viele Handlungen, die wir anonym vornehmen. Wir gehen zu Bäcker und kaufen Brötchen. Käse kaufen wir bevorzugt auf dem Markt an einem Stand. Vielleicht treffen wir abends in der Stammkneipe seit Jahren auf Menschen, die wir grüßen, weil wir sie vom Sehen her kennen. Vielleicht kennen wir auch den Vornamen oder sogar den Nachnamen. Aber wir wissen nicht genau, was sie kaufen, was sie denken, wie sie morgen handeln wollen. Wir müssen das alles nicht wissen, um uns in ihrer Gesellschaft wohl zu fühlen.

▶   Im normalen Internet sind anonyme oder teilanonymen Begegnungen der vordigitalen Welt nicht abbildbar.

Wie würden wir uns fühlen, wenn wie bei allem, was wir machen, von mindestens zwei Personen begleitet würden, einem Kriminellen und einem Geheimdienstmitarbeiter? Wir würden uns schrecklich fühlen. Genau das passiert im Internet, aber es stört uns nicht, weil unsere virtuellen Begleiter unsichtbar sind. Trotzdem merken sie sich viel mehr, als menschliche Begleiter sich je merken könnten.

Auf der anderen Seite jedoch sind wir auch in der vordigitalen Welt nicht immer anonym. Wer ein Amt innehat, der tritt von sich aus an die Öffentlichkeit. Das gleiche gilt für jemand in einer leitenden Position.

Wir verhalten uns aber auch in verschiedenen Gruppen unterschiedlich. Die Familie weiß so ziemlich alles über uns.

Langjährige Arbeitskollegen wissen auch etwas Privates, mehr aber über unser Verhalten und unsere Kompetenz im Team. Geschäftskunden erhalten andere Informationen über unseren Einfluss im Unternehmen und die Fähigkeit zu verhandeln. Diese Gruppen versuchen die beruflichen Netzwerke wie XING und LinkedIn abzubilden.

Auch Facebook arbeitet nach dem gleichen Prinzip. Ohne hier näher darauf eingehen zu wollen, dass auch schon nur für eine bestimmte Gruppe gedachte Informationen durch technische Fehler zum Beispiel bei Facebook öffentlich geworden sind, entzieht sich das Gruppenverhalten im Gegensatz zur vordigitalen Welt meinem Einflussbereich. Auch findet es nicht im geschlossenen Raum einer Kneipe oder eines Familientreffens statt, sondern ist immer auch einen Klick entfernt von der Veröffentlichung. So sind gerade die, die sich von Berufswegen mit Datenschutz beschäftigen, sehr zurückhaltend mit den Informationen, die im Social Media über sie zu finden sind. Anderen, wie zum Beispiel Politikern, bleibt überhaupt nichts anderes üblich, als über Twitter jede kleine Meinungsänderung zu posten.

Das wird sich auch in Zukunft nicht ändern. Heute muss jedoch ein Politiker damit rechnen, dass ihm sein Privatleben sprichwörtlich um die Ohren fliegt, wenn er sich nicht auch privat so verhält, als würde er jederzeit von einem Journalisten und einem Geheimdienstmitarbeiter begleitet. Er muss außerdem bei jedem Satz überlegen, ob er nicht in einem anderen Kontext anders gedeutet werden kann. Ein Satzfetzen als Zitat hat in der Vergangenheit schon oft Schaden angerichtet. Hier ist der vorauseilende Gehorsam vorprogrammiert, der verhindert, dass Politiker in Zukunft überhaupt noch in der Lage sind, mutige Entscheidungen zu treffen.

▶ Es muss für jeden wie in der vordigitalen Welt möglich sein, selbst zu entscheiden, ob er eine öffentliche Rede halten will oder einen nur für seine Familie bestimmten Kommentar abgibt. In der digitalen Welt ist das nur möglich, wenn innerhalb einer komplett unabhängigen Zweitstruktur die Aufhebung von Anonymität nicht erlaubt ist.

Es recht aus, wenn digital jemand auf ein anonymes Profil zeigt und den Namen dazu veröffentlicht, um die Anonymität aufzuheben. Zwar habe ich im Trusted WEB 4.0 den Austausch der IP Adressen vorgesehen, jedoch wird eine erneute Identifizierung über den gleichen Text unter anderer Nummer auch hier nicht ausgeschlossen werden können. Entsprechend konsequent müssen solche Verfehlungen sanktioniert werden.

Es sollten gemäß Abb. 4.6 auch technische Vorkehrungen getroffen werden, dass es nicht möglich ist, aus dem offenen Internet einen Link zum Trusted WEB 4.0 zu setzen. Hingegen lebt das Bewertungskonzept davon, anonyme Bewertungen für alle öffentlich zugänglichen Texte und zwar gerade auch die im offenen Internet veröffentlichten, zu erstellen.

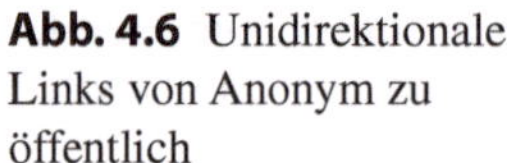

Abb. 4.6 Unidirektionale Links von Anonym zu öffentlich

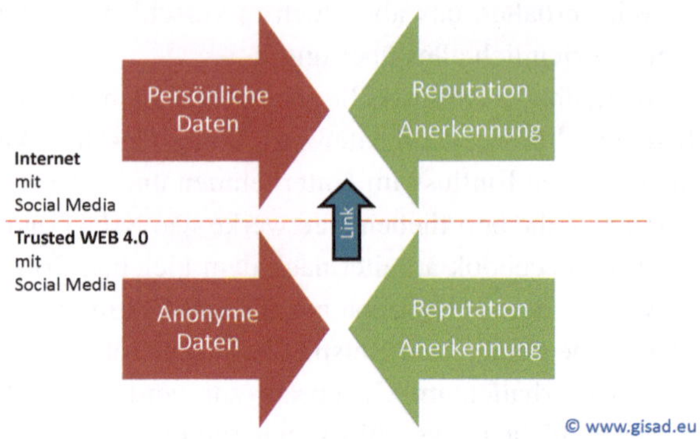

4.9 Trusted WEB Global und Trusted WEB Regional

Um der regionalen Wertschöpfung gerecht zu werden, sollten gemäß Abb. 4.7 regionale Trusted WEB 4.0 Betreibergesellschaften gegründet werden. Wir finden in Deutschland eine sehr heterogene Innovationslandschaft vor. Es gibt Kreise, welche sich frühzeitig auf eine Branche fokussiert haben und regional über die Innovationskraft verfügen, um eine Kategorie regional auszufüllen.

Darüber hinaus muss es eine Trusted WEB 4.0-Global-Betreibergesellschaft geben. Hier weitere Zwischenebenen für Deutschland oder Europa einzuziehen, halte ich nicht für sinnvoll. Digital gibt es keine Kostenhemmnisse, Produkte die man in Berlin anbieten kann, auch für Deutsche in New York anzubieten. Produkte haben also entweder einen regionalen Bezug, wie beim Erlebniseinkauf, bei dem ich mich über eine Ware im Internet informiere und diese im Geschäft vor Ort ausprobiere oder sie sind überregional, wie der Kauf eines Musikalbums, in das ich vorher digital hereinhören kann. Das Konzert, in dem ich die Musik zum ersten Mal gehört habe, ist regional, gehört aber zu einer anderen Kategorie „Events".

▶ Die Wertschöpfung, die nicht für die Betreibergesellschaften zur Gewährleistung einer guten Infrastruktur und eines sehr guten Services nötig ist, soll den eingebundenen Leistungsträgern zu Verfügung stehen.

Ob dies durch die Rechtsform eines gemeinnützigen Vereins oder andere Maßnahmen erfolgt, sei dahingestellt. Schließlich soll ja nicht wieder ein Ungleichgewicht in der Wertschöpfungsverteilung entstehen. Genau, wie bei den anderen Beteiligten muss bei den Betreibergesellschaften die Wertschöpfung leistungsgerecht sein.

Die regionalen Betreibergesellschaften sollten grundsätzlich Stadt- oder Landkreise abbilden. Wie sich die Beteiligung zusammensetzt, ob mit Wirtschaftsförderung, kommunalen Unternehmen oder

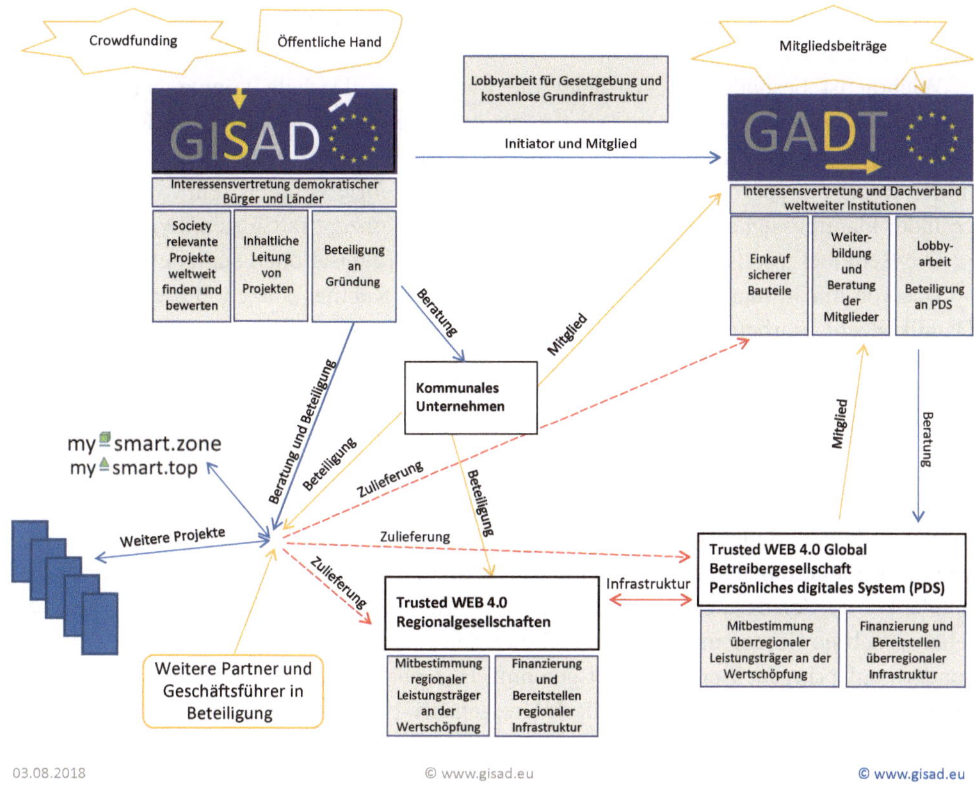

Abb. 4.7 Sinnvolle Institutionen im Trusted WEB 4.0

komplett in privater Initiative, möchte ich offen lassen. Wer zuerst ein schlüssiges Konzept für eine regionale Betreibergesellschaft vorlegt, der sollte sie auch betreiben können, solange das Konzept erfolgreich ist. Hierfür müssen noch klare Regeln aufgestellt werden.

Das Aushandeln innerhalb der einzelnen Kategorien kann sehr komplex werden. Allerdings sind auch erhebliche Innovationseffekte möglich, wenn einzelne regionale Cluster, erst in Deutschland und dann weltweit miteinander in Konkurrenz treten. Solange die Wertschöpfung regional ankommt, ist das in Ordnung. Durch die demokratische technische Infrastruktur, wird der digitale Totalitarismus zurückgedrängt und eine soziale Marktwirtschaft und Freiheitsrechte werden zum Exportschlager.

Es wird auch viele Kategorien geben, welche zuerst nicht durch eigene Ideen ausgefüllt werden können. Am Anfang können in diesen Kategorien die von dem Bewertungsportal bewerteten Einträge mit Links zu allen Internetseiten, die zu einem Suchbegriff angezeigt werden, aufgelistet werden. Kategorien werden solange von der globalen Betreibergesellschaft verwaltet, bis eine Region hierfür eine Lösung anbietet. Dann wird der regionalen Betreibergesellschaft die Verwaltung der Kategorie übergeben. Die regionalen und die globale Betreibergesellschaft haben die Möglichkeit, andere Regionen von ihrem Konzept zu überzeugen und stärken so die eigene Wirtschaft, beziehungsweise erhalten einen Kick Back vom Umsatz.

Wichtig ist besonders für Gründer die Planbarkeit. Deshalb könnte, nachdem das Gesamtkonzept eingeführt worden ist, für vier Jahre der erste Platz einer Kategorie an einen bestimmten Konzeptanbieter vergeben werden. Die Entscheidung hierfür sollte in der Regel ein Jahr vor Aufschaltung auf die Kategorie gefallen sein. So bekommen Gründer Planungssicherheit und das Kapital, um ein Konzept fertig zu entwickeln.

Die Betreibergesellschaften sollten von weiteren Organisationen begleitet werden.

Das von mir initiierte GISAD (20) sollte aus dem Rahmenkonzept dieses Buches ein Detailkonzept erarbeiten. Ich schlage vor, hierfür interdisziplinär zwölf Experten für einige Jahre zu beschäftigen. Zwölf deshalb, weil das erfahrungsgemäß die größte Anzahl ist, die sich noch koordinieren kann. Sind es mehr, so wird der Koordinierungsbedarf höher als der Output. Die Vorkosten für die Konzepterstellung muss der Staat bereitstellen. Zu diesem frühen Zeitpunkt wird sich die Privatwirtschaft nicht aus der Deckung begeben. Es sollte berücksichtigt werden, dass heute deutsche weltweit erfolgreiche Unternehmen im Wesentlichen in nicht demokratische Staaten ihre Geschäfte machen. Ihre Existenz ist von der Veränderung der deutschen Staatsform nicht unmittelbar bedroht. Die meisten Firmenlenker werden es auch in Zukunft privat begrüßen, in einem demokratischen Land zu leben. Doch sie werden mit den Unternehmen den Trusted WEB 4.0 Zug nicht anschieben, sondern aufspringen, wenn er Fahrt gewinnt. Bedroht sind die Bürger, der Staat und die demokratischen Politiker, welche die Interessen der Bürger vertreten sollten. Die Finanzierung von GISAD mit einem im Verhältnis zur Wirkung nur sehr kleinen Betrags kann als eine Art Vorschuss betrachtet werden, welcher durch die vom Staat zu erwartenden Steuereinnahmen um ein Vielfacher überschritten werden wird.

GISAD sollte überall da eingebunden werden, wo es um inhaltliche Fragen des Trusted WEB 4.0 geht. Auch ist angedacht, in einem zweiten Schritt über GISAD eine Crowdfunding Initiative für Trusted WEB 4.0 konforme Neugründungen zu starten. GISAD stellt sich bewusst von Anfang an global auf und möchte weltweit Trusted WEB 4.0 Projekte unterstützen. GADT (7) soll als Interessensverband die globale dezentrale Transformation voranbringen. In GADT werden nicht die Interessen der Bürger, sondern die Interessen der Unternehmen, die in die Wertschöpfung von Trusted WEB 4.0 eingebunden sind, organisiert. Der Verband soll als Verein die Gemeinnützigkeit anstreben und sich aus Mitgliedsbeiträgen finanzieren.

▶　　In der Regel ist es sinnvoll, in das regionale Betreiberkonzept kommunale Unternehmen einzubinden. Das kann eine Wirtschaftsförderung sein oder auch die Stadtwerke. Über die regionalen Betreibergesellschaften werden Existenzgründungen schon dadurch gefördert, dass für die einzelnen Kategorien regionale Lösungen gesucht werden.

Schön wäre es, wenn in Deutschland zukünftig mehr echte Gründungszentren entstehen würden, die nicht nur Räume vermieten, sondern eine echte Gründerkultur fördern.

4.10   Der Zeitplan ist nicht verhandelbar!

Die Politik hat so lange tatenlos zugesehen, dass der Zeitplan gemäß Abb. 4.8 nicht mehr verhandelbar ist. Es kann gerade noch gut gehen, wenn wir Zustände wie beim Berliner Flughafen bei der Umsetzung von Trusted WEB 4.0 vermeiden können!

Erst muss bis spätestens 2021 sowohl für regionale Bertreibergesellschaften, als auch sogar bis spätestens 2020 für die globale Betreibergesellschaft ein Rahmenvertrag ausgehandelt werden. Hierfür müssen Diskussionen mit möglichst vielen Leistungsträgern geführt werden. Wenn die Wertschöpfung der letzten Zentimeter zum Kunden neu geregelt wurde, sollten alle im deutschen Wirtschaftsraum ansässigen Unternehmen und Personen ihren Status zumindest erhalten, wenn nicht verbessern können. Gleichzeitig werden durch eine nachhaltig berechenbare Digitalisierung die Risiken der Transformation erheblich reduziert. In dieser Phase sollten sich schon wesentliche Beteiligungspartner für die globale Betreibergesellschaft finden. Optimaler Weise finden sich hierfür Unternehmen aus dem Bank- und Versicherungsbereich, dem Telekommunikations-, Hardware- und Softwarebereich. Die Globale Trusted WEB 4.0 sollte bereits 2020 gegründet werden und mit einem mehrstelligen Millionenbetrag ausgestattet werden, um Software und Hardwarepiloten auszuschreiben. Das Marketing sollte sofort ebenfalls mit einem mehrstelligen Millionenbetrag anlaufen. Hierbei sollte ein Joint Venture mit Herstellern angestrebt werden, die langfristig am Verkauf von Applikationen und Hardware verdienen. Eventuell ist es sogar möglich, eine eigene Trusted WEB 4.0 Smartphone Entwicklung anzustoßen.

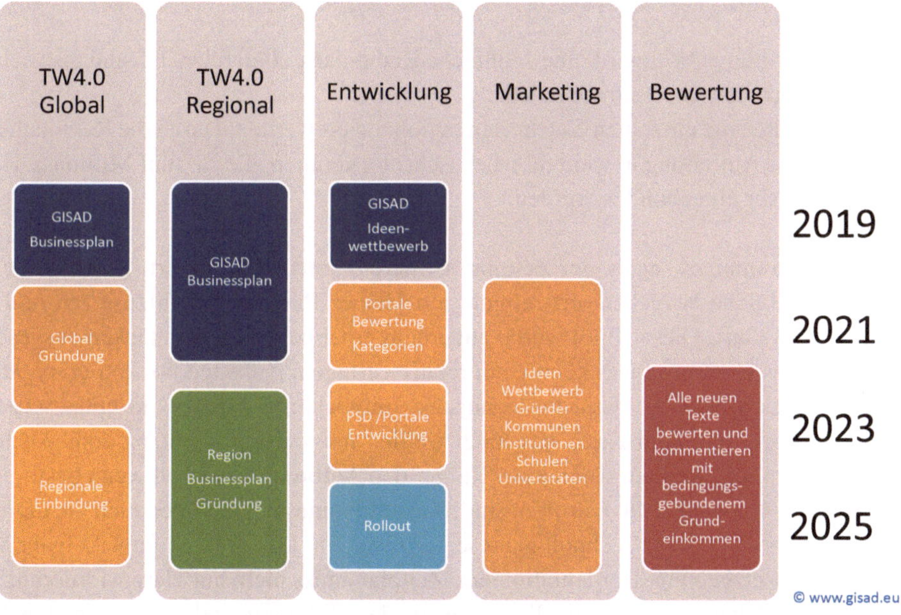

Abb. 4.8 Zeitplan für die Einführung des Trusted WEB 4.0

Wenn 82 Millionen PDS verschenkt werden, geben mindestens zehn Prozent Geld für ein sicheres Smartphone aus, in welches das PDS bereits mit Hard- und Software integriert ist. Das sind immer noch zirka acht Millionen Verkäufe, mehr als zum Beispiel Sony weltweit im halben Jahr 2016 verkauft hat (21). Der Rollout ist für spätestens 2025 geplant. In diesem Jahr müssen die Stückzahlen produziert werden. Sicher wird es nicht möglich sein, alle Bürger gleichzeitig zu versorgen. Wichtig ist, dass die Vision Formen annimmt und möglichst viele auf den Zug aufspringen.

Damit von Beginn an ausreichend Daten zur Anzeige hinter den Kategorien zu Verfügung stehen, sollte das in Bürgerbeteiligung betriebene Bewertungsportal spätestens 2021 in Betrieb gehen und alle im Internet verfügbaren Dokumente erfassen. Sollte ein Digital-Bürgergeld bis dahin nicht eingeführt sein, wird es sicher schwierig, eine ausreichende Menge an Kategorienmanagern zu finden. Man müsste dann alternativ über eine Aufstockung von Harz IV bei Kategorienmanagern nachdenken. Die Kosten wären vom Staat zu tragen. Ich bin allerdings sehr skeptisch, ob sich hierdurch die entsprechende Motivation und Integration, der dann immer noch Almosenempfänger, erreichen ließe. Durch ein Digital-Bürgergeld werden wie im ersten Kapitel erläutert, viele gesellschaftliche Probleme gelöst, die nicht auf die Wirtschaft abgewälzt werden dürfen. Die gewonnenen Daten bieten zudem einen Wettbewerbsvorteil für den Standort Deutschland.

Eine Einführung des Bewertungsportals in mehreren Schritten ist sinnvoll:

- Am Projektbeginn sollten von hundert Test-Kategorienmanagern jeweils zehn Kategorien bearbeitet werden.
- In einem zweiten Schritt ist dann jeweils ein Experte für eine der tausend Kategorien zuständig.
- In einem dritten Schritt wird eine zehnfache Redundanz eingeführt. Es sind also schon zehntausend Menschen eingebunden.
- Danach sollten die einzelnen Kategorien regionalisiert werden. Durch die Regionalisierung und die Aufteilung in weitere Arbeitsschritte, könnten alle ca. fünf Millionen Harz IV Empfänger eingebunden werden.

Um es noch einmal zu sagen, der Zeitplan ist bereits jetzt ambitioniert. Es bleibt keine Zeit für das übliche Vorgehen, erst einmal ein kleines Pilotprojekt aufzusetzen und zu sehen, wie das läuft. Dieser Pilot würde außerdem erheblichen Cyberattacken ausgesetzt werden und das Gesamtprojekt könnte mit relativ geringem Aufwand boykottiert werden. Der Staat muss verstehen, dass die technische Entwicklung dieses Konzeptes wie ein Hauptangriffsziel in einem Krieg geschützt werden muss. Die Akzeptanz zum Wechsel wird zudem erreicht werden, wenn jeder Bürger den Aufbruch spürt und wenn bestimmte Technologien, von denen alle betroffen sind, wie autonomes Fahren oder auch die digitale Behörde exklusiv für diese Technologie reserviert werden. Das ist wiederum Aufgabe von Politik und Gesetzgebung. Der ambitionierte Zeitplan muss nicht nur Herausforderung, er kann auch eine Chance sein, wenn alle verstehen, dass Taktieren und auf Zeit spielen dem Einzelnen nichts nutzt und das Gesamtprojekt gefährdet.

4.11   Die Produkte im Trusted WEB 4.0

Die Einnahmen teilen sich zwischen den regionalen und der globalen Betreibergesellschaft und den dahinterstehenden, ein Produkt betreffenden Leistungsträgern auf. Auch hier sehe ich meine Aufgabe darin, eine Diskussionsgrundlage anzubieten, welche dann von den Betroffenen ausgehandelt werden muss. Die Einnahmen müssen leistungsgerecht verteilt werden. Insbesondere der globalen Betreibergesellschaft darf nicht erlaubt sein, über den hier definierten Geschäftszweck hinaus, tätig zu werden oder in irgendeiner Weise den in das Trusted WEB 4.0 eingebundenen Leistungsträgern und Anbietern jenseits des definierten Aufgabenbereichs Konkurrenz zu machen.

Das Gleiche gilt für die regionalen Trusted WEB 4.0 Betreibergesellschaften. Die Gesellschafter können sich direkt an Gründungen beteiligen. Die Betreibergesellschaft jedoch sollte nur den Versorgungsaufwand leisten, der nicht von weiteren regionalen Partnern adäquat geleistet werden kann.

> ▶ Will der Staat die Demokratie in der Digitalisierung sichern, hat der Staat die WAN anonyme Datenveredelung sicherzustellen. Will er viele seiner in der digitalen Transaktion auftretenden Probleme lösen, bietet sich hierfür das bedingungsgebundene Grundeinkommen an.

Heutige Gesetze, wie die Vorratsdatenspeicherung, können für das normale Internet bestehen bleiben. Solange innerhalb dem Trusted WEB 4.0 die Gesetze angepasst werden, erhöhen die Gesetzesinitiativen zu Einschränkung der Missbrauchsmöglichkeiten des derzeitigen Internets sogar den Druck zum Wechsel. Amazon, Google und Facebook werden sich möglicherweise schnell anpassen und als erste Trusted WEB 4.0 konforme Produkte anbieten, schon, um von den hochwertig veredelten Daten nicht ausgeschlossen zu werden. Die ohne gesellschaftliche Reflektion entwickelten Geschäftsmodelle fast aller Silikon Valley Anbieter sind bedroht, wenn von ihnen erwartet wird, Falschmeldungen innerhalb von 24 Stunden löschen zu müssen. Erste Erfahrungen hiermit haben zudem gezeigt, dass aufgrund eines fehlenden Bewertungskonzepts nun zu viel gelöscht wird. Im Ergebnis entsteht so eine Zensur, die alles, was vom Durchschnitt abweicht bestraft.

> ▶ Unstrittig muss die Teilnahme am Trusted WEB 4.0 für alle Bürger kostenlos möglich sein. Anstelle des Tauschkonzepts personalisierte Daten gegen kostenlose virtuelle Teilnahme, ist ein Vertrauensverhältnis zu schaffen, in dem anerkannt wird, dass jeder Leistungsanbieter, auch der private Urheber, für seine Leistung eine Vergütung erwartet.

Allen an einer Kategorie beteiligten Bürgern stehen die WAN anonymen Daten der betreffenden Kategorie kostenlos zur Verfügung. Zur Teilnahme ist es für den Bürger nötig, mindestens einen inhaltlichen Beitrag in der entsprechenden Kategorie zu veröffentlichen. Das kann ein Kommentar oder auch einen eigene Sinnseite sein.

Ich treffe über die Trusted WEB 4.0 Kernprodukte hinaus, wie PDS und Kategorienserver, keine Aussage, zu welchem Zeitpunkt ein Produkt eingeführt werden kann oder sollte. Teilweise ist eine Einführung erst möglich, wenn die Voraussetzungen geschaffen wurden, wie ein automatisches anonymes Mikropayment und die anonyme Zustellung. Aber es geht ja gerade darum, eine für alle verbindliche Vision zu schaffen, welche Planungssicherheit für innovative Entwicklungen auf allen Ebenen bietet und nicht nur bestehende Strukturen unkontrollierbar zerstört.

Die folgenden Grafiken beschreiben den Geldfluss für das jeweilige Produkt zu den Betreibergesellschaften. Die Betreibergesellschaften behalten an den Zahlungen einen leistungsgerechten Anteil ein und zahlen den Restbetrag an die in die jeweilige Leistung eingebundenen Leistungsträger aus. Es wird also der Verständlichkeit halber zwischen Anbietern innerhalb des Trusted WEB 4.0 und Leistungsträgern für das Trusted WEB 4.0 unterschieden. Ein Leistungsträger ist zum Beispiel für die Logistik oder das Payment verantwortlich, ein Anbieter bietet einem Kunden ein Produkt über das Trusted WEB 4.0 System an.

4.11.1   Transaktionsgebühren

Zahlungsfluss Transaktionen gemäß Abb. 4.9.

Der Kunde ist es inzwischen gewöhnt, kostenlos mit Kreditkarten bezahlen, Waren kostenlos bestellen und rücksenden zu können und im Internet kostenlos telefonieren zu können. Tatsächlich funktioniert jede Leistung nur, wenn der Leistungsträger auch dafür vergütet wird. Die Anbieter bezahlen derzeit alle diese Leistungen und schlagen die Kosten hierfür auf den Produktpreis auf. Da alle Anbieter dies tun, fällt den Kunden nicht auf, dass er eigentlich nicht nur für das Produkt, sondern auch für eine Vielzahl von damit verbundenen Transaktionen eine hier als Transaktionsgebühr zusammengefasste Gebühr zahlt. Es kann diskutiert werden, ob die Betreibergesellschaften den Prozess weiter vereinfachen und nur eine Gesamtgebühr für alle Transaktionen an den Anbieter berechnen und die Leistungsträger mit der jeweiligen Betreibergesellschaft direkt abbrechen. Bei regionalen Betreibergesellschaften hat dies den Vorteil, dass auch bestimmte Kontrollfunktionen, wie die Zahlung eines Mindestlohns mitübernommen werden können. Je nachdem, ob es sich um eine überregionale oder regionale Kategorie handelt, wird die

Abb. 4.9 Zahlungsfluss
Transaktionen

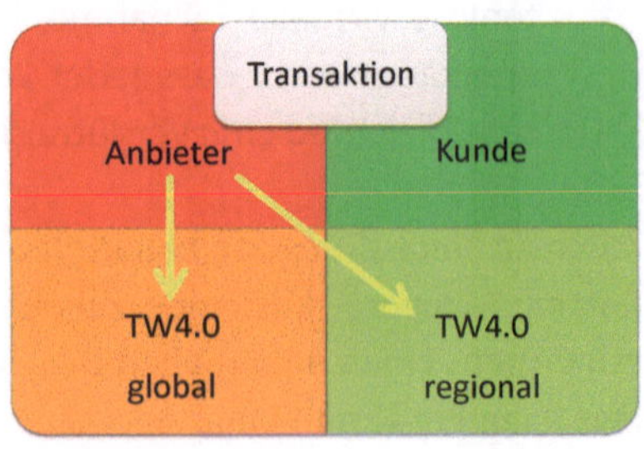

Gebühr an die globale oder regional zuständige Betreibergesellschaft gezahlt. Da zukünftig regionale Betreibergesellschaften konzeptkonform auch außerhalb des europäischen Rechtsraums arbeiten werden, ist es nicht sinnvoll, das Ganze noch weiter zu vereinheitlichen, indem alle Zahlungen direkt über die globale Betreibergesellschaft abgewickelt werden.

Die Transaktionsgebühr deckt folgende Kosten/Leistungen ab:

4.11.1.1   Grundinvestition in Höhe von 30 Euro und 10 Euro Marketingkosten je Bürger

30 Euro für das PDS und die Rechnergrundstrukturen ist großzügig gerechnet. Es müsste auch günstiger gehen. Doch leider hat sich zu oft in Großprojekten gezeigt, dass Kalkulationen nicht eingehalten werden konnten. Problematisch ist wahrscheinlich auch, wenn sich nur ein Auftraggeber und ein Anbieter einigen müssen. Dann kommt es zu so ungesunden Entwicklungen wie beim Berliner Flughafen. Alternativ wäre zu überlegen, die in diesem Buch schon relativ präzisen Vorgaben in einen Ausschreibungskatalog aufzunehmen und so unterschiedlichen Anbietern zu ermöglichen, sich im Wettbewerb zueinander zu behaupten. Die 10 Euro Marketingkosten habe ich bereits erläutert. Ich gehe davon aus, dass später diese Kosten nicht erneut nötig sein werden oder sich aus den laufenden Einnahmen finanzieren lassen. Bei einer Abschreibung über 10 Jahre sprechen wir gerade mal von 4 Euro je Einwohner und Jahr. Ich habe auch Kleinkinder mit einbezogen, weil es im Straßenverkehr sehr wohl sinnvoll sein kann, wenn der Kinderwagen mit einem dem Kind zuzuordnenden Smartphone einem autonomen Auto seine Position mitteilen kann. Wenn ein Smartphone dafür benutzt wird, ein Babyphone zu ersetzen, dann sollte auch das Kind anonym bleiben, sonst sind hierüber auch die Eltern identifizierbar.

4.11.1.2   Kosten für den Betrieb und die Wartung der Netze

Bei der globalen Betreibergesellschaft entstehen die Kosten für die Verbindung der einzelnen im Kategoriensystem verbundenen Server und die Wartung dafür. Die Infrastruktur für den regionalen Traffic kann generell oder für bestimmte Kategorien in die regionale Verantwortung gelegt werden. Auch ist zu überlegen, ob man, wo vorhanden, Regionalprovider mit ins Boot holt. Gleichgesinnte in einer Stadt müssen ja nicht über das globale Netz geleitet werden, sondern könnten auch regional, möglicherweise sogar Peer-to-Peer miteinander kommunizieren, wie unter Abschn. 3.4 „Dezentrales anonymisiertes Kommunikationsnetzwerk" ausführlich beschrieben.

Die Betreibergesellschaften sollten sich darauf beschränken, die Infrastruktur zu organisieren und finanzieren, die unmittelbar dazu nötig ist, um das Trusted WEB 4.0 Konzept zu betreiben. Über Schnittstellen besteht eine Offenheit zur bisherigen Update getriebenen Welt.

▶   Updates sind auch Sicht der Trusted WEB 4.0 vor allem für Angreifer offene Türen.

Updates dürfen ins PDS nicht via Internet übertragen werden. Denkbar sind alternativ beim Trustcenter aufgestellte Automaten für einen minimalen sechsmonatigen Abstand zwischen den verschiedenen Updates.

Jedenfalls müssen die Verträge mit den Zulieferern so ausgehandelt werden, dass diese bei Auslieferung an einem möglichst sicheren, auf das Wesentliche reduzierten System, Interesse haben. So könnte es zum Beispiel einen jährlichen Bonus für die angriffsichersten Produkte geben.

4.11.1.3   Kosten für die Logistik

Im Einzelhandel wurden zahlreiche regionale Logistikkonzepte diskutiert. Diese haben es nicht zur Marktreife geschafft, weil der regionale Traffic in globale Portale abgezogen wurde. So haben frühzeitig viele Kommunen aufgehört, in ihre kommunalen Angebote eine hochwertige Suche einzubauen, sondern alternativ dafür gesorgt, dass die einzelnen Bereiche über die Metadaten bei Google gut zu finden sind. Wenn ich also in meinem Ort den Sperrmüll finden möchte, werden im Zweifel erst meine Daten in die USA und wieder zurückgeleitet, bis ich die Information bekomme. Vieles geht besser, wenn der regional anfallende Traffic auch von regionalen Leistungsträgern direkt bearbeitet werden kann und die generierte Wertschöpfung in der Region bleibt.

4.11.1.4   Kosten für das Payment

Auch anonymes digitales Payment kann weitgehend automatisiert werden. Es ist zu überlegen, ob Blockchain-Technologie in Verbindung mit dem PDS eine ausreichende Anonymität ermöglicht. Die derzeit bei Bitcoin entstehenden erheblichen Stromkosten können reduziert werden, wenn die zu berechnenden Ketten nicht so lang werden, weil nur regional Beteiligte eingebunden werden. Allerdings gibt es auch, wie in Abschn. 3.6 „Einnahmen- und Ausgaben Abrechnungssystem mit WAN Anonymität" beschrieben, die Möglichkeit, vorhandene Zahlungsanbieter in das PDS einzubinden.

4.11.1.5   Kosten für einen Grundsupport

Ganz wichtig ist mir das Verändern der in Abschn. 2.3 beschriebenen, entstehenden digitalen Supportwüste. Es muss ein Support für die Grundinfrastruktur genauso geschaffen werden, wie für Probleme innerhalb der Kategorien mit den hier angebundenen Leistungsträgern. Die betroffenen Anbieter und Leistungsträger selbst sollten durch ein intelligentes Callcenter-Routing eingebunden werden. Hier werden Mitarbeiter aus dem ersten Arbeitsmarkt nach Stunden abgerechnet.

4.11.1.6   Kosten für eine Versicherung

Teilweise als Entschuldigung, teilweise auch berechtigt, verweisen immer mehr Leistungsträger auf die Komplexität digitaler Prozesse. Ich glaube nicht daran, dass das Problem über strengere Haftungsregeln in den Griff zu bekommen ist. Letztendlich werden nur die Gerichte überfordert, die gegenseitigen Schuldzuweisungen auf einen Verantwortlichen zu verdichten. Als Alternative schlage ich eine generelle Versicherung vor, die einen kleinen Anteil der Transfergebühr erhält und alle mit der Benutzung der Trusted WEB 4.0 Systems zusammenhängenden Schäden jenseits grober Fahrlässigkeit auffängt. Wenn eine Versicherung es richtig macht, zahlt sie für keinen Schaden. Die Versicherung kann sich den Aufbau eines Expertenteams leisten und den tatsächlich Verantwortlichen zur Verantwortung ziehen, was so eine Einzelperson nicht kann. Fast täglich liest man in der Presse, dass die einen oder anderen Daten abgeflossen sind oder Krankenhäuser erpresst wurden. Oft erfahren Endanwender erst von Versäumnissen großer Portale nach mehreren Jahren, wenn ihre Ansprüche schon verjährt sind, beziehungsweise es nicht mehr möglich ist, zwischen einem konkreten Vorfall und dem Versäumnis des Portals einen justiziablen Zusammenhang herzustellen.

Auch wenn es keine Massenattacken bei Trusted WEB 4.0 geben sollte, so ist es sehr wirkungsvoll, wenn das Marketing argumentieren kann, dass alle Schäden versichert sind.

4.11.2   Service

Zahlungsfluss Service gemäß Abb. 4.10.

Zusätzlich zum in den Transaktionskosten enthaltenen Grundservice sollte es verschiedene Servicemodelle geben.

Hierfür muss das Grundeinkommen gemäß Abb. 4.11 näher definiert werden.

Im Rahmen des Digital-Bürgergelds sind nicht in den ersten Arbeitsmarkt voll eingebundene Bürger am Trusted WEB 4.0 beteiligt. Mir ist bewusst, dass das Thema Grundeinkommen komplex ist. Hierzu muss man sich die einzelnen Anwendungsfälle ansehen. Es wird nicht in diesem Buch und nicht von mir alleine, mehr als eine Diskussionsgrundlage angeboten werden können.

Das bedingungslose Grundeinkommen geht davon aus, dass jeder einen gewissen Sockelbetrag unabhängig von einer Leistung erhält und darüber hinaus erst versteuern muss. Auch wenn es erst einmal besser klingt, als Arbeitslosengeld II, geht es im Wesentlichen um eine bürokratisch vereinfachte Wohlfahrtsdenkweise. Da in unserer Gesellschaft andererseits Erfolgreiche über Arbeit definiert werden, werden auch Bezieher eines bedingungslosen Grundeinkommens stigmatisiert werden.

Abb. 4.10 Zahlungsfluss Service

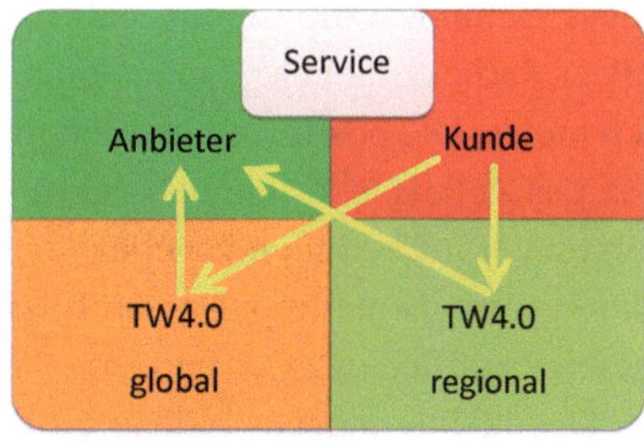

Abb. 4.11 Vorschlag für ein Grundeinkommensmodell

In einem ersten Schritt wird in diesem Konzept nicht zwischen Zuverdienstmöglichkeit bei Bezug von Arbeitslosengeld I und Tätigkeit im ersten Arbeitsmarkt oder Selbstständigkeit unterschieden. Alle drei Bereiche werden unter A1 zusammengefasst.

Möglicherweise funktioniert es, wenn das bedingungslose Grundeinkommen(G1) das heutige Arbeitslosengeld II mit einem regional unterschiedlichen Grundbetrag zwischen 700 und 900 Euro vereinfacht, indem die Kostennachweise der Empfänger auf die Miethöhe beschränkt werden. Geht man von 416 Euro Regelsatz für 2018 aus (bei zwei Arbeitslosengeld 2 Empfängers gibt es je 10 Prozent Abzug), werden zusätzlich Mieten in Höhe von 400 bis 600 Euro je Standort und Person übernommen, insgesamt also bis zu 1016 Euro. Für an der Teilnahme des Bürgerbeteiligungsportals grundsätzlich Leistungsunwillige sollte G1 um zirka 100 Euro auf das absolute Existenzminimum abgesenkt werden. Bei der Feststellung der Leistungsunwilligkeit sollte man sich auf entsprechende Äußerungen der Leistungsempfänger insbesondere online oder auf aus der Community gemeldetes grob fahrlässiges Verhalten beschränken. Die Leistungsunwilligkeit muss monatlich neu überprüft werden. Ich halte diese Einschränkung der Freiheitsrechte für zulässig. Jeder muss zumindest die Bereitschaft haben, der Gesellschaft für die empfangenen Leistungen etwas zurückzugeben. Von einem ausschließlich bedingungslosen Grundeinkommen halte ich nichts. Die positiven Erfahrungen „auch einmal nein sagen zu können" (22), von denen, die per Zufallsauswahl ein solches bedingungsloses Grundeinkommen bekommen haben, sind auch im bedingungsgebundenen Grundeinkommen gegeben. Jedoch werden hierbei durch permanente Impulse und Erwartungen zur aktiven Integration in die Gesellschaft die gesellschaftlichen Ziele für eine akzeptierte Integration neu definiert.

Das bedingungsgebundene Grundeinkommen (G2) wird für alle, grundsätzlich Leistungswilligen bezahlt. Die Stundenleistung und die Qualität der Arbeit werden vom

Leistungsträger nicht überprüft. Jedoch wird über die Community ein positiver Druck aufgebaut, sich an der ständigen Entwicklung und Bewertung der digitalen Demokratie zu beteiligen, wie auch in Abschn. 1.3.2 „Digital-Bürgergeld für eine Bürgerbeteiligung von allen" beschrieben. Hierfür werden in meinem Vorschlag pauschal und abgabenfrei 200 Euro aufgestockt, solange die digital erwirtschafteten sozialversicherungspflichtigen Beiträge nicht 10.000 € im Jahr übersteigen. Wenn also bei zwei nur Grundeinkommensempfängern einer die bedingungsgebundenen Voraussetzungen erfüllt, bleiben die Transfer-Zahlungen auf dem gleichen Niveau wie früher. Dieses Konzept hat den Vorteil, dass grundsätzlich alle Arbeitnehmer in Richtung Digitalisierung fokussiert werden. Wer auf dem vordigitalen Arbeitsmarkt arbeitslos wird oder besser formuliert, von der Teilhabe ausgeschlossen wird, wird schon ohne jegliche Weiterbildung so automatisch in eine Vorstufe für den digitalen Arbeitsmarkt integriert.

Für höher qualifizierte Servicearbeiten eines Digital-Bürgergelds, die erst nach einiger Zeit und mit Erfahrung besetzt werden können oder als Anerkennung für einen besonders großen Einsatz, kann das bedingungsgebundene Grundeinkommen um einen monatlichen abgabefreien Bonus (G3) von bis zu weiteren 200 Euro aufgestockt werden. In diesem Bereich werden sich auch für Dauer aus der Teilhabe am ersten Arbeitsmarkt ausgeschlossene Gruppen wie zum Beispiel Rentner ansiedeln wollen. Gerade für diese Zielgruppe muss die Zuverdienstmöglichkeit besonders einfach und unbürokratisch möglich sein.

▶   Rein privatwirtschaftlich lässt sich Trusted WEB 4.0 nicht organisieren, weil auch Teile der Sozialsysteme im Rahmen einer WIN-WIN Situation neu geregelt werden sollten.

Eine große Herausforderung wird es darstellen, keine Wettbewerbsverzerrung zwischen den Betreibergesellschaften und dem ersten Arbeitsmarkt entstehen zu lassen. Wenn es keine stundengenaue Abrechnung gibt, können viele Bereiche auch zum Beispiel in der Altenbetreuung abgedeckt werden, welche heute bei Stunden genauer Abrechnung nicht finanzierbar wären. Insofern wird nicht ein direkter Wettbewerb zum ersten Arbeitsmarkt angestrebt. Es sollte alternativ für die den bedingungslosen Grundbetrag übersteigenden bedingungsgebundene Leistungen eine durchschnittliche Stundenleistung des ersten Arbeitsmarktes zum Mindestlohn angesetzt werden. Dieser Mindestlohn wird nicht voll an den Grundeinkommensempfänger gezahlt, da der Anreiz der Arbeitsaufnahme im ersten Arbeitsmarkt bestehen bleiben muss. Es geht hierbei um den Mehrwert, den die Betreibergesellschaft und die hierüber organisierten Anbieter gegenüber einem Wettbewerber aus dem ersten Arbeitsmarkt erhalten. Dieser Mehrwert sollte in einen Vermögensbestandsschutz fließen. Bevor heute jemand Arbeitslosengeld II bekommt, muss er erst sein ganzes Vermögen aufbrauchen. Nur in Sonderfällen kann er das selbst genutzte Eigenheim bisher behalten. Im Rahmen der Digitalisierung werden jedoch wechselnde oder selbstständige Tätigkeiten zunehmen. Das Risiko und sei es durch einen Burn-out, alles zu verlieren, wächst ständig. Genau das will ja auch das bisherige Konzept des bedingungslosen Grundeinkommens verhindern. Alternativ könnte es zukünftig durchaus zum gesellschaftlich akzeptierten Lebenskonzept gehören, wenn man nach einigen Jahren im ersten Arbeitsmarkt sich für eine Zeit auf das bedingungsgebundene Grundeinkommen reduziert. Man bleibt im gleichen Bereich/der gleichen Kategorie tätig, aber ohne Stress. Man bleibt weiter im Thema, bekommt an diesem wieder Spaß und ist so problemlos in den ersten Arbeitsmarkt reintegrierbar. Das größte Problem beim Burn-out sind ja heute die Begleitumstände, in der Gesellschaft und möglicherweise auch in der eigenen Familie nicht mehr geachtet zu werden und dadurch in eine Abwärtsspirale zu kommen.

Alternativ zur Reintegration in den ersten Arbeitsmarkt, kann aus der Bewertertätigkeit auch eine erfolgreiche Selbstständigkeit entstehen. Bei bis zu 10.000 Euro (G+) im Jahr Einkommen aus, über das Trusted WEB 4.0 System generierter leistungsabhängiger Arbeit, sollte es eine angemessene pauschale Versteuerung ohne Steuererklärung geben. Hierbei geht es nicht um einen Abgabenvorteil, sondern darum, vom Aufwand einer Steuererklärung entlastet zu werden. Der Nachteil für den Zahlungspflichtigen besteht darin, dass er so keine Kosten gelten machen kann. Die Einnahmen werden vollautomatisch an das Finanzamt übermittelt. Der Zahlungspflichtige muss so monatlich die Möglichkeit haben, zu einer normalen Steuererklärung zu wechseln.

Wer relativ risikofrei gute Ideen testen kann, scheitert auch seltener, als jemand der direkt in das volle Risiko einer Selbstständigkeit springt. Die Schritte vom bedingungsgebundenen Grundeinkommen über den Bonus, dann den G+ Verdienst, können so stufenweise zum am ersten Arbeitsmarkt arbeitenden Unternehmen führen.

▶   Digital-Bürgergeld fördert angstfreie Kreativität und deren Umsetzung in Projekten.

Der Ausschluss von Verdienstmanipulationen und die automatische Abrechnung kann ohne Aufheben der WAN Anonymität technisch im Trusted WEB 4.0 System sichergestellt werden, wie in Abschn. 3.6 beschrieben. Steuereinnahmen werden so erhöht. Die Grauzone der nachbarschaftsnahen Schwarzarbeit wird zunehmend verschwinden und auch in diesem Bereich eine digitale Zahlung akzeptiert werden.

4.11.2.1 Premiumservice

Gegen eine kleine monatliche Gebühr und Abrechnung im Minutentakt sollte es möglich sein, einen Premiumservice in Anspruch zu nehmen. Der Premiumservice sollte insbesondere Menschen weiterhelfen, die sich nicht mit der digitalen Welt beschäftigen wollen oder können. Hierfür werden A1 und G+ Tätige eingesetzt und nach Stunden abgerechnet.

Der Premiumservice setzt auf übliche Callcenter-Verfahren auf. Hierbei wird der Berater durch den Computerdialog unterstützt. Die Antworten auf Fragen werden vom System vorgegeben, damit eine direkte Beantwortung möglich ist.

4.11.2.2   Kategorienservice /-empfehlungen

Als Kategorienmanager im Kategorienservice qualifiziert sich jeder einfach durch einen kleinen eigenen Beitrag, bestätigt durch das Bewertungssystem und Bewertungen von Beiträgen Anderer für eine Kategorie. Die finanzielle Anerkennung erfolgt über G2 und G3. Es soll hierdurch der fließende Übergang zu der bezahlten Arbeit des ersten Arbeitsmarkts forciert werden. Technisch kann das unterstützt werden, indem es keine zeitliche Begrenzung für die Erledigung einer Aufgabe gibt, die Anzahl der monatlich von einer Person bearbeitbaren Aufgaben aber begrenzt ist. Das führt zusätzlich zu einer Steigerung der Qualität der Bearbeitung. Andererseits sollten die Vorgaben so überschaubar sein, dass jemand, der eine ganztägige Weiterbildung besuchen will, hierzu noch Zeit findet. Weiterbildungen sollten zukünftig nicht nur Arbeitslosengeld-Empfängern zur Verfügung stehen. In Zukunft wird es immer mehr Freelancer geben, die nur für einzelne Projekte finanziert sind. Deren Weiterbildung sollte in Zukunft auch von der öffentlichen Hand finanziert werden, soweit sie hierfür nicht selbst aus den monatlichen Einnahmen die Mittel aufbringen können.

Die Kategorienempfehlung muss anders aufgebaut sein, als der Premiumservice. Beim Kategorienservice werden Anfragen in der Regel am gleichen Tag beantwortet. Welchen Hilfetools sich der Bearbeiter bedient, bleibt ihm überlassen.

Hierauf aufsetzen kann man Dienstleistungen, wie die Recherche für Unternehmen oder auch Privatpersonen. Hierfür steht das das ganze Vergütungsspektrum G2, G3, G+ und A1 zur Verfügung. Ein ausgesuchter Personenkreis kann zum Beispiel einen Support für hinter einer Kategorie angebundenen Applikationen liefern.

4.11.2.3   Jung hilft Alt Konzept

Auf den Kategorienservice aufsetzen kann ein Jung hilft alt Konzept, wobei Jung als jung geblieben durchaus auch siebzig Jahre alt bedeuten kann. Auch dieses Konzept sollte im Rahmen des Digital-Bürgergelds angeboten werden. Zusätzlich wird für diesen Service eine soziale Kompetenz nachzuweisen sein. Wer mit sich selbst Probleme hat, sollte in ein Konzept der sozialen Hilfe nicht eingebunden werden. Im Rahmen des demografischen Wandels werden die Pflegekosten explodieren. Es gibt viele einfache Dienstleistungen, wie zum Beispiel vergessliche Menschen an Termine erinnern, ein Taxi bestellen, und vieles mehr. Hierdurch wird alten Menschen ermöglicht, länger als heute möglich, zu Hause zu wohnen. Auch die dezentrale persönliche Überwachung wird besser dezentral an eine kleine Personengruppe übertragen, als zentral gespeichert. Dabei ist es von Vorteil, wenn der Betreuer einen persönlichen virtuellen Kontakt mit den Personen unterhält, aber Adresse und Nachname des Gepflegten nicht bekannt sein müssen. Hierfür sind Vergütungen nach G2 und G3 vorgesehen.

Die medizinische Überwachung durch dezentrale Geräte wird einen Wachstumsschub bekommen, wenn WAN Anonymität hierbei aufrechterhalten werden kann. Die Alarmkette muss dabei redundant aufgebaut sein und dem Helfer nur in den Bereichen Kompetenzen zugemutet werden, die er auch erfüllen will und kann. Ausgebildete Zielgruppen mit G+, A1 Vergütung können durch G2, G3 Empfänger ergänzt werden.

Jede Region, die in dieses Konzept einsteigt, wird die Demokratie in der digitalen Gesellschaft stärken, den demografischen Wandel bewältigen und sich gleichzeitig einen erheblichen Wettbewerbsvorteil für den eigenen Standort sichern.

4.11.3   Strafen

Zahlungsfluss Strafen gemäß Abb. 4.12.

Es kann nicht Aufgabe der Justiz sein, sich um alle Probleme kümmern zu müssen, die systemimmanent sind oder auch nur innerhalb eines digitalen Systems entstanden sind. Die meisten, die mit der Digitalisierung derzeit in Verbindung stehen, müssten sich in einer kritischen gesellschaftlichen Reflektion mit dem Generalverdacht auseinandersetzen, Fehler anfällige Systeme zu schaffen, damit man an der Nachbesserung Geld verdienen kann. Welcher Bürger zieht schon nach zehn Jahren nüchtern Bilanz und vergleicht den für ihr spürbaren technischen Fortschritt mit dem Fortschritt in seiner Lebensqualität, insbesondere den Freiheitsrechten. Doch genau dieser Vergleich soll im Trusted WEB 4.0 zukünftig mit einem positiven Ergebnis möglich sein.

Nicht ausschließen kann ein noch so gut konzipiertes System menschliche Fehlleistungen. Menschen sind die häufigste Fehlerursache in der IT. Wer im Trusted WEB 4.0 seine Anonymität aufhebt, gefährdet nicht nur sich, sondern auch andere.

Falsches Verhalten im Trusted WEB 4.0, wie die Aufhebung der Anonymität, muss zu automatischen, durch das System verhängten Strafen führen. Hierbei macht es keinen Sinn, bei jedem Einzelnen eine Sofortzahlung zu verlangen. Alternativ schlage ich die Möglichkeit vor, die Strafe zu stunden. Bei jedem Einkauf wird dann ein Prozentsatz für die Strafe auf den Kaufpreis aufgeschlagen und angezeigt. Wer wenig konsumiert, hat so länger Zeit, die Strafe zu bezahlen.

- Die durch Strafzahlungen eingenommenen Gelder sollten in hiermit in Verbindung stehende Bereiche ausgegeben werden.
- Wenn die Anonymität eines anderen aufgehoben wird, kann der Betroffene seine Anonymität wieder herstellen, indem er beim Trustcenter seine IP-Adressen tauscht. Hierfür entstehen dem Betroffenen Kosten wie Fahrkosten und Vergütung des Trustcenters für

Abb. 4.12 Zahlungsfluss
Strafen

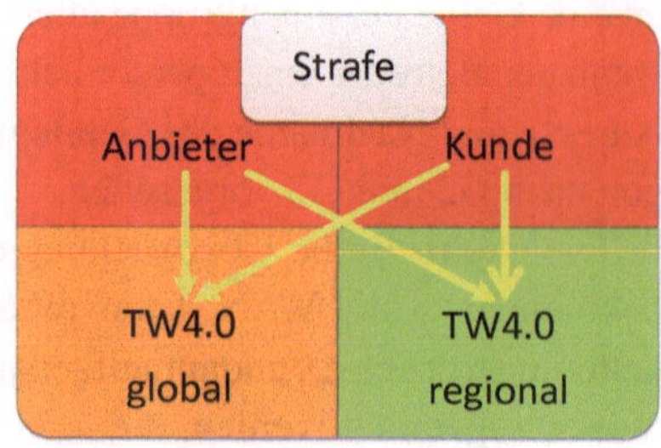

die Aktualisierung des PDS. Diese Kosten müssen über die Strafzahlung abgedeckt sein. Das Austauschverfahren wurde technisch unter Abschn. 3.1 „Persönliches digitales System" vorgestellt.

- Einen weiteren Teil der Strafzahlungen erhalten die einnehmenden Betreibergesellschaften, um Weiterentwicklungen der Trusted WEB 4.0 Kerntechnik zu finanzieren. Somit ist die Weiterentwicklung an tatsächlich auftretende Probleme und nicht an ein Bedürfnis nach Umsatzsteigerung gekoppelt.

Bei jeder Überwachung muss auch beim Rechtsanwalt ein Anreiz bestehen, dies seinem Mandanten nach Abschluss der Untersuchung mitzuteilen. Dieser Anreiz besteht darin, dass er seine Kosten zum Aushandeln mit dem Richter über die zur Verfügung gestellten Daten, entweder dem verurteilten Beschuldigten oder ersatzweise bei falscher Beschuldigung dem Staat oder bei Verschulden auch der PDS-Betreibergesellschaft in Rechnung stellt. Aus den Strafzahlungen sollte hierfür ein Fond gebildet werden, auch für Rechtsanwaltsarbeiten, die vom Betroffenen wegen Zahlungsunfähigkeit nicht übernommen werden können.

4.11.4   Kick Back

Zahlungsfluss Kick Back gemäß Abb. 4.13.

Im Trusted WEB 4.0 entsteht so etwas, wie eine eigene Ökonomie, in der Projektinnovatoren sehr schnell sehr viel Traffic generieren können, wenn eine regionale oder sogar die globale Betreibergesellschaft ein Produkt in einer Kategorie auf den ersten Platz setzt. Über die über das anonyme Nutzerverhalten erhaltenen Datenprofile entsteht zudem eine gute Argumentationsgrundlage, um ein entsprechendes Produkt in der entsprechenden Kategorie gegenüber anderen regionalen Betreibergesellschaften vertreten zu können. Betreibergesellschaften können andere Betreibergesellschaften von ihrem Produkt überzeugen und diesen zur Verfügung stellen. Vertriebsaufwand und Anerkennung können teilweise an die werbende Betreibergesellschaft und teilweise an den Innovationsanbieter in Form eines Kick Backs pro Transaktion gezahlt werden.

Abb. 4.13 Zahlungsfluss Kick Back

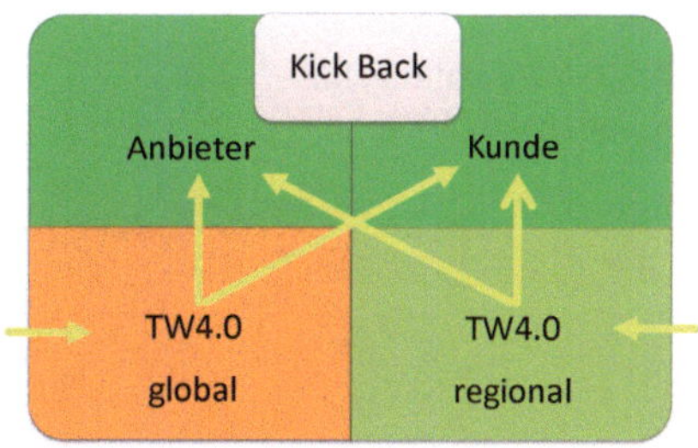

Der Produktinnovator kann auf weitergehendes Marketing verzichten, ist andererseits jedoch nicht gezwungen, alle seine Leistungen über das Trusted WEB 4.0 Netzwerk abzurechnen.

4.11.5 Teilnahmegebühren

Zahlungsfluss Teilnahmegebühren gemäß Abb. 4.14.

Teilnahme-Gebühren können für eine bestimmte Gruppe von Personen erhoben werden oder auch für einen bestimmten Leistungsbereich.

Wer als Trustcenter in dem Trusted WEB 4.0 System tätig werden möchte, wie etwa Rechtsanwälte und Ärzte, sollte eine monatliche Gebühr zahlen. Bei Rechtsanwälten sollte sichergestellt werden, dass es keine Mitnahmeeffekte gibt, sondern sie einen ausreichenden Schwerpunkt auf die Tätigkeit als Trustcenter setzen. Ärzte sollten einen Teil der Rationalisierungseffekte, die dadurch entstehen, dass die Datenschutzprobleme gelöst sind, in Form einer Gebühr zahlen. Für alle am Trusted Web 4.0 als Anbieter Beteiligten sollte gewährleistet sein, dass die eingesetzte Technik auf das Gesamtkonzept abgestimmt ist und entsprechend den Trusted WEB 4.0 Richtlinien administriert wird. Auch das kann über eine Gebühr abgerechnet werden.

Für die einzelnen als Trustcenter zugelassenen, per Gesetz zur Verschwiegenheit verpflichteten Berufsgruppen müssen eigene Konzepte ausgearbeitet werden, um diese gegebenenfalls von den Vorteilen des Betriebs eines Trustcenters zu überzeugen, wie in Abschn. 3.3 vorgestellt. Weiterhin müssen technische Schnittstellen zu den vorhandenen Branchensoftwarelösungen geschaffen werden.

Auch für hochwertigen Content in einer bestimmten Kategorie kann eine Teilnahmegebühr erhoben werden.

Einen weiteren großen Bereich der Teilnehmergebühren stellen solche Leistungen dar, in denen für einen Bereich mehrere Angebote auf einem Portal und möglicherweise auch einer Flatrate gebündelt werden. Auf den Unterschied zwischen Trusted WEB 4.0 und offenem Internet bin ich unter Abschn. 4.8 eingegangen. Es gibt aber noch einen wesentlichen zweiten Unterschied.

Die wesentliche Wertschöpfung in einer Region sollte auch in der Region bestimmt werden. Damit trage ich der tatsächlichen Situation in der Digitalisierung Rechnung. In

Abb. 4.14 Zahlungsfluss Teilnahmegebühren

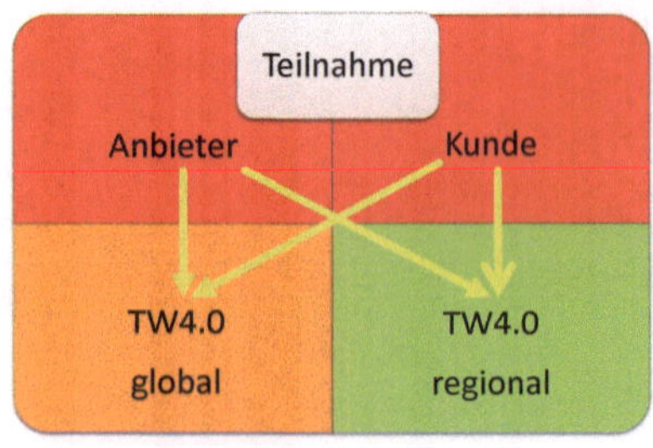

diesem Zusammenhang halte ich nichts davon, für Milliarden Euro 5G-Lizenzen zu versteigern. Alternativ könnte es für den Staat viel lukrativer sein, Trusted WEB 4.0 eine eigene Lizenz zur Verfügung zu stellen und die Verwendung zwischen den regionalen und der globalen Betreibergesellschaft aushandeln zu lassen.

4.11.5.1   Beispiel Mobilität

Am folgenden Beispiel für eine Teilnehmergebühr in Form einer Verkehrsflatrate möchte ich zeigen, wie man den Verkehrskollaps in großen Städten verhindern kann. Alle Angebote, sich von A nach B zu bewegen, sollten in einer Flatrate gebündelt werden. Darüber hinaus kann eine Car-Sharing-Vergütung angeboten werden, wenn man seinen Wagen in nicht selbst genutzten Zeiten zur Verfügung stellt.

Die einzelne Angebote, wie zum Beispiel öffentlicher Nahverkehr, Car-Sharing, Fahrradverleih, BlaBlaCar oder Flixbus können dabei teilweise in globalen Internetportalen organisiert bleiben, erhalten aber regionale Schnittstellen, so dass jegliche Möglichkeit, sich zu einem bestimmten Zeitpunkt von A nach B zu bewegen, in der regionalen Trusted WEB 4.0 Oberfläche angezeigt und WAN Netzwerk anonym abgerechnet wird.

Optimaler Weise löst man gleichzeitig das Problem des durch den ständig zunehmenden Onlinehandel ansteigenden Lieferverkehrs, der in Stoßzeiten bis zu 80 Prozent innerstädtischer Staus verursacht (23).

Im Gegensatz zu den, in diesem Buch sonst möglichst zeitnah umsetzbaren Vorschlägen, handelt es sich hier um eine langfristige Vision, die noch nicht bis ins letzte durchdacht ist. Es wird jedoch deutlich, dass ein Landkreis ganz andere Probleme zu bewältigen hat und deshalb andere Prioritäten setzen möchte.

Ich selbst war sein 1997 bei zahlreichen Diskussionen des Einzelhandels über die Logistik der letzten Meile dabei. Alle Ideen sind im Sande verlaufen. Der Grund lag darin, dass nicht genügend potenzielle Teilnehmer an den Projekten dargestellt werden konnten, um eine kritische Masse für die Wirtschaftlichkeit zu erreichen. Wenn alle Verkehrsteilnehmer, um sich im Straßenverkehr gegenüber autonomen Fahrzeugen bemerkbar machen zu können, gemäß dem hier vorgestellten Konzept mit einem PDS ausgestattet sind, ist die Wirtschaftlichkeit garantiert. Insofern ist eine Vision hilfreich, die zeigt, welche für fast alle Beteiligten akzeptablen Lösungen man schaffen kann, wenn die Wertschöpfungskette vom Kundezugang beginnend aufgebaut wird.

So könnte die Zukunft aussehen:

Frau Sparsam fährt mit einem eigenen Wagen zur Arbeit. Sie arbeitet von 9.00 Uhr bis 17.00 Uhr in einer Firma in der Innenstadt. Die Firma stellt hierfür einen Parkplatz bereit. Vor einiger Zeit wurde eingeführt, dass nur noch Privat-Fahrzeuge in die Innenstadt fahren dürfen, die einen bereit gestellten Parkplatz nachweisen können. Parkhäuser und Parkplätze können dafür im Internet gebucht werden. Frau Sparsam stellt ihren autonomen Wagen zwischen 10.00 Uhr und 16.00 Uhr für Car-Sharing zur Verfügung. Ihr Wagen verfügt über einen Kofferraum, der sich von Fremden als Packstation öffnen lässt. Herr Clever ist mit dem Zug in die Stadt gekommen. Im Zug hat er den in der Nähe befindlichen Wagen von Frau Sparsam bestellt. Der Wagen ist alleine zum Bahnhof gefahren. Es ist noch Zeit, bis Herr Clever ankommt. Hinter dem Bahnhof fährt der Wagen zuerst autonom zu einer Logistikstation. Ein Roboter öffnet den Kofferraum und belädt den Wagen mit einigen Paketen, welche in der Nähe des Ziels von Herrn Clever ausgeladen werden müssen. Vorher haben die Paketempfänger alle bestätigt, im entsprechenden Zeitfenster zuhause zu sein.

Nachdem Herr Clever sein Ziel erreicht hat, fährt der autonome Wagen alleine alle Packziele an und kommuniziert anonym mit den einzelnen Empfängern, wann er den auf der jeweiligen Straße hierfür reservierten Parkplatz erreicht hat. Der Empfänger öffnet den Kofferraum, der geschützt durch eine Vorrichtung nur das betreffende Paket freigibt.

Um 11.00 Uhr ruft die Schule Frau Sparsam an, ihr Kind wäre erkrankt. Frau Sparsam schaut nach draußen. Es ist schönes Wetter. Von der nächsten Fahrradstation leiht sie sich kostenlos ein Fahrrad und gibt es in der Nähe der Schule wieder ab. Zusammen mit ihrem Kind fährt sie im autonomen Wagen von Herrn Dritter, der gerade passend in der Nähe steht, zur Arbeit zurück. Sie zahlt nur eine kleine Flatrate für Sonderfahrten, wahlweise mit Leihfahrrad, öffentlichem Nahverkehr oder Car-Sharing.

Nachdem der Wagen von Frau Sparsam alle Pakete ausgeliefert hat, wird er von Frau Neu gebucht. Erst fährt er wieder zur nächstgelegenen Logistikstation und wird mit Paketen beladen, welche in der Nähe des Ziels von Frau Neu ausgeladen werden sollen. Um 15.30 Uhr fährt der Wagen von Frau Sparsam noch durch die Roboterwaschstraße, die den Wagen innen und außen reinigt. Pünktlich um 16.00 Uhr freut sich Frau Sparsam über das saubere Auto. Noch mehr freut sie sich, dass die Finanzierung für den Wagen, Reparaturen, die, ohne dass sie es merkt, in ihrer Arbeitszeit ausgeführt werden und die Versicherung voll über das Car-Sharing refinanziert werden. So hat Frau Sparsam ein eigenes Auto, wenn sie es braucht – gerne fährt sie damit in Urlaub – und zahlt nur für ihre eigenen Fahrten Benzin oder Strom.

4.11.5.2   Beispiel dezentrale Energieversorgung

Ähnlich lässt sich über eine Grundgebühr ein dezentrales Energiekonzept gemäß Abb. 4.15 aufsetzen, wie in Abschn. 2.3.9 beschrieben. Hierbei sind die regionalen Betreibergesellschaften für Konzepte dezentraler Energieoptimierung zuständig. Der reine Energiehandel und die Bereitstellung der Energieinfrastruktur sollten bei den Stadtwerken verbleiben.

Abb. 4.15 Dezentral optimiertes Energieversorgungsmodell

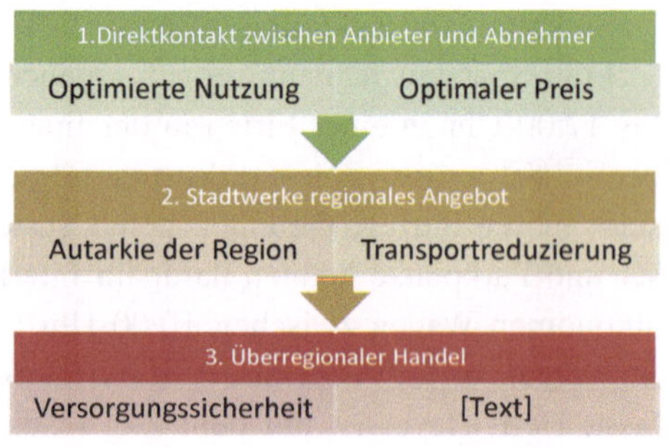

Der überregionale Energiehandel bleibt unverändert bestehen und greift überall da, wo der regionale Energieausgleich nicht funktioniert. Zusätzlich versuchen regionale Dienstleister, im Wesentlichen die Stadtwerke, regional einen möglichst hohen Energieausgleich herzustellen. Dafür betreiben sie auch eigene Energieerzeuger. Grundsätzlich ist der Transport von Energie meist mit Verlusten, immer mit Kosten verbunden. In Bezug auf die Trusted WEB 4.0 Wertschöpfung geht es mir vor allem um Bereiche, in denen es sinnvoll ist, über die regionalen Betreibergesellschaften einen direkten Kontakt zwischen Kleinverbrauchern und Kleinanbietern herzustellen.

Der Kunde zahlt eine kleine Sharing-Gebühr für die Energieinfrastruktur. Grundsätzlich sollten solche Konzepte technikoffen sein. Das hier vorgestellte Beispiel bezieht sich nur auf Strom. Wenn nicht nur der Strom-Einkauf, sondern auch der Strom-Verkauf beim Endverbraucher an den tatsächlichen aktueller Viertelstunden-Stromhandelspreis angepasst wird, dann würde das Auto von Frau Sparsam in Zeiten, in denen es nicht gebucht ist, auf den privaten Parkplatz fahren, auf dem der günstigste Strom angeboten wird. Die dezentrale Regeltechnik wiederum entscheidet gemäß einem Regelwerk, welcher der vom Kleinanbieter hinterlegten Preise gelten soll. Ist das eigene Haus je nach Jahreszeit warm oder gekühlt, wird beim Direktverkauf an ein Fahrzeug möglicherweise Strom mit einem besseren Gewinn, als bei Einspeisung ist Stromnetz verkauft. Ein solcher Verkauf wiederum wird nur funktionieren, wenn Transaktionen möglichst automatisch, zum Beispiel über Blockchain verlaufen, WAN anonym und gleichzeitig, wie in Einnahmen- und Ausgaben Abrechnungssystem mit WAN Anonymität geschildert, bei Missbrauch im Einzelfall personalisierbar sind. Um den unterschiedlichen Anforderungen im Winter und Sommer gerecht zu werden, halte ich vorerst das hybride Fahrzeug weiterhin für sinnvoll. Je Energiepreissituation könnte auf dem regionalen Sharing-Portal ein Viertelstunden-Strompreis angezeigt werden, der über dem immer über mehrere Tage gleichbleibenden fossilen Energiepreis liegt. Dann wäre es wirtschaftlich, Strom aus der Batterie eines Hybridwagens in Standzeiten an einen Privathaushalt zu verkaufen. Der Privathaushalt würde sich bei einem solchen Konzept eine wesentlich kleinere Batterie kaufen, was wiederum in Bezug auf die Auslastung wirtschaftlicher ist.

Der positive Nebeneffekt in diesem Konzept bestände darin, dass auch Parkplätze, die heute mit einem „Einfahrt Freihalten" Schild belegt sind, in Zeiten der Abwesenheit der Besitzer sinnvoll nutzbar wären.

Es handelt sich wohlgemerkt nicht um ein ausgearbeitetes Konzept, sondern um ein Beispiel dafür, dass Dezentralisierung, Anonymisierung, Datensicherheit und Datenschutz keine Kostentreiber sind, sondern die Grundlage für die zukünftige deutsche Wirtschaftskraft bilden, sobald man die Wertschöpfung der letzten Zentimeter zwischen Kunde und digitaler Gesellschaft beherrscht.

4.11.6   Werbung

Zahlungsfluss Werbung gemäß Abb. 4.16.

Abb. 4.16 Zahlungsfluss
Werbung

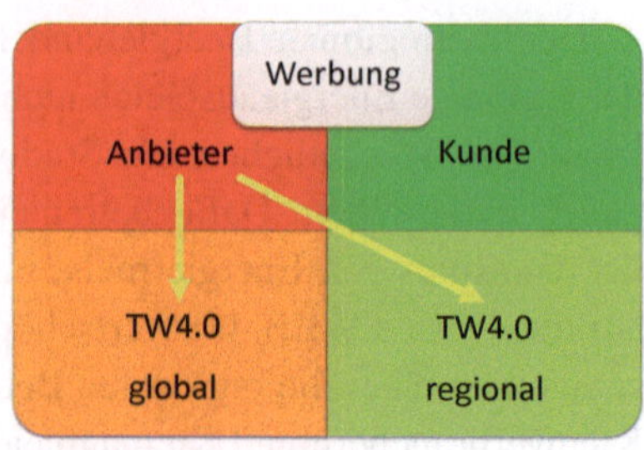

Über Werbung habe ich mich im Bauplan (24) kritisch geäußert. Wenn die Mehrheit der Nutzer Werbung nicht mehr wahrnimmt, oder sogar aktiv gegen sie mit Adblockern tätig wird, dann läuft hier grundsätzlich etwas falsch. Allerdings ist in diesem Buch mein Ziel, zu zeigen, warum sich im Trusted WEB 4.0 niemand der deutschen Anbieter schlechter stellt, als bisher. Grundsätzlich ist Werbung unverändert vorgesehen, jedoch im Trusted WEB 4.0 mit zwei Einschränkungen möglich:

- Cookies dürfen nur dafür verwendet werden, um eine Session zum Beispiel zum Bestellen und anschließenden Bezahlen zu begleiteten. Alternativ kann vom Trusted WEB 4.0 Nutzer eine Ereignis ID übergeben werden, mit der er und der Anbieter später einen Prozess weiterbearbeiten können.
- Wenn der Nutzer für eine Kategorie Werbung grundsätzlich aktiv ausschließt, wird auch keine angezeigt. Dafür entfällt für den Nutzer die Möglichkeit, Adblocker einzusetzen.

4.11.7   Analysen

Zahlungsfluss Analysen gemäß Abb. 4.17.

Die Qualität der manuell überprüften Trusted WEB 4.0 Daten wird wesentlich höher sein, als die der bisher im Big Data erzeugten. Die Datenanalyse bleibt in der Hoheit der einzelnen Betreibergesellschaften. Hier werden die Daten auch mit IP-Adressen verknüpft gespeichert. An Dritte werden jedoch nur hierauf basierende Analysen ohne IP-Adressen herausgegeben. Hierbei sind mehrere Modelle möglich:

Abb. 4.17 Zahlungsfluss
Analysen

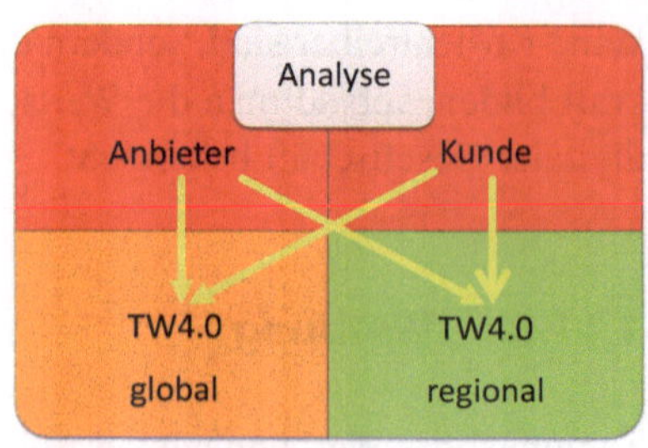

- Tausch von Analysedaten gegen Ergebnisse. Im Interesse der Qualität der Kategorienanzeigen und der Allgemeinheit kann es sinnvoll sein, zum Beispiel Ergebnisse von Gesundheitsverhalten an medizinische Institute weiterzugeben und im Tausch exklusiv die Forschungsergebnisse zu veröffentlichen.
- Als Basis von Werbung. Um Werbung zielgerichteter gestalten zu können, werden Werbetreibenden passende Analysen zur Verfügung gestellt.
- Zur Unterstützung von Existenzgründern. Jeder vordigitale Existenzgründer weiß, die Lage eines Ladens mit richtiger Einschätzung der Kaufkraft und Zielgruppe der Laufkundschaft und des Wettbewerbs entscheidet über seine Existenz. Etwas komplexer, aber auch besser messbar, sind die Erfolgsaussichten im digitalen Bereich. Regional sollten solche Daten Existenzgründern kostenlos zur Verfügung gestellt werden.
- Zur Rechtfertigung der Betreibergesellschaft. Wenn die meisten Transaktionen über Trusted WEB 4.0 abgewickelt werden, muss sichergestellt sein, dass es eine demokratische Kontrolle der Arbeit der jeweiligen Betreibergesellschaft gibt. Bestimmte Analysen, wie Veränderungen des Systems, Entscheidungen über die Konzepte der einzelnen Kategorien und die daraus resultierenden Folgen, wie etwa die Steigerung oder Reduzierung des Traffics in einer Kategorie, müssen öffentlich sein. Insbesondere aber auch die Anzahl der eingeleiteten staatlichen Überwachungsmaßnahmen sollten der Öffentlichkeit bekannt sein. Es muss entsprechende Mitwirkungsrechte der betroffenen Öffentlichkeit bei Fehlverhalten geben.

4.11.8 Urheberzahlungen

Zahlungsfluss Urheberrechtszahlungen gemäß Abb. 4.18.

Ein großes Thema im derzeitigen Internet sind Urhebervergütungen und Urheberverletzungen. Wenn Daten in der Cloud liegen, gibt es erst einmal keinen Grund mehr, Daten zu kopieren. Es könnte auch überlegt werden, das Kopieren von Daten grundsätzlich zu verbieten. Das hätte für den Urheber den entscheidenden Vorteil, dass er die völlige Entscheidungsbefugnis über seine Daten behält. Er kann mit dem PDS Daten dem öffentlichen Zugriff entziehen, indem er sie verschlüsselt, oder er kann einen Datensatz einfach löschen. Nicht verhindert werden kann, dass Daten ausgedruckt werden. Gedruckte Daten spielen aber in einer zunehmend digitalen Welt eine immer geringere Rolle und können

Abb. 4.18 Zahlungsfluss
Urheberrechtszahlungen

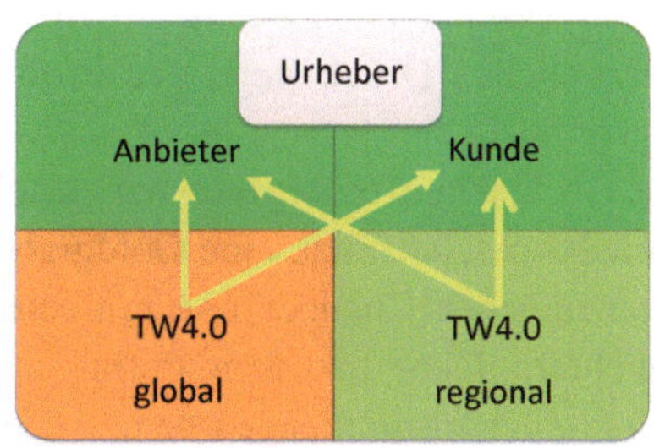

vernachlässigt werden. Zudem könnte ein gescanntes Dokument, welches wieder digital in Umlauf gebracht wird, über eine Suchmaschine mit dem ursprünglichen Inhalt verglichen, identifiziert werden. Durch richterliche Verfügung wäre dann der Urheberverletzer zu identifizieren.

Grundsätzlich kann davon ausgegangen werden, dass ein Urheber, der einen Beitrag öffentlich stellt, auch beabsichtigt, diesen für Dritte zugänglich zu machen. In der Regel betrachtet der Urheber seinen Beitrag als eine Leistung, die er gerne vergütet hätte.

Tatsächlich gibt es ein solches Vergütungssystem bereits über die VG Wort Verwertungsgesellschaft. Allerdings möchte VG Wort nur an Publikationsprofis ausschütten.

Selbst ein Schriftsteller erlebt hier böse Überraschungen. Mein, beim Persimplex Verlag veröffentlichtes Buch *„7/11 Insiderstory des Wandels in Deutschland 1999-2015"* (25) *wurde mit folgender Begründung die Ausschüttung halbiert: „Für den gemeldeten Titel kann die Bibliothekstantieme nach § 45 Abs. 1 u. 2 des Verteilungsplans nicht vergütet werden, da die dort geforderte Verbreitung in wissenschaftlichen Bibliotheken der Bundesrepublik Deutschland nicht gegeben ist. Um in angemessenem Umfang entliehen werden zu können, benötigen Bücher und Buchbeiträge mindestens fünf leihverkehrsrelevante Standorte in zwei regionalen Verbundsystemen. Standorte in Archivbibliotheken (DNB) und Schenkungen werden dabei nicht berücksichtigt. (Überprüft wird die geforderte Verbreitung über den Karlsruher virtuellen Katalog (KVK), über den der Bestand nahezu aller wissenschaftlichen Bibliotheken der Bundesrepublik zugänglich ist. Der KVK ist im Internet unter „www.ubka.uni-karlsruhe.de/kvk.html" erreichbar. Alternativ können 50 Prozent der Tantieme ausgeschüttet werden, wenn zumindest drei Standorte im KVK (s.o.) gegeben sind oder uns der überprüfbare Nachweis (Abrechnung Verlag, Umsatzsteuervoranmeldung/Steuerberater etc.) über mindestens 100 verkaufte Printexemplare in Deutschland vorgelegt wird."*

Mein erst einmal nur bei Kindle(Amazon) online angebotenes Buch „6/11 Global Spy Pact Quardrilla X" (26) wird gar nicht vergütet, da es ein reines Onlinebuch ist. Selbst die bei dem renommierten Fachverlag Springer Vieweg auch online veröffentlichten und mehrere tausend Mal herunter geladenen Bücher (27) nehmen nur an einer pauschalen METIS Sonderausschüttung teil. Obwohl ich auf jeden meiner Blogartikel (28) eine eigene Zählmarke gesetzt habe und die geforderten tausendachthundert Anschläge jedes Mal überschreite, erhalte ich keine Vergütung, weil ich die tausend geforderten Leser je Artikel nicht erreiche. Mein beim Weser Kurier mit fast einer halben Million Leser veröffentlichter Gastbeitrag (29) wird nicht vergütet, weil ich nicht die minimalen zehntausend Anschläge je Zeitung erreicht habe. Er ist mir schon klar, dass VG Wort unter einem erheblichen Druck steht, den Profis überhaupt eine lohnende Vergütung zur Verfügung stellen zu können.

Trotzdem werden hier die falschen Anreize gesetzt in einer Zeit, in der es Social Media geschafft hat, eine Goldgräberstimmung zu erzeugen, in der jeder nun die scheinbar gleichen Chancen hat, mit seinen Inhalten viel Geld zu verdienen. Ich selbst habe mehrere Jahre mit dem Portal citythek (17) mit mehreren sogenannten Affiliateprogrammen zusammengearbeitet. Diese Programme bieten zum Herunterladen von ihren

Portalen Werbe-Templates an, welche man auf seine Webseite integrieren konnte. Meine Erfahrungen sind mehrere Jahre alt. Aber damals hat der Arbeitsaufwand die Einnahmen nicht gerechnet, obwohl die citythek immerhin stabile sechzigtausend Leser im Monat hatte. Erst mit zirka fünfhunderttausend Lesern wurde man von den Programmen für voll genommen und konnte bessere Konditionen aushandeln. Mit diesen Goldgräbererwartungen wurden in erster Linie prekäre Arbeitsverhältnissen geschaffen, in denen nur wenige wirklich erfolgreich werden. Viele Portale arbeiten nach dem Prinzip: Traffic um jeden Preis ist gleichbedeutend mit Umsatz. Qualität spielt hier keine Rolle. So hat bisheriges Social Media vor allem gerankte Masseninformationen gefördert. Oft sind es Späße auf eigene oder Kosten anderer, die einen hohen Unterhaltungswert haben und deshalb so viel Aufmerksamkeit finden, dass man hiervon leben kann. Auch Youtube (30) bietet ein werbefinanziertes Konzept mit einem sehr kleinen Kick Back für den Urheber an. Wer zirka dreitausend Abonnenten hat, kann bei tausend Klicks zirka fünfzig Cent verdienen. Im Zweifel verdient derjenige, der in seinem Video einen nackten Hintern schwenkt wesentlich mehr, als jemand, der sich sehr viel Mühe gegeben hat, ein Problem oder auch etwas Positives präzise zu beschreiben.

Ich bin überzeugt, dass hier grundsätzlich die falschen Anreize geschaffen werden. Wenn jeder nur noch alles dafür tut, um, mit welcher Aktion auch immer, möglichst viele zu erreichen, dann führt das zwangsläufig zu gerankter Massenware, zunehmender Trivialität und letztendlich zu der bereits unter Abschn. 2.1 „Merkmale zur Definition von digitalem Totalitarismus" geschilderten Denkabschaltung.

Ich kann mich noch sehr gut an die anfängliche Euphorie beim E-Commerce erinnern. Es wurde der Begriff „die längste Ladentheke der Welt" geprägt. Die heutige Ladentheke im Internet mag lang sein. Es gibt jedoch zu dem Geschäft nur einen Zugang und nur der, der nahe am Eingang positioniert ist, macht auch Gewinn. Die anderen trösten sich mit der theoretischen Möglichkeit, im Internet vom Tellerwäscher zum Millionär werden zu können.

Trusted WEB 4.0 will jedoch qualitativ hohe Einzigartigkeit und Vielfalt fördern, wie sie dem demokratischen Grundgedanken entspricht. Wenn Daten die Währung der Zukunft sind und alle Daten möglichst werthaltig im Sinne von hochwertig sein sollen, was liegt dann näher, als jeden Urheber an einer Urheberausschüttung zu beteiligen. Da die Betreibergesellschaften keinen Gewinn machen sollen, könnte ein Teil auf die Urheber verteilt werden. Das hätte auch für die Medien den Vorteil einer wieder größeren Unabhängigkeit in der Berichterstattung. Auch das Urheberkonzept muss letztendlich zwischen den Leistungsträgern ausgehandelt werden.

Mein Vorschlag für Kriterien von Urheberauszahlungen wäre:

- Der Umfang der Leistung. Dieser Umfang sollte ambitionierte Laien einschließen. Videos ab zwei Minuten oder Texte ab tausend Anschlägen sollten Berücksichtigung finden.
- Die Qualität der Leistung. Eine maximale Qualität wird durch ein Bewertungskonzept sichergestellt, welches jenseits eines Like Buttons, von Menschen überwacht, durch KI

beschleunigt und optimiert wird, wie unter Abschn. 3.5 „Mensch-Maschine-Interaktion in Bewertungssystemen" vorgestellt. Hochqualitative kurze Beiträge sollten höher gewertet sein, als triviale, viel besuchte.

- Die Qualität der Organisation. Wenn es eine Redaktion oder einen Verlag gibt, wo über Ergebnisse diskutiert wird, dann ist hier der Aufwand wesentlich höher, als bei einem Blogger. Allerdings müssen auch die Kriterien, unter denen eine Diskussion stattfindet, klar definiert sein. Die meisten Journalisten brennen heute nicht mehr für ein Thema, sondern sind Profis im Rechnen, mit welchen Themen man möglichst viele Menschen erreicht. Interessant für eine Veröffentlichung durch die Profis ist, was bereits im Social Media Aufmerksamkeit auf sich gezogen hat. Gerade der Journalismus hat durch den permanenten Blick auf das Silicon Valley dazu beigetragen, dass wir vor der konkreten Gefahr stehen, unsere eigene Identität aufzugeben.
- Als einer von mehreren Faktoren muss dann auch die Wahrnehmung durch die Besucher berücksichtigt werden. Hierbei sollte es allerdings nicht um die reinen Besuche einer Webseite (Visits) gehen, sondern um die Länge der Zeit, die ein Beitrag geöffnet ist. Die durchschnittliche Lesegeschwindigkeit je Zeile kann hierbei benutzt werden, um festzustellen, ob ein Text bis zu Ende gelesen wurde. Bei Videos können nicht zu Ende gesehene Videos in die Bewertung hereinspielen.

Die gleichzeitige Darstellung im Trusted WEB 4.0 und normalen Internet muss nicht nur untersagt, sondern auch mit größt möglichem Aufwand technisch identifiziert werden. Durch Vergleich der beiden Texte könnte die Anonymität einfach aufgehoben werden, da es im normalen Internet ja eine Impressumspflicht gibt. Alle Beiträge sollten mit einer im System installierten Rückwärtssuche permanent mit allen Beiträgen im Trusted WEB 4.0, aber auch im Internet abgeglichen werden. Wird eine Urheberrechtsverletzung festgestellt, erhält der zuständige Anwalt unmittelbar eine Information. Er ist berechtigt, ohne weitere Nachfrage bei seinem Auftraggeber, gegen den Urheberrechtsverletzer vorzugehen.

Qualität wird dadurch bestimmt wird, dass ein Beitrag von unterschiedlichen Bewertern als qualitativ hochstehend eingestuft wird und nicht dadurch, dass möglichst viele auf einen Button drücken.

Oft in der Geschichte wurden in ihrer Zeit die später als herausragend bekannten Größen verkannt. Auch über das vorgestellte Bewertungssystem kann nicht immer garantiert werden, dass jeder Beitrag, der hundert Jahre später zu einer gesellschaftlichen Veränderung führen kann, auch entsprechend gewürdigt wird. Jedoch fördert eine pekuniäre Anerkennung die intrinsische Motivation der Autoren eben nicht nur das zu schreiben, das die Mehrheit interessiert und so ähnlich jemand anders schon gesagt hat.

4.12 Digitale Steuern und Bargeld

Viele Diskussionen, nicht nur über den Datenschutz, polarisieren heute stark. So wird auch das Bargeld einerseits als eine der letzten Bastionen für die Freiheitsrechte gesehen.

Andererseits bietet es viele Möglichkeiten für Korruption, Geldwäsche und Steuerhinterziehung. Auch hier bietet Trusted WEB 4.0 die Möglichkeit eines Mittelwegs, die Freiheitsrechte einerseits zu bewahren und andererseits die Interessen der Allgemeinheit nach Einzahlungen in die Sozialsysteme und Erhebung von Steuern zu gewährleisten. Wie bereits vorgeschlagen, sollte ein Digital-Bürgergeld abgabenfrei sein. Mein Vorschlag in Höhe von bis zu 1300 Euro muss wiederum durch die Leistungsträger ausgehandelt werden.

Wenn wir das Problem der Zahlung rechtlich vereinbarter Abgaben lösen, stellt sich nicht mehr die Frage, wie ein Digital-Bürgergeld oder sogar im demografischen Wandel die Renten und Pflegeaufwände bezahlt werden. Jährlich entfällt auf die durch Schwarzarbeit geprägte Schattenwirtschaft ein geschätzter Jahresumsatz von über 300 Milliarden Euro. Das macht über zehn Prozent des Bruttoinlandsprodukts aus (31). Hierbei noch nicht berücksichtigt, sind die im Rahmen der Digitalisierung entstehenden Ausfälle an Steuereinnahmen, weil globale digitale Unternehmen sich zunehmend dem Zugriff europäischer Steuerbehörden entziehen. So zahlen Unternehmen wie Amazon viel zu wenig Steuern (32). Selbst Amazon Händler zahlen oft keine Steuer und entziehen sich der ordnungsgemäßen Rechnungstellung (33). Behandelt habe ich bereits, wie der Rückzug aus der technischen Haftung von Herstellern durch Hinweis auf die komplexe Verzahnung von Systemen funktioniert. Den gleichen Vorwand der Komplexität benutzen auch global agierende digitale Internetplayer und spielen die Länder gegeneinander aus. Das tun gerade diejenigen, die selbst die Digitalisierung benutzen, um jede Transaktion bis ins Letzte zu analysieren und zu erfassen.

Wir stehen also auch hier am Scheideweg. Die klassischen Instrumente des Staates, um die zur Erfüllung seiner Aufgaben notwendigen Gelder einzutreiben, sind nicht auf die digitale Gesellschaft übertragbar. Anstelle für die Gesellschaft ein tragfähiges Konzept zu erarbeiten, werden die ehrlichen Steuerzahler mit oft eher abschreckenden Vorschriften überhäuft.

- Wer zum Beispiel die Vorteile einer Photovoltaikanlage nutzen möchte, muss sich mit dem Gedanken anfreunden, hierdurch mit dem damit verbundenen Aufwand unternehmerisch tätig zu werden.
- Alte Menschen, die nur noch mit kleinen Hilfeleistungen selbstständig zuhause leben können, werden in die Illegalität gedrängt, weil selbst ein Haushaltsscheckverfahren sie überfordert oder sie als lebenslang Angestellte überhaupt nicht die Notwendigkeit einer Anmeldung der Hilfskraft verstehen. Durch das Jung hilf alt Konzept sind auch solche Dienstleistungen digital abrechenbar.
- Wer mit einem Youtube Video einmalig erfolgreich ist oder auf Ebay zu viele alte Dinge verkauft, kann schnell zum ungewollten Steuerhinterzieher werden.

Bevor man weiter darüber nachdenkt, ob man das Bargeld ganz abschafft, sollte man sich erst einmal Gedanken über ein alternatives Steuersystem für eine digitale Gesellschaft machen. Es kann zum Vorteil für eine demokratische digitale Gesellschaft führen, wenn digitale Transparenz zu mehr Steuergerechtigkeit führt, anstelle wie bisher gerade die Schwachen der Gesellschaft zu kriminalisieren, während die Starken sich durch ihre zunehmende Globalisierung weitgehend dem Fiskus entziehen. Mehr Transparenz ist in der Regel auch mit WAN- und Ereignis-Anonymität möglich.

Auch das derzeitige Steuer- und Sozialsystem ist ein Standard, der, wie alle Standards nicht so einfach außer Kraft zu setzen ist. Das vorgestellte Trusted WEB 4.0 Konzept bietet aber die Möglichkeit, parallel alternative Wege zu erproben.

Deshalb schlage ich vor:

- Über die Maximaleinnahmen eines Digital-Bürgergelds hinaus werden, auszuhandeln, nach meinem Vorschlag bei G+ bis zu 10.000 Euro jährlich, pauschal Sozialabgaben und Steuern automatisch für Einnahmen im Trusted WEB 4.0 System als Einzelperson im Rahmen der oben genannten Produkte über die Betreibergesellschaften abgeführt. Das Einkommen wird entsprechend dem von mir unter Abschn. 3.6 „Einnahmen- und Ausgaben Abrechnungssystem mit WAN Anonymität" vorgestellten Verfahren ermittelt. Weitere Regulierungen, wie eine Gewerbeanmeldung gibt es bis zum Maximalbetrag nicht, eine gewerbliche Tätigkeit wird nicht unterstellt. Nicht in diesem System erwirtschaftete Einnahmen unterliegen den bisherigen Regeln.
- Betreibergesellschaften sollten die Möglichkeit erhalten, in einzelnen Kategorien eine Standortprämie für ausländische Unternehmen zu berechnen. Wie diese Prämie genau benannt wird, ist der Kreativität der Juristen überlassen. Das Konzept darf jedenfalls nicht wegen Wettbewerbsverzerrung angreifbar sein. Ein pauschales System macht für gewerbliche Anbieter keinen Sinn. Die „Standortprämie" soll Nachteile regionaler Anbieter gegenüber globalen Unternehmen ausgleichen. Diese wird je Kategorie und Region unterschiedlich ausfallen. Auf der anderen Seite dürfen durch die Standortprämie globale Unternehmen nicht das Interesse verlieren, an diesem System teilzunehmen. Gerade in der Anfangszeit ist das System darauf angewiesen, auch globale Anbieter mit ins Boot zu holen. Ich bin überzeugt, dass diese nach einem anfänglich zu erwartenden Boykott die Vorteile des berechenbaren Risikos im Trusted WEB 4.0 erkennen werden und dann zweigleisig fahren werden.

Durch dieses Konzept kann in einem eigenen Ökosystem die Abschaffung des Bargelds eingeführt und die Akzeptanz getestet werden. Die Mehrheit der deutschen Bürger stimmt heute noch gegen die Abschaffung des Bargelds (34). Die Befürchtung der Zunahme von Missbrauch bei derzeitigen IT-Konzepten ist berechtigt. Missbrauch fängt mit der Datenprofilierung an und hört beim Hacken zentraler Portale auf.

- WAN Anonymität zusammen mit Ereignis Anonymität bieten eine wesentlich höhere Anonymität als alle bisherigen digitalen Zahlungssysteme.
- Trotzdem ist zum Beispiel im Garantiefall der Kaufnachweis möglich. Beim Verlust der Quittung beim Barkauf hingegen fällt die Garantie weg.

- Die Convenience des Nutzers wird bei einer sicheren digitalen anonymen Zahlung wesentlich erhöht. Die Zahlung ist einfach.
- Unverschuldeter Geldverlust wird durch eine Versicherung ausgeglichen.
- Durch diese Vorteile wird Trusted WEB 4.0 einen weiteren Schub erhalten.

Trusted WEB 4.0 wird sich durchsetzen, weil es so einfach und anonym wie Bargeld aber sicherer ist.

4.13   Vorteile für die einzelnen Zielgruppen

Alleine, wenn sich in den Köpfen festigt, dass man die Zukunft weiter planen kann, wenn man die vordigitalen Errungenschaften berücksichtigt, nimmt schon viel Unruhe aus der Transformation.

▶   Für alle Zielgruppen kann der Satz gelten: „Lasst die anderen disruptiv, also zerstörerisch sein, wir bauen auf!"

4.13.1   Öffentliche Hand

- Kommunen. Wer sich kommunal in die digitale Gesellschaft einbringen will, kann im Trusted WEB 4.0 System, beginnend mit einzelnen Kategorien, innovative regionale Konzepte installieren und die Entscheidung über die Verteilung der Wertschöpfung so in die einzelne Kommune holen. Das stärkt im Standortwettbewerb, sichert Arbeitsplätze und durch Mitbestimmung an der Wertschöpfung die Steuereinnahmen. Die Sozialkassen werden durch Integration und teilweise Vergütung im Rahmen eines Digital-Bürgergelds entlastet. Schwarzarbeit wird zurückgedrängt, siehe Abschn. 1.3.2 und 4.11.2.
- Kommunale Unternehmen. Kommunale Unternehmen entsprechen mit ihren Forderungen dem Trusted WEB 4.0 am weitesten. Sie erfüllen ihre Grundaufgaben, wenn sie sich an der Gestaltung der regionalen Trusted WEB 4.0 Betreibergesellschaft beteiligen. Das eigene Portfolio können sie zum Beispiel durch regionale Spezialnetze und Erweiterung des Mobilitätskonzepts ausbauen, siehe Abschn. 4.4.3 und 4.9.
- Haushalt und Finanzen. Unter dem Strich wird Trusted WEB 4.0 den Haushalt nachhaltig entlasten, da zum Beispiel die heimische Pflege mit einem Jung hilft Alt Konzept wesentlich länger aufrechterhalten werden kann, als bisher, siehe Abschn. 4.11.2.3. Gleichzeitig werden die Steuereinnahmen sich erhöhen. Die Kosten werden bei einer kalkulierbaren Zukunftsentwicklung berechenbar. Erwartet wird lediglich eine Bürgschaft in Milliardenhöhe. Diese ist nötig, um zu verhindern, dass ausländische

Investoren Trusted WEB 4.0 übernehmen und die demokratische Vision aushöhlen. Es werden ohne Staatsbürgschaft nicht ausreichend Kapitalgeber mit einer der Vision entsprechenden Absicht zu finden sein, weil ohne konsequente Begleitung durch den Staat das Risiko des Scheiterns zu groß ist. Auch wird die Verzinsung nur moderat sein, da die Wertschöpfung, welche nicht zur Steuerung einer Demokratie erhaltenden digitalen Gesellschaft nötig ist, im Wesentlichen in der angeschlossenen Privatwirtschaft erzielt werden soll und nicht in den Betreibergesellschaften. Es entstehen viele Vorteile für den Staat durch die gezeigte Reduzierung von Schwarzarbeit und den perspektivischen Wegfall von Bargeld, siehe Abschn. 4.12.

- Öffentliche Verwaltung. Dieses Buch ist weit mehr ins Detail gegangen, als bisherige Planungen zu einer digitalen Gesellschaft. Es konnten trotzdem viele Bereiche nicht angesprochen werden. Die besprochenen Bereiche sollten aber ausreichen, um das vorgestellte Rahmenkonzept auf weitere Bereiche übertragen zu können. Innerhalb der öffentlichen Verwaltung im Intranet stattfindende Automatisierungsprozesse sind nur insoweit im Focus des Trusted WEB 4.0, wie es um die Authentifizierung des Mitarbeiters einer Verwaltung, mit der ihm zugeordneten Objekt-IDs geht. Dies sollte konsequenterweise auch in der öffentlichen Verwaltung über das in Abschn. 3.1 vorgestellte „Persönliches digitales System" erfolgen. Die eID hat sich glücklicherweise bisher nicht durchgesetzt. Auch hier bietet ein auf ein Verwaltungs-Intranet begrenzter Einsatz von Blockchain erhebliche Effekte. Insbesondere die Rationalisierungseffekte und Kontrollmechanismen der Steuerverwaltung durch das in Abschn. 3.6 „Einnahmen- und Ausgaben Abrechnungssystem mit WAN Anonymität" vorgestellte Abrechnungssystem seien erwähnt.

- Steuerberater. Die Zielgruppen aus G1, G2, G3 und G+ sind nicht erheblich, für den Umsatz der meisten Steuerberater. Bei weiterer Durchsetzung des Abrechnungssystems werden unattraktive Kontierungsarbeiten automatisiert werden. Der Umsatz je Kunde wird hierdurch leicht fallen bei allerdings steigernden Gewinnen, da sich der Beratungsaufwand erhöhen wird, siehe Abschn. 3.6 und 4.11.2.

4.13.2 Familie und Kinder

Familie und Kinder. Funktionierende Familien sind nicht zuletzt abhängig von einer stabilen wirtschaftlichen Grundlage. Diese wird durch das bedingungsgebundene Grundeinkommen sichergestellt. Die virtuelle Großfamilie kann auch, wenn sie geografisch getrennt ist, durch ein virtuelles Generationenhaus wieder zusammenwachsen (35). Die Möglichkeit, im Internet anonym tätig zu sein, ist für viele die Voraussetzung zur Reintegration in den Beruf ohne Stigmatisierung. Das bedingungsgebundene Grundeinkommen ermöglicht eine Teilauszeit. Durch qualifizierte Beiträge in seinem Bereich, kann der Betroffene im Thema bleiben und erhöht gleichzeitig seine digitale Kompetenz. Die Sozialkassen werden entlastet, wenn die Pflege eines kranken oder alten Familienangehörigen durch die Familie übernommen wird und festigt den Familienzusammenhalt. Siehe Abschn. 1.3, 2.5, 2.6, 2.7, 2.8, 2.10 und 4.11.2.

4.13.3   Innenpolitik

Die Freiheitsrechte und die Anonymität des von einem Sicherheitsvorfall Unbeteiligten bleiben durch das PDS-Konzept gewahrt. Im Einzelfall, bei einem Anfangsverdacht, ist eine lückenlose Überprüfung, beschränkt auf den betroffenen Bereich, wesentlich besser möglich, als beim heutigen Stand der Technik. Die innere Sicherheit wird im Verhältnis zu der Vorratsdatenspeicherung sogar erhöht, da massenweise gespeicherte Daten auch nicht in falsche Hände geraten können. Zentrale Türen, die es nicht gibt, können nicht angegriffen werden. Auch gezielte Angriffe auf einzelne regionale Ziele sind nicht möglich, wenn Ziele nicht bekannt sind. Dezentrale autonome IT-Systeme im Bereich kritischer Infrastrukturen sind wesentlich robuster als zentrale Infrastrukturen.

Siehe Abschn. 2.3, Kap. 3, Abschn. 4.11.1.

4.13.4   Wirtschaft

Trusted WEB 4.0 entspricht den hohen Anforderungen eines „Made in Deutschland" Gütesiegels. Gemeinsam mit der globalen Betreibergesellschaft wird eine Sonderkonjunktur auch im Export entstehen und gleichzeitig der demokratische Gedanke weiter verbreitet.

- Mittelstand, Hidden Champions. Insbesondere mittelständige Betriebe werden profitieren, da diese heute, wenn sie erfolgreich global tätig sind, oft hinten in der Wertschöpfungskette stehen und sich die Preise von den vorderen Plätzen diktieren lassen müssen. Der Firmenstandort gewinnt wieder an Bedeutung, da die Platzierung eines innovativen Produkts innerhalb der regionalen Betreibergesellschaft einen günstigen und kalkulierbaren Markteintritt garantiert.
- Mittelstand, Handwerk. Nur zwei bis drei Prozent aller Betriebe (36) setzen bisher Roboter oder Drohnen ein. Es ist davon auszugehen, dass global aufgestellte Portale, welche nicht nur Aufträge vermitteln, sondern auch automatisierte Handwerker ersetzende Leistungen anbieten, erst in einigen Jahren eingeführt werden. Das Handwerk hat die einmalige Chance, bereits vor der eigenen Betroffenheit sich im Wettbewerb der Regionen Konzepte zu überlegen, um im Trusted WEB 4.0 die Wertschöpfung nachhaltig in seinem Bereich zu bestimmen.
- Innovation und Gründung. Allzu oft besteht heute bei Gründern die Motivation, ein Unternehmen aufzubauen, um über einen schnellen Exit in die USA zu verkaufen (37). Es hat nichts mit Protektionismus zu tun, wenn wir eine an Deutschland angepasste Gründerförderung in der digitalen Transformation präferieren sollten. Davon profitieren nicht nur die Unternehmensgründer, sondern auch die Regionen. Das hier vorgestellte Konzept ist das erste mir bekannte, welches über ein Networking und eine Erstberatung hinaus, eine Gründung und das Wachstum in der Digitalisierung mit einem der vordigitalen Gesellschaft vergleichbar kalkulierbaren Risiko ermöglicht

Siehe Abschn. 1.1, Kap. 2 und 4.

4.13.5   Energie

Da, wo es um viel Geld geht, wie bei energieintensiven Unternehmen, kann heute von einer hohen Energieeffizienz ausgegangen werden. Hier liegen die Optimierungspotenziale eines Trusted WEB 4.0 insbesondere in der erhöhten IT-Sicherheit durch Gateways mit unidirektionalen Schnittstellen.

In diesem Buch habe ich meinen Focus auf Energieaspekte beim Endverbraucher gerichtet. Durch dezentrales Abfangen von Lastspitzen direkt beim Verbraucher wird das Stromnetz robuster. Ein entsprechendes Konzept ist teilweise im Pilotprojekt von mir schon umgesetzt und wurde im Abschn. 2.3.9 angerissen. Das Konzept der Smart Meter ist ein Lauschangriff auf das Zuhause, als letzte Bastion für die Privatsphäre und fördert den digitalen Totalitarismus. Zentral gesteuerte, dezentral aufgestellte Batterien überschreiten ebenfalls schnell die digitale Totalitarismusschwelle. Trusted WEB 4.0 konforme, dezentrale Regelungskonzepte sind auch im Smart Home Bereich vorzuziehen. Auf Basis der Idee der dezentralen Energieoptimierung können viele neue Produkte entwickelt werden. Für den Export insbesondere auch in Schwellenländer bieten solche Konzepte zudem den Vorteil, dass sie besser geeignet, günstiger und schneller zu implementieren sind, als die heutigen zentral gesteuerten Energiekonzepte. Bei erneuerbaren Energien, bei denen es zeitweise Energie im Überschuss gibt, wie bei der Sonnenenergie, kann „Strom sparen" durch „Strom Energie optimiert verbrauchen" ersetzt werden.

Hierfür können völlig neue Produkte geschaffen werden, die sich stufenlos an die dezentral erzeugte oder kostenlos zugekaufte Energie anpassen.

Ein überstürzter Wechsel von einer zur nächsten Energieerzeugung, wie etwa dem Wechsel zum Elektroauto wird möglicherweise mehr neue Probleme bringen, als alte lösen. In einer noch Jahre dauernden Übergangsphase sind hybride Lösungen zu bevorzugen, die optimaler Weise bereits installierte Energieerzeuger in neue Gesamtkonzepte integrieren. Schließlich ist der Komplettaustausch von Systemen immer mit einem großen Energieaufwand verbunden, welcher die Vorteile des neuen Energieerzeugers weitgehend bei zusätzlich hohen Kosten auffrisst. Neue Geschäftsmodelle können wesentliche Impulse für eine Energiewende schaffen, wenn die tatsächliche Wirtschaftlichkeit von Konzepten im Vordergrund steht. So kann es im Einzelfall kontraproduktiv, weil unwirtschaftlich sein, wenn ein Dach nach Energieeinsparverordnung auf den neustem Energiestandard gedämmt werden muss, nur weil über zehn Prozent des Daches repariert werden müssen.

Andere Maßnahmen, wie eine intelligente Regeltechnik, die auch unterschiedliche Voraussetzungen zu unterschiedlichen Jahreszeiten berücksichtigt, können wesentlich wirkungsvoller und wirtschaftlicher sein. Die Entwicklung von Messwerkzeugen, mit denen individuell und technikneutral die richtige Lösung je Verbrauchsobjekt empfohlen werden kann, muss im Vordergrund stehen. Herstellerangaben sind immer im Labor entstanden. Erhebliche Abweichungen je nach Vorortsituation müssen zukünftig permanent in die Regelung einfließen. So kann ein Brennwertkessel im Labor einen Wirkungsgrad von neunundneunzig Prozent erreichen. Tatsächlich steht vor Ort durch schlecht isolierte Leitungen jedoch nur ein Wirkungsgrad von unter siebzig Prozent zur Verfügung, bis die Wärme einen Heizkörper erreicht.

Die Welt ist durch Geschäftskonzepte getrieben. Jeder Anbieter einer Energiealternative möchte Geld verdienen. Der Komplettersatz von Altsystemen durch Neusysteme ist für die Hersteller und Installateure bisher viel attraktiver, als eine Aufrüstung zu alt/neu hybriden Lösungen. Auch sind Installateure immer nur auf bestimmte Produkte geschult und versuchen diese Produkte auch bei fehlender Energieeffizienz zu verkaufen.

Für einen bezahlbaren Strom müssen Geschäftsmodelle mit einem Anreizsystem entwickelt werden, in denen die Verkäufer nicht nur einmal durch den Verkauf von Neuanlagen, sondern permanent prozentual an der erreichten Energieeffizienz beteiligt sind. Wenn man davon ausgeht, das die Bereitschaft, zu investieren bei der öffentlichen Hand, Unternehmen und Privatpersonen mit zunehmender Wirtschaftlichkeit wächst, muss ein politisches Rahmenwerk geschaffen werden, welches besonders wirtschaftliche Konzepte fördert. Das kann eben nur funktionieren, wenn alle Kosten, wie etwa die Kosten der Endlagerung bei Atomenergie in die Wirtschaftlichkeitsrechnung mit einbezogen werden. Energiequellen, bei denen Folgekosten nicht weitgehend präzise ermittelt werden können, sollten entsprechend nicht mehr berücksichtigt werden. Auch sind hier möglicherweise Kooperationen zu schaffen, die den gesamten Energiemix anbieten können.

Siehe Abschn. 1.4.4, 2.3.9, 4.4.3, 4.11.5.1, 4.11.5.2 und 4.13.20.

4.13.6 Europa und Internationales

Trusted WEB 4.0 bildet die Vielfalt Europas ab. Über Europa können liberale Werte mit dem Konzept transportiert und gestärkt werden und die Demokratie kann sich so gegen den zunehmenden digitalen Totalitarismus durchsetzen.

Siehe Abschn. 1.4.4, 2.3.9, Kap. 3 und 4.

4.13.7 Wissenschaft und Forschung

Völlig neue Impulse werden für die Feinausrichtung bestehender Studiengänge gesetzt. Die Berücksichtigung gesellschaftlicher Strukturrelevanz bei allen Forschungszielen muss ganzheitlicher Teil des Studiums werden. Auch die Forschung erhält durch Trusted WEB 4.0 neue Impulse und bei entsprechender Umsetzung weltweite Anerkennung. Die Verzahnung mit der regionalen Wirtschaft wird gleichzeitig durch Mitwirkung von Forschungseinrichtungen an der regionalen Betreibergesellschaft enger.

Siehe Abschn. 1.1.5, 2.3.9, 2.5, 2.6, 2.7, 2.8, 2.9, Kap. 3, Abschn. 4.3, 4.11.5, 4.11.7 und 4.11.8.

4.13.8   Schule und Bildung

Durch die falsche Entwicklung des Internets ist es erforderlich, zu lernen, sich digital so zu schützen, wie es in der vordigitalen Welt selbstverständlich ist. Die Anonymität sollte jeder da aufheben, wo es für ihn einen unmittelbaren Vorteil bietet. Als zusätzliche Kompetenz muss erworben werden, wie man sich zwischen dem „normalen" Internet und dem Trusted WEB 4.0 hin und her bewegen kann. Teile des Trusted WEB 4.0 Einführungsmarketings sollen in intelligente Motivationsmaßnahmen für Schüler fließen. Hierzu gehören zum Beispiel Wettbewerbe für gesellschaftlich strukturrelevante Ideen oder auch Erweiterung des Internet-Führerscheins für Grundschüler.

Siehe Abschn. 4.6.

4.13.9   Daten- und Verbraucherschutz

- Datenschutz. Wo nicht für die Öffentlichkeit bestimmte Daten, WAN anonym und dezentral verschlüsselt, gespeichert sind, ist die Aufgabe des Datenschutzes erfüllt, siehe Abschn. 2.10.
- Verbraucherschutz. Der Verbraucherschutz wird wesentlich erhöht, da nur im jeweiligen Rechtsraum verfolgbare und über ein Trustcenter mit ihrer Identität überprüfbare Anbieter im Trusted Web 4.0 zugelassen sind. Im permanenten Bewertungsprozess werden zudem unlautere Handlungen in der Regel frühzeitig aufgedeckt. Vorhandene Verbraucherschutzorganisationen sollten in den Bewertungsprozess eingebunden werden. Zusätzlich stehen die Betreibergesellschaften als Clearingstelle zur Verfügung.

Siehe Kap. 1, 2 und 3, Abschn. 4.13.20

4.13.10   Arbeit und Soziales

Die Wiedersprüche zwischen Arbeit und Soziales sollten mittelfristig durch das Ziel einer an die Lebensumstände angepassten Teilhabe ersetzt werden, in der man möglichst fließend und gesellschaftlich akzeptiert zwischen dem ersten Arbeitsmarkt und dem bedingungsgebundenen Grundeinkommen hin und her wechseln kann.

Siehe Abschn. 1.3 und 4.11.2.

4.13.11   Integration und Flüchtlinge

Ein großes Problem bei Flüchtlingen ist derzeit, dass sie bis zur Anerkennung viele Monate „geparkt" werden und wertvolle Zeit für die Integration verloren geht. In den wichtigsten Kategorien sollten deshalb in den relevanten Sprachen Kategorienserver aufgesetzt werden, in denen dann Kommentare zur Selbsthilfe, aber auch eine aktive Beteiligung der Integrierungswilligen am demokratischen Prozess vom ersten Tag an möglich ist.

Siehe Abschn. 1.3, 3.1, 3.4, 3.5 und 4.11.

4.13.12 Recht

- Rechtspolitik. Das Recht sollte nicht gezwungen sein, auf technische Entwicklungen nur zu reagieren. Vielmehr sollte die Rechtspolitik von Anfang an in die Gestaltung eines für alle Stakeholder des Staates sinnvollen Konzepts eingebunden sein. Trusted WEB 4.0 hebt die Widersprüche zwischen innerer Sicherheit und Freiheitsrechten in gleicher Weise auf, wie zwischen Datenschutz und Wirtschaftswachstum.
- Rechtsanwälte. Rechtsanwälte nehmen eine wichtige Funktion im Trusted WEB 4.0 System wahr. Möglichst sollten je Stadt- oder Landkreis mehrere Rechtsanwälte Trustcenter eröffnen. Eine weitere Spezialisierung zum Beispiel für Privatpersonen und Unternehmen ist sinnvoll. Anders als heute, wo sie meistens hinzugezogen werden, wenn es nicht mehr anders geht, sollten sie präventiv falsche Beschuldigungen und ungerechtfertigte Eingriffe in die Freiheitsrechte verhindern.

Siehe Abschn. 1.5, Kap. 3, Abschn. 4.11.5 und 4.13.20.

4.13.13 Verkehr

Autonomes Fahren insbesondere in den Innenstädten wird nicht über reine Sensorik erreichbar sein. Alle Verkehrsteilnehmen, auch Fußgänger und Fahrradfahrer müssen in die Kommunikation mit den autonomen Fahrzeugen eingebunden werden. Ohne Anonymitätskonzept entsteht hierdurch ein Datensupergau. Die Einführung autonomen Fahrens in den Innenstädten kann erheblich beschleunigt werden, wenn gleichzeitig eine anonyme Infrastruktur für Jeden eingeführt wird, wie sie das hier vorgestellte Konzept bietet.

Siehe Abschn. 1.2.2, 3.1, 3.4, 4.5 und 4.11.5.1.

4.13.14 Medien

Die Medien sind in ihrer Entwicklung heterogen und müssen in einzelnen Bereichen betrachtet werden. Ich habe die Erhebung von PricewaterhouseCoopers (38) zugrunde gelegt. Aus Sicht des Trusted WEB 4.0 fehlen mir in der Erhebung Analysen und Zahlen. So geht hieraus nicht hervor, welcher Wertschöpfungsanteil des steigenden Umsatzes am deutschen Markt auch in Deutschland bleibt. Die großen Wachstumstreiber von 2016 bis 2021 werden mit jährlichem Wachstum prognostiziert: e-Sport mit 22,7 Prozent, Virtual Reality mit 77,7 Prozent und Internetvideos mit 10 Prozent. Es ergibt sich ein

Gesamtwachstum von 2,4 Prozent. Man muss kein Mathematiker sein, um zu sehen, dass es hier bei Deutschen Unternehmen in erster Linie Verlierer gibt. Im Ergebnis geht der Trend zu teuren Massenproduktionen ausländischer Unternehmen, die sich nur für einen globalen Markt rechnen. Diese Prognose kennt natürlich die Möglichkeiten von Trusted WEB 4.0 nicht. Grundsätzlich halte ich den Negativtrend in verschiedenen Bereichen für umkehrbar, wenn man sich nicht von ausländischen Unternehmen diktieren lässt, was überhaupt angezeigt und damit vermarktet werden darf.

- Zeitungsmarkt. Insbesondere die regionalen Zeitungsbeilagen sind in der Vergangenheit immer weiter geschrumpft. Durch Trusted WEB 4.0 werden in verschiedenen Kategorien Gleichgesinnte regional zusammengebracht. Wenn Zeitungen hierauf ein intelligentes Geschäftsmodell aufbauen, bestehend aus Teilnahmeflatrate für Intensivleser, Urheberrechtseinnahmen von der Betreibergesellschaft, Kick Back für das Promoten erfolgreicher Existenzgründer in einem Netzwerk mit anderen Regionalzeitungen, Begleiten von regionalen Events und Werbung, können sie den Negativtrend von jährlich 0,7 Prozent stoppen. Jeder Leser hat nur eine bestimmte Zeit/Kapazität zum Lesen zur Verfügung. Es hat in der Regel nicht die Zeit/das Know-how, um sich so präzise Filter zu setzen, dass er genau die Informationen bekommt, welche er haben will. Hierbei können dezentral gespeicherte Assistenten sicherer und genauso informativ helfen, wie die zentralen Sprachassistenten, ohne dass die Wertschöpfung abfließt.
- Zeitschriftenmarkt. Insbesondere die Fachzeitschriften im Zeitschriftenmarkt mit einem Negativtrend von jährlich 1,8 Prozent haben eine große Chance, sich passend als Content-Spezialisten zu einer Kategorie zu positionieren und so den Negativtrend umzukehren.
- E-Sport. Ich behaupte, in Zukunft gibt es eine Verschmelzung von regionalen mit virtuellen Wettkämpfen. So gibt es bei E-Sport erste Tendenzen, echte Sportvereine virtuell gegeneinander antreten zu lassen (39). Diese Zukunft wird es allerdings nur geben, wenn eine Struktur solche regionalen Veranstaltungen auch verknüpft und nicht möglicherweise verhindert, weil sich virtuell mehr Geld verdienen lässt. Zwar vermag ich keine Prognose abzugeben, wie stark sich deutsche E-Sport Anbieter in einer Trusted WEB 4.0 Struktur durchsetzen werden, allerdings könnte man eine Flatrate für eine Kombination aus echten und virtuellen Veranstaltungen anbieten und so auch durch ausländische E-Sportanbietern Einnahmen generieren.
- Videospiele. Der Positivtrend von jährlich 7,5 Prozent kann ebenfalls teilweise genutzt werden, um eine Verknüpfung zwischen Regionen und Spielen herzustellen. Ein erstes Erfolgsbeispiel hierfür ist Pokémon Go. Die analoge regionale Realität wird zum Bestandteil des Spiels. Die Wertschöpfung wird allerdings derzeit nicht in Deutschland erzielt. Da hier GPS-Tracker eingesetzt werden, ist WAN Anonymität ein Aspekt, der die Sicherheit des Nutzers vor Überwachung und Missbrauch wieder wesentlich erhöhen wird. Setzt sich eine Trusted WEB 4.0 Kultur durch, können Spiele entwickelt

werden, in denen man sich anonym virtuell kennen lernt und beim persönlichen Treffen analog entscheidet, in wie weit man seine Anonymität aufhebt. Hierdurch ist möglicherweise eine Sonderkonjunktur für deutsche Spiel-Entwickler zu erreichen.

- Virtual Reality. In diesem Bereich bietet Trusted WEB 4.0 ebenfalls den nötigen Traffic, damit sich auch regionale Verknüpfungen mit der Realität rechnen. Hieraus können eigene Projekte entstehen und Teilnahmegebühren von ausländischen Anbietern generiert werden, um den Wertschöpfungsabfluss ins Ausland zu reduzieren.
- Onlinewerbung. 2014 waren es über zehn Prozent Wachstum. Von 2016 bis 2021 sollen es immer noch 5,6 Prozent jährliches Wachstum sein. Da auch im Trusted WEB 4.0 Werbung zugelassen ist und anonyme Profildaten wesentlich einfacher, weil rechtskonform, auszuwerten sind, können mittelfristig nennenswerte Anteile der erwarteten über acht Milliarden Umsatzerlöse auch in Deutschland realisiert werden.

Siehe Abschn. 3.2, 4.7, 4.11 und 4.13.20.

4.13.15 Gesundheit

Der Gesundheitsbereich ist sehr komplex und wird in der digitalen Transformation im Wesentlichen behindert durch die Datenschutzproblematik. Um einen Überblick geben zu können, welche sich auf die Wertschöpfung positiv auswirkenden Effekte, durch Trusted WEB 4.0 möglich sind, habe ich mich im Folgenden auf die Aufteilung der für eHealth relevanten Akteure gemäß einer vom Bundesministerium für Gesundheit in Auftrag gegebene Studie, bezogen (40). Die technische Möglichkeit, für den Gesundheitsbereich Datenschutz konforme Systeme zu erstellen, habe ich unter Datenschutzkonforme Verwendung von Big Data beschrieben.

- Patienten/Verbraucher. Patientenleistungen werden im Wesentlichen zwischen Kostenträgern (Krankenkassen) und Leistungserbringern ausgehandelt. Trotzdem treten die Betroffenen in der digitalen Transformation in den Vordergrund, da in zunehmendem Maße Anwendungen entstehen, für die umfangreiche, derzeit personenbezogen gespeicherte Daten, gebraucht werden. Trusted WEB 4.0 bietet dem Patienten erstmalig die Möglichkeit, über seine personenbezogenen Daten zu bestimmen und selbst einem Leistungserbringer die medizinischen Daten zur Verfügung zu stellen oder zu entziehen. Auch stehen bei der Telemedizin nicht die Geräte mit einer eigenen IPV6 Adresse, sondern der Patient im Mittelpunkt. Geräte werden der IPV6-Adresse des Patienten zugeordnet. Es ist zu prüfen, ob das WAN anonyme Modell dazu geeignet ist, bei Kostenträgern Bonusprogramme für gesundheitsbewusstes Verhalten zuzulassen. Da dieses Verhalten mittels Sensorik bisher personenbezogen ermittelt wird, bestehen in Deutschland erhebliche Vorbehalte gegen solche Programme. Solange die Teilnahme freiwillig ist und die Patienten, die nicht teilnehmen wollen, nicht schlechter gestellt werden, als vorher, wären solche

Programme im Trusted WEB 4.0 vorstellbar. Missbrauch könnte durch Aufheben der Anonymität nach richterlicher Einzelentscheidung aufgedeckt werden. Der Austausch von Patient zu Patient in digitalen Selbsthilfegruppen sollte auf jeden Fall innerhalb des Trusted WEB 4.0 Systems erfolgen. Bevor jemand seine personenbezogenen Krankheitsdaten an einen anderen weitergibt, sollte er diesen persönlich kennen. In den meisten Fällen ist das aber auch nicht nötig, schließlich will man nur den Krankheitsverlauf und Hilfen im Alltag mit einander austauschen. Das geht auch WAN anonym.

- Privatwirtschaft. Besser, als wenn Kostenträger bei Bonusprogrammen einen vergünstigter Tarif anbieten, wäre es, den Willigen Kurse für die Gesundheitsvorsorge und Trusted WEB 4.0 konforme Wearables anzubieten. Hierdurch würde erreicht, dass bei der eHealth- Privatwirtschaft einerseits eine Sonderkonjunktur entsteht und andererseits ohne Zwang WAN anonyme Wearables sich durchsetzen. In Verbindung mit von regionalen Betreibergesellschaften gepushten Existenzgründungen und Pilotprojekten wäre Deutschland im Gesundbereich als Standort für internationale Innovatoren zudem begehrt. Denn, wenn in einer im Wesentlichen totalitären digitalen Welt in anderen Ländern keine Bedenken gegen Personalisierung bestehen, heißt das nicht, dass bei einer zunehmenden Digitalisierung auch in Zukunft keine Probleme auftauchen werden.

- Leistungserbringer. Die freie Arztwahl erschwert das rechtskonforme Verhalten des Leistungserbringers. Um überhaupt adäquat tätig werden zu können, benötigt ein Arzt individuelle Behandlungsdaten und Informationen über diagnostische Vorleistungen. Heute sind Rechtsverstöße an der Tagesordnung, in denen, ohne Zustimmung des Patienten personenbezogene Daten ausgetauscht werden. Zudem werden viele diagnostische Vorleistungen kostenintensiv und gesundheitsschädlich (zum Beispiel radiologische Befunde) mehrfach erbracht. Das unter Datenschutzkonforme Verwendung von Big Data vorgestellte System enthebt den Leistungserbringer weitgehend von der rechtlichen Verantwortung über die Patientendaten. Einzeln und dezentral verschlüsselt, werden die Dokumente aller Leistungserbringer in einer Patientenakte fortgeschrieben. Die von mir vorgestellte Rahmenpatentanmeldung muss hierfür im Detail noch entwickelt werden. Bei Einführung des Trusted WEB 4.0 sind zahlreiche positiver Effekte für die Leistungserbringer, wie eine größere Transparenz zu erwarten. Bestimmte Prozesse, wie das Patienten-Monitoring, sind mit Patientenakzeptanz automatisierbar und somit Arbeitsabläufe optimierbar. Es muss mit den Betreibergesellschaften ausgehandelt werden, in wie weit es sinnvoll ist, innerhalb dem Trusted WEB 4.0 System auch die anonyme Verwertung der Patientendaten für die Forschung zu etablieren.

- Kostenträger. Kostenträger werden durch bessere Gesundheitsvorsorge erheblich entlastet. Viele Schadensfälle können ganz verhindert werden. Hierdurch wird auch eine Kostenexplosion vermieden und alle profitieren von den moderaten Kassenbeiträgen.

- Staat. Der Staat muss den rechtlichen Rahmen zur Verfügung stellen. Ich behaupte, mit jedem anderen System, welches nicht weitgehend WAN anonym arbeitet, werden sich entweder die Negativvorfälle häufen oder eHealth wird in der sinnvollen Breite überhaupt nicht eingeführt. Entweder wird deutsches Trusted WEB 4.0 eHealth zum

Exportschlager oder Deutschland wird aufgrund seiner Datenschutzbedenken international erst abgehängt und dann von ausländischen unsicheren Produkten überrollt werden. Es geht also entweder positiv um höhere Steuereinnahmen oder negativ um den langfristigen Verlust von Freiheitsrechten.

Siehe Abschn. 1.2.2, 2.1, 2.6, 2.7, 2.10, 3.3, 3.5, 4.11 und 4.13.20.

4.13.16   Informations- und Kommunikationstechnik (IKT)

Sieht man sich das bereits aus 2013 stammende Strategiepapier des Bundesministeriums für wirtschaftliche Zusammenarbeit und Entwicklung (41) an, so könnte man meinen, dass vieles aus dem Blickwinkel des Trusted WEB 4.0 geschrieben wurde. Gefordert wird da die Liberalisierung und Regulierung von TK-Märkten. Es geht also darum, so viele Freiheitsgrade, wie möglich, einzubauen. Bei der Regulierung kann es unterschiedliche Deutungen geben. Muss hier der Fürsorgestaat eingreifen oder geht das besser durch ein Trusted WEB 4.0 Betreiberkonzept, welches gesellschaftliche Kriterien und technische Gegebenheiten berücksichtigt und die Entscheidungshoheit über Regulierung auf die Summe der betroffenen Leistungsträger verteilt? Eine weitere Forderung des IKT-Papiers macht klar, worum es geht. „Ausgleich von Marktversagen". Wo der Zugangsanbieter die Verteilung in der gesamten Wertschöpfungskette bestimmt, da versagt der Markt. Auch von „Stärkung lokaler Kapazitäten" einer Umschreibung von Dezentralisierung ist die Rede. Lokal kommt sogar in mehreren im IKT-Papier genannten Grundprinzipien vor, so heißt es „Beachtung des lokalen Kontexts, der Interoperabilität und Nachhaltigkeit von Maßnahmen. Was Deutschland für die ausländische IKT-Entwicklung fordert, sollte es auch im eigenen Land umsetzen."

- Provider. Die Zukunft der IKT wird zunehmend mobil. Insofern wird der Ausbau des Mobilfunks insbesondere in ländlichen Bereichen darüber entscheiden, ob überhaupt die Voraussetzungen für eine digitale Gesellschaft bestehen. Hier lohnt wieder der Blick ins IKT-Papier: „Zwar sind Telekommunikationsmärkte in den meisten Entwicklungsländern – zumindest teilweise – bereits liberalisiert und privatisiert. Dennoch ist zu beobachten, dass sie in der Regel nicht einem funktionierenden Wettbewerb unterliegen. Zwei Gründe sind hierfür ausschlaggebend: Zum einen sind im Telekommunikationssektor häufig hohe Infrastrukturkosten notwendig. Zum anderen müssen für Mobilfunkdienstleistungen Frequenzen bereitgestellt werden, die nur in einer begrenzten Anzahl zur Verfügung stehen. Diese beiden Faktoren haben zur Folge, dass nicht beliebig viele Unternehmen am Markt tätig sein können und damit nur ein eingeschränkter Wettbewerb möglich ist. Einzelne Marktteilnehmer können so ihre Marktmacht dazu missbrauchen, überhöhte Preise zu fordern und Konkurrenten aus dem Markt zu drängen." So weit zu den Entwicklungsländern. Doch sieht es bei uns viel anders aus? Ist es wirklich entscheidend, ob man Aktien von einem der drei in Deutschland tätigen Netzbetreiber besitzen kann? Netzbetreiber müssen auch in Deutschland Milliarden für Funknetzlizenzen an den Staat bezahlen. Die ländlichen Regionen haben hiervon bisher eher nicht profitiert. So sollte dem Trusted WEB 4.0 Konzept zumindest eine Funklizenz zur Verfügung gestellt werden. Dessen Refinanzierung zu üblichen Konditionen sollte über vermehrte künftige Steuereinnahmen möglich sein. Die optimale Auslastung und technische Konzeption müsste wieder regional entschieden werden können. Bei 5G verlassen die Netzbetreiber die klassische Denkweise in Funkzellen nicht. Möglicherweise ist es in Innenstädten sinnvoller, alle Smartphones in Mesh-Netzwerke einzubinden und damit den Elektrosmog und die zunehmenden Funkstörungen zu reduzieren. In ländlichen Gebieten werden die Prioritäten andere sein. Hier treten Konzepte zur Telemedizin oder das Jung hilf Alt Konzept in den Vordergrund. Liegt die Wertschöpfungsverteilung in regionaler Hand, wird auch eine Finanzierung der eigenen Infrastruktur sichergestellt werden können. Zusätzlich ist es Aufgabe der globalen Betreibergesellschaft, Konditionen für den Traffic zwischen den regionalen Servern auszuhandeln.

- IT-Branche. Mit Ausnahme von SAP ist die IT-Branche in erster Linie Zulieferer oder Dienstleister für ausländische Hersteller von in Massenproduktion hergestellten Devices oder Software. Ein grundsätzlicher Strukturwandel ist für die Umstellung auf Trusted WEB 4.0 nicht nötig. Während einige bereits durch meine Patentanmeldungen umrissene Kernprodukte noch im Detail zu entwickeln sind, wird das PDS durch eine Standard-API zu bisherigen Smartphone- Applikationen kompatibel sein. Die Einführung von Trusted WEB 4.0 wird zu einer Sonderkonjunktur im deutschen IT-Bereich führen, welche in ein nachhaltiges Exportwachstum übergehen kann.

- IT-Sicherheit. Gesondert ist die IT-Sicherheit zu betrachten. Diese muss sich einem erheblichen Strukturwandel unterwerfen, wenn sie weiter Umsatzzuwächse verzeichnen will. Ausgerechnet die US Regierung, welche eine zentrale Überwachungs-IT weltweit vorangetrieben hat, verbietet jetzt, anerkannte IT-Sicherheitswerkzeuge einzusetzen, aus Angst von Überwachung der eigenen Behörden (42). Hierbei spielt die russische Abstammung der Werkzeuge eine eher untergeordnete Rolle. Unter Experten ist es ein offenes Geheimnis, dass es einen permanenten Austausch der staatlichen Dienste mit den Herstellern von Sicherheitstools gibt. Das gilt auch für Deutschland. Erst in einem echten Cyberwar wird man merken, wie viel von ausländischen Diensten über Virenscanner ermitteltes Material gegen uns verwendet werden kann. Im Bereich des Trusted WEB 4.0 muss sich das gesamte IT-Sicherheitsdenken ändern. Überwachung begegnet man nicht mit mehr Überwachung, sondern mit geschlossenen Türen für Unbefugte. Wahrscheinlich bedarf es hierfür, wie bei jedem bisherigen Strukturwandel, auch neu ausgebildeter Fachkräfte mit einer anderen Berufsethik.

Siehe Kap. 1, 2, 3 und 4.

4.13.17   Internet der Dinge (IOT)

- Smart Home. Unter Der Einfluss von Zertifizierungen habe ich vorgestellt, welches große Gefahrenpotenzial durch Überwachung und Manipulationen von nicht abzusichernden Funkverbindungen im Smart Home Bereich entsteht. Ein erhebliches Wachstum ist für Unternehmen zu erwarten, die sich bei Beachtung von Trusted WEB 4.0 Kriterien wie Dezentralität, Anonymität und Techniksparsamkeit mit neuen Produkten auf den Markt begeben. Mit mehreren eigenen Patentanmeldungen biete ich auch aktiv als Innovator Partnern die Möglichkeit einer Zusammenarbeit (43, 44).
- Die Zukunft von Industrie 4.0 heißt nicht, jede Maschine direkt mit dem Internet über eine eigene IPV6 Adresse zu vernetzten. Unternehmen, die dezentrale autonome Systeme installieren, welche nur mit menschlicher Zustimmung, zumindest jederzeit für den Administrator dokumentiert und im Zugriff, Kontakt mit dem Internet aufnehmen, werden wesentlich sicherer sein. Nicht zuletzt, um überhaupt einen Markt für solche Systeme zu entwickeln und fördern, möchte ich GADT (7) ins Leben rufen, siehe Abschn. 4.13.20 „Interessensverbände." Durch Trusted WEB 4.0 sehe ich sowohl für Hardware- als auch für Softwareunternehmen erhebliche Potenziale, völlig neue Produkte zu entwickeln und diese mit dem berechtigten Markenzeichen „Made in Germany" erfolgreich weltweit zu vermarkten.

Siehe Kap. 2 und 3, Abschn. 4.11.

4.13.18   Versicherungen

Ob Datenmissbrauch oder digitaler Diebstahl, die Risiken in der digitalen Gesellschaft werden im Trusted WEB 4.0 kalkulierbar und damit versicherbar. Wie bei den Krankenversicherungen sollte es keine Rabatte im Tausch gegen Informationen geben. Auch, wenn über das Versicherungswachstum nur schwer eine Aussage getroffen werden kann, sind so stabile Gewinne garantiert. Blockchain Enthusiasten mögen argumentieren, dass viele Versicherungen überflüssig werden. Das mag für einen ungeregelten Blockchain-Markt in Teilen zutreffen. Im Ergebnis entsteht dann jedoch eine totalitäre digitale Gesellschaft, wie sie mit den Social Credits in China bereits vorgelebt wird. In dem Maße, in dem Blockchain fälschungssicher ist, wird der Benutzer ohne Trusted WEB 4.0 entweder transparent oder begibt sich in eine rechtliche Grauzone. In Abschn. 4.11 habe ich verschiedene neue Versicherungsprodukte vorgestellt. Ich gehe davon aus, dass mit Trusted WEB konformem Blockchain in Versicherungen erhebliche Rationalisierungseffekte erzielt werden können. Wegfallende Versicherungsprodukte können weitgehend durch neue ersetzt werden. Bei Umsetzung dieses Konzeptes ist eine Gewinnsteigerung der Versicherungen durch Rationalisierungseffekte bei ungefähr gleichbleibendem Umsatz zu erwarten.

Siehe Abschn. 3.6, 4.5, 4.11.1, 4.11.2, 4.11.5.1, 4.11.7, 4.12 und 4.13.20.

4.13.19 Banken

Die Banken fühlen sich einerseits durch Kryptowährungen bedroht, sehen andererseits jedoch die erheblichen Vorteile von Blockchain zur Automatisierung insbesondere auch im Rahmen von Micropayment. Durch Trusted WEB 4.0 werden Banken weiter systemimmanent in die neuen digitalen Zahlungsmethoden integriert. Micropayment wird ein wesentlicher Bestandteil zur Abrechnung der einzelnen Produkte der Betreibergesellschaften. Banken erhalten so ihre Umsätze bei erheblicher Reduzierung der teuren Kosten des Bargelds. Aus Sicht eines Trusted WEB 4.0 ist es nicht sinnvoll, Transaktionen völlig über Blockchain zwischen den Leistungsträgern direkt auszuhandeln. Hierdurch wird aktiv eine unnötige disruptive Transformation, also Zerstörung vorhandener Gesellschaftsstrukturen betrieben. Noch lange Zeit wird es parallel Bargeld und Kreditkarten geben. Was fehlt, ist ein funktionierendes Micropayment, weil die Transaktionskosten in den bestehenden Zahlungssystemen hierfür zu hoch sind. Wenn sich Banken in das hier vorgestellte Wertschöpfungskonzept integrieren, können sie über Trusted WEB 4.0 unterstütztes Micropayment mit Blockchain Erfahrungen sammeln und nach und nach alle Prozesse auf die neuen Möglichkeiten optimieren. Hierdurch ist eine erhebliche Gewinnsteigerung bei gleichbleibenden Umsätzen möglich. Ein einfaches akzeptiertes Micropayment wird zudem viele neue Ideen erst ermöglichen und damit das Wirtschaftswachstum beschleunigen. „The man in the middle", der durch Blockchain ersetzt werden soll, verursacht auch im Trusted WEB 4.0 keine Kosten oder besondere Anfälligkeit für Attacken.
Siehe Abschn. 1.2.1, 2.10, 3.2, 3.6, 4.5, 4.11, 4.12 und 4.13.20.

4.13.20 Interessensverbände

Das Thema Dezentralisierung ist derzeit noch nicht von einem Interessensverband besetzt. Hierzu möchte ich die Gründung der „Global Associaton for decentralised Transformation" (GADT) (7) initiieren und die Interessen der betroffenen Interessensverbände bündeln.

Tatsächlich bietet der weltweit beginnende Blockchain Hype eine gute Möglichkeit zur Gründung. Blockchain ist dezentral in einem Peer-to-Peer Netzwerk organisiert. Allerdings, solange die in diesem Buch vorgestellte WAN Anonymität und Ereignis Anonymität nicht hergestellt ist, ist Blockchain gleichzeitig eines der mächtigsten und nachhaltigsten Überwachungsinstrumente. Es bedarf einer Interessensvertretung, die dem entgegentritt. Im Folgenden habe ich eine kleine Auswahl der Branchen und Interessensvertretungen dargestellt, um zu zeigen, wie groß der Bedarf zur Gründung von GADT ist.

• Kommunale Unternehmen. Auf die hohe Übereinstimmung mit den Forderungen des Verbands kommunaler Unternehmen e.V. habe ich bereits unter Abschn. 4.4 „Internetpolitische Agenda – der Teufel steckt im Detail" hingewiesen. Der VKU ist ein Wunschpartner von GADT und erhält durch die Zusammenarbeit viele Vorteile.

- Banken. Banken werden unmittelbar von Blockchain angegriffen. Die Aufgabe von GADT ist es, vorhandene Strukturen da, wo sinnvoll, zu erhalten und Banken als Clearingstelle in der Dezentralisierung zu etablieren. Wünschenswert wäre eine Mitgliedschaft des „Bundesverband deutscher Banken e.V." Eine Neuregelung des Bargelds und maßhaltige Einführung von Blockchain kann durch GADT begleitet werden.
- Versicherungen. Für Versicherungen habe ich einige neue Produkte vorgestellt. Das bedingungsgebundene Grundeinkommen bietet eine Diskussionsgrundlage für neue Wertschöpfungskonzepte, wie in Abschn. 4.11 „Die Produkte im Trusted WEB 4.0" erläutert. Das PDS bietet zudem eine neue Möglichkeit der Zusammenarbeit zwischen Ärzten und Krankenkassen. Blockchain steht man in vielen Versicherungsbereichen positiv abwartend gegenüber (45). Der GDV als Verband der deutschen Versicherer e.V., der GVK Spitzenverband und der Verband der Privaten Krankenversicherung sind Wunschmitglieder in GADT.
- Maschinen- und Anlagenbau. Im Rahmen von Industrie 4.0 entstehen für die Maschinenbauer erhebliche Herausforderungen, denen die zentrale IT-Sicherheit nicht gerecht wird. So heißt es „Auf dem Weg in die Zukunft der Fertigungsautomatisierung sind die Modularisierung und die Dezentralisierung zwei der wichtigsten Erfolgsfaktoren" (46). Der VDMA e.V. als Branchenverband wäre ein Wunschmitglied von GADT. Sichere Technik für dezentrale Konzepte muss hierfür ein Schwerpunkt sein.
- Zeitungsverlage. Insbesondere regionale Tageszeitungen sind seit Jahren auf dem Rückzug. Das Dezentralisierungskonzept des Trusted WEB 4.0 bietet Zeitungen eine Wiederbelebung regionaler Redaktionskonzepte bei garantierten Einnahmen neben Werbung auch über Urhebergebühren oder neue sich entwickelnde Geschäftsmodelle. Es wäre geradezu unverständlich, wenn der Bundesverband Deutscher Zeitungsverleger e.V. nicht Mitglied bei GADT würde.
- Automobilindustrie. In Gesprächen mit vielen Fachleuten habe ich immer wieder Zustimmung gefunden, dass ein autonomes Fahren in überfüllten Innenstädten alleine mit Sensorik nicht bewältigt werden kann. Entsprechend beschleunigt die datenschutzkonforme Einführung des PDS die Einführung autonomer Fahrzeuge. Ein Blick auf die Seite des Verbands der Automobilindustrie (47) zeigt zwar, dass direkt auf der Homepage das Thema Datenschutz behandelt wird. Wer aber zwischen den Zeilen liest, findet nur die nicht abzusichernden, zentrale Datenspeicherungen, die zur Erschließung neuer Mobilitätskonzepte führen sollen. Ich habe unter Teilnahmegebühren erste Beispiele vorgestellt, wie gerade ein Trusted WEB 4.0 ein Gründerfeuerwerk im Mobilitätsbereich entfachen kann. Kann es sich die deutsche Automobilindustrie wirklich leisten, das Qualitätsmerkmal „Made in Germany" zu verspielen? Oder sollte sie sich lieber von ausländischen Billigangeboten auch durch ein nachhaltig erfolgreicheres Konzept der dezentralen und anonymen IT-Strukturen absetzen? Wahrscheinlich ist es sinnvoll, in einem ersten Schritt erst einmal einen Verband der Zulieferer, wie den Bundesverband der Deutschen Gießerei-Industrie als Mitglied zu gewinnen und mit diesen dann Mobilitätsstudien auszuarbeiten. Noch bestimmen die Automobilhersteller die letzten Zentimeter zu ihren Kunden selbst und sind diejenigen, welche den in der

Wertschöpfungskette dahinter liegenden ihre Bedingungen diktieren. Es gibt keine mir bekannte Studie, die diesen exklusiven Kundenzugang auch für den Mobilitätsbereich der Zukunft sieht.

- Rechtsanwälte. Eine wesentliche Säule des Trusted WEB 4.0-Konzepts bieten die von Rechtsanwälten betriebenen Trustcenter. Insofern wäre eine frühzeitige Mitgliedschaft des Verbands deutscher Anwälte e.V. bei GADT sehr wünschenswert, damit frühzeitig und ausreichend qualifizierte Anwälte für das Konzept zur Verfügung stehen.
- Verbraucherschutz. Der Verbraucherschutz wird zunehmend von den global tätigen Internetplayern ausgehebelt. Schon um den Proporz zu den wirtschaftlich organisierten Verbänden zu wahren, sollte der Verbraucherzentrale Bundesverband e.V. von Anfang an als Mitglied dabei sein.

Siehe Kap. 1, Abschn. 2.5, 4.3, 4.9 und 4.12.

4.14 Schlusswort

Es ist eine Minute vor Zwölf. Die Geschichte hat schon oft gezeigt, dass die Menschen kurzfristig zu erheblichen gemeinsamen Anstrengungen in der Lage sind, sobald der Leidensdruck hoch genug ist.

Der deutsche Staat muss auf den in Deutschland erfolgreich geschaffenen Werten aufbauen und für die Wirtschaft den Rahmen bieten, um eine demokratische freie digitale Gesellschaft als Exportprodukt interessant zu machen.

In einer zunehmend totalitären Welt werden global ausgerichtete Unternehmen nur dann auf ein Demokratie erhaltendes Konzept aufspringen, wenn sie perspektivisch weltweit einen ausreichend großen Markt mit den Produkten erreichen können. Das hier vorgestellte Konzept bietet nachhaltige Planungssicherheit bei einem garantierten leistungsgerechten Anteil an der Vergütung für alle Leistungsträger und ist auf andere Länder übertragbar.

Alle Regelungen für die digitale Gesellschaft sind daraufhin zu überprüfen, ob sie Demokratie erhaltend sind. Das Fürsorgeprinzip des deutschen Staates wird durch einen zunehmend von globalen Unternehmen gesteuerten Arbeitsmarkt ausgehöhlt. Dieses muss durch ein liberales Regelwerk ersetzt werden, welches jedem einen leistungsgerechten Wertschöpfungsanteil bietet und ein selbstbestimmtes Leben ermöglicht. Für diejenigen, die hieraus keine Grundsicherung erzielen können, aber die grundsätzliche Bereitschaft zur aktiven Teilhabe an der Gesellschaft signalisieren, muss ein Digital-Bürgergeld zur Verfügung stehen.

Das vorgestellte Konzept bietet Lösungen, um die Freiheitsrechte des einzelnen Bürgers nachhaltig zu sichern und gleichzeitig weltweit tätigen deutschen Unternehmen eine Möglichkeit zu geben, in einem für alle Stakeholder von Deutschland relevanten Gesamtsystem zu wachsen.

Hiermit wird ein Gegenkonzept zu dem amerikanischen Patriot Act angeboten. 9/11, mit dem Angriff auf die Zwillingstürme, hat in den USA Vertrauen in die Zukunft durch Misstrauen ersetzt. Es wurde die zentrale IT zu einer Überwachungsindustrie ausgebaut. So wurden zwei Seiten einer Medaille geschaffen. Der Staat setzte immer mehr auf weltweite Überwachung. Kriminelle begannen selbst, Schwachstellen zu überwachen und setzten sich als „black hat" symbolisch einen schwarzen Hut auf. Teilweise aus Kreisen dieser Hacker wurde dann der „white hat", also Träger eines weißen Huts geboren. Aus den Überwachern von Schwachstellen entstand eine mit den Geheimdiensten der Regierungen verzahnte, heute globale IT-Sicherheitsindustrie. Diese ist in weiten Bereichen gleichzusetzen mit einer Überwachungsindustrie. Schließlich ist auch ein Virenscanner, der Rechner nach Maleware durchsucht, nichts anderes, als ein Überwachungstool. Um Gegner abwehren zu können, muss man zudem die Angreifer gut kennen. So ist es sicher nicht ganz falsch, inzwischen von einer „Industrie der Grauen Hüte" zu sprechen.

▶   Die „Industrie der grauen Hüte" kann die Herausforderungen einer digitalen Demokratie nicht lösen!

Eine Demokratie, welche nicht im Rahmen der Digitalisierung zu einem totalitären System werden will, muss dem noch heute wirkenden Patriot Act eine positive Vision einer digitalen freiheitlichen Gesellschaft entgegensetzten, wie sie in diesem Buch geschildert wurde.

Meine beiden Bücher zum Trusted WEB 4.0 wurden viel gelesen. Der Bauplan hat es sogar zu einer Empfehlung durch die Bibliothek des Deutschen Bundestages gebracht (48).

In diesem Buch bin ich wesentlich konkreter geworden. Auch die totalitären Entwicklungen sind inzwischen für jeden, der die Augen nicht verschließt, spätestens mit Einführung der Social Credits in China, unübersehbar. Die Grenzen werden zukünftig nicht zwischen Entwicklungsländern und entwickelten Ländern, sondern in besten Fall zwischen ganz wenigen selbstbestimmten Demokratien und totalitären Systemen verlaufen. Wer noch immer glaubt, es berühre ihn nicht, der sein darauf hingewiesen, dass das totalitäre Überwachungsprogramm Wechat, ein chinesischer Nachbau von WhatsApp, auf dem eine Milliarde Chinesen die Hälfte ihrer Zeit verbringen, seit 2018 für den deutschen Markt getestet wird (49). Ein ungeheurer Börsenwert von fünfhundertvierzig Milliarden Dollar steht dahinter. Eine wehrhafte digitale Demokratie müsste dies als feindliches Eindringen bewerten.

Die bis 2017 gewählte große Koalition hat stattdessen selbst die Weichen zu einem totalitären digitalen Überwachungsstaat mit vielen neuen Gesetzesinitiativen gestellt. Die Frage drängt sich auf, wie selbstbestimmt die Politiker dieser Regierung noch waren. Gesetze rückgängig zu machen, ist schwer, wie man schon an der heute noch gültigen Sektsteuer sehen kann. Diese wurde als Schaumweinsteuer 1902 im Reichstag zur Finanzierung der kaiserlichen Kriegsflotte eingeführt (50). Das deutsche Regierungsverhalten war auch insofern unverständlich, da in vielen Fällen Grundrechte erst berücksichtigt wurden, wenn sie von der Europäischen Union, wie bei der neuen DSGVO, eingefordert werden. Doch auch diese Grundrechte bestehen nur, wenn man sich wehrt und AGB´s nicht zustimmt. Sie werden zur Farce, wenn alle Anbieter die Häkchen hinter den AGB´s einfordern und damit eine Teilnahme an der digitalen Gesellschaft nur noch bei „willentlicher" Aufgabe der Freiheitsrechte möglich ist.

Die aus meiner Sicht einzige Möglichkeit, die hausgemachten Probleme zu beheben, ist der Aufbau einer eigenständigen Trusted WEB 4.0 Infrastruktur mit Verfassungsrang. Dann sind Freiheitsrechte kein Widerspruch zu innerer Sicherheit und ist Datenschutz kein Widerspruch zu Wirtschaftswachstum. Beide Systeme, das klassische und das Trusted WEB, werden zeitweise nebeneinander bestehen.

Der Ball liegt im Feld der Politik, eine breite öffentliche Diskussion zu entfachen und als Gesetzgeber das digitale Handwerk mit neuen Werkzeugen für den Erhalt der Demokratie in der digitalen Gesellschaft zu erlernen und nutzen.

Wenn die Politik den Ball zu den Medien spielt, dann sollten auch die Medien nicht, wie in der Vergangenheit, in der Regel Entwicklungen aus dem Silikon Valley hofieren, obwohl sie selbst durch die hier vorangetriebenen Entwicklungen ersetzt werden. Es kann von Journalisten erwartet werden, dass sie zwischen dem hier vorgestellten Konzept und globalen Konzepten für im Wesentlichen nicht demokratische Staaten unterscheiden können und dürfen.

> ▶ Tatsächlich befinden wir uns, zunehmend unübersehbar, in einem digitalen
> Wirtschaftskrieg mit völlig neuen Spielregeln.

Mit einer genialen Kriegslist wurden wir auf die disruptive Transformation getrimmt. Auch ich habe zeitweise diesen Begriff verwendet. Wir werden im Zerstörungskampf im angeblich fairen Wettbewerb von Angreifern gegeneinander ausgespielt. So gewinnen die Angreifer den Krieg, ohne sich selbst in Gefahr begeben zu müssen. Vorher haben sie die Verteidigungslinie schon aufgelöst, indem sie Türen eingebaut und es sogar geschafft haben, dass wir den Angreifern selbst die Türen zu unseren geheimsten Verteidigungskammern und Daten-Geheimnissen öffneten. Im Ergebnis verlieren wir das Vertrauen und können zwischen Freund und Feind nur noch schwer unterscheiden.

Eine Truppenmobilisierung findet in Deutschland nicht statt. Viele Menschen haben ein ungutes Gefühl, aber eher, weil sie befürchten, in der digitalen Welt nicht mehr gebraucht zu werden. Die Reizüberflutung mit einer Menge von Informationen hat den scharfen Blick gestört.

Die Generäle stehen mit ernster besorgter Miene um den grünen runden Tisch und fragen sich, wo der Feind steht und wer es ist.

Draußen hört man gelegentlich Schüsse von den Mutigen, die sich disruptive Scharmützel um die digitale Transformation liefern. Mitten im Getümmel zieht das Trusted WEB 4.0 einen schweren Wagen mit Flugblättern. Darauf steht: *„Es ist nicht zu spät, wenn ihr eure Energien bündelt und Euch auf die echten Angreifer konzentriert! "*

Die Verteidigungslinie verläuft in den Zentimetern zwischen Bürger und digitalem Zugang. Unbemerkt übernehmen hier die Angreifer einen nach dem anderen Verteidigungsturm.

Dieses Buch ist ein einziges lautes Alarmhorn. So laut, wie es mir möglich war, ohne die Seriosität eines Fachbuchs zu verlassen, habe ich das Alarmhorn geblasen. Die Konturen der Gegner sollten für jeden nun erkennbar sein.

▶ Demokratie lebt von ihren Bürgern! So lasst uns endlich gemeinsam ein Deutschland planen, auf welches wir auch in Zukunft stolz sein können, weil es die vordigitalen Errungenschaften erhält, ja sogar in der digitalen Gesellschaft optimiert.

Literatur

1. **Berberich, Olaf.** Jamaika -Mein Sprung zurück aus dem Jahr 2027. [Online] 24. 11 2017. http://blog.get-primus.net/jamaika-mein-sprung-zurueck-aus-dem-jahr-2027/.
2. **Kreutzer, T. Prof. Dr. und Land, Karl-Heinz.** *Dematerialisierung, Die Neuverteilung der Welt in Zeiten des digitalen Darwinismus, Sonderedition der T-Systems Multimedia Solutions.* Köln : FutureVisionPress e.K, 2015.
3. **Wikipedia.** Stereotyp. [Online] https://de.wikipedia.org/wiki/Stereotyp.
4. **Wikipedia.** studiVZ. [Online] 2017. https://de.wikipedia.org/wiki/StudiVZ.
5. **Berberich, Olaf.** getTIME.net GmbH mit Trusted Web 4.0 Portfolio sucht Käufer. *blog.get-primus.net.* [Online] 13. 12 2016. http://blog.get-primus.net/gettmenet-gmbh-mit-trusted-web-4-0-portfolio-sucht-kaeufer/.
6. **Berberich, Olaf.** *search machine. PCT/EP 1 389 317* Europa, 1999.
7. **Berberich, Olaf.** Global Association for decentralised Transformation (GADT). *GADT.* [Online] 2016. http://gisad.eu/der-verband-gadt/.
8. **Die Zeit, Ifas, WZB.** Zeit Online. *Vermächtnisstudie.* [Online] 2016. www.zeit.de/serie/das-vermaechtnis.
9. **Barthelmess, Andreas.** Digitale Gründer: Europa, verheize deine Talente nicht! [Online] 25. 11 2017. http://www.spiegel.de/wirtschaft/unternehmen/start-up-gruender-europa-verheize-deine-talente-nicht-a-1178515.html#ref=rss.
10. **ECO Verband der Internetwirtschaft e.V.** Internetpolitischen Agenda, Kernforderungen des eco für eine moderne Netzpolitik. [Online] 31. 8 2017. https://www.eco.de/2017/news/internetpolitische-agenda.html.
11. **Mühlbauer, Dr. Holger.** Forderungen an die Politik. Berlin : s.n., 2017. Newsletter vom 30.11.
12. **Verband kommunaler Unternehmen e.V.** Thesenpapier für Digitalpolitik für die Legislaturperiode 2017-2021, Kommunale Unternehmen Gestalten den digitalen Wandel. [Online] 2017. https://www.vku.de/fileadmin/user_upload/Verbandsseite/Positionen/Allgemein/170810_VKU-Thesenpapier_Digitale_Transformation_final.pdf.
13. **Bayrischer Rundfunk.** Weltbevölkerung wächst sekundenschnell: Über 7,55 Milliarden Menschen auf der Welt. [Online] 10. 7 2017. http://www.br.de/themen/wissen/weltbevoelkerung-bevoelkerungswachstum-menschen-erde-welt-100.html.
14. **Statista.** Marktanteile der meistgenutzten Suchmaschinen auf dem Desktop nach Page Views weltweit in ausgewählten Monaten von Januar 2015 bis Dezember 2017. [Online] 1 2018. https://de.statista.com/statistik/daten/studie/225953/umfrage/die-weltweit-meistgenutzten-suchmaschinen/.
15. **Wikipedia.** Demokratieindex. [Online] 2017. https://de.wikipedia.org/wiki/Demokratieindex.
16. **PAULI, MAREN.** Wie viele Sprachen gibt es auf der Welt? [Online] 2017. https://de.babbel.com/de/magazine/wie-viele-sprachen-gibt-es-auf-der-welt.

17. **GraTeach GmbH /GetTIME.net GmbH.** www.citythek.de. [Online] 1997 bis 2013. http://www.grateach.de.

18. **Berberich, Olaf.** Jung hilft Alt Konzept. [Online] 2009 - 2011. [Zitat vom: 15. 8 2015.] shop. get-primus.de/index.php?id-category=18&controller=category&id_lang=2.

19. **getTIME.net GmbH.** Social Media Booster, zur anonymisierten Distribution von Inhalten zu den üblichen Social Media Plattformen. [Online] 2011-2013. http://www.getmysense.com.

20. **Berberich, Olaf.** Global Institute for Structure relevance, Anonymisation and Decentralisation i.G. [Online] 2016. http://gisad.eu.

21. **inside-handy.de.** Sony Quartalszahlen: hoher Betriebsgewinn bei niedrigen Smartphone-Verkaufszahlen . [Online] 1. 8 2017. https://www.inside-handy.de/news/45930-sony-quartalszahlen.

22. **Bohmeyer, Michael.** Mit 1.000 Euro kann man zu allem Nein sagen. *Zeit Online.* [Online] 1. 1 2018. http://www.zeit.de/arbeit/2017-11/grundeinkommen-erfahrungen-leistung-freiheit.

23. **Reichert, Isabella.** Verstopfte Städte, verpasste Lieferungen: Deutschlands Ärger mit dem Paket-Boom. [Online] 9. 12 2017. http://www.spiegel.de/wirtschaft/service/paket-boom-vorweihnachten-deutschlands-aerger-mit-den-paketen-a-1179809.html#ref=rss.

24. **Berberich, Olaf.** *Trusted WEB 4.0 - Bauplan für die digitale Gesellschaft.* Heidelberg : Springer Viieweg, 2016.

25. **Berberich, Olaf.** *Insiderstory des Wandels in Deutschland 1999-2015.* Krefeld : BOD, 2008.

26. **Berberich, Olaf.** *6/11 Global Spy Pact Quadrilla X von 2013 bis 2020.* Krefeld : Kindle Edition (E-Book), 2014.

27. **Berberich, Olaf.** Kommunikationspsychologische Grundlagen, Kapitel 1. *Trusted Web 4.0-Konzepte einer digitalen Gesellschaft.* Heidelberg : Springer Vieweg, 2016.

28. **Berberich, Olaf.** Testbericht Horizon HD Recorder Box von Unitymedia. *blog.get-primus.net.* [Online] 6. 3 2014. http://blog.get-primus.net/testbericht-horizon-rekorder-von-unitymedia/.

29. **Berberich, Olaf.** Kommentar über Sicherheit im Internet: Anonymität ist ein digitales Grundrecht. *Weser Kurier.* [Online] 2. 4 2017. https://www.weser-kurier.de/startseite_artikel,-anonymitaet-ist-ein-digitales-grundrecht-_arid,1577062.html.

30. **Mumyfit.** Geld verdienen mit Youtube, wieviel verdient man auf Youtube? *Youtube.* [Online] 18. 8 2017. https://www.youtube.com/watch?v=gooBD8XmirU.

31. **Deutscher Bundestag.** Dreizehnter Bericht der Bundesregierung über die Auswirkungen des Gesetzes. *Drucksache 18/12755.* [Online] 9. 6 2017. http://www.bundesfinanzministerium.de/Content/DE/Standardartikel/Themen/Zoll/Schwarzarbeitsbekaempfung/Schwarzarbeit-Bericht-Deutsch.pdf;jsessionid=548FCC53F01C4E0CA682527F6EFBC9E9?__blob=publicationFile&v=1.

32. **Jan Dams, Thomas Heuzeroth.** Warum die EU Amazon & Co. nicht zu fassen bekommt. *Welt. de.* [Online] 9. 10 2017. https://www.welt.de/wirtschaft/article169441495/Warum-die-EU-Amazon-Co-nicht-zu-fassen-bekommt.html.

33. **David Böcking, Claus Hecking.** Umsatzsteuerbetrug: Die Amazon-Oase. *Spiegel Online.* [Online] 21. 10 2017. http://www.spiegel.de/wirtschaft/unternehmen/umsatzsteuer-wie-amazon-zur-hinterziehung-genutzt-wird-a-1171381.html.

34. **Pospiech, Jasmin.** Bargeld am Ende: Zahlen wir ab 2018 alles nur noch mit Karte? *Merkur.de.* [Online] 24. 11 2017. https://www.merkur.de/leben/geld/bargeld-ende-zahlen-2018-alles-noch-karte-zr-7134615.html.

35. **Berberich, Olaf.** Das virtuelle Generationenhaus. *blog.get-primus.net.* [Online] 14. 9 2010. http://blog.get-primus.net/das-virtuelle-generationenhaus/.

36. **Cebit.** Im Handwerk wäre digital noch mehr drin. [Online] 20. 3 2017. https://www.cebit.de/de/news-trends/news/im-handwerk-waere-digital-noch-mehr-drin-333.

37. **Barthelmess, Andreas.** Digitale Gründer: Europa, verheize deine Talente nicht! *Spiegel Online.* [Online] 25. 11 2017. http://www.spiegel.de/wirtschaft/unternehmen/start-up-gruender-europa-verheize-deine-talente-nicht-a-1178515.html.

38. **PricewaterhouseCoopers GmbH.** Executive Summary – German Entertainment and Media Outlook 2017 - 2021. [Online] 9 2017. https://www.pwc.de/de/technologie-medien-und-telekommunikation/gemo-summary-2017.pdf.

39. **Wikipedia.** E-Sport. [Online] 2017. https://de.wikipedia.org/wiki/E-Sport.

40. **PriceWaterhouseCooper.** Weiterentwicklung dereHealth-Strategie: Studie im Auftrag des Bundesministeriums für Gesundheit. *PWC.* [Online] 2016. https://www.bundesgesundheitsministerium.de/fileadmin/Dateien/3_Downloads/E/eHealth/BMG-Weiterentwicklung_der_eHealth-Strategie-Abschlussfassung.pdf.

41. **Bundesministerium für wirtschaftliche Zusammenarbeit und Entwicklung.** Informations- und Kommunikationstechnologien(IKT). *BMZ-Strategiepapier 2/2013.* [Online] 2 2013. https://www.bmz.de/de/mediathek/publikationen/archiv/reihen/strategiepapiere/Strategiepapier326_02_2013.pdf.

42. **Volz, Dustin.** U.S. Senate votes to ban Kaspersky Lab software from government networks. [Online] 19. 8 2017. https://www.reuters.com/article/us-usa-cyber-kasperskylab/u-s-senate-votes-to-ban-kaspersky-lab-software-from-government-networks-idUSKCN1BT2PW.

43. **Berberich, Olaf.** *Verfahren für dezentrale, energieoptimierte, anonymisierte Steuereinheit. DE 102016002956.0* Deutschland, 11. 3 2016. Anmeldung.

44. **Berberich, Olaf.** *Verfahren zur dezentralen Energieregelung. DE 102017004870.3* Deutschland, 22. 5 2017. Anmeldung.

45. **Mey, Stefan.** Blockchain und Versicherungen. *Positionen, Das Magazin der deutschen Versicherer.* [Online] 2017. http://positionen.gdv.de/blockchain-und-versicherungen/.

46. **VDMA.** Forum Industrie 4.0: Industrie 4.0 konkret - Lösungen für die industrielle Praxis. [Online] 2017. http://hm.vdma.org/documents/10181/20674/I40_Broschuere.pdf/5d4ae916-1e7b-4320-a769-10e985abb3b9.

47. **Verband der Automobilindustrie.** Innovation und Technik. [Online] 2017. https://www.vda.de/de/themen/innovation-und-technik.html.

48. **Bibliothek des Deutschen Bundestags.** [Online] 4. 10 2016. https://www.bundestag.de/blob/473540/0abebfaa0a900940e6de1b9f60be1e5b/littipp_sicher_vernetzt_im_parlament-data.pdf.

49. **Ankerbrand, Henrik.** Chinas Überwachungsapp Wechat drängt in die Welt. *FAZ.* [Online] 15. 1 2018. http://www.faz.net/aktuell/wirtschaft/diginomics/chinas-ueberwachungsapp-wechat-draengt-in-die-welt-15400334.html.

50. **Wikipedia.** Schaumweinsteuer. [Online] 2017. https://de.wikipedia.org/wiki/Schaumweinsteuer.